Kulte und Orakel im Alten Ägypten

KULTE UND ORAKEL
IM ALTEN ÄGYPTEN

Eingeleitet und übertragen von
Günther Roeder
Mit 32 Bildtafeln

Artemis & Winkler

Die Deutsche Bibliothek – CIP-Einheitsaufnahme

Roeder, Günther:
Kulte und Orakel im alten Ägypten / eingeleitet und übertr. von
Günther Roeder. – Neuausg. – Düsseldorf; Zürich:
Artemis und Winkler, 1998
ISBN 3-7608-4082-5

Neuausgabe1998
© 1998 Artemis & Winkler Verlag Düsseldorf / Zürich
Gesamtherstellung: Bercker, Kevelaer
Printed in Germany
ISBN 3-7608-4082-5

VORWORT

Die in diesem Bande dargebotenen Übersetzungen stellen nur einen kleinen Ausschnitt aus der religiösen Literatur des alten Ägypten dar, wie ich in dem Vorwort zu Band I «Die ägyptische Götterwelt» ausführlich dargelegt habe. Auch für die drei Gebiete, die in dem Inhaltsverzeichnis angegeben sind, ist die Wiedergabe keineswegs vollständig. Vielmehr muß ich am Ende meines Lebens die Herausgabe einer umfassenden Folge von Übersetzungen religiöser Texte jüngeren Kräften überlassen.

Für die Wiedergabe des ägyptischen Wortlautes habe ich wieder einen Mittelweg zwischen einer wörtlichen und einer freien Übersetzung gewählt; die (in runden Klammern) hinzugefügte Übertragung oder Erläuterung wird dem Fernstehenden erst die eigentliche Absicht des ägyptischen Verfassers erschließen. In [eckigen Klammern] stehen Ergänzungen, die in dem antiken Original nicht erhalten sind.

Für die Eigennamen habe ich die Auflösung in ihre Bestandteile und deren Abtrennung durch Bindestriche beibehalten, wie sie jetzt auch von anderen Ägyptologen angewendet wird; die in ihnen auftretenden Götternamen habe ich ohne Rücksicht auf die Sprachgeschichte stets in der gleichen Form belassen, um den Nicht-Ägyptologen das Verständnis zu erleichtern. Arabische Namen sind in der von den Arabisten einheitlich anerkannten Form gegeben. Betonte Vokale sind durch â, ê, î, ô, û angedeutet, oft nur bei dem ersten Auftreten der Namen; auch bei griechischen Wörtern, die in ihrer eigenen Schrift keinen Zirkumflex erhalten.

Verweise auf die drei anderen Bände dieser Reihe (Seite 4) sind abgekürzt gegeben mit Hinweis auf die Seite oder auf die Abschnitte A, B, C, D, in denen die gemeinte Stelle steht. Alle Verweise auf bestimmte Gaue von Unter- und Ober-Ägypten sind so gemeint, daß man in Band I «Götterwelt» nachschlagen möge, um sich über den betreffenden Gau zu unterrichten; von der Art der Gottheit und dem religiösen Leben des Gaues hängt oft das Verständnis des aus ihm stammenden Textes ab. Der Verweis «Band D 230» meint die Seite in meinen «Urkunden zur

Religion des alten Ägypten», die 1915 (Neudruck 1923) bei EUGEN DIEDERICHS in Jena erschienen sind.

Die Abbildungen im Text sind entweder nach Vorlagen mechanisch wiedergegeben oder von dem Hildesheimer Bildhauer und Kunstmaler JOHANNES STRECKER gezeichnet worden. Die Photographien auf den Tafeln verdanke ich den in dem Verzeichnis angegebenen Museen.

Die mühevolle und dankenswerte Ausarbeitung des Registers hat wieder wie in den früheren Bänden Syndikus i. R. KARL MANGEL in Hildesheim freundlichst übernommen.

GÜNTHER ROEDER

EINLEITUNG

Die in diesem dritten Bande der Folge von religiösen Texten gegebenen Übersetzungen sind aus Gebieten entnommen, die in den beiden anderen Bänden nicht behandelt waren. Die Einleitung, bei der ich zu übergehen suche, was dort schon ausgesprochen ist, soll wieder nur dazu dienen, die hier übersetzten Texte zu erschließen und ihre Zusammenhänge zu klären. Nach ihrem Inhalt und Zweck sind die Texte in drei Gruppen aufgeteilt, die aus dem Inhaltsverzeichnis ersichtlich sind. Im folgenden werden sie unter anderen Gesichtspunkten zusammengefaßt werden, die dort nicht zum Ausdruck kommen.

ART UND LITERARISCHE FORM DER TEXTE

Will man die Einstellung und Glaubwürdigkeit des Verfassers eines Textes richtig beurteilen, so hat man auf seine Herkunft und Entstehung zu achten. Steht ein Text in einem der großen oder wenigstens für seinen Gau bedeutungsvollen Göttertempel, so darf man darauf rechnen, daß die Abfassung des Wortlauts genau überlegt ist. Das ist gewiß der Fall bei den drei Texten, die einmalige Inschriften sind, zwar in einzelnen Sätzen auf älteren Vorlagen beruhend, wie es bei literarischen Arbeiten zu sein pflegt, aber als Komposition doch neu geschaffene Kunstwerke sprachlicher Form. So liegt es für die Inschrift in dem Amon-Tempel bei Karnak, in der König Thutmôse III. den Staatsstreich hat festhalten lassen, durch den er in seiner Jugend zum Thronfolger bestimmt worden war (Text B 1). Ebenso gilt es für die Weihinschrift auf dem kolossalen Käfer, den König Amon-hôtep III. auf dem Gelände desselben Tempels aufstellen ließ, und in der der Sonnengott ihn für seine Stiftung zu belohnen verspricht (Text C 11). Die Inschrift mit den Tischgebeten für den heiligen Falken in Edfu ist für den dortigen Tempel von einem seiner gelehrten Priester zusammengestellt worden (Text C 10). Auch der Verfasser der beiden Lieder auf Sobek und Horus in dem Tempel von Nubôjet (Ombos) hat die parallelen Hymnen auf den Schöpfer und auf den Erhalter der Welt eigens für die Tempelwand hergerichtet, auf der sie eingemeißelt stehen (Text C 4).

Die Versorgung der Gräber der Könige und ihrer Totentempel mit geeigneten Texten ist aus den gleichen Kreisen geschehen wie für die Göttertempel. In beiden Fällen waren es die Priester in den Tempeln der Residenz oder der bedeutendsten Gaue, die die Entwürfe für die Inschriften herstellten, und die Künstler und Handwerker der königlichen oder kirchlichen Werkstätten haben sie ausgeführt. Wir dürfen also auch für diese Gruppe eine umsichtig vorbereitete Abfassung der Texte annehmen und ebenso eine sorgfältige Ausführung der hieroglyphischen Inschriften. Aus Königsgräbern des Alten Reichs bei Memphis stammen die drei «Pyramiden-Texte», in denen die Götter angerufen werden, dem verstorbenen Pharao die Himmelfahrt und ein glückseliges Leben im Jenseits zu erschließen (Text C 1–3). Für den Totentempel der Königin Hat-schepsut (Dynastie XVIII) in Theben hat man die Bilder und Beischriften ausgewählt, in denen die heilige Kuh ihre Fürsorge der verstorbenen Herrscherin zuwendet (Text C 7). Als Ramses II. den Totentempel seines Vaters König Sethos' I. vollendete, brachte man in ihm auf einer Wand eine große Komposition aus Bild und Inschrift an, die von Bildhauern und Schriftgelehrten als selbständige Leistung ausgestaltet worden ist (Text A 1). In dem gleichen Tempel fand Ramses II. in sechs Kapellen aus der Zeit seines Vaters die Bilder und Texte vor, in denen das morgendliche Ritual dargestellt war (Text A 2).

Denksteine, die von dem König selbst oder in seinem Namen in den Tempeln aufgestellt wurden, sind von uns ebenso hoch zu bewerten wie die Bilder und Texte an den Wänden der Tempel. Die Verkündigungen der beiden Priestersynoden in Kanopos und Memphis (Texte A 3–4), auf denen für den regierenden König und seine Familie besondere Ehrungen beschlossen waren, sind als hieroglyphische Inschriften auf Denksteinen bekanntgegeben; diese trugen in ihrem oberen Teil ein Bild der opfernden Königsfamilie, wie es ähnlich an den Tempelwänden angebracht wurde. Auch der Abfassung dieser Texte dürfen wir ein gewisses Vertrauen entgegenbringen; zuweilen wird es allerdings enttäuscht, wenn ein solcher Denkstein zertrümmert worden war und nun aus seinen Bruchstükken eine neue Vorlage angefertigt wurde (*unten*, S. 173: Stein von Rosette, Ausfertigung aus al-Nibeira).

Als die Priester von Tep-jêhu (ober-ägyptischer Gau XXII) den Tod ihrer heiligen Kuh betrauerten und ihnen dann die Auffindung einer Nachfolgerin gelang, wußten sie auf dem Denkstein, den sie aus Anlaß des freudigen Ereignisses herstellen ließen, durch Bild und Schrift ein wirkungsvolles Werk zu schaffen, in dem die Tradition und künstlerische Gestaltungskraft des nahen Memphis zu spüren ist (Text C 8).

Weihungen von Privatleuten sind meist durch ihre Gräber auf uns gekommen. Für deren Anlage standen den Stiftern im allgemeinen nicht die guten Künstler der königlichen Werkstätten zur Verfügung. Ursprünglich freilich war es der König, der den Großen seines Hofes das Grab oder wenigstens einen Teil seiner Ausstattung aus besonderer Gnade schenkte, und diese Sitte lebte auch in späterer Zeit durch den Anfang des Opfergebetes fort: «Ein Opfer, das der König gibt» (Band «*Ausklang*» C 1). Da die größeren Grabanlagen von Wohlhabenden angelegt und ausgestattet worden sind, konnten diese allerdings bedeutende Mittel aufwenden, so daß sie bewährte Künstler für ihre Herrichtung gewannen. Deshalb haben einzelne Statuen aus den Gräbern hervorragender Persönlichkeiten dieselbe künstlerische Höhenlage wie königliche Kunstwerke, und die Komposition ihrer Inschriften stellt eine literarische Leistung dar, wie sie sonst nur auf Königsstatuen vorliegt; das lehrt z. B. ein Vergleich der Statue des Zed-Hôr, Hoherpriester in Atrîb (Text C 9) mit der Statue des Königs Ramses III. aus der Wüste bei Memphis (beide enthalten Zaubertexte, übersetzt in Band «*Ausklang*», B 3). Auch die Statue des Meri-Rê, Schatzvorsteher in Theben, gehört mit ihrem Lied an die aufgehende Sonne in die religiöse Literatur höheren Stils hinein (C 4).

Die Ausschmückung der Wände eines Privatgrabes war schon in ihrer Aufteilung und in der Füllung der Flächen mit Bildern und Inschriften eine Aufgabe von künstlerischer Bedeutung. Wenn der Besitzer dann dort seine Auszeichnung durch den Pharao in einer Inschrift der Mitwelt und Nachwelt verkünden wollte, so lag auf der äußeren Form wie auf dem Inhalt eine Verantwortung. Dessen ist Neb-wenênef, Hoherpriester des Amon in Theben, sich bewußt gewesen, der an der Eingangswand seines Grabes auf dem Westufer von Theben ein Bild seines Königs Ramses II. mit dessen Gattin einmeißeln ließ, wie dieser laut der begleitenden Inschrift ihn aus Dendera in sein hohes Amt nach Theben berufen hat (Text B 2). Nach seinem Inhalt gehört der Text in die Reihe der Autobiographien, die als Beschreibungen besonderer Ereignisse aus dem Leben des Stifters einen festen Bestandteil der ägyptischen Literatur bilden. Als Fürst Scheschonk, ein libyscher General, seinem Vater Namirt den Totendienst vor seiner Statue in dem Tempel des Osiris in Abydos für ewige Zeiten sichern wollte, ließ er die Stiftung auf einen Denkstein einmeißeln, der in seiner Ausführung einer königlichen Weihung nicht nachsteht (Text B 3). Weit geringere Mittel konnte der Priester Pa-sar aufwenden, der durch einen Denkstein das Orakel festlegen wollte, das ihm den Besitz seines Ackers zusicherte (Text B 4).

Im Gegensatz zu den bisher genannten Texten, die als hieroglyphische Inschriften eingemeißelt auf uns gekommen sind, ist ein großer Teil der religiösen Literatur auf Papyrus geschrieben erhalten. Da die Kunst des Schreibens keineswegs jedem Bürger geläufig war, sind die Texte fast ausnahmslos von Männern geschrieben, die berufsmäßige Schreiber waren. Ihre Handschriften sind recht verschieden, nicht nur wegen der Entwicklung der Schrift durch drei Jahrtausende, sondern auch individuell. Ein wie gutes Schriftbild eine für die Dauer bestimmte Papyrusrolle darbietet, zeigen die beiden Rituale aus den Archiven der Tempel des Amon bzw. der Mut in Theben: auf Seiten von gleichem Format sind Zeilen mit großen klaren Schriftzügen sauber untereinander gesetzt, und jedes Zeichen ist langsam und deutlich ausgezogen (Text A 2, S. 73). Weit flüchtiger ist die Abschrift einer solchen Handschrift ausgeführt, die die vier Verkündigungen des Amon enthält (Text B 8). Ebenso schnell hingeworfen sind die Auszüge aus den Protokollen über einen Prozeß, bei dem ein Dieb ermittelt und bestraft wurde (Text B 7). In einem Brief an einen Gott, den ein Beamter fast wie einen Privatbrief an einen Vorgesetzten abgefaßt hat, um ein Orakel über seine Schuldlosigkeit zu erbitten, scheint wirklich einmal ein Original eines solchen Schreibens aus dem Altertum erhalten zu sein (Text B 6).

Die Entwürfe zu hieroglyphischen Inschriften sind von Zeichnern auf Papyrus gezeichnet worden, ehe die Skizze vergrößert auf die Wand übertragen wurde, um dort von den Bildhauern eingemeißelt zu werden. Bei den Entwürfen zu den Texten bedienten die Schriftgelehrten sich der Bibliothek ihres Tempels, in der sie Niederschriften aus früheren Generationen fanden, durch die schon ähnliche Aufgaben gelöst worden waren. Die in den Archiven bewahrten Papyrusrollen gerieten im Laufe der Zeit in schlechten Zustand, besonders die erste Seite an der Außenwand des aufgerollten Papyrus wurde leicht beschädigt, so daß auf ihr einzelne Wörter, auch ganze Sätze kaum noch lesbar waren. Wurde ein so lückenhaft gewordener Text dann weiter verwendet, etwa in eine hieroglyphische Inschrift umgearbeitet, so war kaum jemand imstande, den alten, schwer verständlichen Text zu vervollständigen und die fehlenden Teile zu ergänzen. Dann hat der Überarbeiter zuweilen ganze Sätze weggelassen, wie wir aus dem Zusammenhang erkennen können, besonders augenfällig, wenn es sich um gleich gebaute Verse eines Liedes handelt (z. B. in Text C 2, S. 286; ähnlich S. 325).

Die literarische Fassung, soweit sie eine Trennung zwischen Prosa und Poesie bedeutet, ist für die Texte dieses Bandes nicht mit einem Schlagwort zu bestimmen. Eine durchaus prosaische Fassung ist selbstverständlich für die sachlichen Berichte, wie sie für die Beschlüsse der beiden Priestersynoden in Kanopos und Memphis auf Denksteinen aus Tempeln vorliegen (Texte A 3–4). Ebenso nüchtern ist der Bericht gehalten, den König Thut-môse III. in einer Inschrift in dem Amon-Tempel bei Karnak hat anbringen lassen über den Staatsstreich, durch den er als Thronfolger eingesetzt wurde (Text B 1); auch die Urkunde über die Stiftung des Fürsten Scheschonk zugunsten des Totendienstes seines Vaters Namirt (Text B 8). Ferner der Bericht über den Tod der Kuh Hesat in dem ober-ägyptischen Gau XXII (Text C 8) und die Schilderung des Hohenpriesters Neb-wenênef über seine Ernennung durch König Ramses II. (Text B 2). In die gleiche Form einer autobiographischen Darstellung gekleidet ist, was der Hohepriester Zed-Hôr in Atrîb über seine Fürsorge für die heiligen Falken zu sagen hat (Text C 9). Die Worte des Sonnengottes an Amon-hôtep III. auf dem ihm geweihten Käfer (Skarabäus) in Karnak bleiben in den etwas trockenen Wendungen, die in Tempelinschriften üblich sind (Text C 11).

Mit einer reinen Wiedergabe von Tatsachen erzählt Priester Pa-sar, wie er durch ein Orakel die Bestätigung seines Besitzrechtes auf einen Acker erhalten hat (Text B 4). Wo Auszüge aus Akten über einen Prozeß vorliegen, darf man nur die knappe Sachlichkeit eines Protokolls erwarten (Text B 7). Einen Brief, den ein besorgter Beamter an ein Götterbild richtete, um von ihm ein günstiges Orakel über einen Diebstahl zu erhalten, schrieb er wie einen Privatbrief in der Umgangssprache seiner Zeit (Text B 6).

Nun mischen sich aber in Texte, die eigentlich sachliche Berichte sind, gelegentlich Teile ein, die sich, wenn auch nur in einzelnen Sätzen, der gehobenen Sprache poetischer Texte bedienen. So sind in der Weihinschrift von Ramses II. für den Totentempel seines Vaters Sethos I. in Abydos Reden des Königs und seines Hofstaates eingefügt, die beinahe den Charakter von Gedichten haben (Text A 1). In dem Ritual für den morgendlichen Gottesdienst in den Kapellen desselben Tempels sind Lieder und Anrufe poetischer Form an die Gottheiten enthalten (Text A 2). Wirkliche Gedichte mit Abteilung der Verse durch hochgestellte rote Punkte sind die Hymnen auf den Nil (Text C 6) und die «Vier Verkündigungen des Amon» (Text B 8). Bei anderen Liedern von poetischem Charakter ist eine solche Abteilung der Verse für uns schwierig und nur teilweise möglich, weil wir die Vokalisierung der Wörter nicht kennen und weil die Dichter sich Freiheiten in der Länge der Verse und in der Zahl ihrer Aufgliederungen erlaubt haben, die wir nur vermuten können. Immerhin ist eine Gleichförmigkeit der aufeinanderfolgenden Glieder deutlich schon in den «Pyramiden-Texten» des Alten Reichs (Text C 1–2 und 5); ebenso in dem Lied an die aufgehende Sonne aus dem Neuen Reich (Text C 3). Eine gebundene Form, vielleicht auch einen Rhythmus, verraten die beiden Lieder an Sobek und Horus als Schöpfer und Erhalter der Welt aus römischer Zeit (Text C 4). Die Anrufungen der Tischgebete für den heiligen Falken in Edfu sind teilweise wie Lieder gestaltet, zuweilen mit Gliederungen in Verse (Text C 10).

DIE EINWIRKUNG

DER VERSCHIEDENARTIGEN LANDSCHAFTEN

Der Staat Unter-Ägypten wird durch das Nil-Delta gebildet, ein flaches, offenes Land, das im Altertum von sieben Mündungsarmen des Stromes durchflossen war (Karte Abb. 1). In diesem Lande haben sich in der Urzeit Gottesvorstellungen gebildet, die untereinander ebenso verschieden waren wie die einzelnen Stämme seiner Bewohner. Die Naturverbundenheit des Volkes ließ es den Boden verehren, auf dem es lebte. In Gau IX, in der Mitte des Delta, nannte man ihn Osiris, in Gau XX, am Ostrande des Delta, Geb. Ein Lied aus der Urzeit, das die Gegnerschaft der Diener des Geb gegen Osiris von Busiris noch deutlich erkennen läßt, ist als Spruch 534 in die «Pyramiden-Texte» des Alten Reichs übergegangen (Text C 5). In Atrîb (Gau X) hat der Hohepriester Zed-Hôr noch im 4. Jahrhundert v. Chr. die heiligen Falken betreut, die dort seit der Urzeit als den Göttern des Himmels nahe angesehen wurden (Text C 9).

Der Staat Ober-Ägypten ist in einer Landschaft von völlig anderem Charakter als Unter-Ägypten entstanden. Das enge Flußtal besitzt auf beiden Ufern nur einen schmalen Streifen Fruchtland, und hinter ihm steigt auf beiden Seiten die Wüste an, in dem nördlichen Teil mit Kalkstein, in dem südlichen mit Sandstein (Karte Abb. 1–2). Die Texte dieses Bandes führen an drei Stellen in das ober-ägyptische Nil-Tal hinein. Die erste liegt im Norden in Gau XXII, in dem eine Göttin verehrt wurde, der die Kühe heilig waren, vielleicht weil diese in dem engen Flußtal nicht mehr so reichlich und wohlgenährt zur Verfügung standen wie in den fast wildlebenden Herden des Delta. Die in dem Tempel gehaltene Kuh starb unter König Ptolemaios I. Sotêr, und der ganze Gau feierte ein Fest, als es gelungen war, eine Nachfolgerin für sie ausfindig zu machen (Text C 8). Nur wenig oberhalb von Gau

XXII liegt auf dem Westufer der Eingang zu dem in die libysche Wüste eingelagerten Gau XXI, dem Fajjûm, und etwas weiter südlich die Stadt Oxyrhynchos in Gau XIX, in der seit der Einverleibung Ägyptens in das makedonische Weltreich zwar viele Griechen lebten, der ägyptische Kultus aber unverändert fortgesetzt wurde, auch von jenen, nicht nur den einheimischen Ägyptern. Aus dem Fajjûm und aus Oxyrhynchos ist eine Reihe von Blättern Papyrus erhalten geblieben, auf denen in griechischer Sprache von verschiedenen Gottheiten eine Entscheidung durch Orakel über persönliche Angelegenheiten erbeten wird, unverändert bis in die christliche Zeit hinein (Text B 5).

Die zweite Stelle ist Gau VIII mit der Stadt Abydos, in der Osiris herrschte, im ganzen Lande geachtet als Herr des Totengerichts und Gebieter über die Seligkeit im Jenseits. Auf dem weiten Gelände des Friedhofs bei Abydos hat König Sethos I. sich als sein Scheingrab einen Tempel erbauen lassen, dessen Fertigstellung er selbst nicht mehr erlebte, so daß Ramses II. es als seine Sohnespflicht ansah, den Bau zu vollenden (Text A 1). Der Totentempel Sethos' I. enthält sechs Kapellen, von denen je eine für eine der großen Gottheiten Ägyptens bestimmt war. An ihren Wänden ist in Relief durch Bilder mit hieroglyphischen Texten das Ritual dargestellt, das in den betreffenden Räumen an jedem Morgen vollzogen wurde (Text A 2). Am Anfang der Regierung von Ramses II. spielte in Abydos die Audienz, in der dem Neb-wenênef durch den Pharao selbst seine Ernennung zum Hohenpriester des Amon in Theben mitgeteilt wurde (Text B 2). Auch noch unter der Regierung von Ramses II. gewann ein Priester Pa-sar sich den Besitz eines Ackers durch ein Orakel, das ihm von dem Bilde des vergöttlichten Königs Ah-môse I. erteilt wurde (Text B 4). Als der libysche General Scheschonk für das jenseitige Leben seines Vaters Namirt sorgen wollte, richtete er eine bedeutende Stiftung ein, aus deren Erträgen vor einer Statue des Ver-

storbenen in Abydos, wenn auch fern von seinem Grabe, Totenopfer dargebracht werden sollten (Text B 3).

Die dritte Stelle in Ober-Ägypten ist die Gegend um die
Biegung des Nil, der im allgemeinen von Süden nach Norden fließt, sich in Gau V aber nach Westen wendet, um für etwa 60 km in dieser Richtung durch Gau VI weiterzuströmen,
bis er dann in Gau VII wieder die normale Richtung nach Norden einnimmt. In Gau VII liegt die Stadt Onet, von den Römern Tentyra genannt, heute Dendera, mit dem Heiligtum
der Hathor, der Göttin der Liebe und Freude. In der römischen Garnison von Tentyra hat Iuvenalis das ägyptische
Volksleben in dem Nil-Tal beobachtet, aus dem er einen Reli-
gionskampf zwischen den Gauen V und VI schildert, höchst
lebendig dem ober-ägyptischen Landschaftsbild entnommen
(Text C 13).

Die große literarische Hinterlassenschaft in den Tempeln
und Gräbern von Theben, der ober-ägyptischen Hauptstadt
des Mittleren und Neuen Reichs, die in der Spätzeit noch ein
religiöser Mittelpunkt war, hat auch für diesen Band eine
Reihe von Texten geliefert. In dem Tempel des Amon bei Karnak ließ sein Hohepriester dem gealterten König Thut-môse I.
einen jungen Prinzen seiner eigenen Wahl als Thronfolger
vorstellen (Text B 1). Der vorgeschlagene Prinz, der spätere
König Thut-môse III., wurde zeitweise zurückgedrängt durch
Prinzessin Hat-schepsut, die als regierende Königin einen
prachtvollen Totentempel bei Dêr al-Bahri, auf dem Westufer
von Theben, erhielt (Tafel 29); in den dortigen Wandbildern
erscheint die heilige Kuh von Theben, wie sie als Amme die
Königin säugt und weiterpflegt (Text C 7). Von den Theologen des Amontempels bei Karnak rühren die vier poetischen
«Verkündigungen des Amon» her (Text B 8). An dem See des
Heiligen Bezirks des Amontempels bei Karnak ist der kolossale
Käfer (Skarabäus) gefunden worden, den König Amon-hôtep III.
dem Sonnengott als sein Symbol geweiht hat (Text C 11).

16

In einem der Privatgräber auf dem Westufer von Theben steht die Inschrift des Neb-wenênef, Hohenpriesters des Amon, in der er berichtet, wie König Ramses II. ihm seine hohe Würde in einer Audienz in Abydos übertragen hat (Text B 2). Aus einem anderen Grabe jener Gegend stammt vermutlich die Statue des Meri-Rê, Vorsteher des königlichen Schatzes, der einen Denkstein mit einem Gebet an die aufgehende Sonne vor sich hält (Text C 3). In den Kreisen der Arbeiter, die an den Gräbern der königlichen Familie und der Privatleute auf dem Westufer von Theben tätig waren, sind die drei Gruppen von Texten entstanden, die sich um Orakel drehen (Text B 5–7).

Der südlichste Teil von Ober-Ägypten, zwischen Theben und dem Ersten Katarakt (Karte Abb. 2), ist der Schauplatz von zwei religiösen Texten aus später Zeit. Dort wurde in Gau II der Tempel des Horus von Edfu durch einen auch heute noch eindrucksvollen Bau erweitert (Tafel 31 in Band «*Götterwelt*»); aus den zahllosen Inschriften auf seinen Wänden sind die Tischgebete für den heiligen Falken des Horus herausgegriffen, der in dem Tempel eine bodenständige Verehrung hatte (Text C 10). In Gau I, schon nahe dem nubischen Sprachgebiet und vielleicht sogar schon mitten in ihm, errichteten die ägyptischen Kolonisatoren den Tempel von Nubôjet, griechisch Ombos, in den sie zwei ihrer Götter überführten: das Krokodil Sobek als Schöpfer der Welt in der Urzeit und den Falken Hor-wêr als den Sonnengott, der das Geschaffene ständig erhielt (Text C 4).

CHRONOLOGISCHE ÜBERSICHT

Die zeitliche Folge der übersetzten Texte dieses Bandes reicht durch die ganze Zeit des Lebens der ägyptischen Religion hindurch. Aus dem Alten Reich sprechen die «Pyramiden-Texte» zu uns (um 2600–2500 v. Chr.), und zwar in Spruch 534 mit einer Poesie, die im Delta als Gegensatz zwischen zwei

Erdgöttern entstanden ist (Text C 5). Die zugrundeliegenden Lieder sind uralt, und ihre Entstehung reicht in die vorgeschichtliche Zeit zurück, als die Gaue mit eigener Religion noch unabhängig nebeneinander bestanden. Die innere Uneinheitlichkeit des Landes ist auch in Spruch 587 der «Pyramiden-Texte» erkennbar, in dem der Allherr als Weltherrscher und sein «Auge» als seine Dienerin besungen wird (Text C 1). Für die Himmelfahrt des verstorbenen Königs haben die Priester von Heliopolis eine Reihe von Liedern als «Gehöfte» verfaßt, von denen Spruch 271 aus alten Vorstellungen mit neuen poetischen Fassungen zusammengefügt ist. Auch hier spielen politische Vorgänge in die Verse hinein, vor allem der niemals vergessene Augenblick, in dem der ober-ägyptische König nach dem Delta zog und die beiden Staaten zu einem einheitlichen Reich zusammenschloß, die später immer wieder gefeierte «Vereinigung (Sma) der beiden Länder».

Aus der Mitte der XVIII. Dynastie (um 1500 v. Chr.) des Neuen Reichs tritt uns die Zeit entgegen, in der Gegensätze zwischen den Parteien im Staat verschiedene Anwärter auf den Thron unterstützt haben. Eine Gruppe von Politikern machte Prinzessin Hat-schepsut zur Königin. In ihrem Totentempel bei Dêr al-Bahri wurde sie von der heiligen Kuh getränkt und von der in ihr verkörperten Göttin wie von einer Mutter gewartet (Text C 7). Die Gegenpartei brachte König Thut-môse III. auf den Thron, zeitweise als Gatten der Königin Hat-schepsut (Text B 1). An das Ende von Dynastie XVIII (um 1400 v. Chr.) gehört König Amon-hôtep III., der in dem Heiligen Bezirk des Amon bei Karnak den großen Käfer (Skarabäus) aufstellen ließ (Text C 11). Der religiösen Tendenz dieser Epoche folgt die Statue des Schatzvorstehers Meri-Rê; auf dem Denkstein, den der kniende Stifter hält, ist ein Gebet an die aufgehende Sonne eingemeißelt (Text C 3).

In der zweiten Hälfte des Neuen Reichs kommt mit Dynastie XIX (vor 1300 v. Chr.) ein weltpolitischer Aufschwung in das staatliche Leben der Ägypter, der sich auch in ihrer Religion äußert. Aber hinter den hohen Mauern der Tempel beharrten die Priester auf ihrer Tradition. In den Bildern des Totentempels des Königs Sethos I. wurde der Pharao in einer Tracht dargestellt, wie man sie vor mehr als einem Jahrtausend getragen hatte: ohne Sandalen, nur mit einem kurzen Schurz bekleidet, aber reich geschmückt mit Armbändern, einem bunten Halskragen und den herkömmlichen Kronen. In dieser altertümlichen Gestalt trat er vor die Götter, um an ihren Figuren, wenigstens nach den Darstellungen in den Reliefs, zu vollziehen, was das Ritual für den morgendlichen Gottesdienst vorschrieb (Text A 2). König Ramses II., der Sohn und Nachfolger von Sethos I., hat in Abydos (ober-ägyptischer Gau VIII) dem Tempel des Amon in Theben (ober-ägyptischer Gau IV) einen neuen Hohenpriester gegeben (Text B 2), und zwar auf Grund eines Orakels. Durch einen etwa gleichzeitigen Denkstein aus Abydos erfahren wir, wie solche Orakel von Privatleuten für Entscheidungen über ihre persönlichen Angelegenheiten in Anspruch genommen wurden (Text B 4). In die Zeit der XX. Dynastie (13. Jahrhundert v. Chr.) werden Texte gehören aus einer Siedlung von Arbeitern, die Fragen an die Götterbilder richteten, um von ihnen eine Anweisung für ihre persönlichen Angelegenheiten durch Orakel zu erlangen (Text B 5). Gleichzeitig sind zwei Versuche, Diebe durch Orakel zu ermitteln (Texte B 6–7).

Den Eindruck eines Textes aus der auf das Neue Reich folgenden «Spätzeit» machen vier Verkündigungen des Amon von Theben, die nach Form und Inhalt den Orakel-Erlassen des Amon zugunsten des Hohenpriesters Pinôtem II. und seiner Gattin Nesi-Chonsu nahestehen (Band «*Ausklang*», C 4). Man hat die Niederschrift auf die persische Herrschaft in Ägypten datiert, bis erkannt wurde, daß sie dem 1. Jahrhundert n. Chr. angehört. Dieser Text (B 8) ist ein weiteres Beispiel für die häufig belegte Tatsache der Bewahrung und Wiederverwendung alter Texte in späterer Zeit, nachdem sie durch Generationen und Jahrhunderte in den Archiven der Tempel geruht hatten.

Als die Griechen in das Nil-Tal gekommen waren und es durch die Feldzüge des siegreichen Alexandros III. (in Ägypten I.) des Großen 332 v. Chr. dem makedonischen Weltreich einverleibt war, schritten die ägyptischen Priester weiter auf den Wegen, die ihnen durch ihre Vorgänger in den abgelaufenen Jahrhunderten gewiesen waren. Während in der fernen Residenz nominell Philippos Arrhidaios, ein Halbbruder des Alexandros, herrschte, versah in Atrîb (unter-ägyptischer Gau X) Zed-Hôr die Tätigkeit eines Hohenpriesters und betreute die heiligen Falken (Text C 9). General Ptolemaios, Sohn des Lagos, der bei der Aufteilung des Reiches Ägypten erhielt, suchte sich der bodenständigen Religion anzupassen, so wenig sie ihm und seiner Familie auch bedeutet haben mag. Unter seiner Herrschaft betrauerte man in dem ober-ägyptischen Gau XXII den Tod der heiligen Kuh (Text C 8). Ptolemaios III. Euergetes und V. Epiphanes nahmen aus der Hand der Priestersynoden von Kanopos (238 v. Chr.) und von Memphis (195 v. Chr., Stein von Rosette) Ehrungen für ihre Person und ihre Familie an, die dem uralten Dogma von der Göttlichkeit des Pharao entsprachen (Texte A 3–4). Die Tischgebete für den heiligen Falken in Edfu wurden unter Ptolemaios XI. Alexandros I. aus überlieferten Texten hergerichtet, wie es ebenso vor Jahrhunderten geschehen war (Text C 10).

Die Zeit der Ptolemaios-Könige endete mit der Eroberung Ägyptens durch die römischen Legionen, deren Kaiser in den ägyptischen Tempeln wie die einheimischen Pharaonen geehrt wurden. Unter Augustus, der als Kaiser das Nil-Tal niemals betreten hat, sind Diodoros, Strabon und Plutarchos in Ägypten gereist und haben ihre Erkundigungen in Tempeln und bei Fremdenführern eingezogen, wie es 300 Jahre früher schon Herodotos getan hatte (Band «*Götterwelt*», S. 23–26).

Ihren Schilderungen, für die sie auch andere Gewährsmänner herangezogen haben, verdanken wir gute Berichte von Augenzeugen über Vorgänge innerhalb und außerhalb der Tempel, in denen das religiöse Gefühl der Ägypter zum Ausdruck kam (Text B 9 und C 12). Dieses ist von den europäischen Besuchern nicht immer richtig verstanden und gewürdigt worden. Der römische Offizier Iuvenalis stellte sich in seiner XV. Satire seinen eigenen Beobachtungen mit dem Spott des aufgeklärten Kritikers gegenüber (Text C 13). In den Archiven der Tempel haben die ägyptischen Priester unbeirrt die Papyrus-Rollen aufbewahrt, auf denen alte und überarbeitete Texte von ihren Göttern standen. Aus ihnen sind die Lieder auf Sobek und Hor-wêr als Schöpfer und Erhalter der Welt gestaltet, die in spätrömischer Zeit an die Wand des Tempels von Ombos gemeißelt wurden (Text C 4).

DAS WESEN DER GOTTHEITEN

Die Vielseitigkeit des ägyptischen Pantheons und die Mannigfaltigkeit der göttlichen Persönlichkeiten, zu denen der Ägypter betete, spricht sich auch in den Texten dieses Bandes wie in den vorhergehenden aus (Band «*Götterwelt*», S. 17–20). In den «Pyramiden-Texten» des Alten Reichs, die dem Seelenheil des abgeschiedenen Pharao gewidmet sind, trat der durch seinen Tod vergöttlichte König in nahe Beziehung zu den großen Gottheiten, die die Welt regierten. Der Allherr und sein «Auge» als seine Dienerin nahmen sich seiner fürsorglich an (Texte C 1–2). Der Erdgott Geb übte den Schutz über das Grab des Königs aus (Text C 5). Die Macht der in Ägypten besonders kräftigen Sonne ließ die Gläubigen stets das Gestirn verherrlichen; Schatzvorsteher Meri-Rê betete zu ihm bei seinem Aufgang im Osten (Text C 3). Bis in die Zeit der römischen Kaiser hinein hat man nicht vergessen, daß es Sobek war, der die Welt geschaffen hat, und daß Horus sie täglich von neuem erhielt; so sang der Dichter zweier Lieder in dem Tempel von Ombos mit ähnlich gebauten Versen (Text C 4).

Die Angaben darüber, welche Götter es waren, die diese Tätigkeiten ausübten, lauteten freilich verschieden, je nach der Herkunft des theologischen Systems, das in jedem Tempel nach dem Wesen seines eigenen Gottes gestaltet wurde. Da blieben Rivalitäten und Gegensätze nicht aus, deren Ausgang von den Machtverhältnissen der Priesterschaften abhing. In den «Vier Verkündigungen des Amon» erhob dieser Gott durch einen poetischen Orakel-Erlaß den Anspruch, auch über das Reich des Osiris, des Herrn der Unterwelt, zu gebieten (Text B 8). Dem Amon und seiner Gattin Mut dienten in ihren Tempeln bei Karnak die Priester, deren höchster an jedem Morgen das feierliche Ritual für die Reinigung und Bekleidung des Götterbildes vollzog (Text A 2). Der Platz, an dem Fürst Scheschonk den Totendienst vor der Statue seines Vaters Namirt am sichersten ausgeübt glaubte, war der Tempel des mächtigen Gottes Osiris in Abydos (Text B 3).

Die Persönlichkeiten der im Himmel wohnenden Gottheiten wurden den Menschen greifbar durch ihre Bilder in den Tempeln. Zwar blieb das Götterbild, vor dem in dem Allerheiligsten das tägliche Ritual der Anbetung vollzogen wurde, dem Volk verborgen, und nur der höchste Priester als Vertreter des Pharao durfte sich ihm nähern (Text A 2). Aber bei der Erteilung von Orakeln wurde es öffentlich sichtbar (Abb. 42). Als der Hohepriester des Amon seinen Gott die Wahl des Thronfolgers treffen ließ, war es vielleicht wirklich das Götterbild aus dem Sanktuar, das man in den Hof des Tempels (Tafel 15) vor einen kleinen Kreis ausgewählter Personen in Anwesenheit des Pharao trug (Text B 1); ebenso bei der Bestimmung eines neuen Hohenpriesters des Amon vor den Augen des Königs Ramses II. (Text B 2), und wohl auch bei den Antworten des Amon auf die Fragen des Fürsten Scheschonk vor dem regierenden König (Text B 3).

Weniger bedeutungsvolle Anlässe waren es, bei denen Götterbilder minderen Ranges bemüht wurden, um persönliche Angelegenheiten von Privatleuten zu regeln. Als der Priester Pa-sar in Abydos sein Recht auf den Besitz eines Ackers bestätigt haben wollte, richtete er seine Frage an das Bild des vor 300 Jahren verstorbenen und nun zu einem Gott gewordenen Königs Ah-môse I., das bei einer Prozession ausgetragen wurde (Text B 4 mit Tafel 17). Auf dem Westufer von Theben spielten zwei Fahndungen nach Dieben, bei denen ein Beamter sich mit einem Brief an das (nicht genannte) Götterbild wandte, um von ihm die Erklärung seiner Unschuld zu erlangen (Text B 6), während in einem anderen Fall die Antworten von drei Götterbildern den Dieb entlarvten (Text B 7). Das Vertrauen des Volkes auf die Richtigkeit der Entscheidungen der Götterbilder hat zahlreiche Bitten um Auskunft an sie veranlaßt, von denen eine Anzahl im Original erhalten geblieben sind (Texte B 5). Die Sitte der schriftlichen Fragen an die Gottheiten hat als fester Gebrauch weiter bestanden, als das Volk die griechische Sprache angenommen hatte und an die Stelle der alten Götter neue Wesen getreten waren, denen hellenische Eigenart beigemischt war und schließlich auch die christliche Religion (Text B 5).

Neben die großen Gottheiten in den Tempeln und neben die kleineren Wesen des Pantheons, die dem Volk vertrauter waren und ihm näherstanden, trat der Pharao, dessen Gott-Ähnlichkeit ein uraltes Dogma in Ägypten war. Schon zu Lebzeiten hoben ihn Stellung und Vorrechte über den gewöhnlichen Sterblichen hinaus, so daß er mit dem geheimnisvollen Schein des Überirdischen umkleidet war. Daran haben auch die beiden Priestersynoden in Kanopos und Memphis festgehalten, auf denen für die Könige Ptolemaios III. Euergetes und Ptolemaios V. Epiphanes sowie für Mitglieder ihrer Familie Ehrungen beschlossen wurden, wie sie eigentlich nur den Gottheiten im Himmel zukamen.

Nach dem Tode des Königs flog seine Seele zum Himmel hinauf, um dort ein wirklicher Gott zu werden. Die «Pyramiden-Texte» aus dem Alten Reich schildern ausführlich diese Himmelfahrt mit ihren Schwierigkeiten und mit der Hilfe der wohlgesinnten Götter (Texte C 1–2). Von den Kapellen des Totentempels des Königs Sethos I. bei Abydos ist die eine ihm selbst als einem Gott geweiht, der in gleicher Weise verehrt wurde wie die großen Gottheiten des Himmels (Text A 2, S. 72). Als sein Sohn Ramses II. den Tempel seines Vaters vollenden ließ, sprach Sethos I. als ein Gott aus dem Jenseits ihm seine Anerkennung aus und verhieß ihm ewigen Lohn dafür (Text A 1, S. 42).

Neben den Gottheiten dürfen ihre Tiere nicht vergessen werden, die sie begleiteten und die ihnen ihren Kopf als Symbol für ihre überirdische Gestalt geliehen haben. Das Exemplar des Tieres, das in dem Tempel gehalten wurde, galt als eine sichtbare Erscheinungsform der unsichtbaren Gottheit. Man betreute und pflegte es. Über den Tod der heiligen Kuh in dem XXII. ober-ägyptischen Gau trauerte man, bis eine Nachfolgerin gefunden war (Text C 8). Verbarg sich hinter der Kuh doch ein göttliches Wesen, das den Pharao als Kind gesäugt und gewartet hatte (Text C 7). Die am Himmel schwebenden Falken waren dort oben der Sonne nahe und wurden deshalb als Abgesandte des Sonnengottes verehrt. In Atrîb im Delta baute der Hohepriester Zed-Hôr einen neuen Stall für die heiligen Falken (Text C 9). Aus Edfu überliefert eine Inschrift zwei Tischgebete für den dort verehrten Falken, in denen strophisch gegliederte Anrufungen an den Allherrn enthalten sind (Text C 10). Den mächtigen Käfer (Skarabäus) aus Granit in Karnak wollte der Sonnengott durch seine Worte als sein Abbild angesehen wissen, durch das er seinem königlichen Sohn Amon-hôtep III. Anerkennung für seine Stiftung aussprach (Text C 11).

Als die griechischen Reisenden in dem Nil-Tal ihre Beobachtungen über die religiöse Betätigung der Ägypter machten, staunten sie über die Bedeutung, die dort der Verehrung
und Schonung der Tiere beigemessen wurde (Text C 12). Der
römische Spötter Iuvenalis verhöhnte die Ägypter wegen ihres Glaubens, der sie bis zum leidenschaftlichen Kampf gegen
ihre Nachbarn in dem anstoßenden Gau trieb, die andere Tiere verehrten als sie selbst (Text C 13).

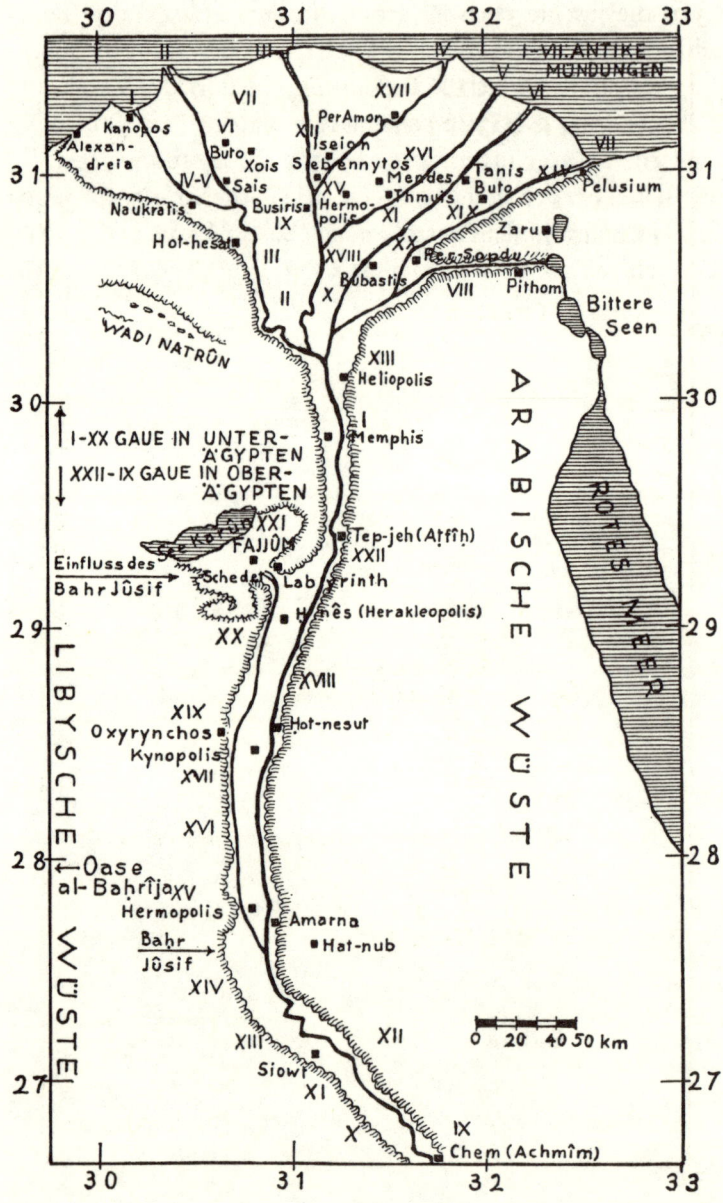

Abb. 1. Das Nil-Delta und der nördliche Teil von Ober-Ägypten.

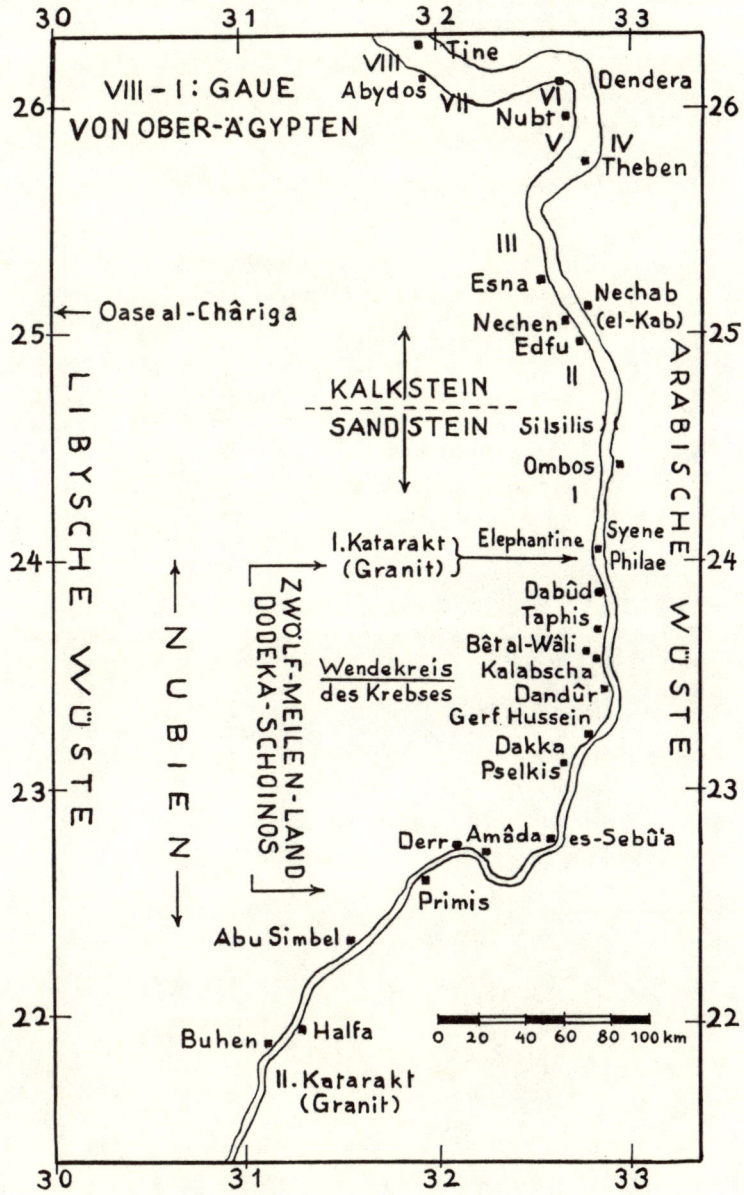

Abb. 2. Der südliche Teil von Ober-Ägypten sowie Nubien.

A. DER TEMPEL UND SEIN GOTTESDIENST

Der Tempel für die Götter ist kein gewöhnliches Wohnhaus, sondern verrät schon bei seiner Entstehung seinen überirdischen Ursprung. Seinen Grundriß hat der König zusammen mit Seschat, der Göttin der Schrift, auf den Boden gezeichnet (Abb. 3 und Tafel 2a). In Edfu sagt die Bauinschrift, das Heiligtum sei zuerst von dem vergöttlichten Weisen Im-hôtep erbaut worden (Band «*Götterwelt*», ober-ägyptischer Gau II, S. 319). Die ägyptischen Baumeister haben die Tempel zuweilen an Stellen angelegt, an denen sie schon durch ihre Lage

Abb. 3. König Ramses II. steckt den Grundriß des zu erbauenden Tempels auf dem Boden ab zusammen mit der Göttin «Sefchet-abwi, Herrin der Schrift, Herrin des Bauens, Fürstin des Hauses der Bücher (Papyrus)»; vgl. die Bronzefigur auf Tafel 2a.

und durch ihre Wirkung in der Landschaft ein eindrucksvolles Bild abgaben; entweder auf einer Anhöhe über dem Nil bei Kôm Ombo mit weitem Ausblick (Tafel 26), oder auf der Insel Philae in geheimnisvoller Abgeschiedenheit, umgeben von den Granitwänden des Kataraktes (Band «*Götterwelt*», Tafel 32), besonders großartig vor dem senkrechten Abfall des Kalksteins bei Dêr al-Bahri für den Totentempel der Königin Hat-schepsut (Tafel 29).

Für den ägyptischen Göttertempel hat sich allmählich ein typischer Grundriß ergeben, der überall ausgeführt worden ist, mit Abwandlungen im einzelnen, aber in seinen Grundzügen doch immer wiederholt. Man erkennt ihn, wenn man die Grundrisse der kleinen Tempel Ramses' III. in Theben (Band «*Götterwelt*», Abb. 49 und 50 auf S. 259 und 266) vergleicht mit dem des großen Ramesseums auf dem Westufer von Theben (*ebenda*, Abb. 51 auf S. 310). Die Schaufläche der Stirnseite des ganzen Baues bietet der hohe Pylon mit seinen beiden Tortürmen, weithin sichtbar in der Landschaft (*ebenda*, Tafel 24, 25, 28, 31 und 32), und hinausragend über die Häuser der umgebenden Wohnstadt, in die der Tempel eingelagert war; so schilderte Herodotos es nach seinem eigenen Eindruck in Bubastis (*ebenda*, S. 191). Durch den Pylon haben die Gläubigen, wenn auch vielleicht nur eine ausgewählte Zahl der «Eingeweihten» unter ihnen, den offenen Hof betreten dürfen, der von Säulengängen mit Statuen umrahmt war (*ebenda*, Tafel 22, 26 u. 27; in diesem Bande Tafel 15). Dann standen sie vor dem Säulensaal (Band «*Götterwelt*», Tafel 20, 21, 25 und 27), dessen Fassade durch Schranken verschlossen war (Band «*Mythen*», Tafel 7) und nur den Priestern Durchlaß gewährte. Die hintersten Räume des Tempels mit dem Sanktuar waren dunkel und nur denen zugänglich, die das Allerheiligste schauen durften. Strabon schildert einen solchen typischen Tempelgrundriß nach seinen Beobachtungen an verschiedenen Orten.

Der Plan des Baues der Tempel ist folgender. Am Eingang in den heiligen Bezirk ist der Fußboden mit Steinplatten belegt in einer Breite von 1 Plethron (30,83 m), oder auch weniger, in einer Länge von dem Dreifachen oder Vierfachen; es gibt auch längere. Genannt wird es Dromos (*Zugangsstraße*), wie Kallimachos gesagt hat: «Dieses ist der heilige Dromos des Anubis.» In der ganzen Länge sind der Reihe nach zu beiden Seiten der Breite steinerne Sphinxe aufgestellt, 20 Ellen (*1 pechys = 46 cm*) oder wenig mehr voneinander entfernt, so daß eine Reihe von Sphinxen sich zur Rechten befindet und eine zur Linken. Nach den Sphinxen folgt ein großes Propylon (*Torgebäude mit zwei Türmen*); wenn man dort hindurchgeschritten ist ein zweites, und dann ein drittes. Die Zahl ist nicht festgesetzt, weder von den Tortürmen (propylon), noch von den Sphinxen; in den einen Tempeln ist sie so, in den anderen anders, wie die Länge und Breite des Dromos. Nach den Tortürmen (propylon) folgt das Tempelhaus (naos), der einen großen und bewunderungswürdigen Pronaos (*Fassade mit Säulen*) hat, und ein Gebäude (sekos) mit den gleichen Abmessungen, aber kein Götterbild aus Holz, oder wenigstens keines nach Menschengestalt, sondern nach einem von den vernunftlosen Tieren. An jeder Seite des Pronaos liegen die sogenannten Flügel (pteron); diese sind zwei Mauern von gleicher Höhe wie der Tempel, die anfangs ein wenig mehr voneinander entfernt sind, als die Grundmauer des Tempels beträgt; dann aber, wenn man weiter hineingeht, Mauern (*Linien*), die sich verengern bis zu 50 oder 60 Ellen (*23 bis 27,60 m*). Diese Mauern (*der Flügel*) tragen Reliefs von großen Göttergestalten (eidolon), ähnlich den tyrrhenischen und den sehr alten von den Kunstwerken bei den Hellenen. Es findet sich auch ein Gebäude (oikos) mit vielen Säulen wie in Memphis, das einen fremden (barbarikos, *also ägyptischen*) Baustil zeigt. Denn abgesehen davon, daß sie (*die Säulen*) groß und zahlreich sind und in vielen (*engen*) Reihen, hat es nichts Anmutiges und nichts Malerisches, sondern zeigt vielmehr eine nichtssagende Arbeit (*von griechischem Standpunkt aus geurteilt!*).

Das Leben, das sich in dem ägyptischen Tempel abgespielt hat, wird in diesem Bande durch vier Texte veranschaulicht. Der erste (Text A 1) läßt erkennen, wie die Planung eines großen Bauwerks nur unvollständig ausgeführt worden ist, mit dem Tode seines königlichen Stifters zum Stillstand kam und erst durch seinen Sohn und Nachfolger vollendet wurde. Der zweite (Text A 2) versetzt uns unmittelbar in den an jedem Morgen vollzogenen Gottesdienst hinein. Nach dem Dogma stand es allein dem Pharao zu, das Opfer vor der Gottheit darzubringen (Band «*Mythen*», S. 249 und 281); in Wirklichkeit war seine Vertretung durch einen beauftragten Geistlichen selbstverständlich und üblich. In den beiden folgenden Texten (A 3–4) spricht die gesamte Priesterschaft des ganzen Landes mit Beschlüssen, die sie auf Synoden in zwei Städten des Delta gefaßt hat. Die beschlossenen Ehrungen der verstorbenen Könige und ihrer Gattinnen sind tatsächlich als Befehle ausgegeben und auch ausgeführt worden. Das liest man deutlich in einem Kaufvertrag aus dem Jahre 33 des Königs Ptolemaios IX. Euergetes II., der im Jahre 138 v. Chr. in Gabalên (ober-ägyptischer Gau III) abgeschlossen wurde. In seiner Datierung ist nach dem Königspaar ein Mann genannt, der sich als Priester sämtlicher Könige bezeichnet, die seit Alexandros dem Großen regiert haben; er zählt dabei ausdrücklich nacheinander Ptolemaios I.–IX. auf: Demotischer Papyrus Straßburg, Nr. 15, nach SPIEGELBERG in: *Recueil de travaux relatifs à la philologie et archéologie égyptiennes et assyriennes* 35 (1913).

Wenn der Gottesdienst im wesentlichen auch von Priestern vollzogen wurde, so gehörte zu ihm doch die Mitwirkung von

Frauen. In den «Klageliedern von Isis und Nephthys» um ihren Bruder und Gatten Osiris ist angegeben, wie die beiden Damen, die die Rollen der beiden Göttinnen zu spielen und zu singen hatten, in Tracht und Frisur aussehen sollten (Band «*Mythen*», S. 225). Als schmaꜥjet «Sängerin, Tänzerin» eines Gottes oder einer Göttin wurden Frauen auf Grab- und Denksteinen von ihnen selbst oder ihren Angehörigen häufig bezeichnet. Es galt als eine Auszeichnung, einen solchen Dienst in dem Tempel der Gaugottheit versehen zu dürfen, und die Damen der guten Familien werden sich dabei ebenso abgelöst haben, wie ihre Gatten es in ihrem «Stundendienst» taten. Reliefs in Tempeln zeigen auch Königinnen, die den kultischen Tanz vor der Gottheit ausführten (*hier*, Abb. 4 a–b). Sie

Abb. 4 a–b. Königin Honwet-tawi (Dynastie XXI) und Königin Kleopatra, Gattin des Ptolemaios X. Soter II. Sie halten in ihren Händen zwei Sistrum (griechisch seistron, Rassel mit klingenden Ringen an Metallstäben) und wollen den kultischen Tanz vor der Gottheit beginnen.

schüttelten dabei mit ihren Händen das Sistrum (Tafel 3), in dessen Bügel durchgesteckte Stangen Ringe trugen, die in Bewegung einen hellen Klang gaben und den Rhythmus des Tanzes betonten.

Eine Musikkapelle mit Sängerinnen, die nach den hieroglyphischen Beischriften auch als Tänzerinnen mitgewirkt haben, wird uns vorgeführt durch ein Bild in dem Tempel von Madamûd auf dem Ostufer von Theben, nördlich von Karnak (Abb. 5). In dem linken Teil des Bildes folgt auf eine Frau, die einen Stengel Papyrus und vier Stengel Lotos hält, ein Mann mit einer tragbaren Harfe (Beischrift: «Den Gott erfreuen und die Harfe schlagen») und eine Frau mit der Darabûka-Handpauke mit der Beischrift: «Schlagen der Pauke (?) (für) ihre (der Sänger) Gesänge.» Über ihnen steht die Beschreibung: «Die Gruppen (Kapellen) der Sänger ergreifen (ihre Instrumente), und sie geben den Takt an (für) die Chöre der Frauen, so zahlreich wie sie sind, wenn sie Verehrung erweisen der Goldenen (Göttin), und wenn sie für die Goldene musizieren, ohne daß sie aufhören mit den Worten (ihrer Lieder). Die Obersten der Musikanten spielen ihre Instrumente für dich!» In dem rechten Teil des Bildes spielt «Der Oberste der Sänger» die Laute (Beischrift vor ihm: «Singen für die Mächtige [Göttin]») für eine Sängerin von den «Frauen, die das Leid vergessen», die mit ihren Händen den Takt klatscht. Über beiden Personen steht: «Wir singen für dich, wir singen für dich, o diese Herrin, die Worte (Lieder), die die Anbetenden lieben!»

Laien sind gewiß schon beteiligt bei den Vorführungen, in denen Männer mit Masken von Tierköpfen auftraten, um bestimmte Gottheiten darzustellen. Ein Knabe, der sich als solcher ausweist durch Nacktheit und den Zopf an seiner rechten Schläfe, hat die Maske des Zwergengreises Bes erhalten (Tafel 1). In den Prozessionen wurden Stäbe mit aufgesetzten Figuren von Gottheiten oder Symbolen getragen. Beliebt ist bei den Stabaufsätzen das Schiff des Sonnengottes, unter dem sein

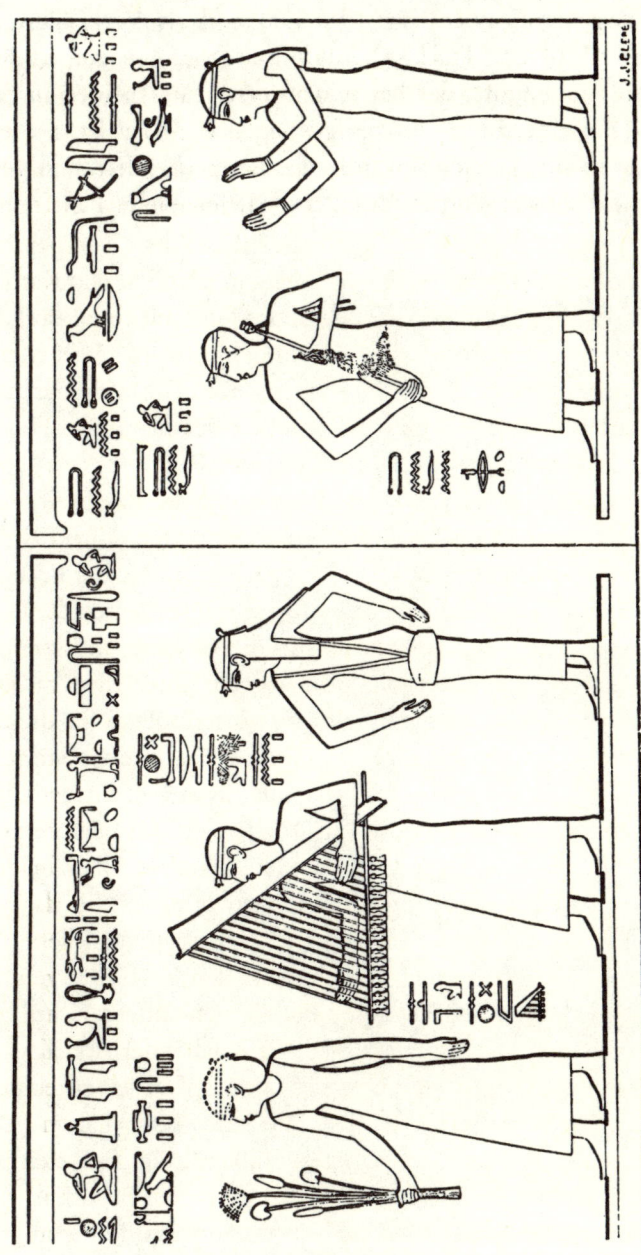

Abb. 5. Kapelle für Musik und Tanz. Relief in dem Tempel bei Madamûd.

bezwungener Gegner liegt, das Krokodil als Verkörperung
düsterer Wolken (Tafel 12). Andere Stabaufsätze zeigen den
jungen Sonnengott, der bei seinem ersten Erscheinen in der
Urzeit aus einer Lotosblüte aufgestiegen war (Tafel 18a); ferner, da es sich ja auch um fröhliche Feiern handelt, den ver-
gnüglichen Zwergengreis Bes, der die Leier spielt (Tafel 18b).

A I. WEIHINSCHRIFT RAMSES' II.
FÜR DEN TOTENTEMPEL SEINES VATERS
SETHOS I. BEI ABYDOS

In dem ober-ägyptischen Gau VIII, dessen Hauptstadt Tine den An-hûret als Herrn der Stadt und des Gaues verehrte, wurde in der Stadt Abydos der Totengott Osiris als Herr der Stadt angesehen. Er übte dort gewissermaßen auch die weltliche Herrschaft über das Stadtgebiet aus, ohne deshalb seine ursprüngliche Eigenschaft als Gebieter des Totenreiches zu verlieren. In dieser Eigenschaft war er im Alten Reich von Busiris (unter-ägyptischer Gau IX) nach Ober-Ägypten eingewandert und hatte in Abydos den dort heimischen Totengott Chenti Amentiw «Erster der Westlichen», einen liegenden Hund oder Schakal, in sich aufgenommen. Der Friedhof von Abydos erfreute sich eines besonderen Ansehens, so daß der dort Bestattete auf die Gnade des Osiris hoffen zu dürfen glaubte; er rechnete dabei auf die Gewißheit, bei dem Totengericht im Jenseits als «wahr an Stimme» befunden zu werden und dann ein seliger «Verklärter» zu sein. Privatleute stellten deshalb in dem Friedhof von Abydos gern einen Denkstein wie einen Grabstein auf, der dem Gott gegenüber wie eine Bestattung gelten sollte. Könige errichteten sich Totentempel für den Dienst nach ihrem Tode, der vor ihrer Statue durch dazu bestimmte Priester gegen eine festgesetzte Rente ausgeübt wurde.

König Sethos I. (Dynastie XIX, um 1300 v.Chr.) ließ für sich einen solchen Totentempel errichten, der mit einem ungewöhnlichen Grundriß angelegt und mit Darstellungen in feinem Hochrelief ausgeschmückt wurde. In sechs Kammern, die je einer Gottheit geweiht waren, wurden an den Wänden Bilder mit begleitenden Texten angebracht, in denen das ganze Ritual der Anbetung wiedergegeben ist, nach dem an jedem Morgen der Priester das übliche Opfer zu vollziehen hatte (*unten*, A 2, S. 72). Da Sethos I. nur 10 Jahre regiert hat, war der Tempel, dessen Ausführung besondere Sorgfalt und viel Zeit erforderte, bei seinem Tode noch nicht vollendet. Damals versiegten offenbar die Quellen, aus denen die Mittel für den Bau flossen, und auch die Besoldung der Priester für den Totendienst des Königs blieb aus, weil die vorgesehenen Einkünfte andere Wege nahmen. König Sethos I. weilte im Jenseits, wo ihn die Götter in ihren Kreis aufgenommen hatten (Tafel 6).

Als der junge König Ramses II. seinen Vater Sethos I. in dem Felsengrabe in der Wüste westlich von Theben (oberägyptischer Gau IV) bestattet hatte, stiftete er noch in dem ersten Jahre seiner Regierung eine Statue des verstorbenen Königs in den Totentempel bei Abydos und glaubte damit zunächst genug getan zu haben. Er hatte auch eine Statue in Memphis aufstellen lassen, und eine weitere in dem Totentempel Sethos' I. bei Kurna auf der ebenen Fläche vor dem Wüstenrande auf dem Westufer von Theben. Zu einem späteren Zeitpunkt, auch noch in Jahr 1 seiner Regierung, nahm Ramses II. gegen das Ende der Überschwemmungszeit an den üblichen Festfeiern in Theben teil. Auf der Rückfahrt von Theben nach seiner Residenz im Delta ließ der König in Abydos halten. Eine Besichtigung des Friedhofs von Abydos offenbarte ihm einen unerfreulichen Zustand. Die Bauten früherer Könige waren verfallen, der Totentempel seines Vaters war unvollendet geblieben, der Totendienst in ihm wurde nicht mehr versehen, weil die Besoldung der Priester ihnen weggenommen wurde. Der König griff selbst ein, und er ließ den Tempel vollenden, wie sein Vater ihn geplant hatte. Die Priesterschaft von Abydos war glücklich über die ihnen wichtige Zusage des Königs, und sie entwarfen ihm voller Dank den Text zu einer Inschrift, die wie eine Ergebenheitsadresse ausgearbeitet war. Der junge König, nicht frei

von Eitelkeit und der Schmeichelei geneigt, nahm den Text
an und ließ ihn als hieroglyphische Inschrift in dem Totentempel seines Vaters anbringen. Man begnügte sich dafür
nicht, wie sonst in bescheidener Weise, mit einem Architrav
oder einer Türlaibung, sondern beanspruchte eine ganze
Wand. Man wählte die linke Hälfte der Rückwand des zweiten Hofes aus. Dort begann man an dem rechten Ende der
etwa 25 m langen Wand mit einer Darstellung, die Ramses II.
zeigt, wie er → eine Figur der Maꞏat (Göttin des Rechts, der
Wahrheit) darbringt vor ← Osiris, Isis und vor seinem
verstorbenen Vater Sethos I.; dieser wird hier wie ein Gott
behandelt und nimmt einen Platz ein, an dem man Horus, den

Abb. 6. König Ramses II. bringt die Maꞏat (Wahrheit, Recht) dar vor
Osiris, Isis und seinem vergöttlichten Vater Sethos I. Relief in dem
Totentempel Sethos' I. bei Abydos.

Sohn von Osiris und Isis, zu sehen erwartet (Abb. 6). Das Darbringen einer Figur der Maᶜat, die Tafel 2 b rundplastisch vorführt, bedeutet, daß der König die Wahrheit spricht und daß alle seine Gaben wahrhafte Geschenke sind.

Die Darstellung mit den vier Gestalten, von denen jede etwa 4 m hoch ist, hat eine Gesamthöhe von fast 6 m. An dieses Bild schließt sich nach links hin, also hinter dem → opfernden König, eine Inschrift von 96 senkrechten → Zeilen an, und auf diese folgt an dem linken Ende der Wand nochmals eine Gestalt Ramses' II., der → redend seine rechte Hand erhebt, um anzudeuten, daß es seine eigenen Worte sind, die eingemeißelt vor ihm stehen (Abb. 7).

Man hat also in Abydos aus der Weihinschrift Ramses' II. eine auffallende Dekoration mit wirkungsvoller Komposition von Bild und Schrift gemacht. Auch die Inschrift selbst ist ein literarisches Kunstwerk, auf dessen Abfassung durch einen der Ihrigen die Priesterschaft von Abydos gewiß stolz gewesen ist. Der Inhalt ist kein sachlicher Bericht, sondern in einigen Teilen eine novellistische Erzählung, wie wir sie aus der volkstümlichen Literatur jener Zeit kennen. Der Verfasser benützt gelegentlich sogar Redewendungen, wie sie dort üblich, aber in einer Inschrift hohen Stils ungewöhnlich sind. Zu dem Stil religiöser Texte gehört es, wenn der Verfasser in phantastischen Wendungen Irdisches mit Überirdischem mischt, die Götter zu Menschen macht und den König zum Gott, und wenn er am Schluß den verstorbenen König Sethos I. aus dem Jenseits zu seinem auf der Erde lebenden Sohn König Ramses II. sprechen läßt. Der Verfasser hat die alte religiöse Literatur gut gekannt; was er von Horus sagt, entspricht den Tendenzen der «Pyramiden-Texte» des Alten Reichs (3. Jahrtausend v. Chr.). Dort kommen schon Gedankengänge und Worte vor, die er die Beamten zu dem König sprechen läßt, wenn sie ihn als einen Horus, das Idealbild eines Pharao, preisen (S. 50).

Der Text der Inschrift ist offenbar unmittelbar nach den Ereignissen von Jahr 1 entworfen und dann bald angebracht worden. Er spricht von der Vollendung des Totentempels Sethos' I. nur als einem Plan seines Sohnes Ramses II., er setzt aber an keiner Stelle diese Vollendung als geschehen voraus. Ramses II. erscheint in der Darstellung durch die Priesterschaft von Abydos als ein Herrscher, der ausschließlich auf die Pflege des Gedenkens an seine Vorfahren, besonders an seinen Vater, bedacht war. Die Wirklichkeit hat allerdings manchmal anders ausgesehen, besonders in den späteren Jahren seiner Regierung. Ramses II. hat in vielen Tempeln die dort vorhandenen Reliefs und Plastiken für sich in Anspruch genommen, und seine Bildhauer haben, gewiß mit seiner Zustimmung, seinen Namen auf die Arbeiten früherer Generationen gesetzt. Zur Ausschmückung der neuen Residenz im Delta, die von den Hebräern in der Lebensgeschichte von Mose mit dem Namen «Ramses» bezeichnet wird, sind Tempel im Delta und in Ober-Ägypten geplündert worden, und die Namensschilder Ramses' II. wurden rücksichtslos über denen von älteren Königen eingemeißelt. Das Verfahren der Baumeister und Künstler unter Ramses II. grenzt oft an Geschmacklosigkeit und erscheint uns als zerstörende Barbarei, nicht als aufbauendes Schaffen.

Die Weihinschrift in Abydos spricht nur von den guten Absichten des Königs Ramses II., die er in den ersten Jahren seiner Regierung betätigt hat. Der Verfasser, der das Moralisieren liebt, lobt den Charakter des jungen Königs, der nur an die Ehrung seines Vaters denke (Zeile 26). Wie er dann die Beamten den König preisen läßt, bevor dieser etwas getan oder auch nur gesagt hat, ist mehr, als die üblichen Loblieder auf den Pharao sonst auszusprechen pflegen. Die Worte, die dem König dann in seiner Ansprache an den Hofstaat in den Mund gelegt werden, sind auch nicht bescheiden. Er rühmt sich, Rê habe ihn erzeugt, er sei schon als Kind zum König bestimmt und als solcher geehrt worden. Ramses II. vergleicht sich nicht nur mit den Göttern, sondern er erklärt sich selbst für den Rê, der als Sonne für die Untertanen erstrahle, die unter seinen Sohlen lägen (Zeile 48). Die Beamten bestätigen dem König, er sei wirklich der Rê, und seine Taten überträfen die des Horus (Zeile 55). In ergebenem Übereifer erklären sie dem jungen Pharao, es habe noch keinen König wie ihn gegeben (Zeile 59); dank seinem Eintreten für seinen Vater und für seine Vorgänger könne er einer ewigen und glücklichen Regierung sowie der Seligkeit nach seinem Tode sicher sein (Zeile 62 und 66).

Wie der Verfasser weiter berichtet, hat Ramses II. dann den Auftrag gegeben, die Handwerker mit der Arbeit an dem Totentempel in Abydos beginnen zu lassen, gleichzeitig auch in Theben, Heliopolis und Memphis (Zeile 75). Der Verfasser läßt den jungen König eine Ansprache an seinen Vater Sethos I. halten, um ihm in das Jenseits hinein mit allen Einzelheiten zu schildern, was er für seinen Totentempel in Abydos tun wolle und wie er seinen Totendienst durch eine Stiftung mit Landbesitz, Arbeitern und Abgaben für alle Zeiten sichern würde (Zeile 76–98). König Sethos I. antwortet mit einer ebenso langen Ansprache an seinen Sohn, er wolle ihm durch Fürsprache bei den großen Göttern ein ewiges Leben auf der Erde und eine glückliche Regierung verschaffen (Zeile 98–116). Hiermit schließt die Inschrift, in der die gleichen Gedankengänge mit immer wieder neuen Wendungen aus dem Munde verschiedener Personen wiederholt werden.

Dem König Ramses II. ist ein langes Leben und eine Regierung von 67 Jahren zuteil geworden. Er starb 1232 v.Chr. in einem Alter von über 90 Jahren, und seine Leiche (Länge 1,733 m) ist gut erhalten (Tafel 4). Der Kopf ist verhältnismäßig klein und auf der Oberseite kahl; an den Schläfen und an dem Hinterkopf hängen Haare bis zu 6 cm Länge herab. An die niedrige Stirn schließt sich eine lange, schmale und stark vortretende Nase an. Die kräftigen Kiefer bilden ein langes Kinn. In dem Mund mit schmalen Lippen sind einige, nur wenig abgenützte Zähne sichtbar. Von dem weißen Barthaar stehen Stoppeln, die vor dem Einbalsamieren nicht wegrasiert worden sind. Die Ohrläppchen sind für Anhänger durchbohrt. Die schlanke Gestalt des Königs in seinen jugendlichen Jahren kommt gut zum Ausdruck in der Statue, die ihn langgestreckt am Boden kniend darstellt, wie er vor einer Gottheit ein Opfer darbringt (Tafel 5); auf dem Untersatz ist wahrscheinlich eine Gruppe zu ergänzen, die den Namen des jungen Königs wiedergibt, wie er bei der feierlichen Krönung festgestellt worden ist, und die Statue mag aus Anlaß der Krönung geweiht worden sein.

Veröffentlichungen:

AUGUSTE MARIETTE, *Abydos* I (Paris 1869) p. 11–13, pl. 5–9.

JAMES HENRY BREASTED, *Ancient Records* III (1906) 102–117, § 251–281.

GAUTHIER in: *Zeitschrift für ägyptische Sprache und Altertumskunde* 48 (1910) 52–66.

HENRI GAUTHIER, *La grande inscription dédicatoire d'Abydos (Publications de l'Institut Français d'Archéologie Orientale au Caire, Bibliothèque d'Etude, Tome IV, Le Caire 1912).*

DARSTELLUNG

MARIETTE, pl. 5; unsere Abb. 3

König Ramses II. bringt die Wahrheit dar vor Osiris, Isis und König Sethos I.

Der opfernde → König trägt den Kriegshelm und ist über dem Königsschurz (an dem Mittelstück hängen die Uräus-Schlangen mit Sonne herab) mit dem weiten durchsichtigen Mantel bekleidet. Er erhebt die rechte Hand anbetend und streckt auf seiner linken dem Osiris die Figur der Maat entgegen (vgl. Tafel 2 b). Über dem Kopfe des Königs stehen seine Namen:

HERR DER LÄNDER (Woser-Maat-Rê, Erwählt von Rê)|

HERR DER KRONEN (Geliebt von Amon, Ra-msês)[. Davor betet er vor Osiris:

Ramses II. spricht zu Osiris

18 Rede des Königs von Ober- und Unter-Ägypten an seinen Vater Osiris:

Ich opfere dir und erbitte ewiges Leben von dir

«Ich grüße dein Gesicht *19* wie dein Sohn Horus. Ich tue gemäß dem, was er getan hat. Ich wiederhole dir *(mache dir neue)* Denkmäler in dem «Prächtigen Lande» *(Friedhof von Abydos)*. *20* Ich verdoppele *(deinen Besitz o.ä.)* für deinen Ka *(Seele)*. Ich antworte auf meinen *(an der Stelle meines)* Vater, der in der Duat *(Totenreich)* ist unter dem Befehle deines Mundes. *20b* Ich weiß, daß du [die Wahrheit] liebst, und *(deshalb)* schenke ich sie deiner Schönheit. Ich erhebe sie auf meiner Hand vor dein Gesicht. *20c* Möge sie mir die Erde in Frieden geben! Mögest du mir die Ewigkeit als König geben, und die Unendlichkeit als Herrscher der beiden Länder. Siehe, ich bin es, der tut, was dein Herz liebt, an jedem Tage ohne Aufhören.»

Dem König gegenüber steht ← Osiris als Mumie mit der ober-ägyptischen Krone (an ihr zwei Straußenfedern). In seinen Händen hält er außer dem Krückstock (waʾś «Glück») die beiden königlichen Zepter: Geißel und Krummstab. An seinem Nacken hängt die Troddel als Gegengewicht zu dem (unsichtbaren) Halskragen heraus. Der Sockel, auf dem Osiris mit den anderen Gottheiten steht, hat als schmückendes Band ein Ornament aus den Schriftzeichen ꜥanch «Leben» und waʾś «Glück».

Osiris spricht zu König Ramses II.

1 Rede des Osiris, Herrn der Ewigkeit, an seinen Sohn, König von Ober- und Unter-Ägypten (Woser-Maat-Rê, Erwählt von Rê)[.

44

Ich freue mich über deine guten Taten

2 «Mein Herz ist zufrieden über das, was du mir getan hast, und ich jubele über das, was du befohlen hast. *3* Ich freue mich darüber, daß du mir die Wahrheit machst *(die Figur der Wahrheit, Gerechtigkeit, darbringst, wie das Bild es darstellt)*, denn ich lebe ja *4* von den Schönheiten *(guten Taten)*, die du mir als ein Entgelt erwiesen hast in der *(ewigen)* Lebenszeit des Himmels.

Ich verheiße dir ein ewiges Königtum

5 Deine [guten Taten] sind wie die des Aton *(Sonne)*. Du sollst bestehen, *(solange)* Atum besteht, *6* indem du erglänzest an seinem Throne, *6b* gleich wie Rê stark ist *(ewig andauert)*, indem er den Hohen *(Himmel)* mit seinem Schiff befährt. Du sollst wie der König von Ober- und Unter-Ägypten sein in deiner Schönheit in dem Inneren des Palastes. Deine Pläne sind angenehm auf meinem Herzen. *6c* Das, was du getan hast, ist erwünscht in dem Horizont *(meines Heiligtums)*, und *(meine)* Kapelle ist in Freude, zweimal. Ich will deinen Ruf erhören, und ich will mich an deine Schönheit *(guten Taten)* erinnern. Der Ta-tenen *(Gott in Memphis)*, er möge dir Hunderttausende von Jahren geben.»

Hinter dem Osiris steht Isis, die ihre rechte Hand schützend hinter seinen Rücken hält. Sie trägt auf ihrem langen zweiteiligen Haar die Geierhaube mit dem Uräus und darauf die Hieroglyphe «Thron», mit der ihr Name «Isis» geschrieben wird.

Isis spricht zu König Ramses II.

7 Rede der Isis, der Großen, der Mutter des Gottes (Horus):

Ich verheiße dir das erfolgreiche Leben meines Sohnes Horus

8 «Mein Sohn, mein geliebter, (Geliebt von Amon, Ra-msês)|, deine Lebenszeit soll sein wie *9 (die)* meines Sohnes Horus. Was dir geschieht, *(soll sein wie das,)* was *(meinem Sohn)* ge-

schah, der *10* aus meinem Leibe hervorging. Du bist uns wertvoll, ebenso wie sein Wesen (*es war*). *11* Die Lebenszeit des
Himmels, das Königtum des Herrn des Alls, und *12* die Jahre
der beiden Herren (*Horus und Setech*) – sie sollen dir auf der
Erde anbefohlen werden!»

Auf Osiris und Isis folgt wie eine gleichberechtigte Gottheit
der verstorbene König Sethos I. in der Tracht eines lebenden
Pharao. Er ist nach altertümlicher Weise nur mit dem kurzen
Königsschurz bekleidet, über den der durchsichtige Schurz
weit herabfällt. In seiner linken Hand hält er als königliches
Zepter den Krummstab; in seiner rechten, ebenso wie die
Götter, das ᶜanch des (ewigen) «Lebens». An der Perücke ist
die Stirnschlange (Uräus) befestigt, die ihn als gekrönten König kennzeichnet.

FORTLAUFENDE INSCHRIFT [ZEILE 21–116]

König Ramses II. will für seinen Vater ebenso eintreten,
wie Horus für Osiris eingetreten ist

21 Es ist nun geschehen, daß ein Sohn für seinen Vater eingetreten ist, wie Horus (*es getan hat*), als er für seinen Vater Osiris
eintrat, indem er den formte (*von neuem zur Geltung brachte*),
der ihn geformt (*erzeugt*) hatte; und indem er den hervor-
brachte (*gestaltete*), der ihn hervorgebracht hatte; und indem
er den Namen dessen (*von neuem*) belebte, der ihn erzeugt
hatte, – (*dieser Sohn ist*) König von Ober- und Unter-Ägypten
(Woser-Maat-Rê)[der Sohn des Rê, von ihm geliebt, Herr
der Kronen (Geliebt von Amon, Ra-msês)[mit Leben beschenkt wie Rê in Ewigkeit, geliebt von Osiris, dem Herrn
von Abydos.

König Ramses II. beabsichtigt die Denkmäler seines Vaters
in drei Städten zu vollenden

22 Der Herr der beiden Länder stand auf (*begann seine Tätigkeit*)
als König, um für seinen Vater einzutreten während des Jahres

1 (*seiner Regierung*) auf seiner ersten Fahrt nach Wêset (*The-ben*). Er wollte bilden (*herstellen lassen*) die Gestalten (*Statuen*) seines Vaters, dieses Königs (Men-Maat-Rê)[: die eine in Wê-set (*Theben*), die andere in Hot-ka-Ptah (*Memphis*) in einem Gottesgehöft (*Tempel, Kapelle*), das er für sie bauen wollte, 23 als eine Vermehrung auf (*hinaus über*) die Schönheit, die vor-handen war in dem Friedhof von Abydos in dem Gau Ta-wêr (*geschrieben wie Zaw-wêr, gemeint Gau VIII*).

In Abydos will er einen Tempelbau seines Vaters beenden

Er wünschte (*das auszuführen*), wonach sein Herz verlangte, seit er auf der Erde war, dem Boden des Wenen-nôfer (*Osiris, hier gemeint als der Erdgott von Busiris*). Er wollte die Erneuerung wiederholen (*wiederherstellen*) der Denkmäler seines Vaters, die in der Cherit-nûter (*Friedhof*) sind. Sein (*seines Vaters*) Name sollte (*von neuem*) belebt werden, und seine Gestalten sollten gebildet (*seine Statuen angefertigt*) werden, und dauernde Op-fergaben sollten gegeben werden 24 für seinen ehrwürdigen Ka (*Seele*), um sein Haus [zu bereichern] und seine Altäre zu speisen.

Verfallene Bauteile sollen erneuert werden

Aufgemauert soll werden, was verfallen ist, in dem Gehöft, das er (*sein Vater*) liebte. Pfeiler sollen in seinem Tempel aufgestellt werden. Seine Wände werden gemauert. Seine Tore werden festgestellt. Aufgestellt wird, was verfallen ist, an der Stätte seines Vaters (*gemeint: Osiris*) in dem Friedhof des Osiris, [des Herrn von Abydos]. [Hergerichtet werden soll] 25 das Doppel-tor, das in dem Inneren (*des Tempels*) gemacht wird.

Diese Absichten entsprechen dem Charakter von König Ramses II.

(*Dieses wird getan werden*) wie alles, was der (*König*) «Gewaltig an Siegen» tut, der König von Ober- und Unter-Ägypten (Wo-ser-Maat-Rê)[Sohn des Rê (Geliebt von Amon, Ra-msês)[der mit Leben beschenkt ist, für seinen Vater, den Osiris, den König (Men-Maat-Rê)[Wahr an Stimme. Er wollte ihm *(dem König Sethos I.)* Sachen legen *(Opfergaben stiften)*, versehen mit Speisen für seine Namen, die in den *(früheren)* Königen waren *(die Namen Sethos' I. waren denen der früheren großen Könige verwandt und gleichwertig)*. Sein [Herz] war 26 lieblich *(angenehm)* für den, der ihn erzeugt hatte, und sein Gemüt ging um den *(seine Gefühle bewegten sich um den)*, der ihn erzogen hatte.

In Theben vollzog Ramses II. ein öffentliches Opfer durch eine Räucherung vor Amon

An einem von diesen Tagen geschah es in Jahr 1, Monat 3 der Überschwemmung, Tag 23, an den [Festen, die damals gefeiert wurden,] nachdem *(der König den Gott)* Amon *(bei der Prozession auf dem Nil)* nach Opet *(Karnak)* befördert hatte. Da ging er *(der König)* hinaus *(erschien er öffentlich aus dem Palast)*, gelobt *(gepriesen)* 27 in Kraft und Sieg bei Amon und Atum in Wêset *(Theben)*. Er *(der Gott)* sollte ihn *(den König)* belohnen mit Millionen von Jahren gemäß der Lebenszeit des Rê in dem Hohen *(Himmel)*. Gehört wurde [das Gebet des Königs, und er wurde] beschenkt *(belohnt)* mit Ewigkeit auf Unendlichkeit. Er *(der König)* erhob seinen Arm mit dem 28 Räuchergerät *(bei dem Opfer)* zu dem Horizont *(Heiligtum)* des *(Gottes)*, der sich befindet *(wohnt)* in [Karnak? Kurna?]. Seine Opferspenden waren angenehm und wurden angenommen [durch] seinen [Vater], den Herrn der Liebe *(Beliebtheit, gemeint Amon)*.

Der König reiste von Theben stromab nach dem Delta

Seine Majestät kam *(kehrte zurück)* aus der südlichen Stadt *(Hauptstadt Theben)*, [und er war wie] Rê. Man begann den Weg, und man machte eine Fahrt des Königs *(eine königliche Nil-Fahrt)*. Die Schiffe 29 erhellten *(wie Sterne am Himmel)* die Flut *(Oberfläche)* des Wassers. Das Gesicht wurde gegeben *(die Richtung wurde eingeschlagen)* bei der Fahrt stromab nach der

Stätte der Kraft, dem «Haus des (Geliebt von Amon, Ramsês)] der Gewaltig an Siegen ist» (*Name der königlichen Residenz im Delta*).

Unterwegs entschloß der König sich zu einem Aufenthalt in Abydos

Seine Majestät wollte eintreten (*nach Abydos*), um seinen Vater (*Osiris*) zu sehen. Man (*der König*) landete auf dem Fluß an dem Kanal von Ta-wêr (*Gau VIII von Abydos*), um Sachen zu legen (*Opfer darzubringen*) für Wenen-nôfer (*Osiris*) an dem schönen Ort, den sein Ka (*Seele*) liebt, und um zu begrüßen ₃₀ seinen [Nachbar o. ä.], seinen Bruder An-hûret, den Sohn des Rê, in Wahrheit, wie sein Wesen war (*ganz und gar*).

Er besichtigte die Bauten früherer Könige
in dem Friedhof von Abydos

Er fand die Gehöfte von Ta-zoser («*Prächtiges Land*», *Friedhof von Abydos*) der Könige, die früher gewesen waren, und ebenso ihre Gräber, die in Abydos sind, neigend, um in den Zustand der Leere (*in Verfall*) zu geraten.

Einige waren noch unvollendet,

Die Hälfte von ihnen war (*noch begriffen*) in der Ausführung der Arbeit. [Das Baumaterial für sie] ₃₁ lag am Erdboden, und ihre Mauern waren auf dem Wege (*unvollendet*) verlassen. Nicht schloß sich ein Ziegel an den anderen an. Was im Geburtshause (*im Entstehen*) war, wurde zu einem (*flachen*) Erdboden.

aber man arbeitete nicht an ihrem Abschluß

Nicht gab es einen Maurer, der [die Arbeiten fortsetzte, sondern] sie (*Plural, die Arbeiten*) waren gegeben in das Legen in (*versetzt in den Zustand der Ausführung gemäß*) seine Pläne, seit ihre Herren (*Meister, Auftraggeber*) zum Himmel geflogen waren. Nicht ₃₂ [gab es] einen Sohn, der die Denkmäler seines Vaters erneuerte, die in der Cherit-nûter (*Friedhof*) sind.

Auch der von Sethos I. begonnene Tempel war unvollendet

Was nun das Gehöft des (Men-Maat-Rê)] angeht, seine Fassade und seine Rückseite waren in der Ausführung der Arbeit, als er zum Himmel eintrat. Nicht waren seine Denkmäler *(Bauwerke)* vollendet. Nicht waren die Pfeiler aufgestellt auf seiner Treppe *(ansteigender Fußboden)*. Seine Gestalt *(Statue)* lag am Boden; *33* nicht war sie gebildet gemäß seinen Kenntnissen *(Vorschriften)* des Goldhauses *(Werkstatt der Bildhauer)*.

Der Totendienst wurde von den Priestern nicht mehr versehen

Ein Aufhören war eingetreten bei ihren Gottesopfern, und *(bei)* den Stundenpriestern *(Bruderschaften von Laien)* des Gottesgehöftes in gleicher Weise.

und deren Besoldung wurde nicht mehr geliefert

Weggenommen wurde, was gebracht wurde aus seinen *(des Gehöftes)* Äckern. Nicht waren ihre *(der Äcker)* Grenzen auf dem Boden festgestellt.

König Ramses II. rief seine Beamten zusammen

Da sagte Seine Majestät zu dem Schatzmeister *(eigentlich: Siegelträger des Königs von Unter-Ägypten)*, der an seiner Seite war: «Du sollst sprechen! Rufe *34* die Hofleute, die Vornehmen des Königs, die Vorsteher der Soldaten insgesamt, und die Vorsteher der Arbeit gemäß ihrer Anzahl, und die Oberhäupter der Schriften!»

Die Beamten erschienen vor dem König

Da wurden sie vor Seine Majestät gebracht. Ihre Nasen waren auf den Boden gedrückt, ihre Knie waren auf dem Erdboden in Jauchzen und Erdküssen. Ihre Arme waren in Anbetung *(erhoben)* zu Seiner Majestät. Sie beteten diesen Guten Gott an, indem sie seine Schönheit gewaltig machten *(priesen)* vor *(ihm)*. Sie sprachen eine Verkündigung gemäß dem, was er

getan hatte. Sie stellten seine Kräfte (*Taten*) dar, wie sie geschehen waren. Alle Worte, die aus ihrem Munde kamen, waren das, was der Herr der beiden Länder in Wahrheit getan
hatte. *36* Sie waren auf ihren Bäuchen, indem sie auf dem Boden
rutschten vor Seiner Majestät mit den Worten:

und priesen zunächst seine Macht

«Wir kommen zu dir, Herr des Himmels und Herr der Erde,
Rê (*Sonne*), Leben der Erde in ihrer Gesamtheit, Herr der Lebenszeit (*der Natur?*), stark an Umlaufzeit (*wie ein Stern*);
Atum (*Sonnengott als Schöpfer*) für die Menschheit, Herr des
Schicksals (*Ablauf der Ereignisse in der Natur*), der die Renen-
wetet (*Schlange, Göttin der Ernte*) hervorbringt;
Chnum, *37* der die Menschheit (*auf seiner Töpferscheibe*) hervor-
gebracht hat, der Wind (*frische Luft*) an jede Nase gibt, der
die gesamte Götterschaft belebt;
Pfeiler des Himmels, Stütze der Erde, der Vorgesetzte (*Amts-
leiter, dem Meldungen gemacht werden*), der die beiden Ufer
(*Ägyptens*) richtig leitet;
Herr der Speisen, reich an Getreide, (*so daß*) Renen-wetet (*der
Ertrag der Ernte*) an der Stelle seiner Sohlen (*ihm untertan*) ist;
38 der die Großen macht und die Kleinen baut, dessen Rede
die Speisen hervorgebracht hat;

und seine Fürsorge für seine Untertanen

der Herr der Ehrwürdigkeit, der wacht, während jedes Gesicht
(*alle Menschen*) schläft; dessen Kraft das Land Kemet (*Ägypten*)
schützt, stark in den Fremdländern; der kommt (*aus dem
Kampf zurückkehrt*), nachdem er das Siegesfest begangen hat;
dessen Arm (*Sichelschwert?*) die Bewohner der beiden Länder
Ta-meri (*Ägypten*) geschützt hat;
geliebt von der Maat (*Wahrheit, Gerechtigkeit*), von der er lebt
39 in seinen Gesetzen; der die beiden Ufer (*Ägyptens*) schützt;

stark an Jahren, gewaltig an Siegen; Schrecken vor ihm bezwingt die Fremdländer. –

und meldeten sich dann bei ihm zum Empfang
seiner Anweisungen

O unser Herrscher, o unser Herr, o unser Rê *(Sonne)*, die Gesamtheit *(das All, der Gott Atum)* lebt durch die Rede seines Mundes *(gemeint: des Königs)*. Siehe, wir sind hier vor Deiner Majestät. Mögest du uns das Leben anbefehlen von dem, was du gibst, *40* o Pharao, Leben Heil Gesundheit!, der Wind *(frische Luft)* für unsere Nasen. Alle Menschen *(beginnen zu)* leben, wenn er ihnen *(als Sonne)* aufgegangen ist!»

König Ramses II. teilt den Beamten seine Absicht mit

Da sagte Seine Majestät zu ihnen: «Sehet, ich habe veranlaßt, daß man nach euch wegen eines Planes ruft, der vor mir *(in meinen Gedanken)* ist.

Ich fand die Tempel früherer Könige im Friedhof von Abydos verfallen

Ich habe gesehen, daß die Gehöfte des Ta-[zoser] *(des Friedhofs)* und die Gräber, die in Abydos sind, *41* und die Arbeiten in ihnen, *(sie sind)* in der Ausführung der Herstellung *(unvollendet)* seit der Zeit ihrer Herren *(Auftraggeber)* bis zu diesem Tage. *(Es ist so,)* als ob ein Sohn an die *(Wirkungs-)*Stelle seines Vaters tritt, und *(er)* erneuert nicht die Denkmäler dessen, der ihn erzeugte.

Ich überlegte die Wiederherstellung der Bauten

Da begann ich mit meinem Herzen zu reden: Es ist ein Beispiel von richtigem Handeln, wenn man das Verfallene verschönert *(wiederherstellt)*. Es ist herrlich *(wertvoll, lobenswert)*, das Gute auszuführen. Eine Freude des Herzens ist ein Sohn, der *(sein)* Herz hinter seinen Vater wendet *(sich um ihn bekümmert)*.

Zunächst will ich den Tempel meines Vaters Sethos I. vollenden

(*In diesem Sinne*) leitet mich mein Herz, wenn ich Herrliches (*Taten*) ausführe, zweimal, für (Mer-en-Ptah)⟨. Ich will veranlassen, daß bis in Ewigkeit und Unendlichkeit gesagt wird: 'Sein Sohn war es, der seinen (*seines Vaters*) Namen belebte!'

Osiris wird mich dafür belohnen

Möchte mein Vater Osiris mich belohnen ₄₃ mit der gewaltigen Lebenszeit seines Sohnes Horus. Denn ich bin es ja, der tut, was er (*Horus*) getan hat. Ich bin angenehm geworden, wie er angenehm war für den, der ihn erzeugt hatte.

Ich bin von Rê erzeugt

Ich bin hervorgegangen aus Rê, [obwohl?] ihr sagt: aus (Men-Maat-Rê)⟨. (*Aber*) der mich erzog und der mich groß machte, ₄₄ (*das war*) der Allherr selbst.

Rê hat mich als Kind schon auf dem Thron des Geb eingesetzt

Ich war (*noch*) ein Kind, als ich (*schon*) ein Herrscher wurde. Er (*Rê*) gab mir die Erde (*schon*), als ich (*noch*) im Ei (*Mutterleibe*) war. Die Großen küßten die Erde vor meinem Antlitz, während ich eingeführt wurde [in den Palast? in die Königswürde?] [als] ältester Sohn und als Fürst (*Thronfolger*) (*auf*) dem Thron des Geb. Ich wurde ernannt ₄₅ zum . . . . . . und zum Oberhaupt des Heeres (*Fußsoldaten*) und der Reiterei (*Wagenkämpfer*).

Mein Vater Sethos I. ernannte mich zum Thronfolger

Als (*damals*) mein Vater (*Sethos I.*) für die anderen (*Untertanen*) erschien, war ich ein Knabe (*Säugling?*), der sich in seinen Armen befand. Er sagte in bezug auf mich: 'Lasset ihn als König erscheinen, damit ich seine Schönheit (*Tüchtigkeit*) sehe, während ich (*noch*) lebe!'

46 [Da kamen] die *(Beamten)*, die in dem Palast den Dienst versehen, herbei, um die Kronen auf meinem Scheitel festzustellen. 'Gebt ihm die Große *(Stirnschlange, Uräus)* auf seinen Kopf!' so sagte er *(mein Vater)* in bezug auf mich, als er *(noch)* auf der Erde war. 'Er *(gemeint: der Thronfolger)* soll dieses Land verknüpfen *(verwalten)*! Er soll [seinen Zustand] in Ordnung bringen! Er soll das Gesicht den Menschen geben *(zuwenden)*!'

Mein Vater tat dieses aus Liebe zu mir

Er sagte *47* [diese Anweisungen, während seine Augen] weinten, weil die Liebe zu mir in seinem Leibe so groß war.

Mein Vater richtete mir einen Harem ein

Er richtete mich ein in dem Hause der Frauen, während die Damen des *(gemeint: meines)* königlichen Harems entsprechend den Schönen des Palastes waren. Er wählte für mich Frauen aus unter den [Töchtern der Vornehmen, aus denen] man die Tänzerinnen des Harems nimmt *48* des [Amon? des Königs?] .... [und es war] sein [Wunsch], daß die Haremsdamen eine Freundin *(für mich)* aufzögen.

Ich übte sogleich die Herrschaft als König aus

Siehe, ich bin Rê, der Oberste der Untertanen. Die Bevölkerung von Schmaw und Mehu *(Ober- und Unter-Ägypten)* *(liegt)* unter meinen Sohlen. [Ich erstrahlte als König wie Rê im] Himmel. Ich bin es, der *(die Handwerker)* zu der Ausführung *40* [der Arbeit] heranzog.

Ich begann schon im 1. Jahre meiner Regierung für den Tempel meines Vaters zu sorgen

Ich bildete meinen Vater *(als Statue)* aus Gold von neuem in dem ersten Jahre meines Erscheinens *(als König)*. Ich befahl, seinen Tempel bereit zu machen. Ich stellte seine Äcker fest

...... Ich legte (*stiftete*) ihm Opfergaben für seinen Ka ....
50 .... [für die geliefert wurden] Wein, Weihrauch und alle
Früchte; Bäume wuchsen ihm. Siehe, sein Gehöft war unter
meinem Stabe (*Leitung*). Alle seine (*des Gehöftes*) Arbeiten
waren unter meiner Aufsicht, seit ich [die Regierung begonnen
hatte] ...., als ich (*noch*) ein Kind war.

Ich will die Stätte seiner Verehrung nicht vernachlässigen

51 [Jetzt denke ich daran, das Gehöft zu vollenden für] meinen
Vater. Ich will es (*das Gehöft*) durch eine Erneuerung des
Denkmals groß machen. Nicht will ich seine Stätte vernachlässigen, wie jene Kinder (*es tun*), die [ihren] Vater vergessen
...... sagen .... 52 .... [Lobenswert ist] ein Sohn, der Herrliches tut. Meine starken Taten für meinen Vater, (*die ich*)
als Kind (*getan habe*), ich will sie vollenden, (*da*) ich (*jetzt*)
Herr der beiden Länder bin. Ich will (*es, das Gehöft*) durch sie
(*die Taten*) beruhigen (*vollenden*) von neuem .... Reden 53 ...

Ich werde den Bau des Tempels vollenden lassen

Ich will Mauern bauen in dem Gottesgehöft dessen, der mich
erzeugte. Ich will einen Mann meiner Wahl beauftragen, diese
Arbeit dort zu leiten. Ich will das Verfallene ausbessern, [das
gefunden wird] in seinen (*des Gehöftes*) Mauern. 54 [Ich will er-
richten] seine (*des Gehöftes*) Pylone aus [Stein] .... Ich will
sein Haus (*mit Steinblöcken?*) bekleiden. Ich will seine Pfeiler
aufrichten. Ich will Steine geben (*einsetzen*) an die Stellen seiner Grundmauern.

Der Tempel wird in meinem und meines Vaters Namen ausgeführt werden

Es ist gut (*wertvoll*), herrliche Denkmäler zu machen, zwei
(?) auf ein einziges Mal. Sie sind (*errichtet, beschriftet*) auf meinen Namen und auf den Namen meines Vaters. So will ich ein
Sohn sein, 55 wie [sein Vater war], der ihn erzeugt hat.»

Die Beamten antworteten dem König

Da sprachen die Freunde (*Kammerherren*) des Königs, als sie dem Guten Gott antworteten:

Du bist die Sonne selbst!

«Du bist Rê, dein Leib ist sein Leib! Nicht gibt es einen Herrscher wie deine Art!

Du bist wie Horus als König

Du bist einzig wie der Sohn des Osiris, der dir das Abbild (*die Erfüllung, Ausführung*) seiner Pläne macht. 56 [Nicht hat ein König] den Horus, Sohn der Isis, [erreicht], als er König war seit (*der Zeit des*) Rê außer dir und ihrem (*der Isis*) Sohn.

Du hast mehr geleistet als Horus

Was du getan hast, ist größer als das, was er getan hat, als er der Herrscher war nach Osiris. Das Gesetz der Erde kommt zu seinen (*richtigen*) Stellen (*hängt von ihm, Horus, ab?*).

Ein pflichttreuer Sohn sorgt für seinen Vater

Der Sohn ist besorgt für den, der ihn machte (*erzeugte*). Das göttliche Wasser (*Same*) [arbeitet für den], 57 der ihn geschaffen hat. Das Ei, es wendet sich zu dem (*bemüht sich um den*) ehrwürdigen Erzieher.

Keiner deiner Vorgänger hat solche Taten aufzuweisen wie du

[Nicht] hat ein einziger (*anderer König*) getan, was Horus für seinen Vater getan hat, bis auf diesen Tag, außer Deiner Majestät. Du hast Vermehrung gegeben auf (*hinaus über*) das, was getan worden ist ...

Kein Mensch kann so viel leisten wie du

58 Ein Beispiel von Herrlichkeit (*guter Tat*) ist [dein Eintreten für deinen Vater]. [Nicht] könnten wir es (*eine Tat*) leiten

(*ausführen*) in bezug auf das, was vor dir (*dem König*) gesagt wird (*gemeint: wir vermögen eine Tat nicht so zu verwirklichen wie du*). Wer wollte kommen (*es unternehmen*), wenn er dessen gedenkt, was du geleitet (*geplant, angeordnet*) hast?

Du stößt Unwissende zurück, aber opferst dich für deinen Vater auf

Du gibst den Unwissenden hinaus (*schickst ihn weg*), [und über ihn] bist du ärgerlich. (*Aber*) dein Herz ist freundlich zu deinem Vater (Men-Maat-Rê)|, 59 dem Vater des Gottes (*Königs*), der geliebt wird von dem Gott (*ob Osiris?*), (Mer-en-Ptah)| wahr an Stimme.

Es hat noch keinen König wie dich gegeben

Seit der Zeit des Gottes (*gemeint: Rê*), während ein König im Erscheinen war, hat es keinen anderen gegeben wie deine Art. Nicht wurde er gesehen mit dem Gesicht, nicht wurde er gehört in der Rede. [Nicht hat es gegeben] einen Sohn, der Denkmäler für seinen Vater wiederholte.

Nur Horus und du haben so aufopfernd für ihren Vater gesorgt

Nicht ist ein einziger aufgestanden, 60 wenn er für seinen Vater eintrat. Sondern jeder Mann handelt auf (*zugunsten von*) seinen (*eigenen*) Namen außer dir und diesem Horus. Wie du bist, so ist der Sohn des Osiris. Siehe, du bist ein guter Erbe wie seine Art. Sein Königtum, du führst es in gleicher Weise.

So herrliche Taten werden von den Göttern belohnt

61 Was den betrifft, der tut, was der Gott getan hat, ihm soll die Lebenszeit zuteil werden, die er gemacht (*durchlebt*) hat. Rê im Himmel, sein Herz ist [froh] . . . . Seine Götterschaft ist in Freude, zweimal! Die Götter sind zufrieden mit Kêmet (*Ägypten*), seit du als König der beiden Länder erschienen bist. Gut [sind deine Pläne], und dein . . . ist . . . !

Deine Gerechtigkeit erfreut die beiden Götter in Heliopolis

Herrlich sind deine beiden Wahrheiten (*deine vollständige Gerechtigkeit*)! Sie (*die Gerechtigkeit*) hat erreicht 62 den Hohen (*Himmel*). Deine Pläne sind richtig auf dem Herzen des Rê (*in seinem Urteil*). Atum ist erfreut [über das] ....

Osiris von Abydos belohnt dich durch ewiges Leben

[Zufrieden] ist Wenen-nôfer als Herr der «Wahrheit der Stimme» (*Rechtfertigung des seligen Toten*) über das, was Deine Majestät tut für seinen (*des Osiris*) Ka. Er beginnt zu sprechen [und verheißt] dir die Lebenszeit seiner (*des Osiris*) beiden Himmel.

Die Götter der Unterwelt lassen dich auf der Erde die Sonne sein

Die Götter 63 der šetaʾjet (*geheime Räume der Unterwelt*) des Herrn der Duat sagen: Du sollst auf der Erde sein wie Aton (*Sonne*)!

Dein Vater König Sethos I. fühlt sich neu belebt
durch deine Taten für ihn

Süß (*angenehm berührt*) ist das Herz des (Mer-en-Ptah)|, (*denn*) sein Name ist zu einem (*Menschen*) geworden, der das Leben wiederholt (*noch einmal lebt*). Du hast ihn gebildet (*auch möglich: geboren, erzeugt*) aus Gold mit echten Edelsteinen .... [Du hast gearbeitet] seine [Statue] von Elektron. 64 [Du willst sein Haus (*per*) erneuern]. Du willst es (*das Haus*) von neuem auf deinen Namen bauen.

Du sorgst auch für die Bauten der früheren Könige

Jeder König, der in dem Hohen (*Himmel*) ist, ihre (*der Könige*) Gehöfte sind in der Ausführung der Arbeit (*unvollendet*). Nicht gibt es einen Sohn, der täte, was du tust, seit der Zeit des Rê bis zu [diesem Tage].

Du wirst den Tempel deines Vaters vollenden

65 [Der Bau deines Vaters ist liegen geblieben, aber] Deine Majestät wird ihn [vollenden]. Was er (dein Vater) getan hat, dessen hast du dich erinnert, obwohl es in Vergessenheit geraten war. Du hast das Denkmal in Ta-zoser (*Friedhof von Abydos*) wiederholt. Jeder Plan, der versäumt war, du hast ihn entstehen (*ausführen*) lassen in der richtigen Weise. [Du] bist [der Vollender 66 dessen, was die vorige Generation versäumt hat]. Eine [Familie, Generation] vergeht, eine andere entsteht.

Du bist ein mächtiger König

Deine Majestät ist ein König von Ober-Ägypten und ein König von Unter-Ägypten, da du ja ein (*Herrscher*) bist, der Herrliches (*Taten*) ausführt. Dein Herz ist zufrieden darüber, daß du die Wahrheit (*Gerechtigkeit*) tust.

Du wirst nach deinem Tode selig werden

Die Taten, die in der Zeit der Götter ausgeführt worden sind, sie werden gehört [und belohnt]. 67 [Du wirst verklärt sein,] wenn du dich verbindest (*vereinigst*) mit dem Himmel, und wenn deine Schönheit (*du selbst*) hinaufgezogen wird zum Horizont (*nach deinem Tode*). (*Dann*) erblicken die beiden Augen (*der Menschen*) deine schönen Beispiele (*guter Taten*) angesichts der Götter und Menschen.

Du führst immer wieder neue Denkmäler aus

Du bist es, der ausführt, und du bist es, der Denkmal auf Denkmal für die Götter wiederholt (*noch einmal ausführt*), wie dein Vater Rê es befohlen hat.

Du errichtest Bauten von Syrien bis zum Sudân

68 [Dauern soll] dein Name in jedem Lande, angefangen von dem Süden mit dem Lande Chent-hen-nôfer (*Nubien*) und im Norden mit den Dünen des Sees (*an der Küste des Mittelmeeres*),

bis hin zu den Fremdländern von Retenu (*Syrien*), mit den Siedlungen (*Kolonien im Ausland*), und den Festungen des Königs, und den Ortschaften und den Dörfern, die mit Menschen ausgestattet sind.

Alle Städte und Länder sollen dich verehren

69 Jede Stadt [weiß], daß du ein Gott bist für jeden Ort (*alle Menschen*). Man soll erwachen, um dir Weihrauch zu geben nach dem Befehl deines Vaters Atum, der geben möge, daß Ägypten dich verehrt zusammen mit dem roten Fremdland (*der Wüste*)!»

König Ramses II. gab nun den Befehl,
die Arbeit an dem Totentempel seines Vaters zu beginnen

Aber nachdem 70 [dem König vorgetragen waren] diese Aussprüche, die [gesprochen waren] von diesen Großen vor ihrem Herrn, da befahl Seine Majestät, den Auftrag zu erteilen an die Vorsteher der Arbeiten. Er ordnete Soldaten ab und Arbeiter (*Steinmetzen*), die mit dem Meißel gravieren (*einhauen*) konnten, 71 und . . . und Bildhauer mit Schriftzeichnern, und jedes Amt der Handwerker, um das Heiligtum für seinen Vater zu bauen, und um das Verfallene (*wieder*) aufzurichten in Ta-zôser in dem von seinem Vater errichteten Gehöft der «Wahrheit der Stimme» (*Rechtfertigung im Jenseits*) (*d.h. in dem Totentempel seines Vaters Sethos I.*).

Zuerst sorgte er für die Statue seines Vaters, die er schon
im 1. Jahr seiner Regierung gestiftet hatte (Zeile 22)

72 Dann [gab der König den ersten Auftrag]. Er hatte angefangen, seine Gestalt (*Statue*) in Jahr 1 zu bilden. Die Opfergaben wurden vor seinem Ka verdoppelt. Sein Gottesgehöft wurde in der richtigen Weise gespeist. Er machte seinen (*der Statue*) Unterhalt, er sicherte sein (*der Statue*) Fest durch Äcker, eine Arbeiterschaft (*Sklaven*) und Herden.

60

Er ernannte Priester für den Totendienst an der Statue seines Vaters

73 [Dann] ernannte er Priester mit ihren Diensten, und einen Gottesdiener zu einem (*als ein*) Träger der Schriften (*der lesen kann*), und .... Leute, die versehen waren mit ...., um ihre Sachen zu leiten (*um Opfer darzubringen*) bei ihm (*der Statue*).

Er wies den Priestern der Statue reiche Einkünfte zu

Seine (*der Statue*) Scheunen waren reich an Getreide. 74 [Die Einkünfte floßen den Priestern zu in Wahr-]heit (?). Seine großen Sachen (*reicher Besitz*) in Schmaw und Mehu (*Ober- und Unter-Ägypten*) waren unter der Aufsicht seines Hausvorstehers,

Dieses war die Stiftung von König Ramses II. für seinen Vater Sethos I.

– als etwas, was getan hat der König von Ober- und Unter-Ägypten (Woser-Maat-Rê, Erwählt von Rê)| Sohn des Rê (Geliebt von Amon, Ra-msês)| mit Leben beschenkt wie Rê in Ewigkeit und Unendlichkeit, für seinen Vater König (Men-Maat-Rê)| wahr an Stimme.

Die Stiftung wurde der Verwaltung des Osiris-Tempels unterstellt

75 [Diese Stiftung war] unter der Aufsicht des Wenen-nôfer (*d.h. des Tempels des Osiris in Abydos*).

König Ramses II. stiftete noch drei weitere Totentempel
für seinen Vater

Er wiederholte das Tun für seinen Ka (*er machte noch einmal eine Stiftung für die Seele seines Vaters durch den Bau von Totentempeln*) in Wêset (*Theben, gemeint: der Totentempel für Sethos I. bei Kurna*), und in Onu (*Heliopolis*), und in Hot-ka-Ptah (*Memphis*). Seine Statuen ruhen auf ihren Stellen in allen seinen Rastplätzen der Scheunen (*lies: der Wüste? des Friedhofs?*).

Dann geschah die Rede des Königs von Ober-Ägypten und des Königs von Unter-Ägypten (Woser-Maat-Rê, Erwählt von Rê)| Sohn des Rê, Herr der Kronen (Geliebt von Amon, Ra-msês)| der mit Leben beschenkt ist, *76* als er aufsteigen ließ (*verkündigte*) das, was er getan hatte für seinen Vater, den Osiris, den König (Men-Maat-Rê)| wahr an Stimme. Er sagte:

Erwache im Totenreich!

«Wache auf! (*Wende*) dein Gesicht zum Himmel, damit du Rê siehst, o mein Vater (Mer-en-Ptah)|, der zu einem Gott (*geworden ist*)!

Ich werde dir auf der Erde opfern lassen, während du im Grabe ruhst

Siehe, ich bin im Begriff, deinen Namen (*wieder*) zu beleben. Ich bin für dich eingetreten. Ich will einen Auftrag geben (*die Fürsorge übernehmen*) für deinen Tempel, *77* (*während*) dein Opferbrot dauert (*Bestand hat*), (*während*) du in der Duat (*Unterwelt*) wie Osiris ruhst, (*und während*) ich als Rê für die Untertanen erscheine, (*und während*) ich auf dem großen Thron des Atum bin wie Horus, Sohn der Isis, der für seinen Vater eintrat. *78* Wie [schön] ist das, was ich für dich tue!

Du wirst dadurch neu belebt werden

Prächtig, zweimal, ist es, wenn du kommst als einer, der das Leben wiederholt (*noch einmal lebt*). Ich habe dich (*noch einmal*) geboren (*als Statue gebildet*).

Ich werde in deinem Totentempel deinen Statuen opfern lassen

Ich will das Gehöft bauen, das du liebst, und in dem deine Gestalt (*Statue*) ist in dem Ta-zôser (*Friedhof*) in der Wüste von Abydos in Ewigkeit. Ich will Gottesopfer stiften *79* [für] deine Statuen. Bleibende (*Opfergaben*) sollen dir dargebracht werden. Ich will etwas tun für den Fall, daß etwas auf dir *(zu deinen Gunsten)* mangelt, so werde ich es bei dir *(für dich)* tun *(ausführen)*. Alle Angelegenheiten *(Wünsche)* deines Herzens sollen herrlich sein *(erfüllt werden)* auf deinen Namen hin *(durch Denkmäler mit deinem Namen)*.

Ich werde dir Priester für die Darbringung der Opfer einsetzen

Ich will dir Diener *(zum Herbeibringen der Speisen)* zuweisen, *80* [um] (sie) für deinen Ka zu tragen *(als Opfergaben)*, und um dir Wasser zu sprengen auf den Boden mit Brot und Bier.

Ich werde selbst die Arbeiten beaufsichtigen

Ich komme, ich selbst, zweimal, um dein Gehöft zu besichtigen neben Wenen-nôfer, dem Großen der Ewigkeit. Ich will die Arbeiten an ihm *(dem Gehöft)* beruhigen *(zu Ende führen)*, nachdem ich den Boden bekleidet *(geebnet?)* habe. *81* Ich [vollende] das, was du gewünscht hast, indem (ich) alle deine Gehöfte mache *(herstelle)*, in denen ich [deine] Namen feststelle für die Ewigkeit. Ich will einer sein, der für die Wahrheit *(wahrhaftig)* handelt, damit es *(das Gehöft)* gedeihe.

Ich werde dir eine Arbeiterschaft eintragen lassen,
die dem Hohenpriester unterstellt sein soll

Ich will dir die Südlichen *(Bewohner der südlichen Länder)* geben, indem sie Gaben herbeischleppen zu deinem Gottesgehöft, und die Nördlichen *(Bewohner der nördlichen Fremdländer)*, *82* [indem sie herbeibringen] Gaben für dein schönes Antlitz. Ich versammele deine Arbeiterschaft *(in Listen eingetragen)*, vereinigt an einem einzigen Ort, indem sie gegeben sind unter den Stab des *(unterstellt sind dem)* Gottesdiener *(Hohenpriester)* deines Tempels.

Ich werde die Verwaltung deines Totentempels einheitlich ordnen

Gegeben ist *(ich habe veranlaßt)*, daß deine Sachen sind *(dein Besitz Bestand hat)* bleibend auf einem einzigen Körper *(ungeteilt)*, indem man *(sie)* zieht *(schafft)* ₈₃ [zu] deinem Gottesgehöft durch die Ewigkeit. Ich mache dein Silberhaus *(Schatzverwaltung)* ehrwürdig *(reich)*, angefüllt mit Dingen *(Gegenständen)* der Angelegenheiten *(Wünsche)* des Herzens. Ich gebe (sie) dir zusammen mit deinen *(den dir zustehenden)* Abgaben.

Ich lasse dir Einkünfte aus dem Ausland herbeischaffen

Ich will dir ein Frachtschiff geben mit *(zur Beförderung von)* den Einfuhrgütern auf dem Großen Grün *(Rotes Meer)*, die für dich herbeischaffen ₈₄ gewaltige [Lasten, Mengen von Weihrauch?] des Gotteslandes *(gemeint: Punt an dem Roten Meer)*. Die Händler sollen Handel treiben mit *(ihrem Besitz an)* Geschäften, indem ihre Arbeiten *(Waren)* in Gold, Silber und Kupfer bestehen.

Ich lege deinen Grundbesitz schriftlich fest

Ich mache dir Listen von den Äckern, die *(vorher nur)* in mündlicher Rede *(festgesetzt)* waren. ₈₅ [Dir sollen Felder gehören] auf dem hochgelegenen Land, gerechnet als Ackerland. Ich will sie *(die Äcker)* mit Aufsehern und Bauern ausstatten, um Getreide für dein Gottesopfer zu machen *(erzeugen)*.

Ich lasse dir Zufuhren durch Schiffe auf dem Nil heranschaffen

Ich will dir Lastschiffe mit Matrosen geben, während Handwerker zimmern, ₈₆ [um nicht] ein Aufhören zu machen *(eine Pause entstehen zu lassen)* bei den Fahrten *(der Schiffe stromauf)* zu deinem Tempel.

Ich lasse dir Vieh, Geflügel und Fische liefern

Ich verknüpfe dir *(weise dir zu)* Herden an jedem Kleinvieh, um deine Opfergaben in der richtigen Weise zu speisen. Ich lege eine Abgabe für dich auf Geflügel aus dem Dickicht der Vogelfalle, und andere 87 [mit?] lebenden Gänsen, die die neugeborenen Vögel (*die Küken*) aufziehen sollten. Ich will geben (*einsetzen*) Männer als Fischer und Vogelfänger auf dem Überschwemmungswasser und auf jedem Teich, um dir Leistungen zu schaffen als Ablieferungen der Schiffe.

Ich beschaffe Laien-Priester, Arbeiter und Bauern für deinen Tempel

Ich mache deinen Tempel bereit (*ausgestattet*) mit jedem Amt. 88 Meine Majestät [läßt erscheinen? bewacht?] das Gottesgehöft. Deine Stundenpriesterschaft (*Laien-Orden*) ist angefüllt mit Köpfen (*mit der richtigen Anzahl von Mitgliedern*). Die Arbeiterschaft (*Sklaven*) machen ihre Pflichtlieferung an Geweben für dein Gewand. Deine Bauernschaft der Felder in jedem Bezirk, jeder Mann (*von ihnen*) trägt 89 ihre (*Plural, gemeint: seine*) Abgaben, um dein Haus zu füllen.

Du bist nun an den Himmel versetzt

Siehe, du trittst ein in den Hohen (*Himmel*), damit du Rê (*dem Gott der Sonne*) folgen kannst. Du mischst dich unter die Sterne und den Mond. Du ruhst in der Duat (*Jenseits, am Himmel gedacht?*) wie ihre Bewohner neben Wenen-nôfer, dem Herrn der Ewigkeit.

Du fährst in dem Schiff des Sonnengottes (vgl. Abb. 17, 31, 40 und 42 und «Mythen», Abb. 12)

90 Deine beiden Arme ziehen (*das Schiff*) des Atum im Himmel und auf der Erde wie die nicht müde werdenden Sterne (*die unermüdlich umlaufenden*) und die nicht verschwindenden Sterne (*die nicht untergehenden am Nordpol*), während du der «Mann, der an der Spitze steht» (*der vom Bug aus die Wassertiefe mißt*) des Schiffes von Millionen von Jahren (*des Sonnenschiffes*) bist.

Du begleitest den Sonnengott auf seinem Wege am Himmel

(Wenn) Rê am Himmel aufgeht, (liegen) deine Augen auf seiner Schönheit. *91* (Wenn) Atum [hinaufsteigt] auf der Erde, bist du unter seinen Gefolgsleuten.

Du folgst dem Sonnengott auch auf seinem unterirdischen Wege

Du trittst ein in das verborgene Reich vor seinem Herrn. Dein Schritt ist weit *(du schreitest weit hinein)* in das Innere der Duat *(Unterwelt)*. Du verbrüderst dich mit der Götterschaft der Cherit-nuter *(unterirdisches Totenreich)*.

Ich bringe dir Opfergaben dar, damit es dir im Jenseits gut ergeht

Siehe, ich *92* erbitte Wind *(frische Luft)* für deine ehrwürdigen Nasenlöcher. Ich verkündige deinen Namen zahlreiche *(Male)* als ein Zubehör des Tages *(als täglichen Anruf)*. Ich [preise] meinen Vater, und [ich] ...... durch Verknüpfung [von Gebeten für dich]. *93* Ich [spreche Lobpreisungen] von deinen starken Taten, während ich auf dem Fremdland bin. Ich lege dir Sachen *(bringe dir Spenden dar)*, während mein Arm für deinen Namen Opfergaben trägt für deinen [Ka] an jeder deiner Stätte.

Verwende dich bei Rê als Fürsprecher für mich,

Ach, möchtest du dem Rê sagen: '[Schenke] das Leben seinem Sohne, o Wenen-nôfer, aus einem liebenden Herzen! Gib Lebenszeit auf Lebenszeit, vereinigt mit Jubiläen *(Hebsed-Feiern)*, dem (Woser-Maat-Rê, Erwählt von Rê)| der mit Leben beschenkt ist.'

denn ich sorge auf der Erde für deinen Tempel

Es ist gut für dich, daß ich der König bin *(sein werde?)* bis in Ewigkeit, *95* (denn) du wirst [beschenkt] von einem guten Sohn, der seines Vaters gedenkt. Ich [nehme Mühe auf mich und] Sorge um dein Haus *(Tempel)*, als eine Aufgabe des Tages (*in täglicher Arbeit*) wegen der Pläne für deinen Ka mit allen Dingen (*Darbringung von Opfern*).

Ich werde jede Schädigung deines Tempels verhindern

Wenn ich höre, daß ein Schaden ₉₆ dazu neigt einzutreten, so will ich befehlen, ihn sogleich aufhören zu lassen in allen Dingen. Du sollst sein wie einer, der (noch) lebt (*wörtlich: der du (noch) lebst*), während ich erstrahle (*als König*). Ich werde auf dein Haus blicken (*mich um es bekümmern*) an jedem Tage, ₉₇ den ich begonnen habe.

Ich erhalte deinen Namen lebendig, solange ich selbst lebe

Mein Herz wendet sich dir zu. Ich betreibe die Fürsorge [um] deinen Namen, während du in der Duat bist. Herrlich, zweimal, ist es für dich, wenn (*solange*) ich bin (*vorhanden*), und solange ([Geliebt von Amon, Ra-m]sês)‌ der mit Leben beschenkt ist wie Rê, ₉₈ der [Sohn] des Rê, lebt.»

Der verstorbene König Sethos I. redet aus dem Jenseits
zu seinem Sohn, König Ramses II.

Da begann König (Men-Maat-Rê)‌ als ein «Wahrer an Stimme» (*gerechtfertigter Toter*) und als ein vortrefflicher Ba (*Widder, Seele*) zu sprechen wie Osiris, der über alles jauchzt, was sein Sohn tut, der Herrliches tut, König von Ober- und Unter-Ägypten, Herrscher der [Neun-Bogen-Völker], Herr der beiden Länder (Woser-Maat-Rê, Erwählt von Rê)‌, [Sohn des Rê], ₉₉ Herr der Kronen (Geliebt von Amon, Ra-msês)‌, mit Leben beschenkt wie Rê in Ewigkeit und Unendlichkeit,

und spricht wie ein Lebender von den Taten seines Sohnes

– um zu verkünden von allen seinen Schönheiten (*guten Taten*) für Rê Hor-achti (*Sonnengott im Himmel*), und für die Götter, die in der Duat (*Unterwelt*) sind. Da redete er mit einem Schlag in das Gesicht (*so kräftig, als ob er noch lebte*), ₁₀₀ wie ein Vater auf der Erde mit seinem Sohn redet. Er sagte:

Ich begrüße deine Pläne

«Dein Herz ist sehr süß (*angenehm berührt*), mein Sohn, mein geliebter, (Woser-Maat-Rê, Erwählt von Rê)] der mit Leben beschenkt ist, über das, was [du in] Auftrag gegeben hast.

Rê und Osiris mögen dir eine ewige Regierung geben

Möge Rê dir [Millionen] von Jahren geben, und eine Ewigkeit auf dem Thron des Horus *101* der Lebenden. Möge Osiris dir die Lebenszeit des Rê im Himmel erbitten. Mögest du in ihm am Morgen aufgehen wie Rê. Leben und Heil sei bei dir! [Möge zuteil werden] Wahrheit, Stärke und Freude des Herzens für den «Stark an Jahren» (*Beiname Ramses' II.*). *102* Möge dir zuteil werden Kraft und Sieg, du «Stark an Sieg» (*Beiname Ramses' II.*), und Gesundheit deiner Glieder wie (die des) Rê im Himmel. Freude des Herzens und Jubel seien an jeder deiner Stätte.

Verbringe ein ewiges Leben als König

O König, der Kêmet (*Ägypten*) schützt und die Fremdländer bändigt! Verbringe die Ewigkeit *103* deiner Lebenszeit als König von Ober-Ägypten und als König von Unter-Ägypten, wie Atum gedeiht (*kräftig ist*) bei dem Aufgang und Untergang (*der Sonne*)!

Ich bitte Rê und Osiris um ein langes Leben für dich

Siehe, ich sage zu Rê aus einem liebenden Herzen: 'Gib dir (*lies: ihm*) die Ewigkeit *104* wie Chepra (*Gott der Sonne*)!' Ich habe (es) wiederholt zu Osiris, als ich vor ihm eintrat: 'Mögest du ihm die Lebenszeit deines Sohnes Horus verdoppeln!'

Rê Atum gewährt dir ewiges Leben

Siehe, Rê sagt in dem Horizont des Himmels: 'Gib ihm die Ewigkeit und Unendlichkeit und Millionen *105* von Hebsed-Feiern (*Jubiläen*), dem Sohne des Rê von seinem Leibe, der geliebt wird, (Geliebt von Amon, Ra-msês), der mit Leben beschenkt ist, der Herrliches tut!' Atum hat dir seine Lebenszeit als König anbefohlen. Kraft und Sieg sind vereinigt *106* hinter dir.

Thot schreibt dir die Gewährung als einen Befehl des Allherrn und Sonnengottes auf (Band «Mythen» Abb. 5–6)

Thot schreibt (sie) auf neben dem Herrn des Alls und der gewaltigen Götterschaft, und (er sagte): 'Wahrlich, Rê, der in seiner Barke ist, der Herr des Schiffes des Sonnenuntergangs, vereinigt sie dir. Seine Augen erblicken, *107* was du getan hast in wahrhaftiger Weise. Wenn er zu Schiff den Himmel mit dem richtigen Wind befährt als eine Aufgabe des Tages (*tägliches Erlebnis*), dann ist gewaltige Freude hinter ihm. Er erinnert sich deiner Schönheit, bis Atum (*Abendsonne*) untergeht *108* in dem westlichen Lande. Deine Liebe (*Liebe zu dir*) ist in seinem Leibe (*als ein Zustand*) jedes Tages.'

Auch Osiris Wenen-nôfer, der Auferstandene, befiehlt dir die Ewigkeit an

Siehe, Wenen-nôfer ist doch der Herr der «Wahrhaftigkeit der Stimme» (*Rechtfertigung im Jenseits*) wegen dessen, was Deine Majestät für ihn tut an dem Orte der Wahrhaftigkeit (*in Abydos*). *109* [Horus] hat ihn aufgeweckt (*aus dem Todesschlaf*) in Erinnerung an deine Schönheit (*gute Taten*). Mein Herz ist in Freude, zweimal, über die Ewigkeit, die er dir anbefohlen hat.

Ich empfange Totenopfer und atme frische Luft dank deiner Fürsorge

Siehe, ich empfange Dinge (*Opfergaben*), die du mir gibst, mein Brot, mein Wasser, mit Süßigkeit (*Freude*) des Herzens. Wind (*frische Luft*) *110* erreicht meine Nase wegen dessen, was ein Sohn tut (*gemeint: du tust*), der klug an Herz ist und der eintritt *(für seinen Vater)* frei von Vernachlässigung, der die Fürsorge (?) kennt.

Du läßt die Bauarbeiten an den Tempeln in Abydos ausführen

Du wiederholst *(baust erneut)* Denkmal auf Denkmal für Osiris unter meiner Aufsicht *(Stellvertretung?)* in [den Tempeln] *111* [in] dem Inneren von Zaw-wêr *(gemeint: Ta-wêr, Gau VIII)*.

Ich bin durch deine Taten im Totenreich vergöttlicht

Ich bin es, der groß gemacht worden ist wegen alles dessen, was du bei mir *(zu meinen Gunsten)* getan hast. Ich bin eingesetzt worden als einer, der an der Spitze der Cherit-nuter *(Totenreich)* steht. Ich bin nun ein *(neues)* Wesen, ich bin ein Gott. Möchte doch *112* meine Schönheit *(Kraft)* [andauern], seit ich dein Herz umgeben habe *(um dich besorgt bin)*, während ich in der Duat *(Totenreich)* bin. Ich bin dein wirklicher Vater, der (nun) ein Gott ist.

Ich lebe fort in dem Schiff des Sonnengottes *(S. 275)*

Ich mischte mich unter die Götter im Dienst *(Gefolge)* des Aton *(Sonne)*. Ich bin *113* [ein Gefolgsmann] des *(Gottes)*, der in [seiner] Barke ist, [und ich bin angesehen im] Hause des [Rê], wie einer, der in dem [Kreise der Götter wahrhaftig aufgenommen ist]. [Dieses ist geschehen], seit gehört hat [Rê von deiner Tüchtigkeit, so daß] er sich *114* deiner Schönheit erinnerte.

Du lebst und schaffst Herrliches wie die Götter

Siehe, du bist doch in der gewaltigen Lebenszeit, die Rê dir anbefohlen hat. [Du durchlebst] die Ewigkeit wie [die Götter im Himmel]. Du bist das lebende Abbild des Atum. Alle deine Reden *115* geschehen *(werden ausgeführt)* wie (die des) Herrn des Alls. Du bist das kluge Ei des Chepra, der göttliche Same des [Sonnengottes], der aus ihm [hervorgegangen ist]. Was du bildest *(hervorbringst)*, ist das, was Rê selbst macht *(schafft)*. Was du gesagt hast, [das geschieht] wie das, was [ein Gott] getan hat.

Die Länder Ägyptens sind dir dankbar für deine Wohltaten

116 [Du bist für Ägypten wie] eine Amme *(Erzieher)*. Du kommst als Rê, der für die Untertanen *(Menschheit)* lebt. Das Land Schmaw und das Land Mehu *(Ober- und Unter-Ägypten)* [liegen unter] deinen Beinen. Sie erflehen Hebsed-Feiern *(Jubiläen)* für (Woser-Maat-Rê, Erwählt von Rê)[, und die Lebenszeit des Herrn des Alls, wenn er aufgeht [und untergeht in Ewigkeit und Unendlichkeit].»

Abb. 7. König Ramses II., der redend seine rechte Hand erhebt, ist am Ende der Weihinschrift dargestellt, in der er eine Ansprache an seinen vergöttlichten Vater Sethos I. hält. Relief in dem Totentempel Sethos' I. bei Abydos.

A 2. RITUAL

FÜR DEN MORGENDLICHEN GOTTESDIENST

Die Bilder und Texte zu dem täglichen Ritual des Tempel-
dienstes im Allerheiligsten sind in großen Abständen bekannt-
geworden. Zuerst erschien in dem Bande AUGUSTE MA-
RIETTE, *Abydos* I (1869) 34–70 als «Appendice A» eine ge-
zeichnete Wiedergabe der Wände in den Kapellen der Gottheiten hinter dem Säulensaal in dem Tempel Sethos'I. bei Abydos. Die Anordnung der Bilder war in den sechs Kammern ungefähr gleich. MARIETTE zählte seine «Tableau 1–36» durch,
zunächst in den Bildern der unteren Reihe («Tableau 1–20»),
dann in den Bildern der oberen Reihe («Tableau 21–31»); in
beiden Fällen beginnend rechts vom Eingang und endigend
links vom Eingang. Eine Prüfung des Inhalts zeigt, daß die Anordnung von MARIETTE mit Tableau 1–36 nicht richtig sein
kann; denn die Folge der Bilder hat bei ihr keinen Sinn.

Von den Kammern, an deren Wänden die Bilder aus dem
Ritual angebracht sind, ist jede einer bestimmten Gottheit geweiht, die in ihr wohnend gedacht ist. Zweifellos stand vor der
Rückwand jeder Kammer ein Naos mit dem Bild der betreffenden Gottheit, an das die Worte des Priesters gerichtet waren und das von ihm neu gekleidet und geschmückt wurde,
wie die Bilder und Texte es angeben. Die Gottheiten sind,
von links (eigentlich Südosten, hier «Süden» benannt) aus
gerechnet, wo die äußerste Kammer dem Kultus des regieren-
den Pharao Sethos I. als Gott gewidmet ist:
Ptah von Memphis (unter-ägyptischer Gau I),
Rê Hor-achti von Heliopolis (unter-ägyptischer Gau XIII),
Amon von Theben (ober-ägyptischer Gau IV) (Tafel 7),
Osiris von Busiris (unter-ägyptischer Gau IX), übertragen
    nach Abydos, wo sein Grab angenommen wurde,
Isis, Gattin des unter-ägyptischen Osiris,
Horus, Sohn von Osiris und Isis.

Später wurden die beiden Papyrus 3055 und 3053 (sein Anfang ist bezeichnet als Papyrus 3014) aus dem Besitz der
Staatlichen Museen in Berlin veröffentlicht in: *Hieratische Papyrus* I (1901). Beide Papyrus sind in Dynastie XXII in Theben
geschrieben worden.

Der erste Papyrus ergab sich als ein Ritual für den Dienst im
Tempel des Amon (Tafel 10a) bei Karnak, der zweite für den
Tempel der Mut (Tafel 10b) dicht neben jenem. Die Texte
stimmen untereinander nicht völlig überein, aber sie folgen
beide einem Schema, das offenbar die ständige Folge der Handlungen bei dem täglichen Opferdienst wiedergibt.

Nach der Folge der Sprüche in den beiden Papyrus müssen
die Bilder in den Kammern von Abydos geordnet werden
(Abb. 8). Dann stellt sich heraus, daß man die Bilder sinnge

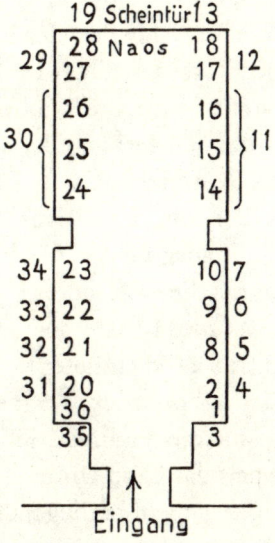

Abb. 8. Schematischer Grundriß der Kapellen in dem Totentempel
Sethos' I. bei Abydos. Die Zahlen geben die Standorte von Szene 1–36 an.
Innerhalb der Wände für die untere Reihe der Darstellungen, außer-
halb für die obere Reihe.

mäß durchzählt, wenn man rechts vom Eingang unten beginnt und sogleich nach oben übergeht, den Rest der unteren Bilder aber erst folgen läßt, wenn man an den Pfeiler in der Mitte der Kammer gelangt ist (Szene 1–10). Jenseits des Pfeilers an der rechten Wand der Kammer folgen nun zuerst die Bilder der oberen Reihe, dann die Bilder der unteren Reihe (Szene 11–19). Als der Priester die Rückwand der Kammer erreicht hatte, ist er offenbar umgekehrt und zum Eingang zurückgegangen. Dort hat er mit den Handlungen fortgesetzt, die an der linken Wand in der unteren Reihe dargestellt sind, und zwar vom Eingang über den Pfeiler hinweg bis zur Rückwand hin (Szene 20–28). Schließlich folgen die Bilder der oberen Reihe an der linken Wand, und zwar von der Rückwand zum Eingang hin (Szene 29–35). Den Schluß bildet das Bild (Szene 36) in der unteren Reihe unmittelbar neben dem Eingang mit den Worten, die der Priester vor dem Verlassen der Kammer und bei dem Verschließen der Eingangstür spricht.

Die hier gegebene Folge der Bilder in Abydos habe ich im Herbst 1904 festgestellt und damals schriftlich niedergelegt, als ich die Texte für das Wörterbuch der ägyptischen Sprache in Berlin bearbeitete. Sie weicht ab von der Anordnung durch BLACKMAN (1920), der von dem Ritual für das «Öffnen des Mundes» im Totenkult ausging und für die Rituale in Abydos und den beiden Papyrus die «Episode» 1–9 und I–IX und 10–27 aufstellte. MORET (1902) hatte aus den Texten fünf Abschnitte mit «Chapitre» 1–66 eingeteilt.

Die Dekoration der ägyptischen Tempel hat in vielen Fällen eine Beziehung auf die Himmelsrichtungen, indem die eine Hälfte des Tempels das Land Unter-Ägypten (im Norden gelegen) darstellt, die gegenüberliegende Hälfte das Land Ober-Ägypten (im Süden gelegen). Eine solche geographische Beziehung liegt bei der Dekoration der Kammern in Abydos offenbar nicht vor. Die beiden Szenen 32 und 33, in denen zwischen ober-ägyptischem und unter-ägyptischem Natron unterschieden wird, stehen nebeneinander auf der gleichen Wand.

Die Anordnung der Bilder gibt also ausschließlich die Folge der Handlungen wieder, die der Priester nacheinander vorzunehmen hat. Wir dürfen sogar annehmen, daß er sich bei dem Vollziehen einer Handlung in der Nähe des Bildes befunden hat, auf dem sie dargestellt war und in dem die Worte eingemeißelt standen, die er dabei zu sprechen hatte. Dann dürfen wir den Hergang bei der Darbringung des täglichen Opfers im einzelnen nach den Bildern und Texten an den Wänden der Kammern rekonstruieren.

Die mit Nr. 31–34 versehenen Szenen würde man gern in umgekehrter Folge durchzählen, weil für uns kein Grund für die Änderung der Richtung einzusehen ist. Sie mag aber doch auf dem tatsächlichen Hergang beruhen, und ich bin bei der Folge der Sprüche in dem Papyrus geblieben.

Die Anbringung der Bilder an den Wänden weist in den einzelnen Kammern kleine Verschiedenheiten auf, ist aber im wesentlichen die gleiche. Ich habe in Abb. 8 eine Skizze gezeichnet, die dieses Schema (aber nicht die Anordnung in einer bestimmten Kammer) wiedergibt. Die Zahlen sind die Nummern der Szenen; innerhalb des Raumes sind die Bilder der unteren Reihe eingetragen, außerhalb die Bilder der oberen Reihe. Von Bedeutung ist dabei, daß jede Kammer in der Mitte der beiden Längswände einen vorspringenden Pfeiler hat, so daß der Raum durch diese in einen vorderen und einen hinteren Teil zerlegt wird. In den Texten wird die ganze Kammer bezeichnet als per «Haus» oder als chem «Kapelle». In Szene 10 scheint es so, als ob mit chem und ast-wêret «Große Stätte» die hintere Hälfte der Kammer gemeint ist; vielleicht gehört die Verwendung von chem in Szene 9 schon dazu. Das Wort ast-wêret bezeichnet in Szene 14 den Thronsessel des Gottes, der für ihn gereinigt wird; da er in dem Naos, also in der hinteren Hälfte der Kammer, steht, kann das Wort vielleicht nicht nur allgemein für die ganze Kammer verwendet werden, sondern auch besonders für ihre hintere Hälfte. Das Wort sotep-sa, das auch für den Hofstaat des Königs und für dessen Palast verwendet wird, müßte in Szene 12 den hinteren Teil der Kammer bezeichnen.

In Szene 20 hat sich ergeben, daß der Text für die Kammer des Amon (Tafel 7) nicht in Abydos in Zusammenhang mit den Texten für die übrigen Kammern hergerichtet worden ist, sondern in Theben in dem Großen Tempel des Amon, auch dort ohne Heranziehung des benachbarten Mut-Tempels. Demnach müßte man vermuten, daß auch die Texte in anderen Kammern nicht in Abydos hergerichtet worden sind, sondern aus dem Haupttempel in der Heimat des betreffenden Gottes geliefert wurden, also etwa des Ptah in Memphis oder des Rê Hor-achti in Heliopolis. Eine sichere Beantwortung dieser Frage würde nur möglich sein, wenn aus diesen Orten Rituale erhalten geblieben wären.

INHALT DER BILDER UND TEXTE

Jedes Bild stellt den regierenden Pharao dar, der eine der vorgeschriebenen und in dem begleitenden Text auch angegebenen Handlungen vollzieht. Die Texte bestätigen in vielen Fällen, daß es der König selbst ist, der die zu der Handlung gehörigen Worte spricht. Eine solche Angabe steht in den folgenden Übersetzungen z. B. bei Szene 12, 17, 24, 25, 26, 27 und 36. Demgemäß ist das dargebrachte Opfer «eine königliche Opfergabe» (Szene 2–4, 7 und 15). Ein Schlußgebet wird für den König gesprochen in Szene 13, 17 und 26. Tatsächlich ist der König (Abb. 9) bei den Opferhandlungen durch einen dazu bestimmten Priester (Abb. 10) vertreten worden, theoretisch durch den Hohenpriester des größten Tempels des Gaues oder durch den jeweilig höchsten Priester des betreffenden Tempels, wenn nicht auch dieser wieder sich durch einen bei-

Abb. 9. Der König vollzieht die Räucherung vor dem Götterbilde, indem er ein Stück Harz in den Napf seines Räuchergerätes (Tafel 9) wirft,
aus dem die Flammen von den glühenden Holzkohlen aufsteigen.

geordneten Priester vertreten ließ. Auch das kommt in den
Texten zum Ausdruck, indem der Sprechende von sich versichert, er sei ein «Gottesdiener» (in Szene 1) oder ein «Reiner»
(Szene 15). Er betont gelegentlich auch, er sei von dem König
zu dem Dienst vor dem Gott befohlen worden (Szene 4 und 6).

Wie von vornherein wahrscheinlich ist, kann der amtierende
Priester die Texte nicht so vollständig im Kopfe gehabt haben, daß er imstande war, sie bei der Ausübung der Handlungen auswendig zu rezitieren. Man muß deshalb einen Begleiter annehmen, der die Worte aus einem Papyrus vorlas. Dieser
war gewiß der Cheri-heb, der Priester «Der das Fest trägt»,
d. h. «Der Veranstalter von Feierlichkeiten», ein Schriftkundiger, den wir bei ähnlichen Gelegenheiten in Darstellungen
des Gottesdienstes und des Totenkultes auftreten sehen. In
der Tat deuten die Texte an, daß der amtierende Priester nicht

77

allein war; in Szene 1 sagt er: «Der Große (Priester) ist hinter mir.»

Jedes Bild besteht, wie es auch sonst in den Tempelreliefs einfachster Form üblich ist, aus zwei Personen: der König opfert vor der menschlich dargestellten Gottheit. Dadurch haben die Bilder eine gleichmäßige Komposition und Größe, so daß eine Anzahl von ihnen, aneinander gereiht, eine Reihe von aufeinander folgenden Bildern ergibt, die eine fortlaufende Handlung wiedergeben. So ist die Anordnung auf den beiden Längswänden der Kammern rechts und links vom Eingang.

Eine Ausnahme bildet in allen Kammern die obere Reihe in der hinteren Hälfte der Kammer; dort ist auf der rechten Längswand Szene 11 angebracht, auf der linken Längswand Szene 30. Diese beiden Bilder nehmen einen breiten Raum

Abb. 10. Ein Priester, der mit dem Pantherfell bekleidet ist, bringt das Räucheropfer vor einem Götterbilde dar. Auf dem (gemeint: in dem) Napf aus gebranntem Ton liegen zwei Stücke Harz, und die Flamme schlägt aus den (unsichtbaren) Holzkohlen heraus.

ein, da in ihnen der Gott nicht in menschlicher Gestalt dargestellt ist, sondern seine langgestreckte Barke, in der ein Naos mit dem Götterbild steht; in einer solchen Barke pflegte der Gott dem Volk bei Prozessionen zu erscheinen, sowohl auf dem Nil wie auf dem Festland, auch zur Erteilung eines Orakels.

Neben jedem Bilde ist ein zugehöriger Text eingemeißelt, der in den beiden Papyrus allein wiedergegeben wird. Er besteht aus einer Überschrift, in der die zu vollziehende Handlung angegeben wird, und den dabei zu sprechenden Worten. Die Worte werden häufig unterbrochen durch Hinweise auf die Handlung, die nicht mitzusprechen sind, sondern Anweisungen an den Priester darstellen für das, was er in dem betreffenden Augenblick zu tun hat. Diese Hinweise lauten häufig nur: «Eine königliche Opfergabe» (Szene 2–4, 7 und 15). In anderen Fällen bestimmter (vgl. Abb. 9 und Tafel 9): «Weihrauch auf die Flamme» oder «Eine Flamme Weihrauch» oder nur «Weihrauch» (Szene 11); und «Wasser» (Szene 11), wobei für diesen Gebrauch reines, kühles Wasser (ḳebeḥ) zu verwenden ist. Ferner: «Bestreuen mit Sand» (Szene 15); oder: «Öl für den Gott» (Szene 27). Oder auch ohne Hinweis auf die Handlung nur: «Worte zu sprechen bei dem Eintreten vor den Gott» (Szene 7; ähnlich in Szene 12, 17, 19, 24, 25, 26, 27 und 28). Das viermalige Umschreiten des Götterbildes ist in der Überschrift angegeben (Szene 19, 30 und 35); es bildet immer den Abschluß einer geschlossenen Gruppe von Handlungen.

In den beiden Papyrus sind die Texte fortlaufend hintereinander zusammengestellt. Das Ritual für Amon (Tafel 10a) in Karnak hat die Überschrift erhalten (Berlin, Papyrus 3055, Seite 1, 1–2): «Anfang von den Sprüchen der Angelegenheiten (*Schriften, gemeint Rituale*) des Gottes, die ausgeführt werden für die Majestät des Amon Rê, König der Götter, als eine tägliche Handlung jedes Tages durch den gewaltigen Reinen

79

(*Priester*), der in seinem Tage(*s-Dienst*) ist.» Die in den beiden Papyrus dann folgenden Texte bestehen, wie in Abydos, aus einer Überschrift, den zu sprechenden Worten des Priesters und etwaigen Anweisungen. Die Texte sind teilweise die gleichen wie die bei den Bildern in Abydos, aber vermehrt um eine größere Zahl von weiteren. Diese Zusätze sind, wie ihre Überschrift angibt, zuweilen nur «ein anderer Spruch», d.h. ebenfalls für die betreffende Handlung bestimmt und dem vorlesenden Priester zur Auswahl gestellt. Einige Sprüche in den beiden Papyrus sind für Handlungen bestimmt, die in Abydos nicht auftreten, wie die folgenden: «Spruch für das Schlagen des Feuers» (Seite 1, 2 des Papyrus für Amon) «Spruch für das Ergreifen des Räuchergeräts (sehotpi)» (Seite 1, 4); «Spruch für das Setzen des Napfes (mit glühenden Holzkohlen) auf das Räuchergerät (sehotpi)» (1, 8); «Spruch für das Legen von Weihrauch (Harz) auf die Flamme» (2, 2). Diese Sprüche gehören zu Handlungen, die der Priester sofort nach dem Betreten der Kammer vollzieht, ehe er den Verschluß der Tür des Naos löst; hierin liegt eine Besonderheit des Kultus des Amon, die auch für andere Tempel in Theben gilt, da die Sprüche ebenso in dem Ritual für die Göttin Mut (Tafel 10b) stehen (Berlin, Papyrus 3053). Eine solche Besonderheit des Amon-Tempels, die in diesem Falle aber nicht für den Mut-Tempel gilt, könnte man darin sehen, daß das Öl «Geruch des Festes» (Szene 27, Das zweite Öl) mit Honig gemischt werden soll (Seite 7, 2). Für das Reinigen enthält das Amon-Ritual zwei weitere Sprüche, von denen nur der erste in dem Mut-Ritual enthalten ist: «Spruch für die Reinigung mit vier blauen Krügen (nemset) Wasser» (Seite 26, 10), und: «Die Reinigung vollziehen mit vier roten Krügen (dešret) Wasser» (Seite 27, 4). In beiden Papyrus-Ritualen aus Karnak stehen die beiden Sprüche: «Spruch für das Schenken der grünen Schminke (wa'd̲)», und: «Spruch für das Schenken der schwarzen Schminke (mesdemt)» (Seite 33, 5–6).

Als Beispiel für einen Text, der in den Abydos-Ritualen nicht enthalten ist, gebe ich einen Spruch aus dem Amon-Ritual (Seite 2, 4–3, 3), gleichlautend in dem Mut-Ritual (Seite 1, 5–2, 6). Nach dem Platz des Spruches in den beiden Papyrus gehört die Handlung zu den ersten, die der Priester vornimmt, ehe er den Verschluß der Tür gelöst hat.

Überschrift

Spruch für das Schreiten zu dem Prächtigen Ort (*bu zoser*).

Anweisung zum Sprechen

Worte zu sprechen.

Worte des Priesters

O ihr Ba von Onu (*Seelen von Heliopolis, unter-ägyptischer Gau XIII*)! Seid ihr heil, so bin ich heil, und umgekehrt. Ist euer Ka (*Geist*) heil, so ist mein Ka heil, an der Spitze der Ka (*Plural*) aller Lebenden. Leben diese alle, so lebe ich. Die beiden Krüge (*für Wasser*) des Atum (*Gott von Heliopolis*) umgeben meine Glieder mit Schutz (*durch die Reinigung*). Sachmet, die Gewaltige, Geliebt von Ptah (*in Memphis, unter-ägyptischer Gau I*), gibt Leben, Dauer und Glück um mein Fleisch. Thot hat mein Leben vollendet (?). Ich bin Horus, der auf seinem Papyrusstengel steht, der Herr der Kraft, gewaltig an Macht, hoch an zwei Federn, gewaltig in Abydos.

Anweisung für das Opfer

Eine königliche Opfergabe.

Worte des Priesters

Ich bin rein.

Neue Überschrift

Ein anderer Spruch.

Du erwachst schön in Frieden (*in*) Opet-asut (*Karnak*), der
Herrin der Tempel!
O ihr Götter und Göttinnen, die in ihr (*Opet-asut*) sind,
ihr Götter und Göttinnen, die in Opet-asut sind,
ihr Götter und Göttinnen, die in Wêset (*Theben, ober-ägyptischer Gau IV*) sind,
ihr Götter und Göttinnen, die in Onu (*Heliopolis*) sind,
ihr Götter und Göttinnen, die in Hot-kaw-Ptah (*Memphis*)
sind,
ihr Götter und Göttinnen, die im Himmel sind,
ihr Götter und Göttinnen, die auf der Erde sind,
ihr Götter und Göttinnen, die im Süden, Norden, Westen und
Osten sind,
o diese Könige von Ober-Ägypten, und Könige von Unter-
Ägypten,
und die Kinder des Königs, die die Weiße Krone (*von Ober-
Ägypten*) empfangen werden, und die Bauten ausführen werden für Amon in Opet-asut:
Möget ihr erwachen und möget ihr zufrieden sein! Möget ihr
in Frieden erwachen!

Der Papyrus mit dem Mut-Ritual enthält einige Sprüche,
die das Amon-Ritual nicht aufweist, weil sie sich ausschließlich auf die Göttin beziehen und nur vor ihr rezitiert werden
können. Vor allem der lange Hymnus auf Mut, bezeichnet
als: «Ein anderer Spruch» (Berlin, Papyrus 3053, Seite 8,7–
19,5); auch in ihm sind wieder mehrere selbständige Lieder
aneinander gereiht. Der einleitende Hymnus besingt Mut, die
das Korn erzeugt und alle Pflanzen gedeihen läßt; die Strauße
schlagen mit den Flügeln ihr zu Ehren, und die Paviane tanzen.
Ein angeschlossenes Lied beginnt in wenigstens vier Versen
gleichmäßig mit den Worten (Seite 14,1–15,8):

«Eile mit uns, o unsere Herrin!
Dein Herz sei froh mit uns,
Eile mit uns!»

Die Verse führen zunächst nach Theben, dann in die unter-
ägyptischen Städte Memphis (Gau I) und Heliopolis (Gau
XIII) und Pe und Dep (Gau VI, Buto), vorher auch nach Bubastis (Gau XVIII). Überall wird für die Göttin getanzt, auch
von den berühmten Tänzern der Temhu (Libyer). Die in jenen Städten heimischen Göttinnen werden als Erscheinungsformen von Mut angesehen, wie in Memphis die Sachmet, deren Statuen mit Löwinnenkopf zu Hunderten vor dem Tempel der Mut bei Karnak standen und heute in allen ägyptischen Museen zu sehen sind.

Auch der dann folgende «Spruch für den Weihrauch» steht
nur in dem Mut-Ritual (Seite 19, 5–20, 3), und seine Fassung
ist auf eine weibliche Gottheit eingestellt:

Überschrift

Spruch für den Weihrauch,

Anweisung zum Sprechen

Worte zu sprechen.

Worte des Priesters

Der Weihrauch kommt [zu dir]! Der Atem des Gottes, angenehm an Geruch, kommt. Er steigt in die Höhe zu dir, Mut,
Herrin von Aschru (*Tempel der Mut an dem See bei Karnak*). Dein
Herz sei froh und erfreut über ihn. Sie (*lies: Er*) steigt hinauf
zu dir an den Kopf der Mut, Herrin von Aschru, die Kraft
schafft. Der Weihrauch kommt, sein Geruch kommt zu dir.
Der Schweiß, der aus dir hervorgegangen ist, kommt. Er verbindet sich mit dir, die du durch ihn angenehm bist, wie Rê
sich mit seinem Horizont verbindet. Reinigung, zweimal, [ge-

schieht] durch ihn (*den Weihrauch*). Wie angenehm ist der Tau (*Schweiß*), der aus dir hervorgegangen ist, du Herrin (*Stirnschlange*), die am Kopfe der Mut, Herrin von Aschru, erstrahlt, deren Gesicht nicht leer (*frei*) davon wird.

Anweisung zum Darbringen des Opfers

Eine königliche Opfergabe.

Worte des Priesters

Ich bin rein.

Wie aus der vorstehenden Darstellung folgt, ist das wirklich vollzogene Ritual in den Bildern der Kapellen in Abydos nicht vollständig wiedergegeben, sondern man hat, immer im Anschluß an den auf den Wänden dargebotenen Raum, nur eine Auswahl angebracht. Diese entsprach zwar in den großen Zügen den an jedem Morgen vollzogenen Handlungen. Aber sie überging einige Vorgänge, die in den beiden Papyrus aus Karnak wiedergegeben sind; die Zusammenstellung in den Papyrus gibt darüber hinaus mehrere Texte zu dem gleichen Vorgang. Die Kammer des Osiris enthält viel weniger Szenen als die übrigen Kammern (nur 26 Szenen statt 36), weil in ihr an der Rückwand eine Tür durchgebrochen ist, so daß dort weniger Raum zur Verfügung steht. In der folgenden Beschreibung und Übersetzung werde ich mich auf die in den Abydos-Kapellen dargebotene Auswahl beschränken und diese in der Folge geben, in der sie in den beiden Papyrus erscheinen. Dadurch folgen wir gewiß am sichersten der Absicht der ägyptischen Verfasser der Reliefs wie der Papyrus, und wir erhalten in der Tat eine sinnvolle Ordnung für die Handlungen bei dem morgendlichen Gottesdienst.

84

Veröffentlichungen:

AUGUSTE MARIETTE, *Abydos* I (Paris 1869).

O. VON LEMM, *Das Ritualbuch des Ammondienstes* (1882).

ALEXANDRE MORET, *Le rituel du culte divin journalier en Egypte* (Paris 1902).

Hieratische Papyrus aus den Königlichen Museen zu Berlin 1 (1901).

BLACKMAN, The sequence of the episodes in the Egyptian daily temple liturgy, in: *Journal of the Manchester Egyptian and Oriental Society, 1918–1919* (Manchester 1919) 26–53.

SZENE I

Nach der Überschrift des Textes in den Kammern tritt der Priester ein, «um zu erscheinen» (wen-ḥir); dieses Wort bezeichnet in diesem Falle also eine Tätigkeit des Priesters, nicht der Gottheit. Mit dem Wort per «Haus» sind die Kammern der Gottheiten gemeint; sie liegen neben den Per-wêr, offenbar dem Sanktuar des Tempels, innerhalb des «Großen Gehöftes» (hot-ʿaʾt), eben dieses Tempels in seiner Gesamtheit. Die «Treppe» in der Überschrift in dem Papyrus für Amon setzt einige Stufen voraus, die in Karnak zu dem Sanktuar hinaufführten.

In dem Text der von ihm zu sprechenden Worte bezeichnet der Priester sich als einen wirklichen «Gottesdiener», der gekommen sei, um den Gott auf seinen «Großen Thron» (ast-wêret) zu setzen. Vorher war schon gesagt, daß der Gott sich auf seinem «Großen Thron» befindet, ohne daß deutlich zu erkennen wäre, ob ein bestimmter Teil der Kammer gemeint war. Hier und am Ende von Szene 3 ist mit ast-wêret wohl nur der Thron des Gottes im allgemeinen gemeint, nicht ein bestimmter Teil der Kammer.

Szene 1 nach ABYDOS, Tableau 1 (Kammer des Amon) = Papyrus für AMON, Seite 10, 1–6 = Papyrus für MUT, Seite 7, 9–8, 5.

DARSTELLUNG:

Der König räuchert oder spendet Wasser.

Überschrift (nach Abydos)

Spruch für das Eintreten (ᶜak), um zu erscheinen (wen-ḥir, *Hineingehen*) in das Innere des Großen Gehöftes (ḥot-ᶜaʾt) zusammen mit den Häusern (*per, Kammern*) der Götter, die neben dem Per-wêr (*Sanktuar*) sind.

Überschrift (nach Papyrus Amon 10, 1)

Spruch für das Hinaufsteigen zur (*auf der*) Treppe.

Worte des Priesters (nach Abydos und den beiden Papyrus)

Ich steige hinauf vor dein Antlitz, indem der Große (*Priester*) hinter mir ist. Meine Reinigung ist auf meinen Armen (*vor mir*). Ich bin bei Tefênet vorübergegangen, Tefênet hat mich gereinigt. Wahrlich, ich bin ein Gottesdiener, der Sohn eines Gottesdieners dieses Tempels (*ra-per*). Ich schleiche mich nicht ein, ich weiche nicht zurück. Ich bin ein Gottesdiener. Ich bin gekommen, um zu tun, was getan werden soll. Ich bin nicht gekommen, um zu tun, was nicht getan werden darf.

Anrede an den Gott der Kammer

Hoch ist Amon Rê, Herr von Nesut-tawi (*Karnak*) auf seinem Großen Thron (*ast-wêret*). Hoch ist die gewaltige Götterschaft auf ihren Thronen (*ast*). Deine Schönheit (*Bekleidung*) gehört dir (*wird dir zuteil*), o Amon Rê, Herr von Nesut-tawi! Nackter, du bist bekleidet! Vollendeter, du bist vollendet!

Schlußwort des Priesters

Ich bin gekommen, um den Gott auf seinen Thron zu setzen. Du bleibst (*stehst fest*) auf deinem Großen Thron (*ast-wêret*), o Amon Rê, Herr von Nesut-tawi!

Die Szenen 2–5 gehören insofern zusammen, als sie zu unmittelbar aufeinander folgenden Handlungen gehören, die an der gleichen Stelle stattfinden: der Priester ist damit beschäftigt, die zweiflügelige Tür des Naos zu öffnen. Er löst von den Griffen die Schnur, die die beiden Türflügel miteinander verbindet. Dann zerbricht er den Ton, in dem bei dem Verschluß der dienstliche Stempel eingepreßt war; er zieht den Riegel zurück und öffnet nun die Tür. In Szene 4 (wiederholt in Szene 6) sagt er, daß er diese Tätigkeit auf Befehl des Königs ausübe; in den Bildern ist stets der regierende Pharao selbst dargestellt, wie er die Handlungen ausführt.

Die Bilder zu den Szenen 2–5 stehen in der vorderen Hälfte der Kammer; demgemäß müßte man dort auch den Standort des Naos annehmen. Man vermutet den Naos aber dicht vor der Rückwand des Raumes, wie es uns aus mehreren Sanktuarien von Tempeln bekannt ist, z.B. in Dabûd (Nord-Nubien) und in Edfu. Das wäre hier in der hinteren Hälfte der Kammer. Die Schwierigkeit ist vielleicht dadurch zu lösen, daß der Priester nach Szene 5 zu dem Eingang zurückgetreten ist und mit Szene 6 von dort aus eine neue Reihe von Handlungen eröffnet.

SZENE 2

ABYDOS, Tableau 2 (Kammer des Ptah) = Papyrus für AMON, Seite 3, 3–5 = Papyrus für MUT, Seite 2, 6–7.

DARSTELLUNG in der Kammer des Horus:

Der König löst eine Schnur, mit der die beiden Griffe an den Türflügeln zusammengebunden sind (unsere Abb. 11).

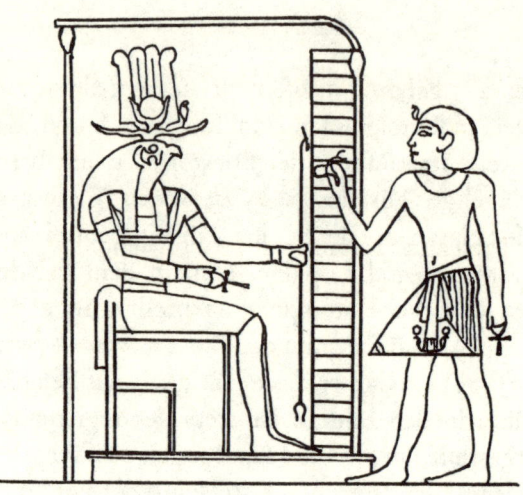

Abb. 11 zu Szene 2. Der König löst die Schnur, durch die die beiden Griffe an den Türflügeln zusammengehalten werden. Kammer des Horus.

Überschrift (nach Abydos)

Spruch für das Lösen des Griffes (*šefeḫ ḏebaᶜjet*).

Überschrift (nach beiden Papyrus)

Spruch für das Zerreißen (*šed*) des Bandes (*jaʾd*).

Worte des Priesters

Zerrissen wird das Band (*šed jaʾd*), gelöst (*šefeḫ*) wird der Griff (*ḏebaʾ*), um diese Tür zu durchschreiten. Vertrieben habe ich alles Schlechte, das an mir war, zum Boden. Ich bin gekommen, und ich bringe dir dein Auge, o Horus. Dein Auge gehört dir, o Horus! Ich bin Thot bei dem Berechnen (*Heilen*) des Uzat-Auges.

Anweisung für den Priester zur Darbringung des Opfers

Eine königliche Opfergabe.

88

Ich bin rein auf den Armen (*an Stelle*) des Königs (Men-Maat-Rê)‍.

SZENE 3

ABYDOS, Tableau 2 (Kammer des Amon) und Tableau 21 (andere Kammern); Papyrus für AMON 3, 5–8; Papyrus für MUT 2, 7–10.

DARSTELLUNG in der Kammer des Amon:

Der König zerstößt das Siegel aus Ton auf dem Riegel der Tür mit einem Gerät in Form eines menschlichen Armes mit einer kleinen Keule in der Hand (unsere Abb. 12).

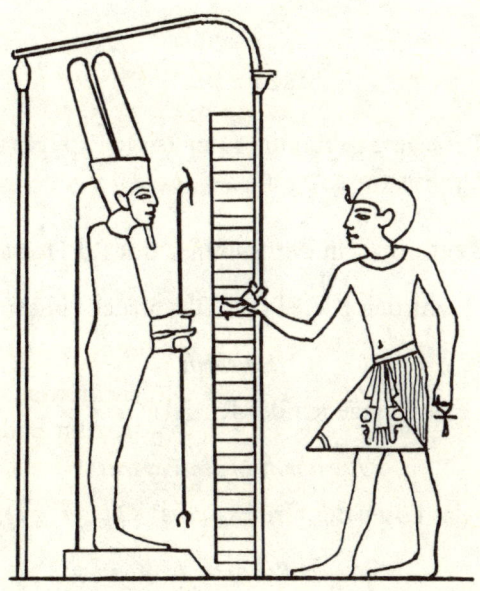

Abb. 12 zu Szene 3. Der König zerstößt das Siegel an dem Verschluß der Tür. Kammer des Amon.

Spruch für das Zerbrechen des Tons (*šed šijn*).

Zerbrochen ist der Ton, geöffnet ist der Ḳebeḥ (*Himmelsgewässer*). Gezogen (*für das Durchfließen des Blutes geöffnet*) sind die Adern des Osiris. Nicht bin ich gekommen, um diesen Gott von seinem Thron (*ast*) zu entfernen. Ich bin gekommen, um den Gott auf seinen Thron zu setzen. Ich bin es, der eintreten darf (*zu*) den Göttern. Du bleibst (*fest*) auf deinem Großen Thron (*ast-wêret*), o Amon Rê, Herr von Nesut-tawi!

Anweisung an den Priester für die Darbringung des Opfers

Eine königliche Opfergabe.

Rede des Priesters

Ich bin rein.

SZENE 4

ABYDOS, Tableau 22 (Kammer der Isis); Papyrus für AMON 3, 8–4, 3; Papyrus für MUT 2, 10–3, 5.

DARSTELLUNG in der Kammer des Rê Hor-achti:

Der König zieht den Riegel der Tür zurück (unsere Abb. 13).

Überschrift

Spruch für das Wegziehen des Riegels (*šetaᵓ se*).

Überschrift in den Papyrus

Spruch für das Lösen des Griffes (*debaᵓ* «Finger», *vgl. Szene 2*).

Worte des Priesters als Monolog

Der Finger (*d̠ebaᵓ*) des Setech ist aus dem Auge des Horus gezogen (*šetaᵓ*), und es befindet sich wohl. Der Finger (*d̠ebaᵓ*)

Abb. 13 zu Szene 4. Der kniende König zieht die beiden Riegel auf den Türflügeln zurück. Kammer des Rê Hor-achti.

des Setech ist aus dem Auge des Horus gelöst *(šefeḫ)*, und es befindet sich wohl. Gelöst *(šefeḫ)* ist das Leder *(Streifen zum Zubinden der Türflügel)* hinter dem Gott.

und als Anrede an die Gottheit

O Isis *(lies überall ursprünglich:* «O Osiris!»*?)*! Empfange dir deine beiden Federn *(Kopfschmuck)* und deine Weiße Krone *(von Ober-Ägypten)* durch das Auge des Horus, indem das rechte (Auge) auf der rechten Seite ist und das linke (Auge) auf der linken Seite. Deine Schönheit *(Gewand)* wird dir zuteil, o Amon Rê, Herr von Nesut-tawi. Nackter, du bist bekleidet! Vollendeter, du bist vollendet!

Der Priester rechtfertigt sein Erscheinen

Wahrlich, ich bin ein Gottesdiener, und der König ist es, der mir befohlen hat, den Gott zu schauen.

Zusatz (nur in Abydos)

Ich bin dieser gewaltige Benu *(Phönix-Vogel)*, der in Onu *(Heliopolis)* ist. Ich habe den (Gott) befriedigt *(erfreut)*, der in dem See der Duat *(Unterwelt)* ist. Ich habe berechnet *(geheilt)* den *(Gott, Osiris?)*, der ist *(wieder lebendig geworden ist?)*.

Anweisung für den Priester zur Darbringung des Opfers

Eine königliche Opfergabe.

Worte des Priesters

Ich bin rein für die Götter und die Göttinnen, die in dem Gehöft des (Men-Maat-Rê)| sind, der bleibt und besteht in Ewigkeit.

SZENE 5

ABYDOS, Tableau 23 (Kammer des Amon); Papyrus für AMON 4, 3–4; Papyrus für MUT 3, 5–7.

DARSTELLUNG in der Kammer der Isis:

Der König zieht die beiden Türflügel auseinander (nur einer ist gezeichnet): unsere Abb. 14.

Überschrift

Spruch für das Öffnen *(wen)* der beiden Türflügel.

Überschrift in den Papyrus

Spruch für das Erscheinen *(wen-hir, wohl Fehler für wen «Öffnen»)*.

Monolog des Priesters

Geöffnet sind die beiden Türflügel des Himmels, geöffnet sind die beiden Türflügel der Erde, aufgetan sind die beiden

Abb. 14 zu Szene 5. Der König öffnet die Tür. Kammer der Isis.

Türflügel des Ḳebeḥ (*Himmelsgewässer*)! Begrüßt wird das Gesicht des Geb, des Vaters der Götter, durch das, was ihm gesagt wird, (*nämlich die Worte:*) «Die Götter bleiben auf ihren Thronen.» Geöffnet sind die beiden Türflügel, und die Götterschaft erstrahlt. Hoch ist Amon Rê, Herr von Nesut-tawi, auf seinem Großen Thron (*ast-wêret*), hoch ist die Götterschaft auf ihren Thronen.

Anrede an die Gottheit der Kammer

Deine Schönheit (*Gewand*) wird dir zuteil. Nackter, du bist bekleidet! Vollendeter, du bist vollendet.

SZENE 6–10

Die nächste Gruppe von Szenen läuft bis zu dem Pfeiler, durch den die Kammer in zwei Hälften aufgeteilt wird, also bis zu Szene 10. Bei Szene 6–10 ist allerdings weder den Bildern noch den Texten unmittelbar zu entnehmen, daß sie eng miteinander verbunden sind. Der Priester sieht das Götterbild durch die geöffnete Tür in dem Naos stehen und wirft sich sofort mit «Erdküssen» auf den Boden, um es anzubeten. Seine erste Handlung ist es dann, die wegen ihres feurigen Atems gefürchtete Stirnschlange des Gottes (genommen von dem Sonnengott) durch eine Räucherung zu besänftigen (Szene 8). Die beiden folgenden Szenen 9–10 sind der Eintritt in die Räume Chem und Ast-wêret; da sie noch vor dem trennenden Pfeiler angebracht sind, sollte man in ihnen Bezeichnungen für die vordere Hälfte der Kammer annehmen, falls nicht schon im voraus auf die hintere Hälfte hingewiesen wird.

In Szene 7 sind mehrere Texte vereinigt, die nach der Überschrift sämtlich bei dem «Küssen der Erde» gesprochen worden sind. In der Folge, die in dem Papyrus dargeboten wird, ist der erste der Text 7a, in dem die Erde mit dem Namen des Gottes Geb (unter-ägyptischer Gau XX) genannt wird. In der Kammer des Amon in Abydos folgen auf den Text 7b zwei weitere ohne irgendeine Trennung, eingeleitet durch den Anruf: «Heil dir!» Sie sind nach ihrem Inhalt selbständige Lieder, für deren Anfügung an dieser Stelle kein Grund zu erkennen ist; bei dem zweiten Lied könnten die in seiner Mitte vorkommenden Worte «Ich küsse die Erde vor dir» die Veranlassung gegeben haben. Das erste Lied (Szene 7c) stammt aus den Legenden um Osiris (Band « *Mythen*», C) von Busiris (unter-ägyptischer Gau IX) und wird von Horus gesprochen, der seinem Vater sein Herz bringt, um ihn wieder zu beleben. Das zweite Lied (Szene 7d) scheint aus Hnês (ober-ägyptischer Gau XX) zu stammen, wo der dort heimische Bock einen großen Gott verehrt, vermutlich wieder den Osiris. Jedes der beiden Lieder hat in den Papyrus-Ritualen eine neue Überschrift «Ein anderer Spruch» erhalten (Szene 7c und d); hier haben wir durch die abweichende Behandlung der Zusammenstellung einmal den Beweis dafür in Händen, wie die priesterlichen Schriftsteller und Dichter ihre verschiedenartigen Quellen unbedenklich zu einem Ganzen vereinigt haben, ohne sie äußerlich gegeneinander abzusetzen.

Der Text zu Szene 9, der in den Papyrus-Ritualen nicht enthalten ist, macht keinen einheitlichen Eindruck, kommt aber im wesentlichen auch aus den Liedern um Osiris von Busiris, die nach Abydos übernommen worden sind.

SZENE 6

ABYDOS, Tableau 24 (Kammer des Amon); Papyrus für AMON 4, 6; Papyrus für MUT 3, 10–4, 1.

DARSTELLUNG:

Der König betet oder bringt einen Napf mit Weihrauch.

Überschrift

Spruch für das Erblicken des Gottes.

Anrede des Priesters

O mein Gesicht, hüte dich vor dem Gott! O Gott, hüte dich vor (meinem) Gesicht! O Gott, ich habe deine beiden Türflügel geöffnet. Mögest du mich (an ihnen) vorübergehen lassen. Der König ist es, der mir befohlen hat, den Gott zu erblicken.

SZENE 7a

ABYDOS, Tableau 24 (Kammer des Osiris), Papyrus für AMON 4, 7–9; Papyrus für MUT, 4, 1–4.

DARSTELLUNG:

Der König räuchert Weihrauch aus einem Napf.

95

Spruch für das Küssen der Erde.

Worte zu sprechen.

Der König bzw. der Priester betont seine Reinheit

Der SOHN DES Rê, Herr der Kronen (Sethos)⁅ küßt die Erde,
und er umarmt Geb *(den Erdgott)*. *(Papyrus:* ich küsse die Erde,
ich umarme den Geb). Ich habe getan, was Osiris lobt. Ich
bin dort rein für ihn.

Er atmet den Duft der Gottheit ein

Euer Schweiß gehört euch, ihr Götter. Euer Tau gehört euch,
ihr Göttinnen. Der Tau eures Leibes gehört euch. Ich küsse
diese *(den Schweiß der Gottheiten)*, damit das Leben dem Pharao
(zuteil wird), und die Verehrung dem Herrn der beiden Länder.

SZENE 7b

ABYDOS, Tableau 25 (Kammer des Amon); Papyrus für AMON
5, 6–8; Papyrus für MUT 5, 2–5.

DARSTELLUNG:

Der König kniet anbetend mit erhobenen Händen vor dem
Gott (Abb. 15).

Überschrift

Spruch für das Küssen der Erde und das Legen auf den Bauch,
um die Erde zu küssen angesichts seiner *(m ḏebaʾ.f, d. h. vor dem
Gott der Kammer)*.

Worte zu sprechen durch den König (Men-Maat-Rê) bei dem
Eintreten vor den Gott.

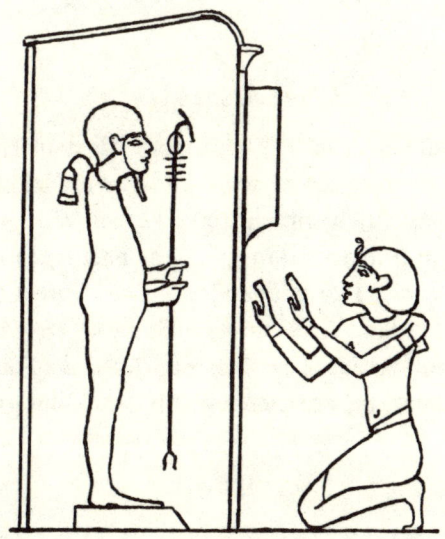

Abb. 15 zu Szene 7b. Der König betet kniend das Götterbild an.
Kammer des Ptah.

Monolog des Priesters

Ich küsse die Erde, indem mein Gesicht nach unten gerichtet
ist. Ich lasse die Wahrheit aufsteigen zu ihrem Herrn und die
Opfergaben (*Speisen*) zu dem, der sie gemacht (*geschaffen*) hat.
Es gibt keinen Gott, der dir täte, was dir zu tun ist, o Amon!
Nicht erhebe ich mein Gesicht zum Himmel, nicht werfe ich
mit Schmutz. Nicht mache ich das, was in dir ist (*deine Gestalt*),
einem anderen Gotte gleich.

ABYDOS, Tableau 25 (Kammer des Amon); Papyrus für AMON 5, 8–9; Papyrus für MUT 5, 5–7.

Überschrift (nur in den Papyrus)

Ein anderer (Spruch).

Worte des Priesters

Heil dir, Amon *(lies: Osiris)*! Ich bringe dir dein Herz in deinen Leib, ich setze es dir an seine Stelle, wie Horus das Herz seiner Mutter Isis ihr gebracht hat *(Papyrus aber:* wie Isis das Herz ihres Sohnes Horus ihm gebracht hat; *beides ist vielleicht zu verbessern in:* wie Horus das Herz seines Vaters Osiris ihm gebracht hat), indem (er es) an seine Stelle setzte – und umgekehrt, wie Thot das Herz der Nesret *(Göttin der Flamme, Stirnschlange?)* ihr brachte, wie diese Göttin dem Thot gnädig war.

SZENE 7d

ABYDOS Tableau 25 (Kammer des Amon); Papyrus für AMON 6, 1–3; Papyrus für MUT 5, 7–8.

Überschrift (nur in den Papyrus)

Ein anderer (Spruch).

Anrede des Priesters an den Gott der Kammer

Heil dir, Amon! Furcht vor dir ist in meinem Leibe, Schrecken vor dir dringt durch meine Glieder. Anbetung dir, Anbetung deinem Leibe, Anbetung den Göttern, die hinter dir *(in deinem Gefolge)* sind. Ich küsse die Erde vor dir wie vor dem Herrn der Erde *(Papyrus:* vor dem Allherrn). Ich bin der treffliche Ba *(Seele oder Bock)*, der in Ḥnês *(ober-ägyptischer Gau XX)* ist, der Speisen gibt, der die Sünde vertreibt. Er hat mich auf den Weg der Ewigkeit geleitet.

Anweisung für den Priester

Eine königliche Opfergabe.

Versicherung des Priesters

Ich bin rein.

SZENE 8

ABYDOS, Tableau 3 (Kammer des Rê Hor-achti); in den Papyrus nicht enthalten.

DARSTELLUNG:

Der König räuchert mit dem Napf oder mit dem Räuchergerät.

Überschrift

Spruch für den Weihrauch für die ʿAraʿt (*Uräus, Stirnschlange*).

Anruf des Priesters an die Stirnschlange in zahlreichen Namen

Deine Reinigung ist der Weihrauch, o Schlange Wêret-hekaw («*Groß an Zauber*»), Uto (*Göttin in dem unter-ägyptischen Gau VI*), Herrin des Per-wêr (*Sanktuar*), wohnend im Hause der Flamme (*nesret*), Sachmet (*Göttin in Memphis, unter-ägyptischer Gau I*), Nesret (*Flamme*), Uto von Pe und Dep (*Stadt Buto im unter-ägyptischen Gau VI*), die mit Leben beschenkt ist bei ihrem Vater (*dem Sonnengott*)!

Deine Reinigung ist die Reinigung der ober-ägyptischen Krone (*miset*), verkündigt (?) für die Krone (*miset*), die den Himmel erleuchtet. (*Deine Reinigung ist die Reinigung der*) Krone (*chabtet*), verkündigt (?) für die Krone (*chabtet*), die den Himmel erleuchtet.

Deine Reinigung ist Horus, deine Räucherung ist Setech. Deine Reinigung sind die männlichen Götter, deine Räucherung sind die weiblichen Götter. Möget ihr euren Schutz ausüben für die Wêret-hekaw, die Sachmet (zweimal), die Nesret (zweimal), die Hotpi (zweimal), die jeden Gott und jede Göttin erfreut, deren (*der Gottheiten*) Arme voll sind mit Liebe zu dir. Gnädig sei dein schönes Antlitz dem SOHN DES RÊ (Sethos, Geliebt von Ptah)[, der mit Leben beschenkt sei an diesem schönen Tage.

SZENE 9

ABYDOS, Tableau 4 (Kammer des Amon); nicht in den Papyrus enthalten.

DARSTELLUNG:

Der König bringt einen Napf für Weihrauch oder einen Krug mit Wasser dar (Kammer des Osiris: unsere Abb. 16).

Überschrift

Spruch für das Eintreten in das Chem (*Sanktuar*).

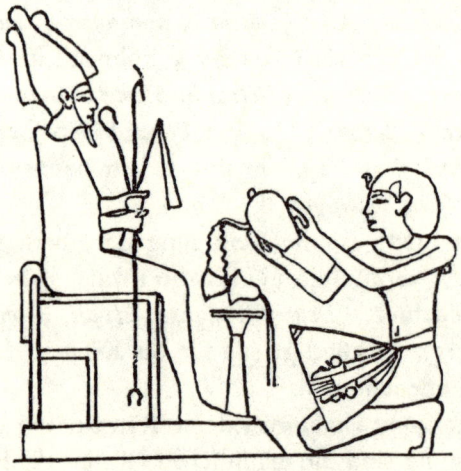

Abb. 16 zu Szene 9. Der kniende König gießt Wasser auf einen Altar, auf dem zwei Papyrusstengel liegen. Kammer des Osiris.

Geschmückt ist dein Thron, erhoben werden deine Matten (*Teppiche*). Die Großen der Nut stehen für dich (*vor dir*) auf, wenn sie aus dem Himmel kommen und wenn sie aus dem Horizont herabsteigen, damit sie deine Stimme vor dir hören. (*Du bist es,*) der die Wahrheit tut, und der sie erhöht an deinen Scheitel (*als Krone sich aufsetzt*). Du trittst ein in die Halle des Osiris, indem du erglänzest als Herr der Gesamtheit (*Menschen?*). Die Throne sind dir gegeben, damit du die (*Leute auf den*) Matten leitest. Das Herz der Götterschaft wird dir freundlich gestimmt, indem du ein Ach (*Geist*) bist im Himmel, und indem du stark bist auf der Erde, o Amon, der in dem Gehöft des Men-Maat-Rê wohnt! Du hast den Erben, den Horus, auf seinen Thron gesetzt. Du schlägst mit deinem Stock (*sechem «Mächtiger»*), du leitest mit deinem Zepter (*ja'at*). Du steigst hinauf auf der Ami-Wêret (*Westseite des Himmels*), du steigst hinab auf dem Ta-wêr («*Großes Land*», *ober-ägyptischer Gau VIII von Abydos auf dem Westufer*). Deine Faust ergreift die Gewänder (*des Sonnengottes*) aus (*der Hand der*) Beamtenschaft des Rê. Du wirst zu einem Stellvertreter des Hor-achti. Atum gibt dir die Beamtenschaft ...... verborgen vor denen, die in ihm sind. Die Ewigkeit ist unter deinen Sohlen, o (Sethos, Geliebt von Ptah) (*lies: o Osiris!*).

Anweisung für die Darbringung

Herbeibringen von Opfergaben und Speisen.

Anruf an Osiris (*in der Kammer des Amon!*)

Heil dir, Osiris! In Frieden (*Sei willkommen*) in dem (*deinem*) Gau (*gemeint der ober-ägyptische Gau VIII von Abydos*)! Ich sage vor (*zu*) dir, o Osiris: In Frieden (*Willkommen*) in dem Gau!

ABYDOS, Tableau 5 (Kammer des Amon); Papyrus für AMON 9, 6–8; Papyrus für MUT 7, 7–9.

DARSTELLUNG:

Der König steht oder kniet, in der Hand einen Napf mit Weihrauch. In der Kammer des Amon: der König steht betend mit herabhängenden Händen.

Überschrift

Spruch für das Eintreten in die Ast-wêret *(Sanktuar, gemeint der hintere Teil der Kammer)* des Per-wêr *(Heiligtum)* dieses Gottes.

Überschrift in den Papyrus

Spruch für das Eintreten in das Chem *(Sanktuar, allgemein)* des Gottes.

Worte des Priesters

Verschiedene Fassungen mit einem Anruf an den Gott der Kammer. In dem Papyrus ist noch «Ein anderer Spruch» angehängt.

SZENE 11–19

Die folgende Gruppe der Szenen 11–19 steht in der hinteren Hälfte der Kammer an ihrer rechten Wand und Rückwand. Dargestellt und von Texten begleitet ist das Entkleiden und Reinigen des Götterbildes. In Szene 11 beginnt der Priester wieder mit seinem «Erscheinen» (wen-ḥir), ebenso wie in Szene 1 bei seinem ersten Auftreten. Er spricht, offenbar am Morgen, von dem «Erwachen» des Gottes, den er sich auf dem Himmelsozean fahrend denkt. Der Priester tritt nun in die hintere Hälfte der Kammer ein, die vielleicht, wie der Chor der christlichen Kirche, erhöht war; dort läßt er durch die Götterschaft seinen Gott begrüßen, als ob dieser der Sonnengott bei seinem Aufgang wäre, wenn er von der Himmelsgöttin geboren ist (Szene 12). Das nächste Räucheropfer gilt einer Göttin, die als Stirnschlange furchtbar sein, aber durch Tanz erfreut auch Liebe schenken kann (Szene 13). Der Priester staubt nun den Sessel des Götterbildes ab und verspricht, ihm das wohltuende Auge des Horus zu bringen (Szene 14). Er legt seine Hände an das Götterbild und «löst» es von der parfümierten Salbe und dem Gewande (Szene 15–17), um es zuletzt durch Räuchern zu reinigen, bis er diesen Teil der Zeremonie durch viermaliges Umschreiten des Götterbildes beendet (Szene 19). Die zugehörigen Texte klingen aber vielmehr nach einem Bekleiden des Götterbildes, und in Szene 18 wird dieses Wort «Bekleiden» tatsächlich in der Überschrift verwendet, wobei vielleicht nur ein vorläufiges Überdecken des Körpers mit einem weißen Tuch gemeint ist. Die weiße Farbe des Stoffes wird mit der Herkunft aus Nechab (oberägyptischer Gau III) begründet, von wo die weiße Krone von Ober-Ägypten stammt (ebenso in Szene 20).

SZENE 11

ABYDOS, Tableau 26 (Kammer des Amon); in beiden Papyrus nicht enthalten.

DARSTELLUNG

Der König räuchert und spendet Wasser vor der Barke des Gottes; in der Kammer des Horus hat sie einen Falkenkopf am Bug und Heck (unsere Abb. 17).

Überschrift

Die Räucherung vollziehen bei dem Erscheinen *(wen-ḫir Eintreten)* mit dem Räuchergerät *(seḫotpi)* *(gemeint ist das Eintreten in die hintere Hälfte der Kammer)*.

Wie schön ist es, zu schauen! Wie erfreulich ist es, zu erblicken!
Wie schön ist es, zu schauen!

Eine Flamme Weihrauch; *(etwas)* Wasser *(kebeḥ)*.

Du stehst da mitten auf dem Ḳebeḥ *(Wasser, Himmelsozean)*.
Rein ist dein Ḳebeḥ!

Weihrauch.

Wie kommt man *(kommst du)* in Frieden! Du erwachst in Frieden, o Amon Rê, der in dem Gehöft des Men-Maat-Rê wohnt!

Weihrauch.

In Frieden! Dein Erwachen ist friedlich, du erwachst in Frieden, o Amon!

Weihrauch auf die Flamme.

In Frieden! Du erwachst friedlich, o Amon!

Eine Flamme Weihrauch.

Abb. 17 zu Szene 11. Der König räuchert Weihrauch vor der Barke mit dem Götterbild und gießt Wasser auf einen Tisch (aus Holzleisten), auf dem Brote und zwei Lotosstengel liegen. Die Barke ist auf zwei Tragstangen befestigt und steht auf einem Untersatz in dem Sanktuar. Kammer des Horus.

Worte des Priesters

In Frieden! Dein Erwachen ist friedlich, du erwachst in Frieden, o Amon!

Der folgende Teil des Spruches enthält spielerische Hinweise auf das Auge des Horus, auf den Ba (Seele) und auf die Suche nach einem Leichnam, gewiß des Osiris.

SZENE 12

ABYDOS, Tableau 27 und 31 (Kammer des Amon); in beiden Papyrus nicht enthalten.

DARSTELLUNG:

Der König räuchert in 27 mit dem Napf vor dem Gott, in 31 mit dem Gerät vor der Barke.

Überschrift

Anbetung des Gottes, viermal, und Weihrauch machen (*räuchern*) bei dem Eintritt in den Sotep-sa («*Geschützter*» *oder* «*Schützender Raum*», *wohl die hintere Hälfte der Kammer des Gottes*).

Worte des Priesters

«Sei gegrüßt in Frieden, o Amon Rê, der in dem Gehöft des Men-Maat-Rê wohnt! Sei gegrüßt!» sagt die gewaltige Götterschaft, «in Frieden!» Die gewaltige Götterschaft jubelt bei deinem Nahen, wie sie jubeln bei dem Nahen des Horus, der in dem Bach-Berge (*im Osten am Aufgang der Sonne*) ist. Du siehst, was Horus (*Sonnengott*) sieht, der in dem Bach-Berge ist. Du erblickst, was Horus erblickt, der im Bach-Berge ist, und Neit in Sais (*unter-ägyptischer Gau IV–V, hier als Göttin des Himmels*), und Hathor (*ober-ägyptischer Gau VI, hier als Sonnengöttin*) in ihrem Horizont. Sie erfreuen Amon mehr als alle Dinge.

Anweisung für den Priester

(*Das ist es*), was SOHN DES RÊ (Sethos, Geliebt von Ptah)⟨ an diesem Tage sagt (*gemeint: ein Priester an Stelle des regierenden Pharao*).

SZENE 13

ABYDOS, Tableau 28 (Kammer des Horus); in beiden Papyrus nicht enthalten.

DARSTELLUNG:

Der König verehrt den Gott; stehend mit herabhängenden Händen (unsere Abb. 18).

Überschrift

Anbetung dieser Göttin, viermal (*gemeint wohl die Stirnschlange des Gottes*).

Abb. 18 zu Szene 13. Der König steht in ehrfürchtiger Haltung (mit vorgebeugtem Oberkörper und herabhängenden Händen) vor dem Gott, der ihn mit erhobener Hand begrüßt. Kammer des Horus.

Heil dir, Rajet (*weiblicher Rê, Sonne*), Herrin beider Länder;
Hathor, wohnend in dem weißen (*ober-ägyptischen*) Onet (*Dendera, Gau VI*), Haube (*Kopfschmuck*) aus Gold, die die Kuhhörner aus Elektron ergreift (*als goldenen Kopfschmuck aufsetzt*)!
Wenn du (*Stirnschlange des Sonnengottes*) im Aufgehen bist,
jauchzen die Leute; wenn du erstrahlst, leben die Menschen.
Jeder Gott steht unter deiner Macht, die Menschheit erzittert . . . . . . (*aus Furcht*) vor dir. (*Du bist*) mächtig an Willen,
eine Herrin des Schreckens. Dir werden Wunder (*schöne Tänze*)
getanzt in der Kapelle (*durch*) die Temhu (*Libyer*) aus der
Wüste, die jubeln, ohne daß (sie) Schrecken (empfinden). Dir
tanzt die Herrin von Hotpet (*Ort der Hathor bei Heliopolis, unter-
ägyptischer Gau XIII*), die die Herzen der Götterschaft zieht
(*sich öffnet*). Liebe zu dir ist im Rücken (*gemeint: Leib*) des
Herrn der Stiere mit den Bullen (*die männlichen Götter lieben
dich*). Ausgebreitet ist das Schreiten (*geöffnet ist der Schoß*) der
Fürstin der Götter (*gemeint: Hathor*). Gnädig sei dein schönes
Antlitz dem König (Men-Maat-Rê) an diesem Tage!

SZENE 14

ABYDOS, Tableau 6 (Kammer des Rê Hor-achti); in beiden
Papyrus nicht enthalten.

DARSTELLUNG:

Der König wischt mit einem Tuch den Thron des Gottes ab
(unsere Abb. 19). In der Kammer des Amon: Der König steht
mit einem Zeugstreifen (gemeint Tuch) vor Amon (unsere
Tafel 8).

Überschrift

Spruch für das Abwischen des Per-wêr (*eigentlich Kapelle, hier
der Thronsessel des Gottes*).

Ich bin Horus. Ich bin gekommen, auf der Suche nach meinen beiden Augen. Ich lasse nicht zu, daß es *(das Auge)* sich von dir entfernt, o Hor-achti Atum, Herr des gewaltigen Gehöftes *(hot Ꜥaꜣt)*, der in dem Gehöft des Men-Maat-Rê wohnt! Siehe, ich trage es *(das Auge)* auf mir, indem es in Frieden kommt. Es vertreibt all dein Schlechtes *(Leiden)*. Vereinige *(Nimm)* es dir, o Atum.

Abb. 19 zu Szene 14. Der kniende König, der in seiner linken Hand das Räuchergerät hält, wischt mit einem Tuch den Thron des Gottes ab. Kammer des Rê Hor-achti; hier ist Atum dargestellt.

In der Kammer des Osiris steht über dem König,
der das Räuchergerät und einen Leinwandstreifen hält:

Ich gebe Weihrauch für dein schönes Antlitz, ich wische deinen Großen Thron *(ast-wêret)* ab.

ABYDOS, Tableau 7 (Kammer des Amon); Papyrus für AMON 26, 2–7; Papyrus für MUT 21, 2–4.

DARSTELLUNG:

Der König legt seine Hände an den Körper des Gottes (unsere Abb. 20 nach der Kammer der Isis).

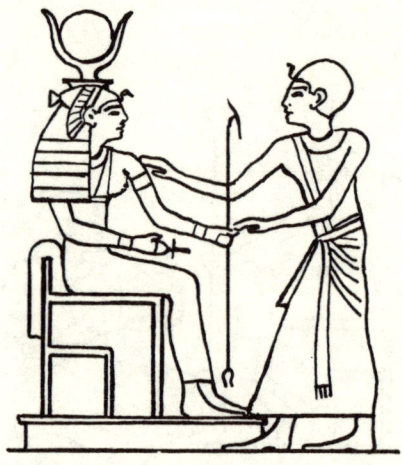

Abb. 20 zu Szene 15. Der König tritt an das Götterbild heran und berührt es mit seinen Händen. Kammer der Isis.

Überschrift

Spruch für das Legen der Hände auf den Gott.

Anruf des Priesters

Heil dir, Amon Rê, der wohnt auf dem Gehöft des (Men-Maat-Rê)! Heil dir, Sokar! Heil dir, Osiris, an diesem schönen Tage!

Anweisung für den Priester

Beschenken (*Bestreuen*) mit Sand.

110

Siehe, Thot kommt, um dich zu schauen. Sein Kopftuch (*nemes*) hängt an seinem Halse herab, sein Schurz (*sedit, nur der Schwanz an ihm?*) an seinem Hintern. Erwache du, damit du seine Stimme (*Rede*) hörst.

Heil dir, Amon Rê! Ich bin gekommen im Auftrag deines Vaters Atum. Meine beiden Arme liegen auf dir als (*die des*) Horus, meine beiden Hände liegen auf dir als (*die des*) Thot. Meine Finger liegen auf dir als (*die des*) Anubis, des Ersten der Gotteshalle. Ich bin ein lebender Diener des Rê. Ich bin rein, ich bin ein Reiner (*Priester*); ich bin ein Reiner, ich bin rein. Meine Reinigung ist die Reinigung der Götter.

Anweisung für den Priester

Eine königliche Opfergabe.

Rede des Priesters

Ich bin rein.

SZENE 16

ABYDOS, Tableau 8 (*Kammer des Amon*); in beiden Papyrus nicht enthalten.

DARSTELLUNG:

Der König streicht mit dem kleinen Finger seiner rechten Hand Salbe auf das Gesicht des Gottes.

Überschrift

Spruch für das Lösen (*gemeint: Abstreichen*) des Öles (*medet, parfümierte Salbe*).

Worte des Priesters (ähnlich in Szene 27)

Ich bin gekommen, und ich habe dich angefüllt mit der Salbe, die aus dem Auge des Horus hervorgegangen ist. Ich erfülle dich mit ihr, damit sie deine Knochen verbinde, und damit sie

deine Glieder vereinige, und damit sie dein Fleisch zusammenfüge, und damit sie alle deine Ausflüsse löse. Nimm sie dir in
Empfang! Angenehm ist ihr Geruch gegenüber dir wie (gegenüber) Rê, wenn er aus dem Horizont aufsteigt, freundlichen
Herzens zu den Göttern. Der Horizont gehört zu dir wie (zu)
Rê, wenn er aus dem Horizont aufsteigt. Komme du, damit du
die Doppelkrone in ihm (dem Horizont? oder: mit ihr, der Salbe?)
ergreifst nach dem Befehl des Horus selbst, des Herrn der
Menschheit.

SZENE 17

ABYDOS, Tableau 9 (Kammer des Amon); in beiden Papyrus
nicht enthalten.

DARSTELLUNG:

Der König zieht dem Gott ein langes Kleid aus (unsere Abb.
21).

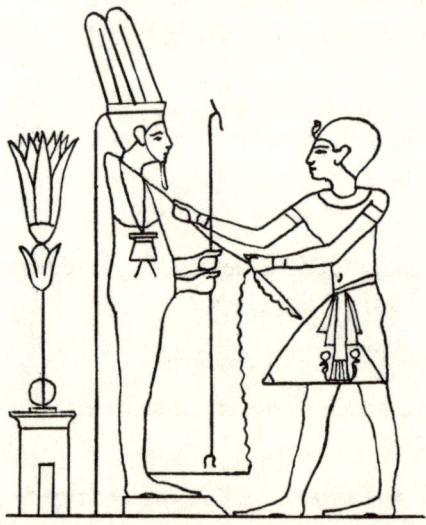

Abb. 21 zu Szene 17. Der König nimmt das lange Gewand des Götterbildes von ihm ab. Kammer des Amon; der Gott ist wie Min dargestellt,
hinter dem seine Blume auf dem Tempel steht.

Spruch für das Lösen (*gemeint: Ausziehen*) des Kleides.

Rede des Königs (Men-Maat-Rê)].

Rede des Königs bzw. Priesters

Nicht bin ich ja gekommen, um den Gott (*gemeint: das göttliche Kleid*) auf dem Gott zu vertreiben. Ich bin ja gekommen, um den Gott auf dem Gott gedeihen zu lassen. Deine Schönheit (*Gewand*) gehört dir. Siehe, dein Kranz (*von Blättern*) ist hinter dir (*auf deinem Nacken*), o Amon Rê! Nimm dir dieses Auge des Horus, schmücke dich mit ihm. Deine Schönheit gehört dir, dein Kleid gehört dir. Du bist ein Gott. König (Men-Maat-Rê)] hat dir gegeben, daß dein Herz weit (*froh*) darüber sei. Mögest du es (*das Kleid*) küssen, und mögest du zufrieden sein, und umgekehrt! Mögest du jedes Leben geben dem SOHN DES RÊ (Sethos, Geliebt von Ptah)]!

SZENE 18

ABYDOS, Tableau 10 (*Kammer des Amon*); in beiden Papyrus nicht enthalten.

DARSTELLUNG:

Der König legt dem Gott einen Zeugstreifen (als Andeutung für ein Gewand) an (unsere Abb. 22).

Überschrift

Spruch für das Bekleiden (*sema^cr*) der Glieder mit der Binde (*nemes, weißer Kleiderstoff*).

Anweisung zum Sprechen

Worte zu sprechen.

Abb. 22 zu Szene 18. Der König bekleidet das Götterbild mit einem neu-
en Gewand, das durch einen Zeugstreifen angedeutet ist. Kammer des
Amon; der Gott ist wieder wie Min dargestellt.

Rede des Priesters

Die weiße Binde kommt, zweimal. Das weiße Auge des Horus
kommt, das aus Nechab (*ober-ägyptischer Gau III*) hervorgegangen ist. Die Götter bekleiden (*nemes*) dich mit ihr (*dem
Auge als Symbol für das Gewand*) in diesem ihrem Namen der
Binde (*nemes*). Die Götter schmücken (*seḫeker*) dich mit ihr in
diesem ihrem Namen des Schmuckes (*ḫekjet*). Mögest du
(*weiblich, das Auge*) Amon mit ihr (*dem Auge*) bekleiden!
Schmücke ihn! Der Thron (*lies: die Binde?*) wird auf seine
beiden Arme gemacht (*gelegt?*) in diesem ihrem Namen der
Weißen (Göttin) Nechbet, die aus Nechab (*ober-ägyptischer
Gau III*) hervorgegangen ist.

SZENE 19

ABYDOS, Tableau 29 (Kammer des Horus); Papyrus für
AMON 27,7–10; in Papyrus für MUT: nicht enthalten.

Der König räuchert vor dem Gott Weihrauch aus einem Napf.

Überschrift

Die Reinigung machen *(vollziehen)* mit dem Weihrauch auf der Flamme. Herumgehen um *(den Gott)*, viermal.

Rede des Priesters

Dargebracht wird dir das Auge des Horus. Sein *(des Auges)* Geruch kommt zu dir, der Geruch des Auges des Horus kommt zu dir.

Anweisung zum Sprechen

Worte zu sprechen, viermal.

Rede des Priesters

Rein, zweimal, ist Horus!

Den gleichen Wortlaut haben Szene 30 und 35.

SZENE 20—28

Die Szenen 20–28 sind an der linken Wand der Kammer angebracht in der unteren Reihe vom Eingang über den trennenden Pfeiler hinweg bis zur Rückwand. Die Handlungen bilden eine Einheit, da sie sämtlich das Bekleiden des Götterbildes mit Gewand und Schmuck enthalten. Nacheinander werden ein weißes, grünes und rosa Kleid aufgelegt, dann Halskragen mit Brusttafel und Troddel hinzugefügt, der Kopfschmuck mit den Federn aufgesetzt und die Zepter in die Hände gesteckt. Nachdem der Körper parfümiert worden ist, wird nochmals ein rotes Gewand übergelegt. Vor Beginn dieser Handlungen ist der Priester vom Eingang her von neuem auf den Naos zugeschritten und hat sich dort ununterbrochen aufgehalten, um die Bekleidung des Götterbildes auszuführen.

Die Texte zu Szene 20–28 sind von verschiedener Herkunft, sowohl in geographischer wie in mythologischer Hinsicht. Meist ist ein Wortspiel oder ein Vergleich mit dem Auge des Horus angewendet, mit dem dieser einst seinen Vater Osiris geheilt hat. In Szene 20 spielt Ober-Ägypten und seine alte Hauptstadt Nechab (Gau III) hinein, gewiß wegen der weißen Farbe des Gewandes (ebenso in Szene 18). Das «Grüne» Gewand (Szene 21) führt nach Unter-Ägypten und durch ein Wortspiel mit «Grün» zu seiner Göttin Uto von Buto (Gau VI). Bei dem rosa Gewand wird als Schützerin wieder die Göttin angerufen, die dem Allherrn als Auge und Stirnschlange dient (Szene 22). Der Spruch in Szene 23, der mit dem Halskragen nichts zu tun hat, bittet den Allherrn und Sonnengott in Heliopolis (unter-ägyptischer Gau XIII), den Gott der Kammer zu schützen; dieser wird dabei in eine untergeordnete Stellung hinabgedrückt. In den Worten zu Szene 24 erscheint wieder die furchtbare Göttin der Stirnschlange, hier in Verbindung mit den Gottheiten um Osiris. In Szene 25 ist diese Göttin am richtigen Platze, da ja dem Gott seine Krone auf das Haupt gesetzt wird. Zu Szene 27 werden die heiligen Öle, die der Priester zum Salben des Götterbildes verwendet, einzeln aufgezählt, und mit ihren Namen werden Wortspiele gesprochen, die eine (oft unverständliche) mythologische Beziehung enthalten, häufig aus den Legenden um Osiris. Aus dem gleichen Kreis kommen die beiden angehängten Lieder, in denen das Öl (weiblich) entweder als Auge (weiblich) oder als Göttin angeredet wird. Das in Szene 28 angelegte rote Gewand wird dem Gott der Kammer dadurch empfohlen, daß es von Göttinnen hergestellt und gereinigt worden sei.

SZENE 20

ABYDOS, Tableau 19 (Kammer des Amon); Papyrus für AMON 27, 10–28, 5; Papyrus für MUT 23, 1–6.

Der König bringt dem Gott zwei Zeugbänder (unsere Abb. 23).

Überschrift

Spruch für das Anlegen (deba') der weißen Bekleidung (monhet).

Abb. 23 zu Szene 20. Der König legt dem Götterbild die weiße Bekleidung an, die durch zwei Zeugbänder angedeutet ist. Kammer des Amon; der Gott ist mit einem Mumienkörper dargestellt, dessen Kopf seine Krone mit den beiden graden Federn trägt.

Worte des Priesters

Empfange (šosep) dir dieses dein Empfangskleid (šosep)! Empfange dir diese deine Schönheit! Empfange dir dein Gewand (ma'r)! Empfange dir diese deine Bekleidung (monhet)! Empfange dir dieses weiße Auge des Horus, das aus Nechab (oberägyptischer Gau III) hervorgegangen ist, damit du in ihm erglänzest, und damit du in ihm trefflich (moneh) wirst auf dem

117

Herzen der Götter in diesem seinem Namen «Bekleidung»
(*monḥet*), und damit es auf dir hänge (*demi*) in diesem seinem
Namen «Hängekleid» (*jedemjet*), (a) und damit es auf dir gewaltig (*ᶜoaᵓ*) sei in diesem seinem Namen «Gewaltiges»
(*ᶜoaᵓt*), und damit es auf dir wirke (*šmaᵓ*) in diesem seinem
Namen «Gewirktes» (*oder: ober-ägyptisches Kleid, šmaᵓt*). Ich
bekleide dich mit dem Auge des Horus, das die Renen-wetet
(*Göttin der Ernte, Schlange*) bekleidet hat, und vor dem die Götter sich fürchten. (b)

Empfange dir das Auge des Horus, damit die Götter sich
vor dir ebenso fürchten, wie sie sich vor dem Auge des Horus
fürchten.

Die Sätze (a)–(b) stehen nur in der Kammer des Amon in
Abydos und in dem Amon-Ritual aus Karnak (Seite 28, 3–5),
aber nicht in dem Mut-Ritual aus Karnak (in Seite 23, 1–6
nicht enthalten). Hier liegt also deutlich eine Übereinstimmung vor, die sich nicht auf die übrigen Kammern in Abydos
und nicht auf den Mut-Tempel bei Karnak erstreckt. Daraus
muß man folgern, daß der Text für die Kammern des Amon
in Abydos in dem Amon-Tempel bei Karnak hergerichtet
worden ist, und zwar unabhängig von den Texten für die
Kammern der übrigen Gottheiten.

SZENE 21

ABYDOS, Tableau 18 (Kammer des Amon); Papyrus für AMON
29, 2–5; Papyrus für MUT 23, 6–24, 2.

DARSTELLUNG:

Der König bringt dem Gott zwei Zeugstreifen als Andeutung
für das Gewand (ähnlich wie in Szene 20).

Spruch für das Anlegen (*deba᾽*) der grünen Bekleidung (*mon-ẖet wa᾽ḏet*).

Worte des Priesters

Uto (*wa᾽ḏôjet*), die Herrin der Stadt Nebit («*Stadt des Pan-thers*», *wohl bei Buto, unter-ägyptischer Gau VI*), erglänzt, die Treffliche, an die niemand sich heranwagt im Himmel und auf der Erde. Uto, sie läßt Amon grünen (*wa᾽ḏ, gedeihen*) mit ihrem Grünen (*wa᾽ḏ, Kleid*). Sie läßt ihn schön (*monẖ*) sein mit dieser seiner Bekleidung (*monẖet*). Sie läßt ihn grün sein (*wa᾽ḏ, gedeihen*) für die (*Götter*), die in ihrem (*der Uto*) Grünen (*wa᾽ḏ, Kleide*) sind. Er wird frisch für es (*durch es, das Kleid*), wie Rê frisch ist.

O Amon, dargebracht wird dir das Auge des Horus. Möge ihm (*dem Horus*) heil gemacht werden der (*Gott*), der sich in ihm (*dem Auge, d. h. dem Kleide*) befindet. (*Oder:* Möge er den (*Gott*) heil machen, der sich in ihm (*dem Auge-Kleide*) be-findet?)

SZENE 22

ABYDOS, Tableau 17 (Kammer des Amon); Papyrus für AMON 29, 5–7; Papyrus für MUT 24, 2–4.

DARSTELLUNG:

ähnlich wie in Szene 20 und 21.

Überschrift

Spruch für das Anlegen der Bekleidung mit den beiden Jenes (*rosa Streifen*).

Worte des Priesters

Das Auge des Rê (*seine Stirnschlange*) erstrahlt, die Herrin der beiden Länder, die Herrscherin des Sees der beiden Flammen (*mer-deswi in Hermopolis*), Herrin des Unwetters, die Fürstin. Sie macht einen Erlaß der Rede (*mündlichen Befehl*), und die Götterschaft handelt nach dem, was sie befohlen hat. Sie läßt gedeihen (*sewaʾḏ*) ihr Grünes (*waʾḏ, Kleid*), für Amon. Sie macht ihn schön (*semoneḫ*) durch diese seine Bekleidung (*monḫet*). Sie läßt ihn grünen (*sewaʾḏ*) für die (*Götter*), die in ihrem (*der Göttin*) Grünen (*waʾḏ, Kleid*) sind. Komme du (*weiblich*), die vor ihm ist, die an seiner Stirn erglänzt! Schütze ihn vor den Akeru (*Dämonen in der Unterwelt*)! Gib, daß Furcht vor ihm groß sei und seine Kraft gewaltig, und daß Furcht vor ihm bei den Göttern sei.

O Amon, du lebst, du bist neu, du bist frisch wie Rê an jedem Tag. Komm, man jauchzt zu dir in deiner Schönheit. Dein Eigentum sind die beiden Länder vollständig. Nicht wagt man sich an deinen Arm heran in dem ganzen Lande. O Amon Rê, der in dem Gehöft des Men-Maat-Rê wohnt, nimm dir das Auge des Horus, damit du durch es hörst (*Papyrus:* siehst).

SZENE 23

ABYDOS, Tableau 16 (Kammer des Rê Hor-achti); in beiden Papyrus nicht enthalten.

DARSTELLUNG:

Der König bringt Halskragen und Brusttafel (unsere Abb. 24 aus der Kammer des Osiris).

Überschrift

Spruch für das Geben (*Anlegen*) des Halskragens – *oder:* Das Umbinden des Halskragens und der Brusttafel.

Worte des Priesters
Anruf an Atum

Heil dir, Atum! Heil dir, Chepra! Du bist hoch (*ḳaʾ*) geworden auf der Höhe (*ḳaʾ, Urhügel*). Du bist aufgegangen als Obe-

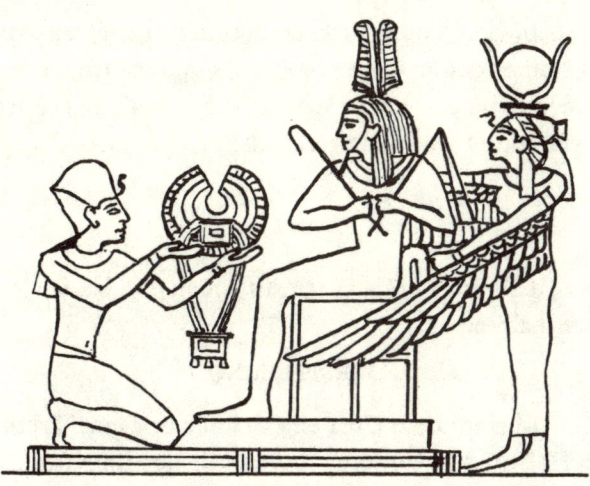

Abb. 24 zu Szene 23. Der kniende König bringt einen Halskragen und eine Brusttafel für die Bekleidung des Götterbildes dar. Kammer des Osiris; hinter dem thronenden Gott in Mumiengestalt steht seine Gattin Isis, die ihn mit ihren geflügelten Armen beschützt.

lisk (benben) in dem Hot-benben («*Gehöft des Obelisken*») in Onu (*Heliopolis, unter-ägyptischer Gau XIII*). Du hast (etwas) ausgespien als Schow, du hast (etwas) ausgespuckt als Tefênet. Du hast deine Arme um sie gelegt als Ka (*Geist mit erhobenen Armen*), so daß dein Ka in ihnen war (*dein Fluidum in deine Kinder überging*). O Atum, mögest du deine Arme um Rê Hor-achti legen, damit er zusammen mit seinem Ka in Ewigkeit lebe! O Atum, mögest du Rê Hor-achti behüten. Mögest du ihn schützen, damit nicht irgend etwas Schlechtes gegen ihn geschieht, wie du Schow und Tefênet behütet hast.

Anruf an die Neunheit von Heliopolis

O gewaltige Neunheit, die in Onu (*Heliopolis*) ist: Atum, Schow, Tefênet, Geb, Nut, Osiris, Isis, Setech, Nephthys, ihr Kinder des Atum! Sein Herz freut sich (*peḏ*) über seine Kinder in eurem Namen der Neun-Bogen (*peḏet*). Nicht gibt es einen unter euch, der seinen Rücken wendet (*poseḏ*) zu Atum in eurem Namen der Neunheit (*posḏet*), sondern er errettet Atum vor seinen Feinden, und er schützt ihn, so daß nichts Schlechtes gegen ihn in Ewigkeit geschieht.

SZENE 24

ABYDOS, Tableau 15 (Kammer des Amon); in beiden Papyrus nicht enthalten.

DARSTELLUNG:

Der König bringt dem Gott eine Schnur und eine Troddel für seinen Halskragen (unsere Abb. 25 aus der Kammer des Horus).

Überschrift

Spruch für das Geben der Schnur (*šespet*) und der Troddel (*manḥet*) an Amon.

Abb. 25 zu Szene 24. Der König bringt die Troddel und eine Schnur für die Befestigung des Halskragens an dem Götterbild dar. Kammer des Horus.

Erster der Lebenden, mögest du leben!

Anweisung für den Priester

Worte zu sprechen.

Worte des Priesters

Das Auge des Horus kommt, damit es froh wird. Es hat den Gott gesehen, der es geschaffen hat. Die Große Göttin *(das Auge)* kommt, damit sie in ihren Feinden wütet. Die Göttliche *(das Auge)* kommt, damit für sie ein Urteil der Worte *(Rechtsspruch)* vollzogen wird. Schrecken wird durch Rê *(in die Herzen)* gesetzt, Bewölkung *(Tränen)* werden durch Isis vertrieben. Nephthys hat dich *(Göttin)* gedeihen lassen, Thot hat dich heil gemacht auf (seinem) Gerät, Geb *(geb)* hat dich gekühlt *(ageb)* mit der großen Wasserflut, die in seinem Haupte ist. Dein *(der Göttin)* Lobpreis und deine Anbetung sind an dem Scheitel des Osiris. Das Auge des Horus ist in Herzensfreude. Horus nimmt dich *(Göttin)* in Empfang *(šesep)* in diesem deinem Namen der Schnur *(šespet)*. Das Auge des Horus zieht *(heilt)* dich, damit Amon groß sei.

Schlußworte des Königs bzw. Priesters

Rede seitens des Sohn des Rê (Sethos, Geliebt von Ptah)[: O Amon Rê, ich habe dir dein Auge eingesetzt. Nicht soll dein Gesicht von deinen beiden Augen leer sein!

SZENE 25

ABYDOS, Tableau 14 (Kammer des Amon); in beiden Papyrus nicht enthalten.

DARSTELLUNG:

Der König setzt dem Gott die Krone bzw. den Kopfschmuck auf (unsere Abb. 26).

Abb. 26 zu Szene 25. Der König setzt die Krone auf den Kopf des Götterbildes. Kammer des Amon, der wieder wie Min dargestellt ist; sein
Kopfschmuck besteht aus einem Helm mit zwei graden Federn.

Überschrift

Aufsetzen der Federn (*Diadem*) auf den Kopf des Gottes durch
den König.

Worte des Priesters

Die Große Göttin (*Krone oder Stirnschlange*) erstrahlt an dem
Kopfe des Amon, nachdem sie sich (an) seinem Scheitel festgestellt hat. Hoch sind deine beiden Federn an deinem Kopfe,
o Amon, nachdem Isis sie dir an deinem Kopfe festgestellt hat.
Sokar hat sie dir als Schmuck bereitet, Rê hat sie dir herrlich
gemacht, damit deine Stimme wahr gemacht wird (*du gerechtfertigt triumphierst*) gegen deine Feinde. Prächtig ist Amon mehr
als die Götter und die Geister (ach, *selig Verstorbener*). Deine
beiden Federn sind an deinem Kopfe, erstrahlen an deinem
Scheitel, nachdem jeder Gott und jede Göttin sie an deinem
Scheitel festgestellt haben. Verehrt wird Amon, der Herr des

Schreckens, mit seinen beiden göttlichen Augen, nachdem Sokar sie *(die Federn)* als einen Schmuck an deinem Kopfe, o Amon, bereitet hat. Sie *(Göttin, Isis?)* hat das Gesicht des Hapi *(Gott Nil, verderbt?)* durch ihre Schönheit gedeihen lassen, nachdem sie deine beiden Federn an deinem Kopfe festgestellt hat, damit du deinen Feind niederschlägst.

Anweisung zum Sprechen

Rede zu sprechen durch SOHN DES RÊ (Sethos, Geliebt von Ptah)ᛚ:

Rede des Königs bzw. Priesters

O Amon, ich habe dir dein Auge gebracht. Nicht ist dein Gesicht leer von deinen beiden Augen.

SZENE 26

ABYDOS, Tableau 13 (Kammer des Rê Hor-achti); in beiden Papyrus nicht enthalten.

DARSTELLUNG:

Der König gibt dem Gott drei Zepter (Krückstock, Krummstab und Geißel) und zwei Armbänder (unsere Abb. 27).

Überschrift

Spruch für das Geben des Krückstocks *(was)*, des Krummstabs *(ḥeka')* und der Geißel *(neḥeḥ)* an Rê Hor-achti durch den Herrn der Kronen (Sethos, Geliebt von Ptah)ᛚ und der Bänder für die beiden Arme und der Bänder für die beiden Füße an Rê Hor-achti.

Anweisung zum Sprechen

Worte zu sprechen.

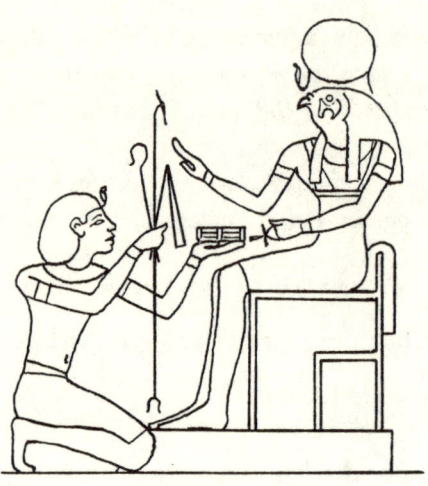

Abb. 27 zu Szene 26. Für die Bekleidung des Götterbildes bringt der König auf seiner linken Hand zwei Armbänder dar, mit seiner rechten Hand die Herrschaftszeichen Krummstab und Geißel sowie den Krückstock wa's als Zepter. Kammer des Rê Hor-achti.

Worte des Priesters

O Rê Hor-achti, dargebracht wird dir dein Feind (*auf dem die als Pflanzen gedachten Zepter gedeihen?*). Dargebracht wird dir das Auge des Horus, sein Duft kommt zu dir.

Anweisung zum Sprechen

Worte zu sprechen.

Worte des Priesters

O Rê Hor-achti, gewaltiger Gott, Herr des Großen Gehöftes (ḥot-ꜥaʾt) wohnend in dem Gehöft des (Men-Maat-Rê)|, Blaustein (ḥesbed, *Lapislazuli*) und Grünstein (mafkat, *Malachit*) (*werden dir dargebracht; gemeint sind wohl die Edelsteine an den Bändern*). O Rê Hor-achti, wohnend in dem Gehöft des (Men-Maat-Rê)|, ich gebe dir deine beiden Augen des Horus. Sie verbinden dir deine Knochen, sie lassen dir deine Glieder gedeihen.

126

Er (*der vorher nicht genannte Gott der Kammer*) möge die Lebenszeit seines (*eigenen*) Leibes im Himmel geben und seine Beliebtheit in den Herzen der Menschheit für den SOHN DES RÊ,
Herr der Kronen (Sethos, Geliebt von Ptah)ᶜ, der mit Leben
beschenkt ist wie Rê in Ewigkeit.

SZENE 27

ABYDOS, Tableau 12 (Kammer des Amon); Papyrus für AMON
30, 8–32, 8; Papyrus für MUT 26, 3–28, 2.

DARSTELLUNG:

Der König bringt dem Gott einen oder zwei Ölkrüge dar (unsere Abb. 28).

Abb. 28 zu Szene 27. Der König bringt zwei Krüge mit Öl für das Salben
des Götterbildes dar. Kammer des Amon.

Spruch für das Schenken des Öles (*medet*).

Worte zu sprechen.

Worte des Priesters

Nicht freut sich das Herz des Horus über das Abwehren seines Auges von seinem Leibe (*gemeint: seines eigenen leiblichen Auges*). Nicht freut sich das Herz des Amon Rê, der in dem Gehöft des (Men-Maat-Rê)| wohnt, über das Abwehren seines Auges von seinem Leibe. Es (*das Auge*) läßt dich gedeihen (*sewaᵓ*), und es schmückt dich in diesem seinem Namen der Uto (*waᵓ-det, Göttin des unter-ägyptischen Gaues VI*). Angenehm ist sein (*des Auges*) Geruch zu dir in diesem seinem Namen des Öles «Angenehm an Geruch». O Amon Rê, ich bin gekommen, und ich gebe dir deine beiden Augen (*gemeint: die Salbe, symbolisiert durch die Augen des Horus*).

Das erste Öl

Dargebracht wird dir das Auge des Horus, (nämlich) das Öl medet.

Rede des Königs (Men-Maat-Rê)|, der mit Leben beschenkt ist:

O Amon Rê, der in dem Gehöft des Men-Maat-Rê wohnt, ich fülle dir das Auge des Horus (*auf deine Stirn*), (*nämlich*) das Öl medet. Es soll nicht in dein Gesicht hinabfließen.

Das zweite Öl

Öl «Geruch des Festes»: o Amon, ich fülle dir das Auge des Horus (*auf deine Stirn*), (*nämlich*) den «Geruch des Festes». Es soll nicht in dein Gesicht hinabfließen.

Das dritte Öl

Öl ḥeknu: O Amon, ich fülle dir das Auge des Horus ein, das Öl meḏet, damit es an deinem Kopfe jubele (ḥekenu).

Das vierte Öl

Öl śefet: Worte zu sprechen durch SOHN DES RÊ (Sethos, Geliebt von Ptah)| (der mit Leben beschenkt ist) wie Rê.
O Amon Rê, der in dem Gehöft des Men-Maat-Rê wohnt, dargebracht wird dir das Auge des Horus, durch das *(wegen dessen)* Setech bestraft *(śefkek)* worden ist.

Das fünfte Öl

Öl neḥnemu: Worte zu sprechen durch König (Men-Maat-Rê)|.
O Amon Rê, dargebracht wird dir das Auge des Horus, damit er *(Horus)* sich mit dem Öl meḏet vereinige (ḥenem).

Das sechste Öl

Öl twat: Worte zu sprechen durch den SOHN DES RÊ (Sethos, Geliebt von Ptah)|.
O Amon Rê, dargebracht wird dir das Auge des Horus. Er *(Horus)* hat es gebracht, und er hat die Götter durch es angefleht *(twaʾ)*.

Das siebente Öl

Öl «Bestes *(ḥaʾt)* von der Zeder der Tehnu *(Libyer)*»: Worte zu sprechen durch König (Men-Maat-Rê)|.
O Amon Rê, dargebracht wird dir das Auge des Horus. Fasse *(es dir)* zu deiner Stirn *(ḥaʾt)*!

Das achte Öl

Öl baʾḳ *(von einem Baum, also wohl Olive)*: Worte zu sprechen durch den SOHN DES RÊ (Sethos, Geliebt von Ptah)|.

O Amon Rê, dargebracht wird dir das Auge des Horus. Rechne es dir zu (*streiche es dir auf*), indem du klar (*baꜣk, wie Öl*) bist.

Das neunte Öl

Öl biri: Worte zu sprechen durch König (Men-Maat-Rê)|.
O Amon Rê, dargebracht wird dir das Auge des Horus. Setech hat sich unter ihm empört (*biaꜣ, vielleicht wegen seines schlechten Geruchs*); nicht soll es sich gegen dich empören (*biaꜣ*)!

Lied an das Öl als Göttin
(*Zusatz in der Kammer des Amon; ähnlich in dem Papyrus für Amon 33, 2–4*)

Worte zu sprechen durch den SOHN DES RÊ (Sethos, Geliebt von Ptah)|.
O dieses Öl (merḥet, *weiblich*), zweimal, das dort an dieser Stirn des Horus ist! O dein (*weiblich*) Knabe, der in dem Auge des Horus ist! O dein Knabe, der an der Stirn des Horus ist! Ich setze dich (*weiblich, das Öl*) an die Stirn des Amon Rê. Ich mache ihn angenehm unter dir (*bestrichen mit dir*), ich verkläre ihn unter dir. Du läßt ihn Macht haben über seinen Leib. Du gibst sein Schwert in die Augen aller Geister (ach, *verklärte Verstorbene, die das Schwert erblicken sollen*), die ihn sehen werden und die ja sämtlich seinen Namen hören werden.

Lied an Amon, der gesalbt wird
(*Zusatz nur in der Kammer des Amon, ähnlich in Szene 16*)

O Amon Rê, ich fülle dir dein Auge mit Salbe. Ich fülle dir deinen Kopf mit Salbe, die an der Stirn des Horus ist. Du bist mit ihr versehen, du bist mit dem Gott versehen. Sie (*das Auge als Göttin des parfümierten Öles*) sendet ihren Geruch zu dir. Erhoben ist dein Kopf zum Himmel durch die (*Göttin als Auge*), die an der Stirn des Horus ist. Gekommen ist Horus, angefüllt mit Schweiß, während er seinen Vater Osiris umarmte,

als er ihn auf seiner Seite (*liegend*) fand in der Stadt Gehset
(«Gazelle»). Osiris füllte sich an mit dem Auge, das er (*Horus*)
geschaffen hatte. O Amon Rê, ich komme zu dir, der du dauernden Bestand hast. Ich fülle dich mit der Salbe an, die aus
dem Auge des Horus hervorging. Ich fülle dich mit ihr an,
damit sie deine Knochen verbinde, damit sie deine Glieder
vereinige, damit sie dein Fleisch zusammenfüge, und damit
sie deine schlechten Ausflüsse zu Boden ablöse.

Nimm sie (*das Auge, die Salbe*) dir in Empfang! Angenehm
ist ihr Geruch zu dir wie (zu) Rê, wenn er im Horizont (*des
Ostens*) aufsteigt. Freundlich sind die Götter, die in dem Horizont wohnen, zu dir, o Amon Rê. Der Geruch des Auges des
Horus (*d. h. der Salbe*) kommt zu dir. Die Götter, die das Gefolge des Osiris bilden, sind freundlich zu dir, wenn du die
Doppelkrone ergreifst, indem du mit der Gestalt des Osiris
versehen bist.

Du sollst dort ein Geist (*ach*) sein mehr als die Geister (*ach*)
nach dem Befehl des Horus selbst, des Herrn der Menschheit.
O dieses Öl (*merḥet, weiblich*) des Horus, o dieses Öl des Setech! Horus hat sein Auge (*symbolisch für das Öl*) in Besitz genommen, als er es vor seinen Feinden errettet hatte. Nicht
bleibt Setech (*der das Auge des Horus geraubt hatte*) in ihm verborgen. Horus, der mit seinen Schlangen (*an seiner Stirn*) versehen ist, hat sie (*gemeint: die Salbe*) (*dir*) eingefüllt. Das Auge
des Horus hat seinen Geruch zu dir angeschmiegt. Es hat (*sie*)
niedergeworfen, als du gegen deine Feinde wütetest.

Anweisung für die Handlung

Öl (*merḥet*) für Amon Rê.

SZENE 28

ABYDOS, Tableau 11 (Kammer des Amon); Papyrus für AMON
30, 3–8; Papyrus für MUT 25, 4–26, 3.

Der König legt dem Gott ein großes Gewand an (unsere Abb. 29).

Überschrift

Spruch für das Bekleiden mit dem gewaltigen Gewand nach diesem.

Papyrus: Spruch für das Anlegen des Gewandes aus rotem Stoff (*jedmi*).

Anweisung für das Sprechen

Worte zu sprechen.

Worte des Priesters

Sein Kleid ist aus Leinen. Amon, der auf dem Gehöft des Men-Maat-Rê wohnt, hat sein Gewand empfangen aus rotem Stoff

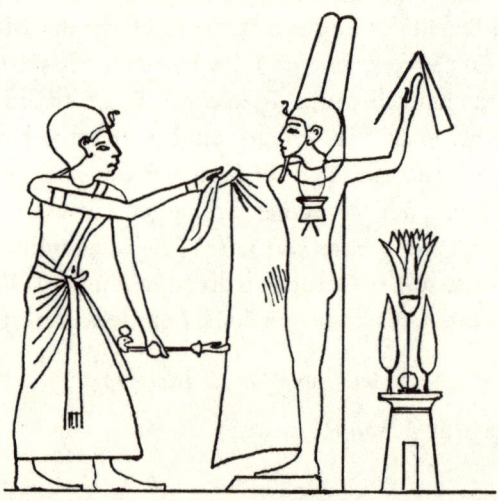

Abb. 29 zu Szene 28. Der König, der in seiner linken Hand das Räuchergerät hält, legt dem Götterbild das lange Gewand an. Kammer des Amon; der Gott ist wie Min dargestellt, hinter dem seine Blume auf dem Tempel steht.

(*jedmi*) von den Armen der Tajet (*Göttin des Webens*) an sein Fleisch. Der Gott (*Amon*) schmiegte sich an ihren (*der Tajet*) Gott (*das von ihr gewebte göttliche Kleid*). Es (*das Kleid*) verhüllt den Gott (*Amon*) in diesem seinem Namen «Roter Stoff» (*jedmi*). Ausgewaschen ist dein (*angeredet ist der Gott der Kammer*) Schmutz durch Hapi (*Nil*); heil gemacht ist dein Gesicht (*gemeint: dein Kleid*) durch die Sonnenstrahlen. Isis hat es gewebt, Nephthys hat es gesponnen, und sie (beide) machen das Bleichen des Gewandes für Amon. Wahr ist deine Stimme (*Gerechtfertigt bist du*) gegen deine Feinde, o Amon Rê, der auf dem Gehöft des Men-Maat-Rê wohnt!

SZENE 29–30

Die Bilder zu Szene 29–30 stehen in der hinteren Hälfte der Kammer an der linken Wand in der oberen Reihe. Nachdem die Bekleidung des Götterbildes vollendet ist, wird der Fußboden, der nun sauber hergerichtet werden soll, mit Sand bestreut. Den Abschluß bildet eine Räucherung und ein viermaliges Umschreiten des Götterbildes.

SZENE 29

ABYDOS, Tableau 30 (Kammer des Horus); Zusätze nach dem Papyrus für AMON 33, 7–34, 2; Papyrus für MUT 28, 7–29, 2.

DARSTELLUNG:

Der König schüttet vor dem Gott Sand aus einem Gefäß auf den Boden (unsere Abb. 30 aus der Kammer des Amon).

Überschrift

Spruch für das Streuen des Sandes.

Abb. 30 zu Szene 29. Der König tritt redend (mit erhobener rechter Hand) vor das Götterbild und streut aus einer Schale Sand vor ihm aus. Kammer des Amon.

Worte des Priesters (nach Papyrus für Amon)

O Horus, finde dir dein Auge!
O Amon, finde dir dein Auge!
O Horus, nimm es dir!
O Amon, nimm es dir!
Gestreut wird dir das Auge des Horus (*als Sand*). Siehe, er (*der Gott der Kammer*) ist darüber zufrieden (?). Rein, zweimal, ist Amon, viermal.

SZENE 30

ABYDOS, Tableau 31 (Kammer des Horus); in beiden Papyrus nicht enthalten.

DARSTELLUNG:

Der König räuchert vor der Barke des Gottes; in der Kammer des Amon (unsere Abb. 31) hat sie Widderköpfe.

134

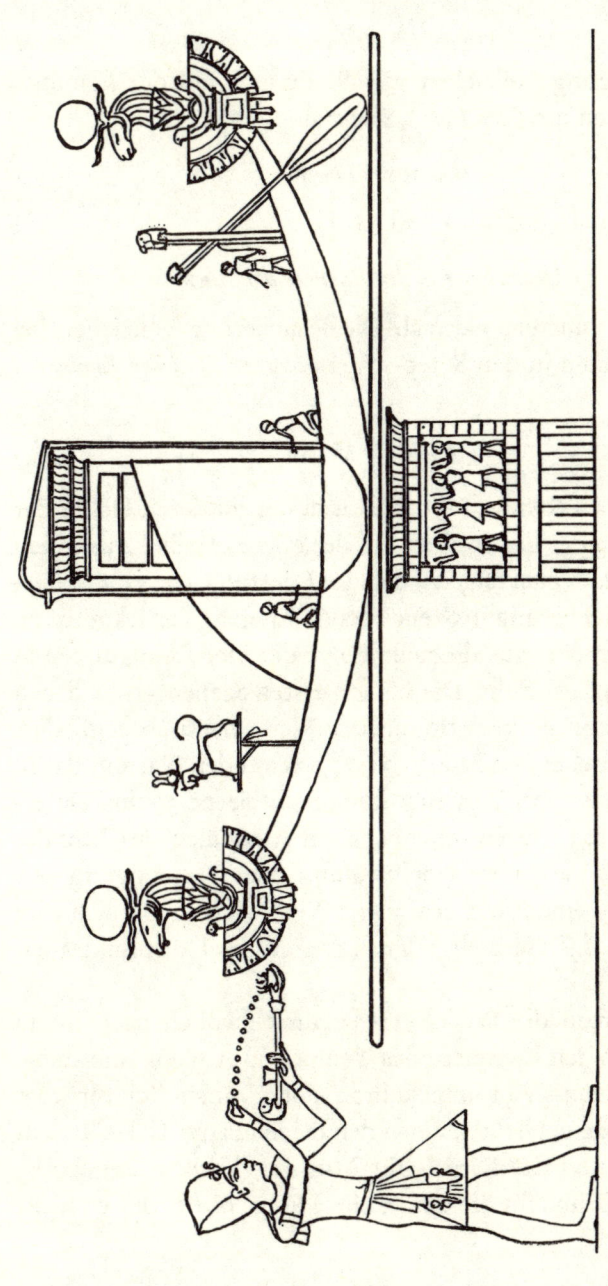

Abb. 31 zu Szene 30. Der König wirft ein Stück Harz auf die glühenden Kohlen seines Räuchergeräts, um das Weihrauch-Opfer vor dem Götterbild darzubringen. Dieses steht verhüllt in der Barke, die mit ihren beiden Tragstangen auf einen Untersatz gestellt ist. Kammer des Amon, dessen Widderköpfe die Barke an Bug und Heck trägt.

135

Die Reinigung vollziehen mit Weihrauch auf der Flamme;
Umhergehen um *(den Gott)*, viermal.

Worte des Priesters

Ähnlich wie in Szene 19 und 35.

Überschrift in der Kammer des Amon

Den Gott anbeten, viermal. Die Räucherung vollziehen bei
dem Eintreten in den Sotep-sa *(den hinteren Teil der Kammer)*.

SZENE 31–35

Die Bilder zu Szene 31–35 stehen in der vorderen Hälfte der
Kammer an der linken Wand in der oberen Reihe. Aus ihrem
Standort muß man folgern, daß der Priester nach der abschlie-
ßenden Räucherung in Szene 30 zum Eingang zurückgetreten
ist und von dort aus die neue Folge der vier Reinigungen in
Szene 31–34 vollzieht. Die beiden ersten Szenen 31–32 haben
Worte, die in übereinstimmender Weise poetisch gegliedert
sind. Die drei ersten Szenen 31–33 verwenden Natron, das in
Szene 32 aus Ober-Ägypten kommt, in Szene 33 aus Unter-
Ägypten, das letztere offenbar zum Ausspülen des Mundes
benützt. Szene 34 ist eine Spülung oder Besprengung mit
Wasser und eine Räucherung mit Weihrauch, an die sich zum
letztenmal das viermalige Umschreiten des Götterbildes an-
schließt.

Wollte man die Szenen 31–34 ausschließlich nach ihrem
Standort in den Kammern des Tempels in Abydos einordnen,
so müßte man sie in umgekehrter Folge zählen. Ich bin aber
bei der Folge geblieben, die in den beiden Papyrus des Rituals
für Amon und des Rituals für Mut aus Theben dargeboten
wird. Ein Grund für die umgekehrte Folge in Abydos ist nicht
zu erkennen.

ABYDOS, Tableau 35 (Kammer des Amon); Papyrus für AMON 34, 6–35, 1; Papyrus für MUT 29, 4–6.

DARSTELLUNG:

Der König bringt dem Gott einen Napf (wie für Weihrauch) mit vier Körnern dar.

Überschrift

Die Reinigung vollziehen mit vier Körnern von Natron (*bed*).

Worte des Priesters (wie in Szene 32)

Dein Natron ist das Natron des Horus,
das Natron des Horus ist dein Natron!
Dein Natron ist das Natron des Thot, und umgekehrt!
Dein Natron ist das Natron des Geb, und umgekehrt!
Dein Natron ist das Natron des Sepa (*Falke mit ausgebreiteten Flügeln, in dem ober-ägyptischen Gau XVIII*), und umgekehrt!
Du hast Bestand zwischen ihnen,
und deine Brüder sind die Götter.
Rein, dreimal, ist Amon, viermal.

SZENE 32

ABYDOS, Tableau 34 (Kammer des Horus); Papyrus für AMON 35, 6–8; Papyrus für MUT 30, 1–3.

DARSTELLUNG:

Der König bringt in einem Napf (*wie für Weihrauch*) vier Körner vor den Gott.

Überschrift

Die Reinigung vollziehen mit vier Körnern von ober-ägyptischem Natron von Nechab (*ober-ägyptischer Gau III*) für seinen Vater Horus.

Deine Reinigung ist die Reinigung des Horus, und umgekehrt!
Deine Reinigung ist die Reinigung des Geb, und umgekehrt!
Deine Reinigung ist die Reinigung des Thot, und umgekehrt!
Deine Reinigung ist die Reinigung des Sepa, und umgekehrt!
Du hast Bestand zwischen deinen Brüdern, den Göttern, o Horus, Sohn der Isis, Rächer seines Vaters, vortrefflicher Erbe des Wenen-nôfer!

SZENE 33

ABYDOS, Tableau 33 (Kammer des Amon); Papyrus für AMON 36, 1–2; Papyrus für MUT 30, 3–4.

DARSTELLUNG:

Der König bringt dem Gott einen Napf (wie für Weihrauch) mit vier Körnern, von denen er das eine mit seinen Fingern faßt.

Überschrift

Die Reinigung vollziehen mit vier Körnern von unter-ägyptischem Natron von der Oase Scherpet (*heute Wadi Natrûn zwischen Alexandria und Kairo*).

Worte des Priesters

Wahrlich, zweimal, öffne deinen Mund, o Amon Rê, damit du schmeckst, was er schmeckt, der Erste der Gotteshalle (*gemeint: Anubis, der Totengott von Memphis, unter-ägyptischer Gau I*).
O Amon, nimm dir das Auge des Horus!
Schmecke, was er geschmeckt hat!
Rein, zweimal, ist Amon Rê, viermal!

ABYDOS, Tableau 32 (Kammer des Rê); Papyrus für AMON 36, 2–4; Papyrus für MUT 30, 4–6.

DARSTELLUNG:

Der König bringt einen Napf mit Weihrauch und einen anderen mit Wasser, das über den Gott hinweg spritzt (unsere Abb. 32).

Überschrift

Die Reinigung vollziehen mit einem Napf mit kühlem Wasser (*kebeḥ*) und mit vier Körnern von Weihrauch.

Worte des Priesters

O Gott . . . .
dargebracht wird dir das Auge des Horus. Vereinige dir das

Abb. 32 zu Szene 34. Der König vollzieht die Reinigung des Götterbildes durch Räuchern mit Weihrauch und Besprengen mit Wasser. Kammer des Rê Hor-achti.

Wasser, das in ihm (*dem Auge*) ist. Rein, zweimal, viermal, ist Rê Hor-achti, der auf dem Gehöft des Men-Maat-Rê wohnt!

SZENE 35

ABYDOS, Tableau 36 (Kammer der Isis); Papyrus für AMON 27,7–10; im Papyrus für MUT nicht enthalten.

DARSTELLUNG:

Der König räuchert Weihrauch aus einem Napf.

Überschrift

Die Reinigung vollziehen mit Weihrauch auf der Flamme. Umhergehen um (*das Götterbild*), viermal.

Worte des Priesters

Ähnlich wie in Szene 19 und 30.

SZENE 36

Das Bild zu Szene 36 stellt eine Zeremonie dar, in der man wohl nur das Verwischen der Fußspur erkennen darf, die der Priester hinterlassen hat, nachdem er Sand auf den Fußboden gestreut und das Götterbild mehrfach umschritten hat. Die Tür, die er dann sorgfältig verschließt, ist die des Naos mit dem Götterbild, die er in Szene 2–5 geöffnet hat. Daß er jetzt die Verschnürung knotet und sein Dienstsiegel in den Ton stempelt, ist nicht ausdrücklich gesagt, muß aber als selbstverständlich angenommen werden. Hiermit ist das Ritual für die an jedem Morgen vorzunehmenden Handlungen beendet.

ABYDOS, Tableau 20 (Kammer des Rê Hor-achti); in beiden Papyrus nicht enthalten.

Der schreitende König fegt den Boden mit einem langen Besen (schmal, gestaltet wie der Tierschwanz am Schurz des Königs): unsere Abb. 33.

Abb. 33 zu Szene 36. Der König besprengt den Boden der Kapelle mit Wasser und fegt ihn sauber.

Überschrift

Spruch für das Bringen des Beines (*Wegwischen der Fußspur?*) mit dem Büschel (*hartes Gras aus Nubien, wie das heutige Halfa-Gras, zum Besen gebunden*) in der Großen Stätte (*ast-wêret*) für Rê Hor-achti.

Worte des Priesters

Thot kommt, nachdem er das Auge des Horus vor seinen Feinden errettet hat. Nicht tritt ein Böser oder eine Böse zu diesem Tempel ein. Gebracht (*Geschlossen*) wird der Türflügel durch Ptah, festgestellt wird der Türflügel durch Thot. Gebracht wird der Türflügel, und festgestellt wird der Türflügel mit dem Riegel durch König (Men-Maat-Rê)| Sohn des Rê (Sethos, Geliebt von Ptah)| (*der mit Leben beschenkt ist*) wie Rê.

A 3. DER IN KANOPOS
BESCHLOSSENE ERLASS DER
GESAMTEN PRIESTERSCHAFT VON ÄGYPTEN
UNTER PTOLEMAIOS III. EUERGETES

Durch Gau V fließt der oberhalb von Sais abzweigende west-
lichste Nil-Arm. Seine (I.) Mündung hieß ägyptisch Ro-hunt
und wurde von den Griechen die Kanopische genannt nach
der Stadt Kanopos, die von ihnen an Stelle der ägyptischen
Stadt Per-guti gegründet worden war. Die Stadt besaß in dem
Stadtteil Garb einen Tempel des Amon, der wohl erst in dem
Neuen Reich oder der Spätzeit neben das bedeutende Heiligtum des Osiris und der Isis getreten war. Von der Stadt gibt
Strabon in seiner «Geographie Ägyptens» einen Bericht, der
Veranstaltungen von besonderer Ausgelassenheit erwähnt;
von wilden Festfeiern in dem «berüchtigten Canopus» weiß
eine Generation später auch Iuvenalis in seiner Satire XV (*un-
ten*, S. 399); zum Tempelschlaf: S. 192.

Strabon XVII, Kap. 17, p. 801, berichtet:

Kanobos ist eine Stadt, 120 Stadion für den auf dem Landwege
Gehenden von Alexandreia entfernt, benannt nach dem dort
verstorbenen Kanobos, dem Steuermann des Menelaos. Sie
enthält das Heiligtum des Sarapis, das wegen hoher Heilig-
keit verehrt wird und auch Heilungen bewirkt, so daß auch
die angesehensten Männer daran glauben und sie selbst oder
andere an ihrer Stelle darin schlafen. Einige (Priester) schreiben die Heilungen (*als Anweisung*) auf, andere die Ratschläge
der dortigen Sprüche (durch Orakel bei Träumen). Vor allem
aber ist (zu berichten) die Menge der Menschen, die aus Alexandreia auf dem Kanal zu der Festfeier fahren. Denn den ganzen Tag und die ganze Nacht ist er voll von Männern und
Frauen, die sich in Kähnen mit Flötenspiel und zügellosen

Tänzen mit äußerster Ausgelassenheit vergnügen. Sie halten sich dann in Kanobos selbst auf, wo am Kanal Herbergen liegen, die für eine solche Zügellosigkeit und Schwelgerei eingerichtet sind.

In dem großen Tempel von Kanopos versammelten sich im 9. Jahre des Königs Ptolemaios III. Euergetes I. (247–222 v. Chr.) sämtliche Priester aller Tempel des 1. und 2. Ranges, vielleicht auch des 3. Ranges aus Ober- und Unter-Ägypten zu einer Synode, in die der 5. Dios (makedonischer Monat) mit dem Geburtstag des Königs und der 25. Dios mit dem Tag seiner Thronbesteigung fiel. Als höchster Geistlicher des Reiches, also als «Bischof» der Landeskirche, war Apollonides, Sohn des Moschion, im Amt, der Priester des verstorbenen Königs Alexander III. (I., des Großen) und seiner Nachfolger; nach seinem Namen gehörte er zu der eingewanderten Oberschicht der Eroberer, war also Hellene oder Makedonier. Neben ihm stand als höchste Priesterin Menekrateia, Tochter des Philammon, die Korbträgerin vor Arsinoé (II.) Philadelphos, der verstorbenen Gattin von Ptolemaios II. Philadelphos; die Priesterin war vermutlich Ägypterin, denn ihr Vater trägt den ägyptischen Namen Phil-Ammon, ägyptisch Meri-Amon «Geliebt von Amon», den der Verfasser der hieroglyphischen Ausfertigung freilich so geschrieben hat, als ob er ein griechischer Name wäre. Die versammelten Priester gehören verschiedenen Graden an je nach den Stellungen und Aufgaben, die ihnen innerhalb des Klerus zugewiesen waren. Die «Vorsteher der Tempel» waren die Hohenpriester der einzelnen Gottheiten. Ihnen unterstellt waren in höherem Rang die «Gottesdiener» (griechisch Prophetes) und in niederem Rang die Priester (ägyptisch Wêb «Reiner», griechisch hiereus). Auserwählte von ihnen galten als «Oberste des Geheimnisses», d. h. Eingeweihte in die Mysterien, die das Allerheiligste betreten durften, um das Götterbild zu bekleiden.

Andere hatten eine gelehrte Ausbildung, kannten die heiligen Bücher mit den Ritualen und Hymnen und fertigten die Niederschriften an; sie waren die Vorleser «Cheri-heb».

Die versammelte Priesterschaft faßte einen Beschluß auf ihrer Synode, den sie auf den 17. Tag des 1. Wintermonats Tybi (griechisch: 7. Apellaios) des 9. Jahres festlegten (7. März 238 v. Chr.). Die einleitende Datierung nennt als regierendes Königspaar Ptolemaios, Sohn des Ptolemaios, und Arsinoé, die Götter Adelphos «Geschwister», also Ptolemaios II. Philadelphos (285–247 v. Chr.) und seine Gattin. Sie werden als noch lebend betrachtet, obwohl ihnen seit neun Jahren schon die beiden Götter Euergetes «Wohltäter» gefolgt sind, nämlich Ptolemaios III. Euergetes und Berenike, in deren Tempel in Pa-guti, dem eigentlichen Tempel des Osiris, die Priesterschaft sich versammelte. In der folgenden allgemeinen Feststellung der Wohltaten, die den Tempeln Ägyptens von der Königsfamilie erwiesen sind, werden als Königspaar genannt: Ptolemaios, Sohn des Ptolemaios und der Arsinoé, der Götter Adelphos «Geschwister» (also des Ptolemaios II. Philadelphos), zusammen mit Berenike, seiner Schwester und Gattin, die beiden Götter Euergetes. Der beschlossene Erlaß erwähnt als besondere Wohltaten der Königsfamilie, entweder des regierenden Königspaares oder ihrer Eltern, zunächst die Fürsorge für die Götter und heiligen Tiere und die Zurückbringung der von den damaligen Eroberern nach Persien entführten Götterbilder nach Ägypten. Ferner die Beschränkung des Krieges, den der König in Syrien geführt hatte, auf das Gebiet außerhalb der Landesgrenzen. Endlich die Einfuhr von Getreide aus dem inneren Syrien, aus der phönizischen Küste von Palästina und von der Insel Zypern, als eine niedrige Überschwemmung des Nil die Ägypter mit Hungersnot bedrohte, wobei gleichzeitig die Steuern herabgesetzt wurden, die ja in Form von Brotgetreide entrichtet wurden.

Die außerordentliche Gnade, die das Königshaus der ganzen Bevölkerung, besonders den Tempeln, hatte zuteil werden lassen, bewog die Priesterschaft zu ungewöhnlichen Ehrungen des regierenden Königspaares Euergetes «Wohltäter» Ptolemaios (III.) und Berenike. Die Synode beschloß, den vorhandenen vier Abteilungen der Priesterschaft des ganzen Reiches eine fünfte hinzuzufügen, die nach den Göttern Euergetes genannt werden sollte. Das engere Kollegium der 20 stimmberechtigten Priester sollte durch 5 Mitglieder der neugegründeten 5. Abteilung auf 25 erhöht werden. Ein neues Fest für Ptolemaios und Berenike, die beiden Götter Euergetes, sollte in ganz Ägypten gefeiert werden, zuerst an dem Tage des ersten Frühaufganges des Sternes Sopdet (Sothis, heute Sirius) der Isis vor dem Aufgang der Sonne, der «Eröffnung des Jahres», und dann, wenn dieser Neujahrstag sich nach vier Jahren um einen Tag verschoben hat, ständig an dem 1. Tag des 2. Sommermonats Payni, an dem das fünftägige Freudenfest der Bubasteia begann, die ausgelassenen Feiern der im ganzen Lande bekannten Göttin Bastet, der Katze von Bubastis (Gau XVIII). In jedem vierten Jahr sollte den fünf Schalttagen am Ende des Jahres von 360 Tagen ein sechster Schalttag als Fest der Götter Euergetes hinzugefügt werden, damit trotz der Verschiebung des Aufgangs des Sirius-Sternes die Übereinstimmung des Kalenders mit den jahreszeitlichen Vorgängen bei den Gestirnen und der Überschwemmung des Nil gewahrt bleibe. Endlich soll die als Kind verstorbene Prinzessin Berenike zur Göttin erhoben werden und in dem Tempel des Osiris von Per-guti (Kanopos) einen Kultus erhalten, der an dem gleichen Tage vollzogen wird wie der für die Tochter des Rê (Sonne), die er als Uräus-Schlange an seine Stirn gesetzt hat, wiederum dem 17. Tybi. Dafür soll in allen Tempeln des 1. und 2. Ranges eine goldene Figur der Prinzessin als Göttin angefertigt und aufgestellt werden, und außerdem eine zweite Figur durch die jungfräulichen Priesterinnen gestiftet werden,

145

die dann eine besondere Beköstigung durch das «Brot der Berenike» empfangen.

Dieser Beschluß der Synode der gesamten Priesterschaft des ganzen Reiches erhielt einen Zusatz, nach dem er, in einen Denkstein eingemeißelt, in allen Tempeln des 1., 2. und 3. Ranges in dem Vorhof aufgestellt werden sollte, und zwar in drei Sprachen, damit alle Menschen die Ehrungen dort lesen könnten, die dem Königshaus erwiesen waren. Die drei Sprachen sind zuerst die altägyptische, geschrieben mit den Hieroglyphen wie seit drei Jahrtausenden, dann die ägyptische Umgangssprache der Spätzeit, geschrieben mit der («demotischen») Briefschrift, zuletzt die hellenische, geschrieben mit griechischen Buchstaben. Von den Denksteinen sind bis jetzt fünf wieder zu Tage gekommen, aber nicht der aus dem Tempel von Kanopos. Der erste wurde 1866 in Tanis (Gau XIV) gefunden: Kalkstein, Höhe 2,22 m, Museum in Kairo: MASPERO & ROEDER, *Führer* (1912) 63, Nr. 725. Der zweite kam 1881 aus Ḥôt-ḥesat «Kuhstadt», heute Kôm al-Ḥisn, der Hauptstadt von Gau III «Westen»; Kalkstein, Höhe 2,03 m, in dem Museum in Kairo: MASPERO & ROEDER, *Führer* (1912) 64, Nr. 728; auf ihm ist die Darstellung erhalten, die unten Seite 149 beschrieben ist. Eine dritte Ausfertigung ist aus Memphis oder Heliopolis nach Kairo verschleppt worden, wo sie als Türschwelle der Moschee des Emir Akhôr gedient hat, bis man sie in das Museum des Louvre in Paris überführte; Höhe 1,95 m, grüner Basalt: BOREUX, *Catalogue-Guide Louvre* I (1932) 89, Nr. C 122. Neben diesen drei Ausfertigungen aus dem Delta sind nur Bruchstücke von zwei weiteren aus Ober-Ägypten bekannt geworden: 1929 aus dem Großen Amon-Tempel bei Karnak, und 1946 durch die belgischen Grabungen in El-Kab (Veröffentlichungen auf S. 149).

Aus dem Wortlaut des Beschlusses ergeben sich folgende Kalendertage als Festfeiern in dem Tempel von Kanopos. Ohne Angabe des Datums nach dem ägyptischen Kalender ist der 5. Dios makedonischer Zählung als der Tag der Geburt des regierenden Königs Ptolemaios III. Euergetes genannt (Zeile 3 und 13), der 25. Dios als Tag seiner Thronbesteigung (Zeile 3). An dem 5., 9. und 25. Tage jedes Monats des ägyptischen Kalenders wird des regierenden Königspaares, der «Götter Wohltäter», gedacht, und dabei wird der Geburtstag des Königs eingeschlossen sein (Zeile 17). Das uralte Neujahrsfest war im Jahre 2781 v. Chr. an dem Tag gefeiert worden, an dem der Sirius morgens vor der Sonne gleichzeitig mit dem Einsetzen des Steigens des Nil sichtbar wurde (um den 19. Juli). Da der Frühaufgang des Sirius sich gegenüber dem ständig gleichbleibenden Beginn der Nilschwelle in jedem 4. Jahre um einen Tag verzögerte, rückte das mit dem Sirius-Aufgang verbundene Neujahrsfest allmählich im Laufe von 1460 Jahren durch das ganze Jahr hindurch; im 9. Jahre von Ptolemaios III. (238 v. Chr.) war es auf dem 1. Tag des 2. Sommermonats Payni angelangt. Der kalendermäßige Anfang des Jahres blieb ständig auf dem 1. Tag des 1. Monats der Jahreszeit «Überschwemmung», obwohl er sich im Laufe der 1460 Jahre immer weiter von dem Einsetzen der Nilschwelle entfernte und erst nach Ablauf von 1460 Jahren wieder mit diesem zusammenfiel; das geschah in dem Jahre 1321 v. Chr. und stand erst wieder für 139 n. Chr. bevor. Innerhalb der Jahreszeit «Überschwemmung» wurde nach dem vorliegenden Beschluß (Zeile 25) an dem 29. Tage des 4. Monats Choiach ein Fest gefeiert, an dem Osiris in seiner Barke aus dem Tempel des Amon von Garb (Herakleion) in seinen Tempel von Per-guti (Kanopos) einzog; auf diesen Tag wurde das neugestiftete Fest der Prinzessin Berenike gelegt. Kurz vorher hatte in diesem Monat das Fest Kikellia stattgefunden, bei dem Osiris in einer Prozession zu Schiff auf dem Nil gefeiert wurde; dabei sollte auch der Prinzessin gedacht werden (Zeile 32). In der folgenden Jahreszeit «Winter» fand nach hergebrachter Weise eine Feier statt zu Ehren des Todes und der Himmelfahrt einer Göttin, die man die Tochter des Rê, sein Auge und seine Stirnschlange nannte, und zwar in dem 1. Monat Tybi. Nun wurde wegen des Todes und der Himmelfahrt der Prinzessin Berenike, die im gleichen Monat gestorben war, eine Feier angesetzt, und zwar vom 17. Tybi ab für vier Tage. Der 17. Tybi ist auch das Datum der Synode, in der die Priesterschaft diesen Beschluß faßte. In der dann folgenden Jahreszeit «Sommer» wurden am 1. Tage des 2. Monats Payni für fünf Tage die beiden Festfeiern der Göttin Bastet von Bubastis (Gau XVIII) begangen (Zeile 18). Mit ihnen, in die damals der Frühaufgang des Sirius fiel, sollte die große Prozession zu Ehren des Königspaares verbunden werden; ferner sollte hier ein sechster Schalttag eingefügt werden (Zeile 22). Diese Feier sollte für alle Zeiten mit dem 1. Payni verbunden bleiben, auch wenn der Frühaufgang des Sirius sich in jedem 4. Jahre um einen Tag von ihm entfernen würde (Zeile 19). Endlich nennt der Beschluß noch den 4. Sommermonat Mesorê des Jahres 9 als den Zeitpunkt, bis zu dem von Jahr 1 ab durch den König Priester ernannt werden dürfen, die dann Aufnahme in die neugegründete 5. Abteilung der Priester finden sollten (Zeile 14). Diese Klausel ist in den Beschluß der Priesterschaft wohl auf einen Druck der königlichen Regierung hin aufgenommen worden, der daran liegen mußte, in der Leitung der Landeskirche Priester tätig zu sehen, denen sie Vertrauen entgegenbringen konnte.

In Zeile 30 wird bestimmt, daß das goldene Bild der als Kind verstorbenen Prinzessin Berenike von einem Priester im Arm getragen werden soll, wenn die üblichen Prozessionen stattfinden, damit das Volk die neue Göttin sehen und anbeten könne. Diese Art der Schaustellung eines Götterbildes war offenbar üblich, wie ein Relief auf dem Denkstein Nr. 40 der ägyptischen Sammlung in München zeigt. Auf ihm trägt der Priester Pete-Noferhôtep ein Bild des kindlichen Gottes Nofer-hôtep im Arm, umhüllt von seinem weiten Mantel

(Abb. 35). Das goldene Bild der Prinzessin Berenike soll eine ungewöhnliche Krone tragen, die aus den Schriftzeichen für ihren Namen zusammengesetzt ist. Ein solcher Kopfschmuck, in Bronze ausgeführt, ist in der Sammlung MacGregor vorhanden, gewiß als Teil einer Figur der vergöttlichten Prinzessin (Abb. 36).

Veröffentlichungen:

1. Die erste Ausfertigung:

HEINRICH BRUGSCH, *Thesaurus inscriptionum aegyptiacarum* 6 (1891) 1554–1578.

SETHE, *Hieroglyphische Urkunden der griechisch-römischen Zeit* II *(Urkunden des ägyptischen Altertums* II 2, Leipzig 1904) 124–154 mit Literatur.

SPIEGELBERG, *Der demotische Text der Priesterdekrete von Kanopus und Memphis (Rosettana)* (1922) 3–37; 66–76.

2. Die zweite Ausfertigung:

AHMED BEY KAMAL, *Stèles ptolémaïques et romaines (Catalogue Général Caire)* 1 (1905) p. 182–183; 2 (1904) pl. LIX–LXI.

HEINRICH BRUGSCH, *Thesaurus* 6 (1891) 1575–1578.

3. Die fünfte Ausfertigung aus El-Kab:

A. BAYOUMI & O. GÉRAUD, in: *Annales du Service des Antiquités de l'Egypte* 46 (1947) 373–382, pl. LXXXI, zu CAPART p. 354.

Eine Gegenüberstellung der ägyptischen und griechischen Ausdrücke gibt die Untersuchung:

FRANÇOIS DAUMAS, *Les moyens d'expression du Grec et de l'Egyptien comparés dans les décrets de Canope et de Memphis* (Le Caire 1952).

Die bei allen fünf Denksteinen anzunehmende Darstellung oberhalb der Inschrift ist nur bei der (zweiten) Ausfertigung aus Kôm al-Hisn (S. 146) erhalten geblieben. Sie paßt sich den in Gau III «Westmark» verehrten Gottheiten an und stellt diese in den Vordergrund, besonders die einheimische Göttin des Baumes (Abb. 34). Unter dem gewölbten Himmel mit den Sternen schwebt die geflügelte Sonne, von der zwei Schlangen herabhängen, zwar ohne die Landeskronen, aber durch ihre Beischriften als Landesgöttinnen gekennzeichnet.

Die linke (*aus dem ober-ägyptischen Gau III*) ist die ober-ägyptische «Nechbet, die Weiße, die den Arm (bei dem Zupacken) ausstreckt, Herrin von Fekat» (Stadt im unter-ägyptischen Gau III «Westmark»). Die rechte unter-ägyptische Schlange heißt: «Uto von Dep und Pe, Herrin des Lebens von Dep und Pe» (Doppelstadt in dem unter-ägyptischen Gau VI: Buto). An jeder Schlange hängt das ringförmige Symbol šen «Ewigkeit».

In der Mitte → schreitet das Königspaar: König Ptolemaios, «Herrscher des ganzen Landes», mit einer stilisierten Wiedergabe seines griechischen Mantels und mit der Doppelkrone beider Ägypten auf dem Kopfe; hinter ihm mit dem Kopfschmuck der Isis-Hathor und dem lang herabhängenden Bande der Isis-Priesterin schreitet die «Herrin der beiden Länder (Berenike)|, Schwester und Gattin des Königs, die den Palast mit ihrer Schönheit erfüllt». Hinter dem Königspaar sind die beiden Gottheiten der Schrift damit beschäftigt, auf eine Palmrippe die Striche für eine unendliche Zahl von Lebens- und Regierungsjahren des Königs einzuritzen: der ibisköpfige «Thot, Herr der Gottesworte, der alle Dinge schafft», sagt zu dem König: «Ich schreibe dir jede Süße und Frische und Herzensfreude, während die Götter deinen Schutz ausüben.» Die mit einem Tierfell bekleidete «Seschat, Herrin der Schrift, die alle Dinge berechnet», sagt: «Ich schreibe die Gnade (?) der Götter und Göttinnen und jeden schönen Ort (*Gegenstand*) (*als deinen*) Unterhalt (?).»

Dann folgen zwei Königspaare, wie Gottheiten gekleidet. Zuerst die Eltern des regierenden Königs, «Die beiden Götter Geschwister (*Adelphos*)»: der König «(Ptolemaios)|, der Gott, der Glück von den Göttern und Göttinnen erfleht», und die Königin «(Arsinoé)|, die ihren Bruder liebt (*Philadelphos*)» mit der Versicherung: «Ich gebe dir, daß die Götter dich schützend umgeben.» Dann die Großeltern des regierenden Königs, «Die Väter (*Eltern*) des Gottes (*Königs*) (Ptolemaios)| selig, und die Mutter des Gottes (Berenike)|, die beiden Götter Ret-

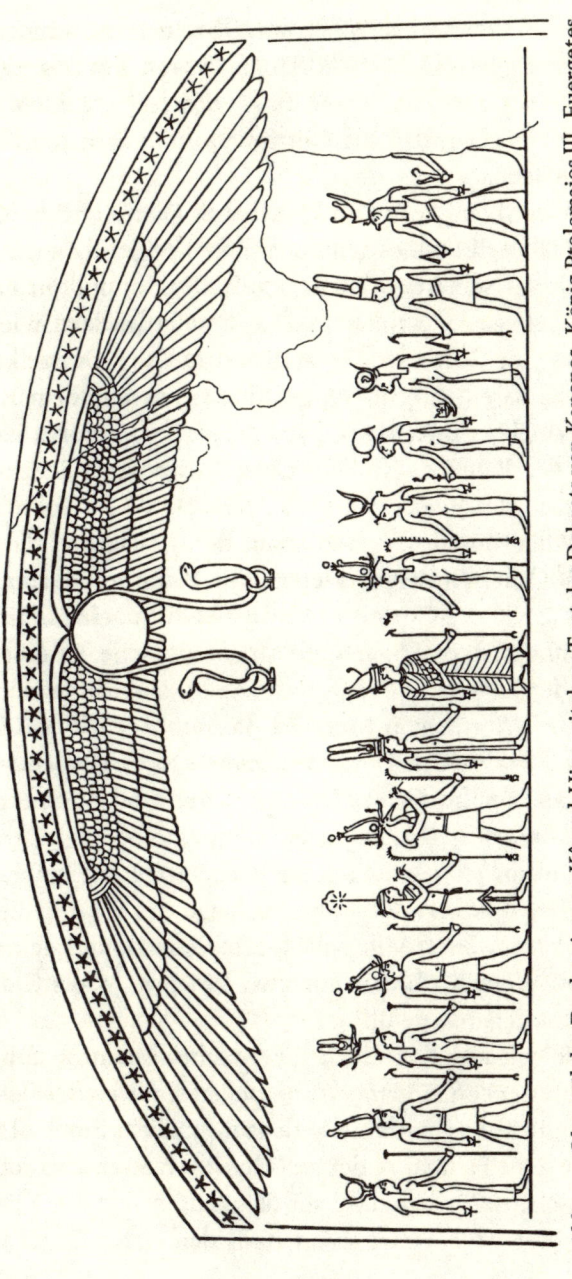

Abb. 34. Oberteil des Denksteins aus Kôm al-Hisn mit dem Text des Dekrets von Kanopos. König Ptolemaios III. Euergetes und seine Gattin Berenike, gefolgt von → Gottheiten, stehen vor der Ortsgöttin ← von Gau III.

ter *(Sotêr)*.» Ptolemaios I., genannt «Ptolemaios, selig» sagt zu seinem Enkel: «Ich stelle deinen Thron fest bis zu der Grenze deines Herzens *(soweit du es wünschst)*»; seine Großmutter: «Ich gebe, daß die Göttinnen erscheinen und deine Glieder erfreuen.»

Diesen vier königlichen und göttlichen Paaren stehen in der rechten Hälfte des Bildes acht Gottheiten gegenüber, die hintereinander ← schreiten. Es sind keine Paare, und an erster Stelle stehen vier Göttinnen, da ja die Herrin des Gaues III «Westen» eine Göttin ist. Sie ist die erste, eine Frau mit hoher Krone, von deren Papyrusstengel, den sie als Zepter vor sich hält, ein Zeichen Anch «Leben» zu dem König hinüberreicht: «Herrin des Baumes, Große, Stirnschlange des Rê, Mutter des Gottes, Herrin des Westens *(Gau III)*.» Ihr folgt eine Frau mit den Kuhhörnern und Sonne der Isis-Hathor, die eine Palmrippe hält: «Hathor, Herrin des Baumes, Mutter des Gottes, Fürstin der Götter.» Die dritte Göttin, eine Frau mit Löwinnenkopf, darauf Sonne mit Uräus-Schlange, ist eine Löwin aus der Libyschen Wüste: «Sachmet, Gewaltige, Herrin des Baumes, Herrin von Mer *(See Mareotis im äußersten Nordwesten des Delta, vielleicht schon zu einem anderen Gau gehörig)*, Fürstin der Temhu *(Libyer)*.» Die vierte Göttin, eine Frau mit Kuhkopf, zwischen deren Hörnern eine Sonne mit einer Schlange in ihr eingesetzt ist, heißt «Sechat-Hor, weiblicher Horus, Herrin des Baumes, Stirnschlange des Rê, mit Leben und Glück, von deren Milch alle Götter leben», und sie reicht dem König einen Korb, der mit zwei Zeichen, Was «Glück» und Anch «Leben», gefüllt ist.

Dann folgen vier Götter, die aber nicht als Gatten der vor ihnen schreitenden Göttinnen anzusehen sind, sondern offenbar eine nur untergeordnete Bedeutung haben. Ein Teil von ihnen hat seine Heimat in der an Gau III «Westen» anstoßenden Libyschen Wüste und ist mit den Beduinen in das Nil-Tal eingewandert. So hat man es auch für den ersten Gott ange-

nommen, dessen äußere Erscheinung auf den Amon von Theben zurückgeht: «Amon Rê Hor-achti Atum, der Alte, der
.... als Herr von Nesut-tawi (*Karnak*).» Der zweite
Gott, ein Mann mit Falkenkopf und Doppelkrone, mag eigentlich ein Sohn der Gaugöttin sein: «Horus, Herr der Baum-
stadt, der in ihr ...., wenn er jugendlich ist als ein Herr
der Kraft.» Der dritte Gott, auf dessen Kopf (zerstört) wahrscheinlich ein Wüstengebirge anzunehmen ist, heißt: «Ha
(*Wüstengebirge*), Gewaltiger, Herr des Westens (*Gau III*),
Herrscher der Fremdländer, der entstand ....» Die letzte
Gestalt, vermutlich ein vierter Gott, ist ganz weggebrochen.

Datum der Versammlung

1 Jahr 9, Monat Apellaios, Tag 7, (*gleich*) Monat 1 des Winters
(*griechisch: Tybi*), Tag 17 der Bewohner von Ta-meri (*Ägypten*), unter der Majestät des Königs von Ober-Ägypten und
Königs von Unter-Ägypten (Ptolemaios, ewig lebend, geliebt
von Ptah)[, Sohn des (Ptolemaios)[und der (Arsinoé)[, der Götter Geschwister (*griechisch: Adelphos*). Priester des (Alexandros)[des seligen und der Götter Geschwister und der Götter
Wohltäter war Apollonides, Sohn des Moschion. Menekrateia,
2 Tochter des Philammon, war Trägerin des Korbes vor Arsinoé, die den Bruder liebt (*griechisch: Philadelphos*).

Feststellung der Anwesenden

An diesem Tage: Beschluß. Die Vorsteher der Tempel (*ges*)
(*griechisch: Arch-hiereis, Erzpriester*), und die Gottesdiener
(*griechisch: Propheten*), und die Obersten des Geheimnisses und
die Priester des Gottes, die die Götterbilder mit ihren Gewän-
3 dern bekleiden (*griechisch: die Zutritt zu dem Allerheiligsten
zu der Bekleidung der Götter haben*), und die Schreiber des Gottesbuches, die (das Ritual der) Opfer kennen (*griechisch: hierogrammateis*), und die Väter des Gottes und alle Priester, die
aus den Heiligtümern von Ober-Ägypten und Unter-Ägypten

gekommen sind zu dem 5. Dios, an dem das Neujahrsfest *(Geburtstag)* Seiner Majestät gefeiert wurde, und dem 25. Tag in diesem Monat, an dem Seine Majestät sein großes Amt von
4 seinem Vater empfangen hat *(Thronbesteigung)* – sie versammelten sich in dem Gotteshaus der Götter Wohltäter *(Euergetes)*, das in Per-guti *(griechisch: Kanopos)* ist, und sie sagten:

Das regierende Königspaar hat das Land beglückt

König von Ober-Ägypten und König von Unter-Ägypten (Ptolemaios, ewig lebend, geliebt von Ptah)|, Sohn des (Ptolemaios)| und der (Arsinoé)|, der Götter Geschwister, und die Königin (Berenike)| seine Schwester und Gattin, die Götter
5 Wohltäter *(Euergetes)*, haben zahlreiche und große Wohltaten erwiesen in den Tempeln *(ges)* von Ta-meri *(Ägypten)* zu jeder Zeit, und sie haben Worte der Kraft *(Ehrungen)* sehr zahlreich den Göttern dargebracht.

Sie haben für die heiligen Tiere gesorgt

Sie haben auch zu jeder Zeit Sorge getragen für die Opfer an Hapi *(Stier Apis in Memphis)* und an Mer-wer *(Stier Mnewis in Heliopolis)* und an alle göttlichen Tiere, die in Baket *(Ägypten)* verehrt werden. Sie haben große Opfer und vielen Aufwand
6 gestiftet, um es gemäß ihrem Bedarf darzubringen.

Der König hat die geraubten Götterbilder
aus Persien zurückgebracht

Was die Götterbilder angeht, die die Elenden *(Barbaren)* von Pers *(griechisch: Perser)* aus Baket *(Ägypten)* weggeführt hatten, so ist seine Majestät nach den Ländern von Setet *(Asien)* gezogen, und er hat sich ihrer bemächtigt. Er hat sie nach Ta-meri *(griechisch: Aigyptos)* zurückgebracht, und er hat sie an ihre Stelle in dem Tempel *(ges)* gesetzt, von der sie früher weggeholt waren.

Der König hat das Land geschützt

7 Er hat Kêmet (*Ägypten*) vor Krieg bewahrt, indem er außerhalb von ihm kämpfte in fernen Tälern und mit zahlreichen Fremdvölkern und mit ihren Häuptlingen, die sie beherrschten.

Das Königspaar hat Gerichte eingeführt

Sie richteten alle Lebenden des Landes Ta-meri (*Ägypten*) und die Bewohner aller Länder als Untertanen ihrer Majestäten.

Der König hat die Hungersnot abgewehrt

Dann trat ein Jahr eines schlechten Nil in ihrer Zeit ein, und 8 das Herz aller Lebenden von Baket (*Ägypten*) war betrübt über das Eintreten des Ereignisses angesichts dessen, daß sie sich des Elends erinnerten, das einst eingetreten war in der Zeit früherer Könige, wenn das Ereignis eines schlechten Nil in ihrer Zeit für die Bewohner von Ta-meri (*Ägypten*) eingetreten war. Da sorgte sich Seine Majestät und seine Schwester, indem ihr Herz brannte (*bekümmert war*) wegen der Bewohner 9 der Häuser (*per*) der Götter und aller Bewohner von Baket (*Ägypten*). Sie überlegten vielmals, und sie erließen viele Steuern in dem Wunsche, die Untertanen zu ernähren. Sie ließen Getreide nach Kemet (*Ägypten*) holen aus dem östlichen Retenu (*griechisch: Syria*) und aus dem Lande von Keft (*griechisch: Phoinike*) und aus dem Lande Sebina, das mitten in dem 10 Großen Grün (*Mittelmeer*) liegt (*griechisch: Kypros*), und aus anderen großen Fremdländern. Sie gaben viel Silber als Entgelt dafür, aufgehäuft zur Bezahlung. Sie erhielten die Lebenden, die in dem Lande Ta-meri (*Ägypten*) waren, und sie ließen sie ihre Wohltaten bis in Ewigkeit wissen und ihre zahlreichen Trefflichkeiten angesichts der Seienden und derer, die nach ihnen kommen werden.

Die Götter haben das Königspaar belohnt

Die Götter haben veranlaßt, daß ihr Amt eines Herrschers der beiden Länder festgestellt wird als Belohnung für dieses, und *11* sie haben sie mit allen Wohltaten bis in Ewigkeit beschenkt.

Die Priester Ägyptens beschließen Ehrungen für das Königspaar

Glück und Gesundheit! Die Priester von Ta-meri (*Ägypten*) gaben es in ihr Herz, zahlreiche Gaben (*Ehrungen*) zu vermehren und prächtig zu machen für König von Ober-Ägypten und König von Unter-Ägypten (Ptolemaios, ewig lebend, geliebt von Ptah)[und für die Herrscherin (Berenike)[, die beiden Götter Wohltäter (*Euergetes*), in den Heiligtümern, zusammen mit den (Ehrungen) für die beiden Götter Geschwister (*Adelphos*), die sie geschaffen haben, und zusammen mit den (Ehrungen) *12* für die beiden Götter Retter (*Soter*), welche die erzeugt haben, die sie (Ehrungen) machten, indem sie sie vermehrten.

Das Amt eines Priesters von Ptolemaios III.
und Berenike soll geschaffen werden

Die Priester, die in allen Gotteshäusern von Baket (*Ägypten*) insgesamt sind, sie sind es, die mit ihrem Namen Priester der beiden Götter Wohltäter (*Euergetes*) genannt werden sollen. Es soll zu dem Namen ihres Amtes als Gottesdiener hinzugefügt werden. Es soll für sie auf alle Urkunden geschrieben werden. Das Amt des Gottesdieners der beiden Götter Wohltäter soll in das Siegel eingeschnitten werden, das an ihrer Hand ist.

Eine fünfte Abteilung der Priesterschaft soll geschaffen werden

13 Sie (*die Priester*) schufen eine andere Abteilung unter den Priestern, die in allen Tempeln vorhanden sein soll, hinaus über die vier Abteilungen, die bis zu diesem Tage (*heute*) bestehen. Sie soll die fünfte Abteilung der Götter Wohltäter genannt werden.

Der Geburtstag des Königs am 5. Dios soll gefeiert werden

Da nun das schöne Ereignis mit Glück und Gesundheit eingetreten ist, daß der König von Ober-Ägypten und Unter-Ägypten (Ptolemaios, ewig lebend, geliebt von Ptah)(, Sohn der beiden Götter Geschwister (Adelphos), am fünften Tage des
Monats Dios geboren ist, so ist dieser Tag der Anfang davon,
14 daß große Wohltaten allen Lebenden erwiesen worden sind.

Der Kreis der Mitglieder der 5. Abteilung

(In die fünfte Abteilung) sollen die Priester eingesetzt werden,
die der König von dem ersten Jahre Seiner Majestät in die
Tempel eingeführt hat, zusammen mit denen, die man bis
zum 4. Sommermonat *(griechisch: Mesorê)* des 9. Jahres einführen wird in diese Abteilung, zusammen mit ihren Kindern bis
in Ewigkeit.

Von der Mitgliedschaft in der 5. Abteilung
bleiben die früher ernannten Priester ausgeschlossen

Die Priester, die vor ihnen bis zum ersten Jahre waren, sollen
15 in den Abteilungen sein, in denen sie früher gewesen sind.
Ebenso (soll es gelten) für ihre Kinder von diesem Tage *(heute)*
bis in Ewigkeit, indem sie eingeschrieben werden in die Abteilungen, in denen ihre Väter sind.

Fünf Priester der 5. Abteilung
werden in das Kollegium der Berater berufen

An Stelle der zwanzig Priester Berater *(höchster Rang)*, die für
die Zeit eines Jahres aus den vier bestehenden Abteilungen ausgewählt sind, wobei fünf Männer von ihnen aus einer einzigen
16 Klasse entnommen sind, sollen fünfundzwanzig Priester als
Berater eingesetzt werden, wobei fünf Männer zusätzlich aus
den fünf Abteilungen der beiden Götter Wohltäter geholt
werden.

Die Mitglieder der 5. Abteilung
erhalten einen Anteil an den Opferlieferungen

Ein Anteil soll gegeben werden an die Mitglieder der fünften Abteilung der beiden Götter Wohltäter von allem, was eingeht, um die Darbringung des Opfers in dem Gotteshause zu vollziehen, und an allen Opfergaben, die zu ihnen in den Tempeln gehören.

Die 5. Abteilung erhält einen Vorsteher in höherem Range

Ein Großer (*Vorsteher*) der Abteilung soll als Gottesdiener (*höherer Rang*) in ihr sein, wie es in den übrigen vier Abteilungen der Fall ist.

Zu Ehren des Königspaares soll ein Fest mit Prozession gefeiert werden

17 Da nun das Fest der beiden Götter Wohltäter in allen Tempeln gefeiert wird in jedem einzigen Monat an dem 5. Tage und an dem 9. Tage und an dem 29. Tage gemäß der Bestimmung des Erlasses, der früher geschrieben worden ist – den anderen größten Göttern wird ja auch ein Fest gefeiert, eine große Prozession und ein Umzug in Ta-meri (*Ägypten*) zu seiner Zeit im Laufe des Jahres –, so soll eine große Prozession zu seiner Zeit im Laufe des Jahres gefeiert werden für König von Ober- und Unter-Ägypten (Ptolemaios, ewig lebend, geliebt von Ptah)|, 18 zusammen mit der Herrscherin (Berenike)|, die beiden Götter Wohltäter. Es soll in ganz Baket (*Ägypten*) in den Tempeln verbunden sein mit dem Tage des Aufgangs des Sopdet-Sternes (*Sothis, heute Sirius, griechisch: Stern der Isis*), der Eröffnung des Jahres (*Neujahr*) genannt wird in den Schriften des Hauses des Lebens (*Tempelschule*).

Die Festfeier soll mit den Festen in Bubastis (Gau XVIII)
verbunden sein

Man soll es (*das Fest der Götter Wohltäter*) feiern in Jahr 9, Tag 1 des 2. Sommermonats (*griechisch: Neumond des Monats Payni*), an dem das Fest der Eröffnung der Bastet gefeiert wird und die große Prozession der Bastet (*griechisch: die kleinen und die großen Bubastia*) in diesem Monat. Denn es ist in ihm die Zeit ₁₉ des Sammelns aller Früchte und des Steigens des Nil.

Die Verschiebung des Frühaufgangs des Sirius soll den Tag des Festes nicht verändern

Da nun aber das Ereignis stattfindet, daß das Erscheinen des Sopdet-Sternes sich in jedem vierten Jahre auf einen anderen Tag verschiebt, so soll deshalb doch der Tag der Feier dieses Festes nicht verändert werden. Sondern es soll in gleicher Weise an dem ersten Tag des 2. Sommermonats (*griechisch: Neumond des Payni*) gefeiert werden, an dem das Fest zuerst in ₂₀ dem 9. Jahre gefeiert worden ist.

Die Teilnehmer an dem Fest sollen sich fünf Tage lang bekränzen

Dieses Fest soll fünf Tage lang gefeiert werden, indem ihre (*der Teilnehmer*) Köpfe mit Kränzen beschmückt sind, wenn sie die Opfergaben auf den Brandaltar erheben und wenn sie Trankopfer darbringen zusammen mit allen übrigen Opfern, die sie vollziehen.

Ein 6. Schalttag soll den bestehenden fünf Schalttagen hinzugefügt werden

Es soll nun aber geschehen, daß die Jahreszeiten ihre Schuldigkeit zu allen Zeiten tun, gemäß dem Plane, auf den hin der ₂₁ Himmel an diesem Tage (*heute*) festgestellt ist. Und es soll nicht das Ereignis stattfinden, daß die Feste, die in Ta-meri (*Ägypten*) im Winter begangen werden, zu einer anderen Zeit in den Sommer rücken, weil das Erscheinen des Sopdet-Sternes sich in jedem vierten Jahre um einen Tag verschiebt. (*Und es soll nicht das Ereignis eintreten*), daß andere Feste, die in dem gegenwärtigen Augenblick im Sommer stattfinden, in kommenden Zeiten aber im Winter stattfinden. (*Das ist*) gemäß dem

Ereignis, das in der Zeit der Vorfahren stattgefunden hat (*gemäß dem einst aufgestellten Plan für den Kalender*). Ferner würde es aber geschehen, wenn das Jahr aus 360 Tagen besteht samt den 5 Tagen, die außerdem am Ende hinzugefügt sind. Deshalb soll ein Tag an dem Fest der beiden Götter Wohltäter in jedem Jahre von diesem Tage (*heute*) ab hinzugefügt werden als Zusatz zu den 5 Tagen, die vor der Eröffnung des Jahres (*griechisch: Neujahr*) eingefügt sind (*den fünf Schalttagen*).

Die Berichtigung des Kalenders
ist eine der Wohltaten des Königspaares

Es soll als Mitteilung an alle Menschen geschehen über das wenige Fehlende darin bei der Festsetzung der Jahreszeiten 23 und des Jahres und der Angaben der Gesetze für die Kenntnis der Wege des Himmels. Es soll geschehen, daß es berichtigt und aufgefüllt wird dank den beiden Göttern Wohltäter.

Berenike, eine Tochter des Königspaares, starb als junges Mädchen

Da war nun eine Tochter zuteil geworden dem König von Ober- und Unter-Ägypten (Ptolemaios, ewig lebend, geliebt von Ptah)༞ und der Herrin beider Länder (Berenike)༞, den beiden Göttern Wohltäter. Sie wurde (Berenike)༞ mit ihrem Namen genannt, und sie wurde zur Herrscherin erhoben. Da geschah es nun, 24 während sie noch Jungfrau war, daß sie plötzlich in den Himmel eintrat. Die Priester, die aus Ta-meri (*Ägypten*) in jedem Jahre zu dem König von Ober- und Unter-Ägypten gekommen sind an den Ort, an dem Seine Majestät sich befand, veranstalteten eine große Trauerprozession sofort, als das Ereignis stattgefunden hatte.

In den großen Tempeln sollen der Prinzessin
zusammen mit Osiris Opfer dargebracht werden

Sie (*die Priester*) baten vor dem König und der Herrscherin und gaben es in ihr Herz, daß diese Göttin zusammen mit Osiris 25 ruhen sollte in dem Gotteshaus von Per-guti (*griechisch: Kanopos*), das sich unter den ersten Tempeln befindet. Denn es (*das Gotteshaus*) ist das größte unter ihnen, und es ist das erste, das der König und alle Lebenden von Ta-meri prächtig gemacht haben. Wenn nun der Einzug des Osiris in der Barke in dieses Gotteshaus in jedem Jahre stattfindet aus dem Gotteshaus des Amon von Garb (*griechisch: Herakleion*) an der Nil-Mündung 26 am 29. Tage des 4. Überschwemmungsmonats (*griechisch: Choiach*), dann sollen alle Mitglieder der Tempel des ersten Ranges Brandopfer darbringen auf den Räucheraltären der Tempel des ersten Ranges auf der westlichen (*rechten*) und östlichen (*linken*) Seite in dem Vorhof dieses Gotteshauses.

Die Priester vollzogen die Vergöttlichung der Prinzessin
nach den Vorschriften für die heiligen Stiere

Nach allen diesen Darbringungen, die üblich waren, seit sie (*die Prinzessin*) eine Göttin geworden war, und nach der Reinigung ihrer Trauer bewirkten sie, daß ihre Herzen prächtig 27 (*feierlich*) waren in Glut, wie es Grundsatz ist zu tun wegen des Hapi (*Stier von Memphis, griechisch: Apis*) und des Merwer (*Stier in Heliopolis, griechisch: Mnewis*). Sie (*die Priester*) machten einen Beschluß, daß Worte der Kraft (*ehrendes Ritual*) in Ewigkeit vollzogen würde für die Herrscherin (Berenike)[, die Tochter der beiden Götter Wohltäter in allen Tempeln von Ta-meri.

Die Prinzessin ist in dem gleichen Monat wie die Tochter des Rê
gen Himmel gezogen

Es ist nun geschehen, daß sie unter die Götter im ersten Monat des Winters (*griechisch: Tybi*) eingetreten ist, und dieses ist 28 der Monat, in dem früher die Tochter des Rê (*griechisch: Helios*) in den Himmel eingetreten war; sie wurde Auge des Rê mit ihrem Namen genannt und Schlange an seiner Stirn,

weil er sie liebte. Ihr wurden in diesem Monat Feste mit Fluß-
fahrt in den größten Tempeln (*ro-per*) gefeiert, die zu den
Heiligtümern (*ges*) des ersten Ranges gehören, in dem (*dem
Monat*) früher die Vergöttlichung (*griechisch: Apotheosis*) ihrer
Majestät (*der Tochter des Rê*) stattgefunden hat.

*Deshalb soll eine Prozession auf dem Nil auch für die Prinzessin
stattfinden*

(Deshalb) soll ein Fest mit einer Flußfahrt gefeiert werden für
₂₉ die Herrscherin (Berenike)⌐, die Tochter der beiden Götter
Wohltäter, in allen Tempeln (*ges*) von Baket (*Ägypten*) in dem
1. Wintermonat (*griechisch: Tybi*) von dem 17. Tage ab, an dem
zum ersten Mal ihre Flußfahrt und die Reinigung ihrer Trauer
vollzogen wurde, für vier Tage.

Eine goldene Figur der Prinzessin soll aufgestellt werden

Man soll ein Bildnis dieser Göttin aus Gold aufstellen, eingelegt mit allen kostbaren Steinen, in den Tempeln (*ges*) des ersten Ranges und in allen Häusern (*per*) des zweiten Ranges.
₃₀ Es soll in dem Hause (*per*) des Gottes ruhen. Ein Gottesdiener oder einer von den Priestern, der zu dem großen Reini-
gungsdienst ausgewählt ist, um die Götter mit ihren Gewändern zu bekleiden, soll es (*in der Prozession*) erscheinen lassen
in seiner Umarmung an dem Tage des Erscheinens und an allen
Festen der Götter. Denn alle Leute sollen es (*das Bildnis*) sehen
und sollen es anbeten in seiner Pracht. Es soll genannt werden:
₃₁ «(Berenike)⌐ Fürstin der Jungfrauen» (Abb. 35).

Die Krone der Figur soll den Namen Berenike bedeuten

Die Krone aber, die auf dem Kopfe dieses Bildnisses ist, soll
nicht der gleichen, die auf dem Kopfe der Statuen ihrer Mutter, des weiblichen Horus (*Königin*) (Berenike)⌐ steht. Sie (*die
Krone*) soll bestehen aus zwei Ähren, zwischen denen eine
Schlange sich aufrichtet, indem hinter dieser Schlange ein

Abb. 35. Priester Pete-Noferhôtep, der das Bild des kindlichen Gottes Nofer-hôtep in seinem Arm trägt, tritt betend vor Osiris, Isis und Nephthys. Denkstein in München, Antiquarium Nr. 40. Kalkstein, Breite 40 cm.

Stengel von Papyrus in ihrer Höhe steht, wie er sich in den Händen der Göttinnen befindet. Der Schwanz dieser Schlange soll sich um diesen Papyrusstengel ringeln. Denn die Anordnung *32* dieser Krone soll den Namen der (Berenike)‹ bedeuten wegen ihrer Zeichen in der Schrift des Hauses des Lebens (*griechisch: in den heiligen Schriftzeichen, d.h. Hieroglyphen*) (Abb. 36).

Die Töchter der Priester sollen der Prinzessin eine zweite Statue stiften und ihr Brandopfer darbringen

Wenn nun die Tage des Giga (*griechisch: Kikellia, Festfeier*) in dem 4. Monat der Überschwemmung (*griechisch: Choiach*) gefeiert werden vor der Flußfahrt des Osiris, dann sollen die Jungfrauen der Priester eine andere Statue der «(Berenike)‹ Herrin der Jungfrauen» stiften. Ihr (*der Statue*) sollen Brand-

Abb. 36. Bronzener Kopfschmuck von einer Figur der Prinzessin Berenike. Er ist zusammengesetzt aus zwei Ähren, zwischen denen eine
Schlange sich vor einem Papyrusstengel aufrichtet. Diese Teile, als
Schriftzeichen einer Geheimschrift gelesen, ergeben den Namen «Berenike». Aus der früheren Sammlung MacGregor.

opfer vollzogen werden und andere Darbringungen, wie sie an
33 den Tagen dieses Festes üblich sind.

Andere Jungfrauen dürfen sich an den Kulthandlungen beteiligen

Ferner soll es den anderen Jungfrauen überlassen bleiben, etwas diesem Gleiches für diese Göttin zu tun, wenn sie es
wünschen.

Die jungfräulichen Priesterinnen
sollen die Kronen ihrer Gottheiten tragen

Diese Göttin soll nun verehrt werden durch die Tänzerinnen
(*Priesterinnen, griechisch: heilige Jungfrauen*), die zum Dienst
der Götter ausgewählt sind und die mit den Kronen der Götter
geschmückt werden, deren Priesterinnen sie sind (Abb. 37).

Die ersten reifen Ähren sollen der Statue der Prinzessin
dargebracht werden

Wenn nun die erste zugehörige Reife (des Getreides) eingetreten ist, sollen von den Tänzerinnen Ähren nach vorn gebracht werden, *34* und sie sollen dem Bildnis dieser Göttin dargebracht werden.

Für ihren (*der Prinzessin*) Ka (*Seele*) soll von den Abteilungen der Sänger gesungen werden, von Männern und Frauen als täglicher Dienst, und an den Festen der Erscheinungen (*Prozessionen*) der Götter mit Verehrungen (*griechisch: Hymnos*), die die Männer des Hauses des Lebens (*griechisch: Hierogrammateis, Schreiber der Hieroglyphen*) aufgezeichnet haben und die von den Vorstehern des Unterrichts der Sänger gegeben sind und die geschrieben sind gemäß den Schriften des Hauses des Lebens (*griechisch: den heiligen Büchern*).

Die Töchter der Priester sollen einen besonderen Anteil
an den Opferbroten erhalten

Den Priestern in den Heiligtümern werden nun Opferbrote
35 gegeben, wenn sie durch den König in das Gotteshaus ein-

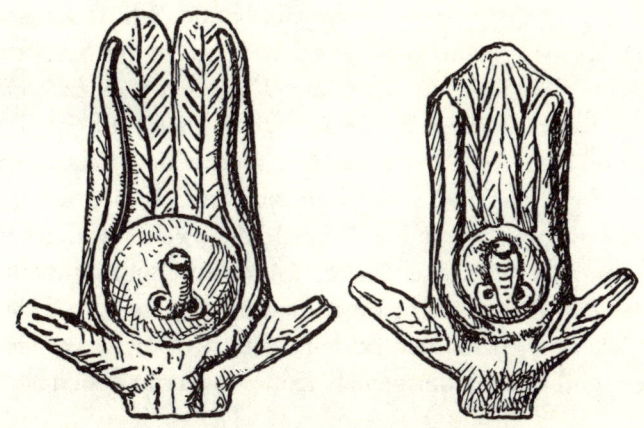

Abb. 37. Zwei verschiedene Ausführungen des Kopfschmucks einer bronzenen Figur, vermutlich der Göttin Isis oder ihrer Priesterin. Über zwei Ähren, die (verkürzt!) an die Hörner eines Stieres oder Widders erinnern, ragen zwei grade Federn auf, auf denen lange Kuhhörner liegen. Diese umschließen eine Sonne, mit einer sich aufrichtenden Schlange (Uräus), deren Leib in zwei Ringen neben ihr am Boden liegt.
Museum Berlin 2694 und 2696.

geführt worden sind. (*Ebenso*) sollen Brotlieferungen den Töchtern der Priester gegeben werden von dem Tage ab, an dem sie geboren sind, aus den Opferbroten der Götter, als Brotlieferungen, die durch die Priester Berater festgesetzt worden sind für alle Tempel gemäß dem Anteil an dem Gottesopfer. 36 Das Brot, das den Gattinnen* der Priester gegeben wird, soll als Kuchen unterschieden sein, und es soll mit seinem Namen «Brot der (Berenike)[» genannt werden.

Dieser Beschluß soll auf einem Denkstein in drei Sprachen in allen Tempeln öffentlich aufgestellt werden

Dieser Beschluß soll geschrieben werden durch die Berater (*Vorsteher*) in den Häusern (*Tempeln*) und durch die Vorsteher der Tempel (*griechisch: Arch-hiereus, Erzpriester*) und durch die 37 Schreiber des Gotteshauses, eingemeißelt auf einen Denkstein aus Stein oder Erz in der Schrift des Hauses des Lebens (*griechisch: heiligen Schriftzeichen*) und in der Schrift der Briefe (*griechisch: in ägyptischen Schriftzeichen*) und in der Schrift der Ha-nebu (*Bewohner des Mittelmeeres, griechisch: in hellenischen Schriftzeichen, demotisch: in der Schrift der Ionier*). Er (*der Denkstein*) soll aufgestellt werden in dem Vorhof des Volkes (*demotisch und griechisch: an dem öffentlichen Platz*) in den Tempeln des ersten Ranges und den Tempeln des zweiten Ranges und den Tempeln des dritten Ranges. Alle Leute sollen unterrichtet werden über die Ehrungen, die die Priester der Tempel von Baket (*Ägypten*) den beiden Göttern Wohltäter erwiesen haben, und ihre Kinder gemäß dem, was zu tun üblich ist.

---

* Gemäß der früheren Angabe ist hier statt « Gattinnen der Priester » (wie auch in dem griechischen Text steht: gynaixin) vielmehr «jungfräuliche Töchter der Priester» zu lesen; wahrscheinlich ist das Versehen bei der Übersetzung aus dem demotischen Entwurf entstanden.

Als im Jahre 204 v. Chr. nach dem frühen Tode seines Vaters
Ptolemaios IV. Philopator der junge Ptolemaios V. Epiphanes
Eucharistos zum König erklärt wurde, begann eine wirre Zeit,
in der die Ägypter sich mit den Syrern und Makedoniern her-
umschlugen, während im Hintergrund Rom als aufkommen-
de Großmacht den Ausschlag gab. Epiphanes wurde 182/81
im Alter von 27 Jahren beseitigt, nachdem er eine unglückliche und erfolglose Regierung geführt hatte, bedrängt von Re-
volutionen im Inneren, die er blutig und mit gewissenloser
Grausamkeit unterdrückt hatte. Ungeachtet des wirklichen
Charakters der einzelnen Persönlichkeiten schrieb die ägyptische Landeskirche nach alter Überlieferung die göttliche Verehrung der Könige und ihrer Gattinnen vor. Jedes Mitglied
der Dynastie, als deren Ahnherr Alexander der Große die Verehrung als höchster Gott Ägyptens genoß, erhielt einen besonderen Beinamen, als ob Sotêr wirklich der «Retter» des
Vaterlandes gewesen wäre, als ob Philadelphos wirklich seine
Schwester und Philopator seinen Vater geliebt hätte, und als
ob Euergetes nur der «Wohltäter» des Staates gewesen sei.

Im Jahre 195 v. Chr., im 9. Regierungsjahre von Epiphanes,
versammelten sich die höchsten Priester Ägyptens zu der üblichen Synode, die der König in diesem Jahre nach Memphis
befahl. Als Inhaber der höchsten Priesterämter werden nicht
die Hohenpriester der großen Heiligtümer der alten Landes-
götter Amon, Rê und Ptah in Theben, Heliopolis und Memphis genannt, die früher die Stellung der Bischöfe der Landeskirche eingenommen hatten, sondern die Priester der vergöttlichten Könige von Alexander dem Großen bis Ptolemaios V.
Epiphanes sowie die drei Priesterinnen der drei letzten Kö-

niginnen. Die ägyptischen Priester um 200 v. Chr. sind also weit über die Stellungnahme ihrer Vorgänger unter Ramses II. (im 13. Jahrhundert v. Chr.) hinausgegangen, die im Allerheiligsten der nubischen Felsentempel den regierenden König als göttlichen Pharao neben den drei alten Landesgöttern als Statuengruppe ausmeißeln ließen (Band «*Ausklang*», Abb. 37, aus Abu Simbel). Die ägyptischen Priester haben häufig ihre Religion, oder vielmehr die Organisation ihrer Kirche, in den Dienst der politischen Entwicklung und der dynastischen Macht gestellt. Die Übertreibung der Vergöttlichung, zu der sie sich gegenüber der Ptolemaios-Familie entschlossen, wenn auch vielleicht unter dem Druck der weltlichen Macht, muß die Gläubigen der alten Landesreligion enttäuscht und empört haben. Sie wird einen Teil der Schuld an den vielen Aufständen tragen, die unter Führung einheimischer Gaugrafen immer wieder gegen die makedonische Dynastie aufflackerten, besonders in dem national und strenggläubig eingestellten Ober-Ägypten, das von den fremden Machthabern in Alexandria und ihren griechischen Soldtruppen weit entfernt war.

Die Priester, die zu der Synode aus allen Gauen Ägyptens zusammengekommen waren, faßten einen Beschluß, den sie auf den 4. Xanthikos makedonischer Rechnung, gleich dem 2. Mechir ägyptischer Rechnung datierten. Sie gaben zunächst einen Rückblick auf die neun Regierungsjahre des nunmehr 14 jährigen Königs, der inzwischen nach dem herkömmlichen Königsritual in Memphis gekrönt worden war. Der Beschluß spricht nur von Wohltaten des regierenden Königs und seiner Vorgänger, und er stellt die Unterdrückung der Aufstände, wie erfolgreiche Regierungen es zu tun pflegen, als dankenswerte Leistungen des Königs hin. Die Priester rühmen dem jungen König nach, wie sehr er selbst, d. h. seine Vormünder und Vertreter, die Tempel und das Heer gefördert habe. Die Steuern seien ermäßigt und Rückstände niedergeschlagen worden, besonders bei den Tempeln, die aus ihren Landgütern Weizen und Wein, aus ihren Werkstätten das feinste Byssos-Gewebe an die königliche Verwaltung abzuliefern hatten. Gleichzeitig war den Tempeln die Ablieferung der zugesicherten Einkünfte bestätigt worden, noch dazu unter Erlaß der Einkommensteuer der Priester. Die Kontrolle der Landeskirche durch den Staat war dadurch gemildert worden, daß der bisher alljährlich in Alexandria mündlich zu erstattende Bericht der Priester für die Zukunft erlassen wurde. Als Fürsorge des Königs für die Landeskirche wurden Neubauten und Wiederherstellungen an den Tempeln der Götter im allgemeinen erwähnt; wir wissen von Erweiterungen der bestehenden Tempel unter Ptolemaios V. Epiphanes in Edfu und auf der Insel Philae im Ersten Katarakt. Dann wird bei der Fürsorge für die heiligen Tiere des Landes besonders genannt die Betreuung der beiden heiligen Stiere Apis und Mnêwis in Memphis bzw. Heliopolis. Wenn dabei die Herrichtung des Stalles für den Apis als einzelne Leistung herausgehoben wird, so erkennt man hier einerseits eine kluge Aufmerksamkeit der königlichen Verwaltung gegenüber dem Versammlungsort der Synode, andererseits die geschickte Hand des federführenden Priesters, der offenbar in Memphis saß.

Weniger ausführlich spricht der Rückblick der Synode von den Erleichterungen, die durch die Maßnahmen der königlichen Verwaltung für die Zivilbevölkerung herbeigeführt wurden. Den Bürgern war eine gesetzmäßige Rechtsprechung gewährt worden. Die Matrosen der Handelsmarine wurden von der Aushebung befreit. Für politische Flüchtlinge wurde eine Amnestie ausgesprochen. In der ausführlichen Schilderung einer Widerstandsbewegung, die sich schon unter dem Vorgänger des regierenden Königs durch einen Aufstand betätigt hatte, wird zwar immer nur die erfolgreiche Unterdrückung betont, aber die Tatsache der Besprechung des Ereignisses legt doch den Verdacht nahe, daß die nationalen

Priester den Sieg des Aufstandes als eine Befreiung von der landfremden Dynastie begrüßt hätten. Die Empörer, die sich in Gau IX von Busiris, etwa 130 km östlich Alexandria, verschanzt hatten, wurden durch Absperrung der Kanäle ausgehungert und ihre Anführer an den Pfahl (Kreuz) geschlagen. Aus einem griechischen Bericht des Polybios wissen wir, daß der König sein Wort brach, auf das hin die einheimischen Gaugrafen sich ihm in Sais unterwarfen; er hat sie nackt hinter seinem Wagen hergeschleift und dann zu Tode martern lassen.

Angesichts aller dieser Maßnahmen, deren Leistungen als persönliche Wohltaten des Königs hingestellt werden, beschloß die Synode in Memphis zwei neue Ehrungen Seiner Majestät: Erstens soll in dem Vorhof jedes Tempels eine Statuengruppe in ägyptischem (nicht griechischem) Stil gearbeitet, aufgestellt werden, in der der Gott des betreffenden Gaues dem König das Siegesschwert überreicht; zweitens soll, wiederum in allen Tempeln, eine tragbare Statue des Königs, also wohl aus Holz, in einem vergoldeten und mit Edelsteinen geschmückten Schrein angefertigt und zusammen mit den Schreinen der großen Götter an den Festtagen in Prozession umhergetragen werden. Der Schrein mit der Königsstatue soll durch seine Dekoration mit Königskronen und mit den Wappenpflanzen der beiden Landeshälften gegenüber den Schreinen der Gottheiten unterschieden werden. Ein solcher Schrein mit einer Königsstatue durfte auch von Bürgern in ihren Häusern aufgestellt werden, wenn man sich verpflichtete, die Ehrung an den Festtagen durch die Prozession vorzunehmen – welcher wohlhabende und königstreue Bürger durfte da zurückstehen?

Die in Zeile R 9 (S. 186) gegebene Beschreibung des tragbaren Schreines ermöglicht eine zeichnerische Rekonstruktion. Diese ergibt Felder mit einer Doppelkrone, an der vorn die Uräus-Schlange sich aufrichtet. Damit kommen wir zu einer Anordnung, die auf einer Platte aus Kalkstein erhalten ist

(Abb. 38). Diese wird von einer in Stein errichteten Kapelle für den Königskult stammen, die nach den Vorschriften von Zeile R 9 gearbeitet war. Weiter ist dort eine Ausschmückung angegeben, die in Abb. 39 rekonstruiert ist: die beiden Landesgöttinnen Geier und Schlange von Ober- bzw. Unter-Ägypten stehen auf den Landespflanzen Lilie bzw. Papyrus.

Für die Festfeiern, die den Priestern wegen der mit ihnen verbundenen Einkünfte wichtig waren, wurde festgesetzt, daß der 17. und 30. Tag jedes Monats in allen Tempeln festlich begangen werden sollte, weil der 30. Mesorê der Geburtstag, der 17. Paophi der Krönungstag des Königs war. Das Neujahrsfest am 1. Thot, das man ohnehin durch eine mehrtägige Feier zu begehen pflegte, sollte nun mit einer fünftägigen Festfeier zu Ehren des Königs mit Prozession verbunden werden, bei der die Teilnehmer bekränzt erschienen; der Karneval hatte dadurch doppelten Anlaß. Endlich stiftete der König für seine Priester einen neuen Titel und ein eigenes Abzeichen: sie durften die Bezeichnung «Priester des Königs» in ihren Urkunden führen und auf ihre amtlichen Siegelringe gravieren lassen.

Der Beschluß der Priesterschaft in Memphis stellt also eine Ergebenheitsadresse der Landeskirche an das Staatsoberhaupt dar, für die eine besondere Veranlassung nicht gegeben war, falls man nicht die Niederwerfung des Aufstandes im Delta als eine solche ansehen will. An Versicherungen und Beweisen der tiefsten Unterwürfigkeit fehlt es dem Beschluß nicht. Wenn er gewiß auch nicht die wirklichen Gefühle der Priesterschaft erkennen läßt, mußte ihr angesichts der innerpolitischen Lage doch erwünscht sein, ihn weitgehend öffentlich bekanntzumachen. Deshalb verfügte man in dem letzten Absatz des Beschlusses, daß er nicht nur in jedem Tempel der drei Rangordnungen des ganzen Landes zur Schau gestellt werden sollte, sondern daß sein Wortlaut in drei Sprachen in Stein gemeißelt auf einem Denkstein in den Vorhöfen auszustellen sei. Die Ägypter sprachen ihre einheimische Landessprache, die sie mit der «demotischen» Schrift der Briefe und Urkunden schrieben. Die seit Jahrhunderten andauernde Einwanderung von Hellenen und die vor fast anderthalb Jahrhunderten erfolgte Einverleibung in das makedonische Weltreich hatte viele Ägypter mit der griechischen Sprache und Schrift mehr oder weniger vertraut gemacht. Als dritte Sprache fügten die Priester für die Veröffentlichung ihre heilige Sprache des altertümlichen Ägyptisch der Vorzeit hinzu, das mit Hieroglyphen geschrieben wurde und von der gesprochenen Volkssprache in demotischer Schrift ebenso weit entfernt war wie das Lateinische von dem Italienischen. Auch die gelehrten Priester des Tempelarchivs, vermutlich in Memphis, die mit der hieroglyphischen Ausfertigung des Wortlautes beauftragt wurden, haben Mühe gehabt, sich in den altertümlichen Redewendungen der heiligen Sprache und Schrift auszudrücken. Es ist ihnen immerhin einigermaßen gelungen, wenn auch ihre Vorgänger vor 1000 oder gar 2000 Jahren, deren Sprache sie zu reden glaubten, sie kaum verstanden hätten.

Von den aufgestellten Denksteinen sind bisher nur drei wiedergefunden worden. Der erste kam zutage als ein Bruchstück, dem der obere Teil fehlte, als französische Pioniere der Expedition von Napoleone Buonaparte im Sommer 1799 Schanzen vor der Stadt Raschîd (französisch Rosette) aufwarfen. Aus der nicht mehr vorhandenen Darstellung hätte man entnehmen können, aus welchem ägyptischen Tempel das Bruchstück an den abgelegenen Ort an der Mündung des (heute) westlichen Nil-Arms verschlagen worden ist; vielleicht aus Sais, das weiter oberhalb an der gleichen (II. Bolbitischen) Mündung des antiken Nil-Laufs liegt. Napoleon ließ durch den wissenschaftlichen Stab seiner Expedition Wiedergaben des Steines an Gelehrte versenden. Im Wettbewerb mit anderen glückte die Entzifferung der Hieroglyphen auf Grund des griechischen Textes (im Anschluß an die Namen Ptolemaios,

Arsinoé, Berenike, Kleopatra) durch einen genialen Wurf 1822 dem jungen Franzosen Champollion, der den «Stein von Rosette» berühmt gemacht hat. Der Stein selbst wurde mit anderem den Franzosen von den Engländern weggenommen und in das Britische Museum nach London gebracht.

Die zweite Ausfertigung ist in al-Nibeira, nahe Damanhûr, im Nordwesten des Delta gefunden worden und mag aus dem antiken Vorläufer von Damanhûr stammen, also aus einem Tempel des Schow, der auch als An-hûret oder Horus angesehen wurde, kaum aus der Griechenstadt Naukratis. Demgemäß zeigt oberhalb der Inschrift das Bild (Tafel 11), in dem sämtliche hieroglyphischen Beischriften weggelassen sind, einen König mit der Doppelkrone vor dem Gott Schow (mit der Straußenfeder als Hieroglyphe für schôw auf dem Kopfe) und der Göttin Tefênet (mit der Sonne auf dem Löwinnenkopfe); sie sind die Gottheiten des Tempels, in dem diese Ausfertigung aufgestellt war. Schow reicht dem König, der mit der Lanze einen vor ihm knienden Feind ersticht, das Siegesschwert (symbolische Waffe, an der Spitze ein Falkenkopf mit Sonne). Der Feind, dem seine Hände an seine Füße gefesselt sind, stellt die in Zeile N 22 und R 1 der Inschrift genannten Empörer dar. Hinter dem König, mit dem Ptolemaios V. Epiphanes gemeint ist, steht eine Königin, in deren Krone die Kuhhörner mit der Sonne der Isis vereinigt sind mit den graden Federn der Hathor; sie ist offenbar seine Gattin, Königin Kleopatra, eine syrische Prinzessin. Die Inschrift von 31 Zeilen ist datiert auf: «Jahr 23, am 24. Gorpiaios, der entspricht dem Monat der Bewohner von Ta-meri: Monat 4 des Winters (koptisch Parmûte), Tag 24 unter der Majestät des Königs Ptolemaios V. Epiphanes».

Der Stein aus al-Nibeira, heute im Museum von Kairo, Catal. Génér. Nr. 22 188, ist die antike Nacharbeitung einer zertrümmerten Vorlage, von der nur noch größere oder kleinere Bruchstücke vorhanden waren, die der Redaktor nicht immer richtig zusammengefügt hat, anscheinend 14 Jahre nach der ersten Anfertigung. Das Ergebnis ist also ein recht unzuverlässiger Text, dem man nur durch kritische Verbesserung seine ursprüngliche Form wiedergeben kann. Meine Übersetzung sucht überall die gemeinte Fassung wiederherzustellen und bedient sich dabei aller Ausfertigungen. Die Zeilen sind anfangs nach dem zweiten Denkstein (N) angegeben, später nach dem ersten (R).

Veröffentlichungen:

A. Der Stein von Rosette:

E. A. WALLIS BUDGE, *The Rosetta stone* (London 1913).

KURT SETHE, *Hieroglyphische Urkunden der griechisch-römischen Zeit = Urkunden des ägyptischen Altertums* II (1904), 166–198.

WILHELM SPIEGELBERG, *Der demotische Text der Priesterdekrete von Kanopus und Memphis (Rosettana)*, Heidelberg 1922.

B. Der Stein von el-Nibeira:

BAILLET, *Le décret de Memphis et les inscriptions de Rosette et de Damanhour* (Paris 1888).

AHMED BEY KAMAL, *Stèles ptolémaïques-romaines (= Catalogue Général du Musée du Caire)* 1 (Kairo 1905) 183; 2 (1904), pl. LXII–LXIII: Nr. 22 188.

SETHE: wie oben.

C. Der Fundort einer dritten Ausfertigung ist nicht bekannt. Es ist ein Bruchstück aus Kalkstein von 73 × 55 cm Größe mit einer Inschrift, die datiert ist auf den 5. Audynaios des Jahres 20, also 11 Jahre nach dem Stein von Rosette und 3 Jahre vor dem Stein von al-Nibeira. Veröffentlicht: AHMED BEY KAMAL, *Stèles* 1 (1905) p. 177–181; 2 (1904) pl. LVIII: Kairo, Catal. Génér. Nr. 22 184.

Tag des Erlasses unter Ptolemaios V. Epiphanes

N1 Jahr 9, am 4. Xanthikos (*makedonischer Monat*), der entspricht dem Monat der Bewohner von Ta-meri (*Ägypten*): Monat 2 des Winters (*griechisch Mechir*), Tag 18 unter der Majestät des HORUS Rê Jüngling, der als König auf dem Thron seines Vaters erschienen ist (*bei der Thronbesteigung*)

Herr des Geiers und der Schlange Groß an Kraft, der die beiden Länder feststellt, der Ta-meri verschönert, N 2 vortrefflichen Herzens gegenüber den Göttern Horus über Nubti Der das Leben den Menschen anbefiehlt, Herr der Dreißig-Jahr-Feiern (*Jubiläen*) wie Ptah Tenen (*griechisch: Hephaistos der Große*), ein Fürst wie Rê (*griechisch: Helios*) König von Ober-Ägypten und König von Unter-Ägypten (Erbe der beiden Götter, die den Vater lieben (*griechisch: Philopator*), erwählt von Ptah (*griechisch: Hephaistos*), siegreich ist der Ka (*Seele*) des Rê (*griechisch: Helios*), lebendes Abbild des Amon (*griechisch: Zeus*))〉〈 Sohn des Rê (Ptolemaios, der ewig lebt, Geliebt von Ptah (*griechisch: Phtha*))〉〈 der Gott, der erschienen ist (*griechisch: Epiphanes*), Herr der Güte (*griechisch: Eucharistos*), N 3 Sohn des (Ptolemaios)〉〈 und der (Arsinoe)〉〈 der beiden Götter, die den Vater lieben (*gemeint: Ptolemaios IV. Philopator*).

als Aétos die höchsten Priesterämter versah

(Damals war) Aétos, Sohn des Aétos, Priester des Alexandros (*gemeint: Alexander der Große*) und der beiden Götter Retter (*griechisch: Soter, gemeint Ptolemaios I.*) und der beiden Götter N 4 Geschwister (*griechisch: Adelphos, gemeint Ptolemaios II. Philadelphos*) und der beiden Götter Wohltäter (*Euergetes, gemeint Ptolemaios III.*) und der beiden Götter, die den Vater lieben (*Philopator, gemeint Ptolemaios IV.*), und des Gottes, der erschienen ist (*griechisch: Epiphanes*), des Herrn der Güte (*Eucharistos, gemeint Ptolemaios V. selbst*).

und als drei Damen die höchsten Priesterinnenämter versahen

N 5 (Damals war) Pyrra, Tochter des Philinos, Trägerin des Siegespreises vor (Berenike)〉〈 der Wohltäterin (*Gattin des Ptolemaios III. Euergetes*).

(Damals war) Areia, Tochter des Diogenes, Trägerin des goldenen Korbes vor (Arsinoé)|, die den Bruder liebt (*Gattin des Ptolemaios II. Philadelphos*).

N 6 (Damals war) Eirene, Tochter des Ptolemaios, Priesterin der (Arsinoé)| die ihren Vater liebt (*Gattin des Ptolemaios IV. Philopator*).

Datum dieses Erlasses der Priesterschaft

An diesem Tage: Erlaß.

Aufzählung der versammelten Priester

Die Vorsteher der Heiligtümer (*griechisch: arch-hiereus, Erzpriester*) N 7 und die Gottesdiener (*griechisch: Prophetes*) und die Obersten des Geheimnisses (*Mysterien*) und die Priester des Gottes, die an den Herrlichen Ort (*das Allerheiligste*) eintreten dürfen, um die Götter mit ihren Gewändern zu bekleiden, und die Schreiber des Gottesbuches (*griechisch: Pterophores*) und die Schreiber des Hauses des Lebens (*griechisch: Hierogrammateus, Schreiber der Hieroglyphen*), und die anderen Priester (*griechisch: hiereus*), N 8 die aus den Tempeln von Ober-Ägypten und Unter-Ägypten nach der Weißen Burg (*demotisch: Mennôfer, griechisch: Memphis*) kommen an dem Fest des Empfangs des Königtums von seinem Vater (*Thronbesteigung des Ptolemaios V. Epiphanes*).

Der König berief die Synode nach Memphis

Da versammelte die Majestät des Königs von Ober- und Unter-Ägypten, Herrn der beiden Länder (Ptolemaios, der ewig lebt, Geliebt von Ptah (*griechisch: Phtha*)|, der Gott, der erschien, Herr der Güte (*Ptolemaios V. Epiphanes*), sie (*die Priester*) N 9 in dem Heiligtum der Waage der beiden Länder (*demotisch: Men-nôfer, griechisch: Memphis*).

Beschluß der Priesterschaft

Und da sprachen sie:

König Ptolemaios V. Epiphanes hat den Tempeln Wohltaten erwiesen

Der König von Ober- und Unter-Ägypten (Erbe der beiden Götter, die den Vater lieben (*Ptolemaios IV. Philopator*), erwählt von Ptah, siegreich ist der Ka des Re, das lebende Abbild des Amon)ǀ, der Sohn des Re (Ptolemaios, der ewig lebt, Geliebt von Ptah (*griechisch: Phtha*))ǀ, der Gott, der erschienen ist (*griechisch: Epiphanes*), Herr der Güte (*griechisch: Eucharistos*), der Sohn des Königs von Ober- und Unter-Ägypten (Ptolemaios)ǀ und der Herrscherin, der Herrin beider Länder, (Arsinoé)ǀ der beiden Götter, die den Vater lieben (*gemeint Ptolemaios IV. Philopator*), erwies alle schönen großen Dinge (*Stiftungen*) N 10 an die Ufer des Horus (*demotisch: Tempel von Ägypten, griechisch: hiera*) und an alle Bewohner von ihnen, und an alle Menschen, die seinem vortrefflichen Amt insgesamt unterstanden.

Er ist ein vortrefflicher König

Er war ein Gott, der Sohn eines Gottes, den eine Göttin zur Erde gegeben (*geboren*) hatte. Er war Abbild des Horus, Sohn der Isis und Sohn des Osiris, der seinen Vater Osiris rettete. N 11 Seine Majestät hatte das Herz eines Gottes, der wohltätig (*Euergetes*) ist gegen die anderen Götter.

Er hat Lieferungen an die Tempel veranlaßt

Er hat viel Silber und Mengen von Getreide an die Tempel von Kemet (*Ägypten*) gegeben. Er hat große Herrlichkeiten (*Stiftungen*) gegeben, um Ta-meri zu beruhigen und die beiden Kebeh (*Ägypten*) dauernd zu machen.

Er hat dem Landheer Zuwendungen gemacht

Er hat Geschenke an sämtliche Fußtruppen gegeben, die unter N 12 seinem großen Amte standen.

Er hat die Steuern an die königliche Verwaltung ermäßigt

Die schuldigen Steuern und die Abgaben an den Fürsten
(*Landesherrn*), die zu zahlen waren von dem Lande Ta-meri,
von ihnen erließ er einen Teil. Und dann legte er ihren Rest
zu Boden (*schlug ihn nieder*). Er ließ die Soldaten und die Bürger froh werden in seiner Zeit des Einzigen Herrn (*demotisch:
des Pharao*).

Er hat Rückstände von Steuern niedergeschlagen

N 13 Die schuldigen Steuern, die bei der Bevölkerung von Baket (*Ägypten*) bestanden, und bei allen Bürgern, die insgesamt
unter seinem wohltätigen Amte standen, Seine Majestät legte
sie zu Boden (*schlug sie nieder*) in einer großen Menge, ohne
daß ihre Zahl bekannt war.

Er hat die Häftlinge aus der Schuldhaft entlassen

N 14 Er schützte (*begnadigte*) die Häftlinge, die in dem Gefäng-
nis waren, und alle Bürger, die sich auf viele Tage hin in
Schuldhaft befanden.

Er hat die pflichtmäßigen Lieferungen an die Tempel bestätigt

Seine Majestät befahl folgendes: Was die Gottesopfer der
Götter (*Lieferungen an die Tempel*) angeht und die Mengen von
Silber und Getreide, die jährlich an die Gottesgehöfte gegeben
werden (*als Priestergehalt, griechisch: syntaxis*), und alle Stiftun-
gen an die Götter an Äckern, Weingärten sowie Obstgärten,
N 15 und alle anderen Stiftungen, die in ihrem Besitz waren un-
ter der Majestät seines herrlichen Vaters (*gemeint: Ptolemaios
IV. Philopator*) – sie sollen in ihrem (*der Tempel*) Besitz bleiben.

Er hat den Priestern die Einkommensteuer erlassen

Er befahl dann, daß von seiten der Priester nicht die Anteile
an dem Amtseinkommen (*als Steuer*) erhoben würden hinaus

über das, was sie davon geleistet hatten bis zum ersten Jahre der Majestät seines herrlichen Vaters (*gemeint: Ptolemaios IV. Philopator*).

Er hat den Priestern die Pflicht, jährlich einmal in Alexandria
mündlich zu berichten, erlassen

N*16* Dann befreite Seine Majestät die Gottesgehöfte (*Tempel*) der Priester von der Fahrt, die sie alljährlich zu der Burg des (Alexandros) (*Residenz Alexandria*) machen sollten.

Er hat die Matrosen der Handelsschiffe
von der Kriegsdienstpflicht befreit

Er befahl dann, daß die Männer von den Schiffern nicht ausgehoben werden sollten (*zum Kriegsdienst*).

Er hat den Tempeln zwei Drittel der Ablieferung
von Byssos-Geweben erlassen

N*17* Der Stoff des Paket-Gewebes (*griechisch: byssos*) der von den Tempeln an das Haus (*Verwaltung*) des Königs zu liefern war, Seine Majestät erließ davon zwei Drittel.

Er führte eine gerechte Ordnung
der Verwaltung und des Kultus ein

In derselben Weise wegen aller Dinge (*Verhältnisse*), die in vergangenen Zeiten in Unordnung geraten waren, Seine Majestät versetzte sie wieder in ihre gute Ordnung. Er war außerordentlich darauf bedacht, alle Dinge gemäß den Gebräuchen N*18* auszuführen zum Nutzen der Götter, wie es richtig üblich war.

Er veranlaßte die Bürger zu gesetzmäßigem Verhalten

In derselben Weise gab er den Bürgern eine gute Anweisung, wie es Thot, der zweimal Große (*griechisch: Hermes der Große und Große*) getan hatte.

Er begnadigte die aus dem Kriegsdienst Geflüchteten

Dann befahl er auch wegen der Leute von den Kriegern, die zurückkehren würden, samt den übrigen Leuten, die während der Unruhen, die in Ägypten entstanden waren, abseits gegangen (*geflüchtet*) waren, daß sie an ihre Orte zurückkehren sollten und daß ihr Besitz in ihrer Hand verbleiben sollte.

Er wendete große Mittel für die Schlagfertigkeit
der Heeresteile auf

Dann verwandte er Sorge darauf, daß die Fußtruppen, die Reiterei und die Seeschiffe in Marsch gesetzt würden als Abwehr gegen die (Feinde), die kamen, um Kemet (*griechisch: aigyptos*) N 19 zu bekämpfen, aus den Städten und ebenso von dem Großen Grün (*Mittelmeer, gemeint sind Griechen*). Er gab dazu große Mengen von Silber und Getreide, um die Ufer des Horus (*demotisch und griechisch: Tempel*) zu beruhigen samt dem Ta-meri (*demotisch: samt den Menschen von Kemet, Ägypten*).

Als Empörer sich in Gau IX verschanzt hatten,

Seine Majestät zog nach der Stadt Chenti (*griechisch: Lykonpolis*) in dem Gau von Busiris (*unter-ägyptischer Gau IX*), die durch Mauern und alle anderen Arbeiten von den Feinden befestigt war, indem reichlich Waffen und jede Vorrichtung in ihrem Inneren war. Er umschloß diese Festung mit Mauern und Dämmen an ihrer Außenseite wegen der Feinde, die in ihr N 20 waren. Denn sie hatten schwere Vergehen in Baket (*griechisch: Aigyptos*) begangen, und sie hatten den Weg verletzt, den Seine Majestät und der Befehl der Götter liebt.

sperrte er ihnen die Wasserzufuhr ab

N 21 Er versperrte jeden Kanal, der zu dieser Festung führte. Nicht war Gleiches von anderen Königen der Vorzeit getan worden. Er gab dazu Geld entsprechend ihrer Menge aus.

und sicherte die Absperrung durch Truppen,

Dann stellte Seine Majestät seine Fußtruppen und die Reiterei an die Mündung dieses Kanals, um ihn *(den Kanal)* zu bewachen und um ihn zu sichern. (Dieses geschah) wegen der Überflutungen des Wassers *(griechisch: neilos, Nil)*, die im 8. Jahre (seiner Regierung) hoch waren, während diese Kanäle das Wasser auf sehr tief gelegene Flächen fließen ließen.

und er eroberte die Festung wie ein Gott

Seine Majestät eroberte diese Festung mit Gewalt in kurzer N 22 Zeit. Er vernichtete die Feinde, die in ihr waren, und er richtete unter ihnen ein großes Gemetzel an. Ebenso hatte Rê *(griechisch irrtümlich: Hermes)* und Horus, der Sohn der Isis, *(griechisch: und des Osiris)* getan gegenüber denen, die sich an diesem Orte in der Urzeit gegen sie empört hatten.

Der König ließ die Führer einer Widerstandsbewegung,
die aus der Zeit seines Vaters bestand,
an dem Tage seiner Thronbesteigung in Memphis hinrichten

R 1 Feinde hatten Fußtruppen versammelt und sich an ihre Spitze gestellt. Sie wiegelten die Gaue auf, und sie frevelten gegen die Ufer des Horus *(Tempel)*. Sie verletzten den Weg Seiner Majestät *(des regierenden Königs)* und seines erlauchten Vaters. Die Götter gaben, daß er sie in der Weißen Burg *(Memphis)* N 23 vernichtete an dem Feste, an dem er das Königtum von seinem Vater empfangen hatte *(der Thronbesteigung)*. Er tötete sie, indem er die Häupter *(Führer)* an das Holz *(Pfahl)* schlagen ließ.

Der König erließ den Tempeln Steuern,
die bis Jahr 9 noch nicht bezahlt waren

Die an Seine Majestät schuldigen Steuern, die bei den Tempeln bis zu Jahr 9 bestanden, und die sich aus einer reichlichen

Menge von Silber und Getreide ergaben: Seine Majestät legte R 2 sie zu Boden *(schlug sie nieder)*.

Der König erließ den Tempeln die rückständige Ablieferung von Byssos-Geweben

In gleicher Weise (tat der König) mit dem Stoff von N 24 Paket-Gewebe *(griechisch: Byssos)*, der an das Haus *(Verwaltung)* des Königs zu liefern war, aber bei den Tempeln noch rückständig war. (So tat der König) einschließlich des Unterschiedes, der zwischen der Lieferung und dem schuldigen Stoff bestand bis zu dieser Zeit.

Der König erließ die Ablieferung von Getreide und Wein

Dann verzichtete (der König) auf die Lieferung einer Artabe *(Scheffel)* Weizen, die als Abgabe von dem Boden erhoben wurde auf dem Acker der Götter *(dem Tempelgut)*. N 25 In der gleichen Weise (tat der König) mit dem Faß von ihrem *(der Götter)* Wein auf dem Acker der Weingärten.

Der König sorgte für die heiligen Tiere

Er *(der König)* erwies große Wohltaten dem Hapi *(Stier Apis in Memphis)* und dem Mer-wêr *(Stier Mnewis in Heliopolis)* und für R 3 alle anderen göttlichen Tiere, die in Kemet *(griechisch: Aigyptos)* verehrt wurden, hinaus über das, was die Vorgänger *(früheren Könige)* getan hatten. Sein Herz sorgte sich zu jeder Zeit um ihren Zustand. Er gab alle Dinge reichlich und prächtig, die man brauchte, um ihren Leib zu bestatten. Er wies ihren *(der Tiere)* Gottesgehöften *(Kapelle mit Stall)* ihren Bedarf zu an dem großen Fest der Darbringung des Brandopfers und der Spende des Trankopfers samt allen anderen Dingen *(Opfern)*, die in der üblichen Weise vollzogen wurden.

Der König bestätigte das Vermögen der heiligen Tiere
und vermehrte es für den Stier Apis in Memphis

Die ersten Ehrungen in den Tempeln und alle anderen großen
Dinge *(Stiftungen)* von Baket *(demotisch: Kemet, griechisch: Aigyptos)*, Seine Majestät setzte sie in ihrem Bestand fest gemäß
R4 dem, was in dem Gesetz stand. Er gab in reichlicher Menge
Gold und Silber samt Getreide zusammen mit allen anderen
Dingen *(Opferstiftungen)* an das Gehöft der Haltung des lebenden Hapi *(Apis)*. Ferner schmückte Seine Majestät *(das Gehöft,
griechisch: Apieion)* mit herrlicher Arbeit von neuem aus, so daß
es schön war in wahrer Form. Er ließ den lebenden Hapi *(Apis)*
in ihm erscheinen *(in Prozession einführen)*.

Der König stellte Heiligtümer wieder her
und machte den Göttern neue Stiftungen

Er *(der König)* vollendete die Gottesgehöfte und die Kapellen
und die Altäre von neuem für die Götter. Er ließ weitere *(Heiligtümer)* in ihrem *(früheren)* Bestand wieder erstehen. Seine
Majestät hatte das Herz eines Gottes Wohltäter *(Euergetes)*
gegen die Götter, indem er sich um die schönen Ehrungen der
R5 Tempel bemühte, um sie in seiner Zeit eines Einzigen
Herrn zu erneuern.

Die Götter gewährten dem König zum Dank
eine glückliche Regierung

Als Lohn für dieses gaben die Götter ihm *(dem König)* Kraft
und Sieg, Leben, Heil und Gesundheit, samt allen schönen
Dingen insgesamt, indem sein großes Amt dauert unter ihm
und seinen Kindern in Ewigkeit.

Die versammelten Priester wünschen die Ehrungen
des regierenden Königs zu vergrößern

Mit gutem Glück *(griechische Wunschformel)*! Es trat in das
Herz der Priester von Ober- und Unter-Ägypten insgesamt

ein, zu vergrößern die starken Worte (*Ehrungen*) des Königs von Ober- und Unter-Ägypten (Ptolemaios, ewig lebend, Geliebt von Ptah)|, des Gottes, der erschienen ist (*griechisch: Epiphanes*), des Herrn der Güte (*griechisch: Eucharistos*), in den Ufern des Horus (*Tempeln*). (Sie sollten vergrößert werden) zusammen mit (*den Ehrungen*), die bestehen für die beiden Götter, die den Vater lieben (*Ptolemaios IV. Philopator*), die ihn hervorgebracht haben; und zusammen mit den beiden Göttern Wohltäter (*Ptolemaios III. Euergetes I.*), die den hervorgebracht haben, der ihn erzeugt hat; zusammen mit den R6 beiden Göttern Geschwister (*Ptolemaios II. Philadelphos*), die ihre Ahnen hervorgebracht haben; zusammen mit den beiden Göttern Retter (*Ptolemaios I. Soter I.*), den Vorfahren seiner Ahnen, – gemäß ihrer Würde.

Eine Statuengruppe, die den König mit dem jeweiligen Stadtgott zusammen darstellt, soll in jedem Tempel aufgestellt werden

Dann soll eine Statue aufgestellt werden von dem König von Ober- und Unter-Ägypten (Ptolemaios, ewig lebend, Geliebt von Ptah)|, dem Gott, der erschienen war, dem Herrn der Güte (*gemeint ist der regierende König Ptolemaios V. Epiphanes*). Ihr Name wurde genannt: (*Ptolemaios*)| Retter von Baket (*Ägypten*); seine Bedeutung (*Übersetzung*) ist: (Ptolemaios)| der Sieger von Kemet (*griechisch: Aigyptos*). Ferner soll eine Statue aufgestellt werden von dem Gott der Stadt, wie er (*dem König*) das königliche Schwert des Sieges reicht. (*Beide Statuen sollen aufgestellt werden*) in den beiden Kebeh (*Wassergebiete Ägyptens*) in jedem Heiligtum auf seinen (*des Königs*) Namen in dem öffentlichen Vorhof des Gottesgehöftes, und in der Arbeit der Bildhauer von Baket (*demotisch: Kemet, griechisch: Aigyptos*) (*also in ägyptischem Kunststil*).

Die Priester sollen diese Statuengruppe an den Festen ebenso verehren wie die Statuen der großen Götter

R7 Die Priester des Gottesgehöftes sollen in jeden einzelnen Tempel eintreten und den Dienst versehen (*Kult ausüben*) bei der Statue dieses großen Königs drei Mal an jedem Tage. Sie sollen vor ihnen (*den Statuen*) das heilige Gerät niederlegen, und sie sollen jede übliche Vorschrift für ihren (*der Statuen*) Ka (*Seele*) ausüben, wie es für die Götter der Gaue vollzogen wird an den Festen am Anfang der Jahreszeiten und an den anderen Tagen des Erscheinens und den einzelnen Festtagen.

In allen Tempeln soll eine Statue des regierenden Königs in einem Schrein aufgestellt werden

Sie sollen ein heiliges Bildnis herstellen des Königs von Ober- und Unter-Ägypten (Ptolemaios)] des Gottes, der erschienen ist, des Herrn der Güte (*des regierenden Königs Ptolemaios V. Epiphanes Eucharistos*), des Sohnes des Königs von Ober- und Unter-Ägypten (Ptolemaios)] und der Herrscherin, Herrin beider Länder (Arsinoé)], der beiden Götter, die den Vater lieben (*Ptolemaios IV. Philopator*), zusammen mit einem R8 herrlichen Schrein aus Elektron (*Gold-Silber-Mischung*), eingelegt mit jedem echten Edelstein, in allen genannten Tempeln. Es soll ruhen an dem herrlichen Orte (*Allerheiligsten*) zusammen mit den Schreinen der Götter der Gaue.

An Festtagen soll diese Statue in ihrem Schrein bei Prozessionen erscheinen

Wenn aber große Feste stattfinden, an denen der Gott in seinem herrlichen Schrein aus seinem Hause (*Tempel*) hinauszieht, dann soll man auch den herrlichen Schrein des Gottes mit ihnen zusammen erscheinen lassen, der erschienen ist, des Herrn der Güte (*griechisch: Epiphanes Eucharistos*).

Der Schrein dieser Königsstatue
soll durch Doppelkronen gekennzeichnet werden

Damit diese Kapelle von diesem Tage *(heute)* an bis an die Enden der Jahre *(ewiglich)* erkannt wird, soll man 10 Doppelkronen Seiner Majestät daran auf diesem Schrein anbringen, auf denen eine Schlange auf jeder einzelnen von ihnen sitzt, *R9* wie es der Vorschrift für jede Doppelkrone entspricht, und zwar an Stelle der beiden großen Schlangen, die auf den anderen Schreinen sitzen. Eine Doppelkrone *(demotisch: Pa-sechemti, griechisch: Pschent)* soll in ihrer Mitte angebracht werden, weil Seine Majestät mit ihr in dem Gehöft des Ptah *(in Memphis)* erstrahlt ist *(gekrönt wurde)*, nachdem man ihm alle Gebräuche der Einführung des Königs in das Gottesgehöft erwiesen hatte, als er sein großes Amt *(des Königtums)* empfing (Abb. 38).

Abb. 38. Platte von der Bekrönung eines Schreines, deren Reliefs eine Doppelkrone mit Uräus enthalten, wie es in Zeile R 9 des Dekrets von Memphis (Rosette) vorgeschrieben ist. Kalkstein, Größe 35 × 25 cm. Basel (Schweiz), Museum der Ethnographie, Nr. N III 6420.

und ferner durch die Landespflanzen
von Ober- und Unter-Ägypten

Man soll auf die obere Hälfte des Vierecks, das außerhalb dieser Kronen ist, und gegenüber dieser *(beschriebenen)* Doppelkrone eine Lilie und eine Papyrusstaude setzen. Ein Geier auf einem

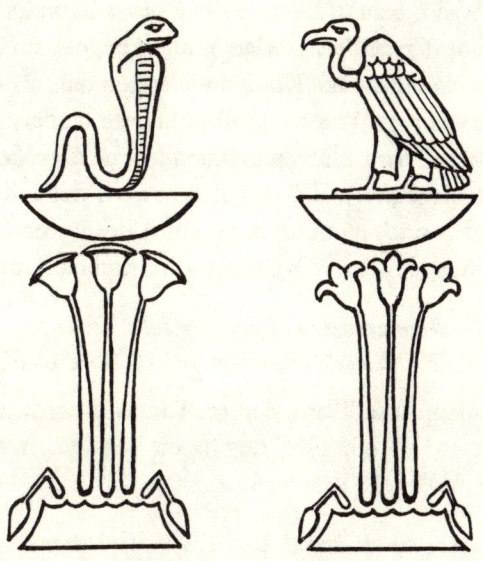

Abb. 39. Freie Rekonstruktion des Schmuckes in der rechten und linken Ecke eines Schreines gemäß der Vorschrift in dem Dekret von Memphis (Rosette), Zeile R 9–10.

Korbe, unter dem eine Lilie steht, soll in der rechten Ecke dieses Schreines angebracht werden. Eine Schlange ebenso auf R 10 einem Korbe, unter der eine Papyrusstaude steht, soll an seiner linken Ecke *(angebracht werden)*. Seine *(des Schreines)* Bedeutung ist der Herr des Geiers und der Schlange, der Ober-Ägypten und Unter-Ägypten erleuchtet (Abb. 39).

Der 30. Mesorê bzw. 17. Paôphi als Geburtstag
bzw. Krönungstag werden zu Festtagen erklärt,

Der letzte Tag des 4. Sommermonats (*griechisch: 30. Mesorê*)
ist der Tag der Geburt des guten Gottes, der ewig lebt (*des regierenden Königs*). Er dauert als ein Fest des Erscheinens (*Prozession*) in den Ufern des Horus (*Tempeln*) seit der Vorzeit. In
derselben Weise bestand der 17. Tag des 2. Monats der Überschwemmung (*griechisch: Paôphi*), an dem man die Feierlich-
keit der Erscheinung des Königs vollzogen hat, als er das Königtum von seinem Vater empfing. (Diese beiden Tage) waren der Anfang von allen wohltuenden und großen Dingen
(*Stiftungen und Taten*), die den Bewohnern der Länder zuteil
R 11 geworden sind, nämlich der Geburt des guten Gottes, der
ewig lebt, und des Empfangs seines herrlichen Amtes.

deren am 17. und 30. Tag jedes Monats
in allen Tempeln Ägyptens gedacht werden soll,

Deshalb sollen diese Tage, der 17. Tag und der letzte Tag in
jedem Monat, als ein Fest begangen werden in sämtlichen
Tempeln von Baket (*demotisch: Kemet, griechisch: Aigyptos*).

und zwar durch Brand- und Trankopfer, deren Spenden
an alle Teilnehmer verteilt werden soll

Man soll Brandopfer und Trankopfer darbringen und alle übrigen Opferspenden, wie sie an den Festen vollzogen werden,
auch an diesen beiden Festen in jedem Monat. Alle Dinge (*ge-
lieferte Opferspenden*), die an diesen Festen dargebracht werden,
sollen an alle Leute verteilt werden, die ihren Stundendienst
in dem Gottesgehöft ausüben.

Am 1. Thot (Neujahrstag) soll ein fünftägiges Fest
zur Feier des Königs begonnen werden

Man soll ein Fest des Erscheinens (*Prozession*) in sämtlichen
R 12 Tempeln von Baket veranstalten für den König von Ober-

und Unter-Ägypten (Ptolemaios, ewig lebend, Geliebt von Ptah)[, des Gottes, der erschienen ist, des Herrn der Güte (*gemeint Ptolemaios V. Epiphanes Eucharistos*) in jedem Jahre von dem 1.Tag des 1.Monats der Überschwemmung (*griechisch: Thouth*) für 5 Tage. Ein Kranz soll an ihrem (*der Teilnehmer*) Kopfe sein. Die Altäre sollen geschmückt sein, die Trankopfer sollen dargebracht werden zusammen mit allen Dingen (*Opferspenden*), wie sie in üblicher Weise vollzogen werden.

Die amtierenden Priester dürfen sich in Urkunden und auf ihren Siegelringen als Priester des Königs bezeichnen

Die Priester der Gotteshäuser in allen einzeln genannten Tempeln sollen bezeichnet werden als Gottesdiener des Erschienenen, des Herrn der Güte (*griechisch: des Gottes Epiphanes Eucharistos, also des regierenden Königs Ptolemaios V.*). (*Diesen Titel sollen sie führen*) hinaus über die Ämter, die sie als Priester R*13* für sie (*die Könige*) ausüben. Sie (*die Priester*) sollen ihn (*den neuen Titel*) auf ihre Vorschriften (*Urkunden*) schreiben. Ferner soll das Amt des Priesters des Gottes, der erschienen ist, des Herrn der Güte, auf die Ringe an ihren Händen eingegraben werden.

Bürger dürfen einen Schrein mit der Statue des Königs in ihren Wohnhäusern aufstellen, wenn sie vor ihr den vorgeschriebenen Kult ausüben

Ferner soll es den Bürgern, die es wünschen, freigestellt sein, einen solchen Schrein des Gottes, der erschienen ist, des Herrn der Güte, aufzustellen, um ihn in ihren Häusern (*Wohnhäusern*) sein zu lassen. Sie sollen diese (*vorgeschriebenen*) Feste des Erscheinens in jedem Monat und in jedem Jahre veranstalten, um erkennen zu lassen, daß die Bewohner von Ta-meri (*demotisch: Kemet, griechisch: Aigyptos*) den Gott, der erschienen ist, R*14* den Herrn der Güte, verehren, wie es den Vorschriften entspricht.

Dieser Erlaß soll in allen Tempeln neben der Statue des Königs auf ei-
nem Denkstein mit einer dreisprachigen Inschrift veröffentlicht werden

Dieser Erlaß soll auf einen Denkstein (*griechisch: Stele*) aus fe-
stem Gestein eingegraben werden in der Schrift der Gottesworte (*griechisch: heiligen Schriftzeichen*) und in der Schrift der
Briefe (*griechisch: landesüblich, volkstümlich*) und in der Schrei-
bung der Ha-nebu (*demotisch: Schrift der Ionier, griechisch: mit
hellenischen Schriftzeichen*). Er (*der Denkstein*) soll in den Heiligtümern in allen bezeichneten Tempeln der ersten Klasse und
zweiten Klasse und dritten Klasse aufgestellt werden neben
der Statue des Königs von Ober- und Unter-Ägypten (Ptolemaios, ewig lebend, Geliebt von Ptah)[, des Gottes, der erschienen ist, des Herrn der Güte (*griechisch nur: des ewig lebenden Königs*).

B. ORAKEL DER GOTTHEITEN

Der Aufgabe, durch die Texte dieses Bandes zunächst die Kulte der Ägypter in ihrem Hergang lebendig werden zu lassen, dient der Abschnitt mit den Orakeln. Sie sind bei verschiedenen Veranlassungen erbeten und von den Priestern im Namen der Gottheiten erteilt worden, sowohl in großen Staatsaktionen wie bei privaten Streitigkeiten und auch bei der Sorge um das jenseitige Leben (Einleitung, S. 22).

Dem ersten Text (B 1), durch den Thut-môse III. auf den Thron berufen wurde, ist ein anderer aus Nubien verwandt, in dem Prinz Aspalta durch eine gesprochene Verkündigung des Amon von Napata als König von Nubien bestimmt wurde (Band «*Ausklang*», D 2). Dem Neuen Reich gehört auch die Mehrzahl der folgenden Texte an. Um eine wichtige Angelegenheit von staatlicher Bedeutung handelt es sich bei der Inschrift aus dem Grabe des Hohenpriesters Neb-wenênef (Text B 2). Auch die Bemühungen des Fürsten Scheschonk um den Totendienst seines Vaters Namirt vor seiner Statue in dem Tempel des Osiris in Abydos haben eine politische Färbung durch die Anwesenheit des regierenden Königs (Text B 3). Die dann folgenden Orakel B 4–7 beantworten private Fragen. Der letzte Text kommt aus der dogmatischen Theologie, die zu einer einheitlichen Theologie strebte und durch einen Orakel-Erlaß ihres Universal-Gottes Amon von Theben diesen zu einem Herrn des Himmels, der Erde und des unterirdischen Totenreiches zu machen suchte (Text B 8). Der in Ägypten um 350 v. Chr. reisende Grieche Herodotos hat noch einen starken Eindruck von der lebendigen Erteilung von Orakeln durch eine Vielzahl von Gottheiten erhalten (Text B 9). Bei den Prozessionen, die bei diesen Gelegenheiten veranstaltet wurden, hat er Priester gesehen, die Standarten mit Götterbildern trugen, auch mit den ihnen geweihten Tieren (Abb. 40). Ein solcher Stabaufsatz aus Bronze wird durch ein Schiff mit Götterfiguren gebildet, in dessen Mitte eine kleine Kapelle mit dem Götterbilde steht (Tafel 12). Eine lose vorhandene Kapelle läßt die schmale Öffnung erkennen, durch die der Kopf des in ihr aufgestellten Götterbildes für die Gläubigen sichtbar war (Tafel 13). Ebenso haben die wirklichen Kapellen für die Götterbilder ausgesehen, die bei Prozessionen dem Volk vorgeführt wurden, das dann durch das geöffnete Fenster an der Vorderseite wenigstens einen Teil der Gottheit sehen konnte, wenn es seine Entscheidung durch «Neigen» oder «Nicken» begehrte (Abb. 41).

Für die Entscheidung eines Orakels sind auch Träume benützt worden, besonders wenn sie während eines Schlafes in einem Heiligtum erlebt worden waren (*oben*, S. 142). Diesen

Abb. 40. Priester mit einer Standarte, die er bei einer Prozession trägt. Dargestellt ist ein heiliger Stier, vielleicht der Apis in Memphis (unterägyptischer Gau I, Band «*Götterwelt*», S. 37 mit Tafel 4).

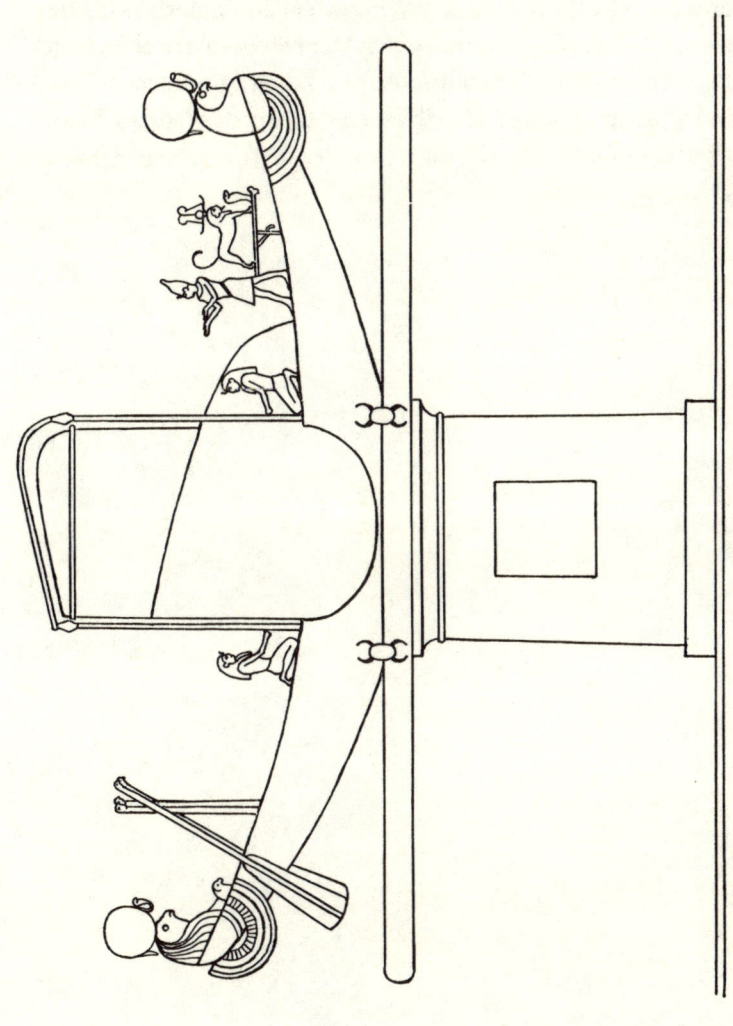

Abb. 41. Barke mit Tragstangen, in dem Sanktuar aufgestellt; das Götterbild steht verhüllt in der Kapelle.

Gebrauch hat sich ein Mann aus Kreta zunutze gemacht, der in der Nähe des Serapeums bei Sakkâra wohnte; es war der Tempel des Osiris Apis, des verstorbenen und vergöttlichten Stieres in Memphis (Band «*Götterwelt*», S. 37 und 48). Der Kreter bot seine Kunst durch einen Denkstein in griechischem Stil mit einer griechischen Inschrift und dem ägyptischen Stier an: «Ich deute Träume, da ich einen Auftrag des Gottes habe, mit gutem Glück. Ein Kreter ist es, der dieses deutet» (Tafel 14).

B I. THUT-MOSE III. WIRD DURCH EINEN STAATSSTREICH AUF DEN THRON BERUFEN

Die großen Pharaonen der XVIII. Dynastie am Anfang des Neuen Reichs fanden als Heiligtum des Amon bei Karnak, dem Haupttempel von Theben auf dem Ostufer des Nil (oberägyptischer Gau IV), einen quadratischen Bau von etwa 40 × 40 m Größe vor. König Thut-môse I. legte vor ihn zwei Pylone (Nr. IV und V) und hinter diese einen großen Hof, der den Tempel des Mittleren Reichs umschloß; dadurch wurde die ganze Anlage auf eine Länge von etwa 120 m erweitert. In diese Anlage hinein haben die Königin Hat-schepsut und dann in zwei Bauperioden König Thut-môse III. den kleinen Pylon VI sowie eine Reihe von Säulenhöfen, Kammern und Obelisken eingebaut, so daß die Fläche durch diese völlig in Anspruch genommen wurde und kaum ein größerer Raum frei blieb In der Jugend von Thut-môse III. war aber der von seinem Vater Thutmôse I. erbaute Hof noch frei von den späteren Einbauten, und man kann sich in ihm gut den Vorgang vorstellen, von dem die folgende Inschrift berichtet. Ein solcher offener Hof ist in dem Tempel der Isis auf der Insel Philae erhalten, ein weiter freier Platz, nach außen abgeschlossen durch den Pylon (Tortürme) des Eingangs, nach innen abgegrenzt durch die Schranken vor dem Säulensaal (Tafel 15).

Thut-môse III. (Tafel 16) begann seine Regierung schon zu Lebzeiten seines Vaters Thut-môse I., und zwar als Gatte seiner Halbschwester Hat-schepsut, die als Tochter einer Großen Königsgattin einen stärkeren Anspruch auf den Thron hatte als er selbst. Er war Sohn einer Dame aus nicht-königlichem Blut namens Isis aus dem Harem des Königs, und deshalb mußte er zeitweise dem Einfluß der Partei weichen, die seine Schwester und Gattin Hat-schepsut als alleinige Herrscherin in den Vordergrund stellen wollte. Erst nach ihrem Tode im 21. Jahre seiner Regierung (die Jahre werden ohne

Unterbrechung durchgezählt) konnte Thut-môse III. seine Energie unbehindert entfalten. In den Jahren 22–42 seiner Regierung hat er siebzehn Feldzüge gegen Syrien geführt und dieses Land fest an den Staat Ägypten angeschlossen. In den späteren Jahren seiner Regierung, vor allem in den 12 Jahren, die ihm nach Beendigung der syrischen Kriege noch bis zu seinem Tode in seinem 54. Regierungsjahr blieben, hat er sich in Theben durch Bauten an dem Amon-Tempel betätigt. Thut-môse III. ist in hohem Alter gestorben, und seine Leiche zeigt, daß der kahlköpfige Mann nicht besonders groß war (Länge 1,615 m). Nach der Untersuchung von RUDOLF VIRCHOW (1888) hat an dem Kopf (Tafel 16) «alles ein zartes Aussehen. Die Ohren sind klein, die Lippen niedrig, die oberen Zähne übergreifend, die unteren sehr hoch hinauftretend. Das gerundete und etwas zurücktretende Kinn ist von sanftem Aussehen.»

Zu den Anlagen des Amon-Tempels, die Thut-môse III. vorgefunden hat, gehören zwei Gruppen von Kammern, die unter der Regierung seiner verstorbenen Gattin Hat-schepsut errichtet waren, nördlich und südlich von der Mittelachse des Amon-Tempels hinter Pylon VI. An der Südwand der südlichen Gruppe hat Thut-môse III. eine Inschrift von 49 senkrechten Zeilen einmeißeln lassen. Ihre obere Hälfte ist fast ganz weggebrochen, und mit ihr das Datum der Inschrift. Nach der Fassung der Königsnamen muß dieses später als Jahr 30 angesetzt werden, vielleicht um ein ganzes Jahrzehnt oder mehr. Die aus der Jugend des Königs berichteten Ereignisse liegen also weit zurück; der Verfasser der Inschrift hat sie aus einer bestimmten Absicht heraus geschildert und sie deshalb auch in poetischer Weise gestalten dürfen.

Die 49 Zeilen der Inschrift sind deutlich aus drei verschiedenen Teilen zusammengesetzt. Teil I (Zeile 1–24) besteht aus einer Ansprache des Königs an seinen Hofstaat, der ihm kurz antwortet (Zeile 22–24); der König spricht darin von seiner Jugend, seiner Einsetzung als König durch Amon, und dann allgemein von seiner Dankbarkeit durch Leistungen für den Amon-Tempel. Am Anfang von Zeile 1 hat wahrscheinlich ein Datum gestanden. Man hat dieses auf einen Tag in Jahr 42 ergänzt. Es wäre aber auch möglich, daß man ein Datum vor Jahr 15 eingesetzt hat, um den Anschein zu erwecken, als ob der Bericht, wenn nicht unmittelbar, so doch bald nach den in ihm geschilderten Ereignissen niedergeschrieben worden wäre. Dieser Teil hat literarisch-poetische Form, auch bei den Leistungen ohne bestimmte Angaben.

Teil II (Zeile 25–41), dessen Anfang, vielleicht wiederum mit einem Datum, nicht mehr vorhanden ist, enthält einen sachlichen Bericht über Leistungen des Königs für den Amon-Tempel. Der Verfasser beginnt mit einer Schilderung, wie der König (in 3. Person genannt) bei der Grundsteinlegung eines neuen Gebäudes in dem Amon-Tempel selbst mitgewirkt habe. Nach wenigen Sätzen läuft die Schilderung aber unvermittelt als Rede des Königs weiter, der in 1. Person spricht, und zwar von den Neubauten in dem Amon-Tempel und von ihrer Ausstattung. In Zeile 35–37 spricht der Verfasser wieder von dem König (in 3. Person genannt), der weitere Denkmäler und Opferspenden gestiftet habe. Mit einem Satz in Zeile 37 setzt der König selbst (in 1. Person) den Bericht fort und spricht von der Versorgung der Priesterschaft durch Landgüter, durch einen Garten und durch einen Kuhstall. Dieser Teil ist in seiner Fassung nüchtern gehalten und beschränkt sich, abgesehen von den selbstverständlichen Verehrungen des Gottes und dem Lob des ihm dienenden Königs, auf sachliche Angaben, meist allerdings in allgemeiner Form, in Zeile 37 auch mit Zahlen. Nur in Zeile 35, wo der Verfasser der Inschrift noch einmal selbst zu reden beginnt, rühmt er den klaren Verstand und den sicheren Scharfblick des Königs, der schlechte Ratgeber von sich fernzuhalten weiß.

Teil III (Zeile 41–49) beginnt mit einem Datum in Jahr 15, also in einer Zeit, in der Hat-schepsut ihre angeblich alleinige Regierung begann und Thut-môse III. in den Hintergrund gedrängt war. Die Inschrift, die fast drei Jahrzehnte später verfaßt worden ist, stellt es so dar, als ob Thut-môse III. auch damals neue Bauteile und besonders kunstgewerbliche Gegenstände für den Tempeldienst gestiftet habe. In 10 kurzen Abschnitten spricht er in 1. Person von kostbaren Ausstattungsstücken, bei denen er eine eigene Erfindung rühmt: er habe, anscheinend nach eigenen Zeichnungen, eine goldene Statue eines Königs arbeiten lassen, der das Räucheropfer mit Weihrauch darbringt; sie wurde neben den metallenen Vasen für das Wasseropfer aufgestellt.

In religionsgeschichtlicher Hinsicht ist Teil I am lehrreichsten, denn er schildert etwas, was wir einen Staatsstreich nennen würden, und zwar mit einer Methode, die unter unseren Begriff des Orakels fällt. Der junge Prinz Thut-môse war als Sohn einer Nebenfrau des Königs Thut-môse I. für die priesterliche Laufbahn bestimmt worden und zunächst als «Gottesdiener» in dem Tempel des Amon bei Karnak untergebracht worden. Offenbar hat man dort seine ungewöhnliche Intelligenz richtig erkannt, aber sich auch seiner Bereitwilligkeit versichert, bei einer etwaigen Erhebung auf den Thron dem Amon-Tempel als dem führenden Bestandteil der Landeskirche seine Dankbarkeit zu beweisen. Hierauf gründete sich der Plan der Priesterschaft, dem alten König Thut-môse I. seinen, zur Thronfolge allerdings eigentlich nicht berechtigten Sohn Thut-môse als Nachfolger beizugeben. Bei einer Prozession in dem Hof des Tempels (wie Tafel 2) und in Anwesenheit des regierenden Königs ließ man die Barke mit dem Götterbild, die auf den Schultern von Priestern getragen wurde (wie in Tafel 10 und Abb. 42), unmittelbar vor dem Prinzen halten, in einer Ecke der Halle, in der er mit anderen Priestern (Abb. 41) aufgestellt war. Der Gott gab dadurch,

Abb. 42. Das Götterbild des Amon wird in seiner Barke von Priestern bei einer Prozession ausgetragen.

vielleicht auch noch durch das übliche «Neigen» oder «Nikken», ein Zeichen seines Willens, ein «Orakel». Der junge Prinz Thut-môse, der damals vielleicht noch nicht zwanzig Jahre alt war, wurde vor den Pharao geführt und erhielt königliche Ehren.

Die eigentliche Ernennung zum König, die Krönung mit der Uräus-Schlange und die Festsetzung der halb-göttlichen Titulatur werden in der Inschrift so dargestellt, als ob sie im Himmel erfolgt seien. Der (bei der Abfassung der Inschrift schon gealterte) König erzählt mit eigenen Worten, er sei als Falke zum Himmel geflogen, wie der Pharao es eigentlich erst nach seinem Tode tut, und dort habe der allmächtige Götterkönig selbst ihn eingekleidet und ihm seinen Namen verliehen. Unmittelbar darauf und ohne Übergang läßt der Verfasser den König von seinen Erfolgen in seiner Herrschaft auf der Erde sprechen, die er dem Amon zu verdanken habe. Der überirdische Ursprung des ägyptischen Königs und sein halb-göttliches Wesen werden durch diese Darstellung klar veranschaulicht.

Veröffentlichungen:

Zuletzt (mit Angabe der älteren Literatur): *Urkunden des ägyptischen Altertums*, IV, 3: KURT SETHE, *Urkunden der 18. Dynastie*, III, (1906), 155–176; *Deutsch* IV, 1 (1914), 75–83.
Englische Übersetzung in JAMES HENRY BREASTED, *Ancient Records of Egypt* II (Chicago 1906), 55–68, § 131–166.

Datum der Inschrift

1 [Jahr 42 (?) der Regierung Thut-môse III.]

Der König spricht zu den «Freunden» (Kammerherren) seines Hofstaates

«[Ich habe meinem Vater Amon Rê, Herrn von Nesut-tawi (*Karnak*), prächtige Denkmäler geweiht]. Mein Vater ist er, ich bin sein Sohn. Er hat mir befohlen, daß ich auf seinem

Throne sei, obwohl ich noch ein (*Kind*) war, das sich in seinem Nest (*Wiege*) befand.

Amon hat mich erzeugt

Er erzeugte mich aus der Mitte des Herzens (*Leidenschaft*), ₂ [und er ist wahrlich mein leiblicher Vater. Es ist keine] Lüge, und es ist kein Betrug darin.

Ich bin als Knabe in dem Amon-Tempel erzogen worden

Seit Meine Majestät ein Knabe war, war ich ein Zögling in seinem Tempel, obwohl meine Einführung zum Gottesdiener (*noch*) nicht stattgefunden hatte.

Als Jüngling versah ich den Priesterdienst im Amon-Tempel zu Ehren des regierenden Pharao

₃ [Ich war aufmerksam auf die Lehren, die erteilt wurden] an die Schläfe Meiner Majestät (*sie erreichten mein Ohr, ich hörte auf sie*). Ich hatte Tätigkeit und Wesen (*Stellung*) eines An-mutef (*Priesteramt, das im Totendienst von dem Sohn für den Vater versehen wurde*), ebenso wie Horus ein Kind war in Ach-bit (*Dickicht in dem unter-ägyptischen Gau VI von Buto, in dem Horus von Isis aufgezogen wurde, griechisch Chemmis*).

Damals war ich eines Tages in dem Tempel tätig,

Ich stand (*hielt mich auf*) in der nördlichen Halle (*mit Säulen mit Papyrusdolden-Kapitell; gemeint ist die Halle von Thut-môse I., zwischen Pylon IV und V*).

als das Götterbild des Amon aus dem Sanktuar herausgetragen wurde

₄ [Der Gott verließ] die Pracht seines Horizontes (*des Sanktuars*). Er machte den Himmel und die Erde festlich durch seine Schönheit. Er unternahm ein gewaltiges Wunder, während seine Strahlen (*wie die der Sonne*) in den Augen der Men-

schen waren, wie (*es geschieht bei dem*) Aufsteigen des Hor-
achti (*des jungen Sonnengottes im Ost-Horizont*).

Die anwesenden Gläubigen beteten den Gott an

Die Untertanen, sie erwiesen ihm 5 [Anbetung, und sie verehrten ihn in der] Halle seines Tempels.

Der König brachte dem Amon ein großes Opfer dar

Da machte (*legte*) Seine Majestät (*der regierende Pharao*) ihm
(*dem Amon*) Weihrauch auf die Flamme, indem er ihm eine gewaltige Opfergabe darbrachte an Rindern, Kälbern und Kleinvieh (*Wild*) der Wüste.

Das Götterbild stand bei mir still

6 [Dann wurde das Götterbild des Amon auf den Schultern der
Priester umhergetragen,] und er umzog die Halle auf ihren
beiden Seiten. Das Herz des Gottes berücksichtigte nicht
diejenigen, die vor seinen Handlungen waren (*den Opferhandlungen vorstanden*), sondern er (*der Gott*) suchte Meine Majestät
an jedem Orte. Man (*der Gott*) wußte aber von mir, und er
hielt 7 [an der Stelle, an der ich mich befand].

Der Gott empfahl mich dem König als Thronfolger

[Ich warf mich vor dem Gott auf den] Boden, und dann ver-
neigte ich mich vor ihm. Er (*der Gott*) stellte mich vor Seine
Majestät (*den regierenden Pharao*), und dann stand ich an den
Stellen des Herrn (*des Königs*). Er (*der Gott*) zauberte (*erteilte
ein Wunder*), 8 [indem er mich dem Pharao als Thronfolger
empfahl].

Die Einsetzung durch den Gott
war eine Überraschung für alle Anwesenden

[Von diesen Ereignissen hat vorher niemand etwas gewußt,
und sie waren nicht vorbereitet worden; nicht ist es] eine Lü-

ge. Sie waren eine Taubheit in den Gesichtern der Menschen, und ein Geheimnis in den Herzen der Götter, die *(allein)* dieses wußten [in] seiner [Bedeutung]. Nicht gab es einen, der es *(vorher)* wußte; nicht war einer vorhanden, der *(vorher)* es öffnete *(voraussagte)*.

Amon allein war es, der mich zu sich nahm

9 [Amon ließ mich in den Himmel blicken. Er schlug] mir die Tore der Höhe *(des Himmels)* auf, er öffnete mir die Türen seines *(des Himmels)* Horizontes. Ich flog zum Himmel als ein göttlicher Falke. *(Ich?)* sah seine *(geheime)* Gestalt, die im Himmel ist. Ich verehrte Seine Majestät *(den Amon im Himmel)* 10 [und ich] ......

Im Himmel wurde ich zu dem Allherrn und Sonnengott geführt

Ich sah die Gestalten des Achti *(Sonnengott in den beiden Horizonten)* auf seinen geheimen Wegen im Himmel. Rê selbst stellte mich fest.

Ich wurde mit den Kronen und dem Uräus geschmückt

Ich war geadelt *(geschmückt)* durch seine Kronen, die auf seinem Kopfe waren. Seine Einzige *(Stirnschlange)* blieb dauernd an 11 [meinem Kopfe] ......

Ich wurde als Pharao mit göttlichen Eigenschaften versehen

Ich war [versehen] mit allen seinen *(des Allherrn)* Herrlichkeiten *(Pach: geistigen, übernatürlichen Eigenschaften)*. Ich war mit dem Verstand der Götter gesättigt wie Horus, als er seinen Leib rechnete zu dem Hause meines Vaters Amon Rê *(Anspielung auf einen bestimmten Mythos)*. Ich war vollständig versehen mit dem Adel *(Eigenschaften)* des Gottes als 12 [sein Stellvertreter auf Erden].

Amon setzte meine Titulatur als irdischer HORUS *fest*

[Er stellte fest] meine Kronen, indem er selbst mir die Titulatur aufschrieb. Er stellte den Falken (*Horus*) auf dem Palasttor (*serech*) fest. Er machte mich stark als «Starker Stier». Er veranlaßte, daß ich im Inneren von Wêset (*Theben*) erglänzte *13* [in diesem meinem Namen des HORUS: «Starker Stier, Erglänzend in Wêset»].

und als GEIER UND SCHLANGE

[Er veranlaßte, daß ich ein glückliches Königtum führen sollte in] diesem meinem [Namen] des GEIER UND SCHLANGE: «Glücklich an Königtum wie Rê im Himmel.»

und als HORUS ÜBER NUBTI

Er bildete (*auf der Töpferscheibe*) mich als einen Falken (*Horus*) von Gold. Er gab mir seine Macht und seine Kraft. Ich war prächtig in diesen seinen Kronen in diesem meinem Namen *14* [des HORUS ÜBER NUBTI: «Mächtig an Kraft, Prächtig an Kronen»].

und als KÖNIG VON OBER- UND UNTER-ÄGYPTEN

[Er veranlaßte, daß ich erglänzte in Schmaw und Mehu (*Ober- und Unter-Ägypten*) in diesem meinem Namen des] KÖNIG VON OBER- UND UNTER-ÄGYPTEN, Herr beider Länder (Men-choper-Rê)[.

und als SOHN DES RÊ

Ich bin sein Sohn, der aus ihm hervorgegangen ist, vollendet an Geburt (*wohlgestaltet*) wie (*Thot*), der Erste von Hesret (*Hermopolis, ober-ägyptischer Gau XV*). Er hat alle meine Gestalten vereinigt in diesem meinem Namen des SOHN DES RÊ (Thot-môse, Der die Gestalten vereinigt)[, der ewig und unendlich lebt.

15 [Dann herrschte ich auf der Erde als Pharao durch die Gnade des Amon mit] meinen [göttlichen Eigenschaften]. Er veranlaßte, daß alle Fremdländer kämen, indem sie sich vor den Ba (*Seelen als Wille oder Macht*) Meiner Majestät verneigten, während Schrecken vor mir in den Herzen der Neun-Bogen-Völker war, und alle Länder unter meinen Sohlen lagen. Er gab Kraft in meine Arme, um zu erweitern *16* [die Grenzen von Ägypten].

Amon war mit mir als seinem Sohn zufrieden

[Mein Vater Amon hat] dieses [getan], weil [meine Liebe zu ihm] so gewaltig ist. Sein Jubel über mich ist (*größer*) als (*über*) alle (*anderen*) Könige, die auf der Erde gewesen sind, seit sie (*bei der Schöpfung vom Himmel*) gelöst (*gesichert*) wurde. Ich bin sein Sohn, der von Seiner Majestät geliebt wird. Getan wird, was sein Ka (*Geist*) wünscht.

Ich bereicherte den Tempel des Amon

Ich führte dieses Land zu dem Ort, an dem er sich befindet (*ließ es ihm dienstbar sein*). Er veranlaßte, daß angefüllt würde *17* [sein Schatzhaus mit den Abgaben der Fremdländer], [indem ich] es für ihn vortrefflich ausführte (*verschönerte*), und glückliche (*dauernde*) Denkmäler in Opet-asut (*Karnak*) machte. Ich vergalt seine Schönheit (*Weisheit*) durch etwas, was gewaltiger als sie war, und ich machte ihn gewaltiger als die (*anderen*) Götter. Für den, der Treffliches tut, ist es die Belohnung, daß ihm eine Vergeltung erwiesen wird durch etwas, was trefflicher ist als jenes.

Ich habe den Tempel von Karnak erneuert

Ich habe sein Haus (*Tempel*) in einer Arbeit von Ewigkeit gebaut, *18* [und ich habe es verschönert. Als Lohn dafür war es Amon,] mein [Vater], der veranlaßte, daß ich göttlich wurde.

Ich habe Opferspenden für den Tempel gestiftet

Ich veranlaßte, daß die Stätten dessen, der mich gemacht (*erzeugt*) hatte, weit seien. Ich ernährte seinen Opfertisch auf der Erde. Ich ließ ihm den Schlachthof des Gottes grünen (*gefüllt sein*) mit gewaltigen Schlachtungen in seinem Tempel an Rindern und Kälbern, (*deren Zahl*) keine Grenze hatte.

Ich habe seine Getreidespeicher gefüllt

19 [Ich machte Stiftungen an Getreide], indem es auf die Dinge (*Opfergaben*) herabfiel (*ihnen zukam*) mit dem, was aus den Zelten (*Schreibstuben*) hervorging hinaus über die (*regelmäßigen*) Abgaben. Ich füllte ihm seine beiden Speicher an mit Gerste und Spelt ohne Zahl. Ich machte ihm die Gottesopfer gewaltig. Ich gab ihm Vermehrung *20* [hinaus über das, was vorher vorhanden war].

Ich machte Stiftungen für die kirchlichen Volksfeste,

[Ich stiftete besondere Spenden] für dieses Gottesgehöft meines Vaters Amon an jedem seinem Feste alltäglich, indem (*ich ihn*) erfreute durch das, von dem er wünschte, daß es geschehe.

denn der Gau IV von Ober-Ägypten ist ein Abbild der Ewigkeit

Ich wußte ja, daß Wêset (*Theben*) die Ewigkeit sei, und daß Amon die Unendlichkeit sei, und daß Rê der Herr von Opet-asut (*Karnak*) sei, und daß Onu-Schma (*Hermonthis, ursprüngliche Hauptstadt von Gau IV*) sein herrliches Auge sei, das in diesem Lande ist. *21* [Deshalb habe ich die Denkmäler verschönert in] Wêset (*Theben*).

Ich habe von Karnak aus meine Befehle gegeben

Ich machte meine Denkmäler, und ich stellte meine Befehle fest an der Treppe des Herrn von Opet-asut (*Karnak*), des

(*Gottes*), der geschaffen hat, was vorhanden ist, des Herrn des Seienden, der dauernd ist an allen Dingen.

und sie sollen ewige Dauer haben

Die Ewigkeit ist es nämlich, in der (*ich*) bin, und nicht gibt es eine Zahl (*eine niedrigere Anzahl von Jahren*) Meiner Majestät gegenüber (*irgendeinem anderen*) Gott.

Ich sorgte für die Opfer an Amon
und an die ihn begleitenden Gottheiten

22 [Ich opferte ihm] kühles Wasser in Vereinigung mit seiner Götterschaft, da ja der Gott sich über seine Dinge (*Opfergaben*) freut. Ein Denkmal (*für ihn*) ist (*meine*) Arbeit in seinem Gottesgehöft. Man erinnert sich meiner Schönheit (*guten Taten*) in seinem Hause (*Tempel*), (*so daß*) ich (*ewige*) Dauer in dem Munde der Ewigkeit habe.»

Der Hofstaat antwortete dem König

Diese Freunde (*Kammerherren*), sie sagten:

Wir preisen deine Weisheit mit guten Wünschen

23 «[Wie schön ist] diese Rede, die zu uns gesprochen worden ist, und was wir gehört haben in dem Sotep-sa (*innerster Teil des Palastes*), Leben, Heil Gesundheit! Deine Nase sei versehen mit Leben und Glück! Deine Majestät dauere auf dem Großen Throne!

Du hast gesprochen, wie die Götter reden,

Ein Ausspruch (*Orakel*) des Gottes selbst ist es, wie die Rede des Rê in der ersten Urzeit. Thot veranlaßt, daß die Schrift redet (*er setzt geschriebene Worte in die Tat um*).

und dir wird eine erfolgreiche Herrschaft verheißen

24 [Die Menschheit ist dir unterworfen] vollständig. Die Götter, die im Himmel sind, beginnen zu jubeln. Anbefohlen ist dir sein *(des Amon)* Königtum. Festgestellt sind deine Kronen auf dem Thron des Horus. Festgestellt sind deine Jahrestafeln *(mit den Jahresberichten als Annalen)* als König von Ober- und Unter-Ägypten. Er *(Amon)* vereinigt dir die beiden Länder in Frieden, und alle Fremdländer sind in Verneigung.»

Der Verfasser berichtet über die Gründung eines Neubaues in dem Tempel bei Karnak

25 [Seine Majestät machte in diesem Tempel Bauten] von neuem zusammen mit dem Heiligtum *(namens)* «Göttlich an Denkmälern» aus weißem schönem Gestein von Sandstein.

unter persönlicher Mitwirkung des Königs

Der König selbst war es, der mit seinen beiden Händen arbeitete an dem Fest des Spannens des Strickes *(bei der Grundsteinlegung)*, indem er die Schnur löste *(berechnete)*. Gelegt wurde *(das Fundament)* in die Erde, gearbeitet wurde an diesem Denkmal. Angeordnet wurde *(die Arbeit)* an dem Bau gemäß dem Befehl *26* [Seiner Majestät. Die Handwerker führten den Bau aus] in fester Arbeit ihrer Tätigkeit.

Der König selbst setzt den Bericht fort:
Ich stellte einen Naos auf

Dann stellte Meine Majestät ihm eine ehrwürdige Kapelle auf *(namens)* «Stätte des Herzens des Amon». Seine Große Stätte *(Stelle des Naos mit dem Götterbild)* war wie der Horizont des Himmels aus Gestein von Sandstein des Roten Berges *(auf dem Ostufer gegenüber Memphis mit braunem Quarzit)*. Sein Innenraum war gearbeitet aus Elektron *27* ......

Ich baute die drei Tore des Saales der Annalen in dem Amon-Tempel

[Gebaut hat] Meine Majestät das erste Tor des (Men-choper-Rê)‖ (*namens*) «Amon ist herrlich an Gewalt», und das zweite Tor des (Men-choper Rê)‖ (*namens*) «Dauernd an Gnade bei Amon», und das dritte Tor des (Men-choper Rê)‖ (*namens*) «Amon ist groß an Seelen» (*Macht*)» – (sämtlich) gearbeitet aus echtem Elektron, damit Maat (*die Gerechtigkeit*) für ihn (*Amon*) durch sie (*die Tore*) eintrete.

Ich baute eine Kapelle für die Anbetung des Amon

₂₈ [Meine Majestät baute die Kapelle namens «Amon ist] festlich an Denkmälern». Er (*Amon*) jubelt über seine (*des Königs*) Anbetungen, (*weil*) er (*der König*) tut, was er (*Amon*) wünscht. Er (*Amon*) versieht (*als Dank*) Seine Majestät (*den König*) mit Leben, Glück und Freude des Herzens in Ewigkeit.

Ich baute Pylon VI in der Mitte des Amon-Tempels

Meine Majestät hat dann [gemacht (*erbaut*)] den ehrwürdigen Torturm (*Pylon*) des Inneren (*des Tempels*) angesichts ₂₉ [des Säulensaales des Tempels. Seine Spitzen leuchteten wie] Elektron.

Ich arbeitete eine neue Tür für diesen Pylon

Ich stellte ihm (*dem Amon*) einen gewaltigen Türflügel auf, gebildet aus neuem Zedernholz, beschlagen mit Gold, eingelegt mit echtem Schwarz-Erz (*dunkles Kupfer*), [geschmückt] mit Bronze. Der große Name (*Kartuschen des Königs*) auf ihm war aus Elektron und aus Doppelgold (*weißes Gold mit einem Drittel Zusatz, wohl von Silber*), und aus Schwarz-Erz (*sämtlich in tauschierter Arbeit*).

Ich baute eine Halle mit Papyrus-Säulen

30 [Meine Majestät erbaute eine Halle mit Säulen als Papyrus-
Stengel], an denen die Fußblätter aus Doppelgold waren, gearbeitet gleich dem Horizont des Himmels. Schön war sie *(die
Halle)* mehr als das, was früher gewesen war. Meine Majestät
machte ihm also diese drei Tore *31* [und vollendete die Arbeit
an ihnen].

Ich erbaute Kapellen für die Statuen von mir und meinen Vorfahren

[Ich erbaute Zimmer auf der Südseite der Halle, und ebenso]
auf der Nordseite, Kapellen aus Stein, mit Türflügeln aus neuem Zedernholz *(an ihnen)*, um die Statuen [Meiner Majestät]
zu ihr *(der Halle)* zu ziehen zusammen mit den Statuen meiner
Väter, der Könige von Unter-Ägypten *32* [und der Könige von
Ober-Ägypten].

Ich erfreute Amon durch die Verschönerung seines Tempels

[Meine Majestät tat, was wünschte] mein Vater Amon Rê in
Opet-asut *(Karnak)*, indem *(ich)* ihm Denkmäler von neuem
machte in dem Hinausgehen über meine Vorgänger *(Übertref-
fen der Könige)*, und indem *(ich)* ihm seinen Tempel verschönerte.

Ich ersetzte Ziegelbauten durch Gebäude aus Kalkstein

Ihm erbaute *33* [Meine Majestät Neubauten] . . . . . . Siehe,
Meine Majestät fand dieses aus Ziegeln und sehr verfallen in
dem, was meine Vorgänger gemacht hatten. Meine Majestät,
er selbst arbeitete mit seinen beiden Händen, indem er das
Fest des Spannens des Strickes auf *(dem Fundament)* dieses
Tempels vollzog. *34* [Meine Majestät vollendete die Bauten
für] ihn in schöner Weise.

Ich erbaute ein neues Tor im Amon-Tempel

Meine Majestät machte (*ein Tor des*) (Men-choper Rê)⁅ (*namens*) «Amon ist groß an Kraft und (*ihn*) verehrt die Menschheit». Sein Türflügel war gewaltig aus Zedernholz von dem Gebirge, beschlagen mit Bronze. Der große Name (*die Kartuschen des Königs*) auf ihm war aus Elektron.

Der Verfasser rühmt den König als Sohn des Amon

35 [Amon gewährte dem König seine Gnade, weil er ihn als seinen] leiblichen [Sohn liebte] mehr als jeden (*anderen*) König, der seit der Urzeit der Erde gewesen war.

Der König läßt sich nur von den klügsten Männern beraten,

Siehe, nicht gibt es einen (*anderen*) Weg zu Seiner Majestät (*als*) durch einen (*Mann*), der alle Dinge weiß, der geschickt ist in jedem Handwerk, der anordnet in dem, was getan werden soll, der sieht (*berechnet*) in dem, was [geschaffen] werden soll. 36 Er muß einer sein, dessen Gesicht geöffnet ist in [jeder Arbeit].

damit seine Denkmäler zu Ehren des Amon
in der besten Weise hergestellt werden

[Seine Majestät ließ für den Amon-Tempel ausführen] sehr große Denkmäler, ausgezeichnet in der Herstellung, da es ja die Stätte des Herzens (*der Wunsch*) Seiner Majestät dazu war, weil er seinen Vater Amon Rê, Herrn von Nesut-tawi (*Karnak*), so gewaltig liebt.

Der König befahl selbst eine Vermehrung der Lieferungen
an die Priesterschaft des Amon in Karnak

Der König selbst befahl, Gottesopfer von neuem darzubringen 37 an seinen Vater Amon Rê, Herrn von Nesut-tawi (*Karnak*):

[Bier] Krüge 30
Gemüse Bündel 100
Wein Krüge (*hebnet*) 3
Geflügel (*chet-ᶜaoᵓ*)
Früchte
Weißbrot 1
Semmel Metze 1
frische Datteln Metze 1

Der König selbst setzt den Bericht fort:
Ich erweiterte diese Lieferung nochmals

Dann befahl Meine Majestät, *38* ein Opfer zu veranlassen aus Rindern und Kälbern, aus Stieren, aus Gazellen . . . . . .

Ich legte für den Amon-Tempel einen Park mit einem künstlichen See an

Dann machte Meine Majestät ihm einen Garten mit einem Teich von neuem, um ihm jedes Grün und alle schönen Pflanzen darzubringen.

Ich richtete dem Amon-Tempel Landgüter
in Ober- und Unter-Ägypten ein

Dann veranlaßte Meine Majestät, einen Acker *39* von 1800 Morgen (*stat*) zu Feldern des Gottesopfers (*einzurichten*), und zahlreiches Fruchtland in Schmaw und Mehu (*Ober- und Unter-Ägypten*).

und versah sie mit der nötigen Arbeiterschaft
aus Kriegsgefangenen

[Meine Majestät] versah [jedes Landgut mit einer Siedlung], die ausgestattet war mit Hörigen (*Arbeiterschaft*). Ich füllte sie (*die Siedlung*) mit meiner Beute (*Kriegsgefangenen*) aus den südlichen und nördlichen Fremdländern an Kindern 40 der Großen von Retenu (*Syrien*), und an Kindern [der Großen] von Chent-ḥen-nofer (*Sudân*), wie mein Vater Amon, Herr von Nesut-tawi (*Karnak*), befohlen hat.

Ich versorgte die Priesterschaft des Amon-Tempels mit Milch

[Meine Majestät richtete einen Kuhstall ein], um dort Milch [zu melken] als eine tägliche Arbeit jedes Tages, für die Milchtöpfe (*mehru*) aus Silber, Gold und Bronze, die ihm Meine Majestät 41 von neuem gemacht (*angefertigt*) hatte.

Datum weiterer Stiftungen

Jahr 15, Monat 1 des Sommers, Tag 27.

Ich stiftete eine neue Lieferung an den Amon-Tempel

Meine Majestät befahl, ein gewaltiges Gottesopfer von neuem zu legen (*einzurichten*), [und dem Amon darzubringen] als eine jährliche Gabe für Leben Heil Gesundheit Meiner Majestät, damit die Altäre meines Vaters Amon dadurch gespeist würden in der Länge der Ewigkeit.

Ich stiftete eine goldene Vase für die Darbringung des geweihten Wassers

42 Meine Majestät leitete (*stiftete*) ihm dann sehr zahlreiche Denkmäler: Elektron, ein gewaltiges Gefäß (*schlank, für Wasseropfer*) von sieben Ellen (*etwa 3 ^{1}/2 m Höhe*), und eine Spende [an Weihrauch?] ......

Ich stiftete einen Krugständer für die Gefäße für das tägliche Opfer

[Meine Majestät fertigte ihm ein Gestell für Opfergefäße an] von neuem aus Silber, Gold, Bronze und Kupfer. Sie glänzten als (*wie*) die Oberfläche der Wasserflut, und beide Länder waren mit ihren Strahlen (*Glitzern*) überflutet ₄₃ wie die Sterne am Leibe der Nut (*Himmelsgöttin*).

*Ich fügte als eigene Erfindung eine Königsstatue
neben dem Krugständer hinzu*

Eine Statue des (*räuchernden*) Königs war (*daneben aufgestellt*) als Diener (*Betreuer*) des Krugständers aus Elektron . . . . [Sie war gearbeitet gemäß] allen neuen [Plänen], die Meine Majestät von neuem angeordnet (*erfunden*) hatte. (*Ich*) machte ihn (*den Krugständer*) ihm als eine Schöpfung des (*meines*) Herzens in der Anweisung des Gottes selbst, ₄₄ in der Arbeit der beiden Hände des (*Ptah von Memphis*), der südlich seiner Burg wohnt. Niemals aber war Gleiches gemacht worden in diesem Lande seit der Zeit der Vorfahren (*der früheren Könige*). [Meine eigene Erfindung erfreute Amon] mehr als alle (*anderen*) Dinge.

Ich stiftete zwei silberne Vasen für die Darbringung von Wein

Dann leitete (*stiftete*) Meine Majestät ihm aus Silber zwei gewaltige Weinkrüge (*hebnet*) an der Spitze dieser gewaltigen Opferspende, ₄₅ die Meine Majestät von neuem gelegt (*gestiftet*) hatte für meinen Vater Amon Rê, Herrn von Nesut-tawi (*Karnak*), als eine [Zutat zu den Opferspenden, die bei der Prozession dargebracht werden], wenn er dort hervorgeht (*erscheint*) an allen seinen Festen der Ewigkeit.

Ich legte neue Tore in der Umfassungsmauer des Tempelbezirks an

Dann machte Meine Majestät ihm zahlreiche Tore, beschlagen ₄₆ mit Elektron und Schwarz-Kupfer, aufgestellt in der Abschlußmauer der Stätte . . . . [des Tempels.]

Ich stiftete eine Harfe für die Musik im Tempel

Meine [Majestät machte ihm] eine ehrwürdige (*kostbare*) Harfe, besetzt mit Silber, Gold, Blaustein, Grünstein und allen

kostbaren Edelsteinen, *47* um die Schönheit (*Pracht*) Seiner
Majestät zu verehren in seinem Glanz und in seinem [großen]
Namen . . . .

Ich stiftete kostbares Tempelgerät

[Meine Majestät machte ihm einen . . . ., geschmückt mit]
Gold und Bronze sowie allen Edelsteinen. Die Opfergabe des
Abends war wie (*bei dem*) ersten Male (*der Urzeit*). Ein Kleid
wurde von neuem gemacht (*angefertigt*); es (*das Kleid*) war
versehen mit all seinem Zubehör. *48* Die beiden Werkstätten
besaßen kostbare Öle von . . . . sowie . . . . ., das ich dazu angeordnet hatte.

Ich machte diese Stiftungen als Entgelt dafür, daß der Amon-
Tempel meine in ihm aufgestellten Statuen dauernd betreute

Meine Majestät tat dieses meinem Vater Amon, Herrn [von
Nesut-tawi], als (*dankbarer*) Ausgleich dafür, daß *49* die Statuen Meiner Majestät dauernden Bestand haben, die in seinem Hause (*Tempel*) sind . . . .

Ich legte einen Teich für die festlichen Prozessionen
mit dem Götterbild zu Schiff an

[Dann machte Meine Majestät ihm einen Teich] des (Men-
choper-Rê)[(*namens*) «Amon ist göttlich an Gliedern», in einer Arbeit von Ewigkeit, um auf ihm seine Fahrt zu machen
an seinen gewaltigen Festen des Anfangs des Jahres.

B 2. BERUFUNG IN EIN HOHES PRIESTERAMT
UNTER RAMSES II.

Als der junge König Ramses II. (Dynastie XIX) als Nachfolger seines Vaters Sethos I. den Thron bestiegen hatte (1298 v. Chr.), nahm er, noch in dem ersten Jahr seiner langen Regierung, in Theben an dem Opet-Fest teil; es wurde in dem 2. Monat der Überschwemmung gefeiert, den man nach ihm Pa-Opet (koptisch Paophi) nannte. Dieses kirchliche Volksfest war eine günstige Gelegenheit für öffentliche Staatsaktionen, wie wir bei dem General Hor-em-hab (Dynastie XVIII) sehen, der sich bei ihm zum König erklären und vor dem Volk einsetzen ließ (Band «*Ausklang*», A 3: Inschrift auf seiner Statue). Ramses II. fand damals das Amt des Hohenpriesters des Amon-Tempels in Theben unbesetzt. Er schlug eine Reihe von Kandidaten vor und überließ die Entscheidung dem Gott, d. h. seiner Priesterschaft. Diese wurde dadurch kundgetan, daß das Götterbild, das in einer Kapelle in seiner Barke stand (Tafel 17 und Abb. 40), aus dem Sanktuar in den offenen Hof des Tempels überführt wurde und dort von einer Versammlung von Staats- und Tempelbeamten sein Zeichen gab. Zunächst ließ der Gott kein solches Zeichen erkennen, vielmehr erst, als der Name des Neb-wenênef genannt wurde. Dieser stammte aus dem Tempel der Hathor in Dendera (ober-ägyptischer Gau VI), hatte es dort nicht nur zum Hohenpriester dieses Tempels gebracht, sondern darüber hinaus noch zum Vorsteher der Priester in den Gauen V–VIII, also in dem Nil-Tal von Koptos (Gau V) über Dendera (Gau VI) bis nach Abydos und Tine (Gau VIII), d. h. einem größeren Bezirk von Ober-Ägypten (erkennbar auf den Karten Abb. 1–2). Diese Persönlichkeit erschien dem Amon-Tempel genehm, und der Gott «neigte sich», gab also seine Zustimmung durch ein Senken, das auf den Schultern der die Barke tragenden Priester bewirkt werden konnte.

König Ramses II. reiste nach Beendigung des Opet-Festes ab und fuhr auf dem Nil stromab nach Norden. Unterwegs ließ er in Gau VIII anlegen und Neb-wenênef aus Tine zur Audienz erscheinen. Er verkündigte ihm seine Wahl mit der ausdrücklichen Betonung, daß es der Gott Amon selbst gewesen sei, der sie getroffen habe, gewiß um ihn dadurch sogleich eines wohlwollenden Empfangs durch die Priesterschaft in Theben zu versichern. Aus besonderer königlicher Gnade sollte sein Sohn sein bisheriges Amt in Dendera erhalten, das Neb-wenênef selbst von seinem eigenen Vater geerbt hatte; der Hohepriester der Hathor in Dendera wurde also in der dritten Generation von der gleichen Familie gestellt.

Neb-wenênef hat dann in Theben gelebt, und seine hohe Stellung ermöglichte es ihm, sich auf dem Westufer in den Kalksteinfelsen des Wüstenrandes bei dem heutigen Dorf Schêch ᶜAbd-al-Gurna ein Felsengrab anzulegen. In ihm hat er gleich rechts vom Eingang eine Darstellung einmeißeln lassen, die das größte Ereignis seines Lebens festhielt. König Ramses II. steht mit seiner Gattin Merit-en-Mut Nofret-eroj in seinem Palast und spricht von dem «Fenster des Erscheinens» aus zu Neb-wenênef und anderen hohen Beamten. Daneben steht eine Inschrift von 23 Zeilen, die den Vorgang schildert. Der Grabherr läßt darin den König ihm nicht nur seine Wahl verkündigen, sondern auch eine Anerkennung seiner bisherigen Leistungen hinzufügen, zuletzt auch noch gute Wünsche für ein glückliches Ende seines Lebens in einem Grab im Westen von Theben; dieses alles habe er ja dem Amon zu verdanken, dessen Allmacht der König mit kluger Berechnung rühmt.

In dem Stil, der für königliche Denksteine üblich ist, berichtet der Grabherr weiter, die bei der Audienz anwesenden Beamten hätten sich zu Boden geworfen und einen Hymnus auf die jugendliche Kraft des jungen Königs angestimmt und ihm eine erfolgreiche Herrschaft durch die Gnade des Gottes

Amon gewünscht. Dann habe der König ihm die Insignien seines Amtes übergeben, das etwa dem eines Bischofs der christlichen Kirche entsprach. Ein königlicher Herold wurde nach Theben geschickt, um dort die Ankunft des neuen Kirchenfürsten anzumelden und die Übergabe der Verwaltung und des Vermögens des größten Tempel des Landes an ihn vorzubereiten.

Veröffentlichung:

SETHE in: *Zeitschrift für ägyptische Sprache und Altertumskunde* 44 (1907/08) 30–35 mit Tafel I–III.

Datierung unter König Ramses II.,

1 Jahr 1, Monat 3 der Überschwemmung, Tag 1,

der den drei Gottheiten von Theben an dem Opet-Fest geopfert hatte

nachdem Seine Majestät stromab gefahren war von der südlichen (*Haupt-*) Stadt (*Theben*) und vollzogen hatte, was sein Vater lobt (*die Opferhandlungen*), der Amon Rê, Herr von Nesuttawi (*Karnak*), der Große Stier, das Oberhaupt der Götterschaft; und Mut, die Große, Herrin von Aschru (*Bezirk der Mut mit Teich im Süden von Karnak*); *2* und Chonsu in Theben, Nofer-hôtep («Schön an Frieden»), an seinem schönen Feste von Opet.

Dort hatte der König die Gnade des Gottes in reichem Maße erfahren

Man (*der König*) kam von dort mit Gnade. Man (*der König*) empfing die Gnade (*des Amon*) für Leben, Heil und Gesundheit des Königs von Ober- und Unter-Ägypten (Woser-Maat-Rê, Erwählt von Rê)[der ewig leben möge!

Der König landete auf seiner Fahrt stromab in Gau VIII

3 Man (*der König*) begab sich an Land nach Ta-wêr («*Großes Land*», der ober-ägyptische Gau *VIII* von Tine).

Ihm wurde der dortige Hohepriester Neb-wenênef vorgeführt

Gezogen (*herbeigeführt*) wurde der (*zukünftige*) Erste Gottesdiener des Amon Neb-wenênef, der (*später*) Selige, vor Seine Majestät. Er war damals der Erste Gottesdiener des An-hûret und der Erste Gottesdiener der Hathor, Herrin von Onet (*Dendera, ober-ägyptischer Gau VI*), 5 und Vorsteher der Gottesdiener aller Götter (*gemeint: der Gaue V–VIII von Koptos bis Abydos*), (*wobei*) seine südliche (*Grenze reichte*) bis nach Hori-hir-Amon (*Ort, vermutlich in Gau V südlich von Koptos*), und seine nördliche (*Grenze*) bis nach Tine (*in Gau VIII*).

Der König verkündet dem Neb-wenênef seine Wahl
zum Hohenpriester des Amon von Theben

5 Da sagte Seine Majestät: «Du sollst Erster Gottesdiener des Amon sein, und sein Schatzhaus und sein Speicher sollen auf Deinem Siegel (*dir unterstellt*) sein. 6 Du sollst der oberste Mund (*höchste Beamte*) seines Tempels sein. Seine gesamte Ernährung (*alle Einkünfte*) sollen an deinem Stabe (*dir untergeordnet*) sein.

Dein bisheriges Amt und der Besitz deiner Familie
sollen auf deinen Sohn übergehen

Das Haus (*der Tempel*) der Hathor, Herrin von Onet, soll an dem Stabe [deines Sohnes sein], und [ebenso] sollen die Ämter deiner Väter richtig eingeschlossen sein, und der Sitz (*Grundstück, Besitz*), (*auf dem*) du gewesen bist.

Deine Wahl ist von Amon durch ein Orakel verkündet worden

8 So wahr ich lebe, so wahr Rê mich liebt, so wahr mein Vater Amon mich lobt, ich meldete ihm (*dem Amon*) den gesamten Hofstaat 9 und den obersten Mund (*höchsten Befehlshaber*) des (*königlichen*) Heeres. Ich wiederholte ihm (*dem Amon*) die Gottesdiener der Götter und die Großen seines Hauses, als sie angesichts seiner standen (*dem Gott vorgeführt wurden*). 10 Aber

nicht war er mit einem einzigen von ihnen zufrieden, außer als ich ihm deinen Namen sagte.

Ich beauftrage dich mit der Ausführung deines Amtes

Führe ihm vortreffliche Taten aus, da er dich ja gewünscht hat. Ich kenne deine Tüchtigkeit. Gib Vermehrung (*noch dazu*), damit sein Ka dich lobe, *12* und meine Ka (*Plural*) dein (*Lob*) wiederholen!

Amon wird dich durch ein glückliches Leben
und ein seliges Ende belohnen

Möge er dich glücklich sein lassen in seinem Hause (*Tempel*)! Möge er dir ein (*hohes*) Alter in seinem Hause geben! Möge er dich landen (*zur Ruhe gehen*) lassen *13* auf dem Boden seiner Stadt! Möge er das vordere und das hintere Tau (*deines Lebensschiffes*) geben (*lenken*), (*denn*) er selbst ist es ja, der dich gewünscht hat, und es gibt keinen anderen, *14* der (*dich*) ihm gesagt hätte. Möge er dir (*ein Grab im*) Westen verleihen!

Amon ist der allmächtige Gott

Denn er ist ja mein Vater, Amon, der Große Gott, der nicht seines Gleichen hat, der Durchforscher *15* der Leiber, der die Herzen öffnet; der Sia (*Gott der Allwissenheit*), der das Innere des Leibes kennt. Nicht hat ein (*anderer*) Gott Macht über etwas, was er (*Amon*) getan hat. Nicht leistet man seinen Plänen Widerstand. Man verläßt sich auf das, was aus seinem Munde hervorgeht. Er ist der Herr der Götterschaft.

Amon hat dich als seinen Hohenpriester ausgewählt

Er hat *16* [dich] ausgewählt wegen deiner Eigenschaften; er hat dich genommen wegen deiner Tüchtigkeit.»

Alle anwesenden Hofleute warfen sich vor dem König nieder

Da begannen der Hofstaat und die Dreißig (*höchste Beamte*) vereinigt, die Schönheit (*Herrlichkeit*) Seiner Majestät zu verehren, indem sie viele Male die Erde küßten vor diesem Guten Gott, und indem sie anbeteten, und indem sie erfreuten *17* [seine Stirnschlange], und indem sie Lobpreisungen sprachen für sein Antlitz, und indem sie seine Ka (*Plural*) erhöhten (*priesen*) bis zur Höhe des Himmels.

und priesen ihn als Sohn des Amon

Sie sagten: «O du Herrscher (*durch die Gnade*) des Amon, der bis in Ewigkeit sein wird. (*Du bist es,*) den er aus (*der Zahl der*) Jugendlichen aufgezogen hat, zweimal.

und wünschten ihm ein langes und glückliches Leben

Mögest du Hebsed-Feste (*der Jubiläen*) feiern *18* [zu Hunderttausenden]! Mögen deine [Lebensjahre zahlreich sein] wie der Sand! Mögest du an jedem Morgen (*von neuem*) geboren werden (*wie die Sonne*)! Mögest du uns jugendfrisch sein wie der Aton (*Sonne*)! Mögest du dich verjüngen (*erneuern*) wie der Jah (*Mond*)! *19* Möge dein [Lebensalter hoch sein] als König der beiden Ufer (*des Nil*), indem die Neun-Bogen-Völker unter deinem Befehl stehen bis an deine Grenze bis zu den Enden dieses (*unseres*) Himmels, dessen ganzer Umkreis unter dir (*deinem Befehl*) ist, und der Umkreis des Aton unter deiner Aufsicht.

und eine erfolgreiche Herrschaft als König

Was der *20* [Große Ozean] bespült, [gehört dir]. Du bist auf der Erde auf dem Thron des Horus, indem du erstrahlst als Herrscher der Lebenden. Du vereinigst die Jugendlichen des Landes Ta-Meri (*Ägypten*), damit du (*deine Feinde*) niederwirfst als ein Herr der Dauer (*Unendlichkeit*).

[Dein] Königtum *21* [ist wie das deines Vaters Amon]. Du herrschst, wie er es getan hat. Du bist auf der Erde, (*wie*) der Aton im Himmel ist; deine Lebenszeit ist wie seine Lebenszeit. Er gibt dir die Ewigkeit und Unendlichkeit zusammen, vereinigt mit Leben und Glück, du guter Herrscher, den Amon liebt, der sein wird *22* [bis in Ewigkeit]!»

Der König übergab Neb-wenênef die Symbole seines Amtes

[Da gab ihm] Seine Majestät seine beiden Siegelringe aus Gold und seinen Stab aus Elektron. Er wurde ernannt zum Ersten Gottesdiener des Amon, und zum Vorsteher der beiden Häuser des Silbers und des Goldes (*der Verwaltung des Amon-Tempels*), und zum Vorsteher der beiden Magazine (*des Amon*), und zum Vorsteher der Soldaten (*des Amon-Tempels*), und zum Vorsteher aller Werkstätten (*der Tempel*) in Weset (*Theben*).

Der König ließ seinen Befehl in Theben verkündigen

Man veranlaßte, daß ein Bote des Königs sich begab *23* [nach Wêset, um den königlichen Befehl zu überbringen, daß] ihm [übergeben wurde] das Haus (*der Tempel*) des Amon und sein ganzer Bestand und sein ganzes Personal ......, [wie er es befohlen hatte,] der Herrscher (*von der Gnade*) des Amon, der bis in Ewigkeit sein wird.

B 3. FÜRST SCHESCHONK SORGT FÜR DEN TOTENDIENST SEINES VATERS NAMIRT

Mitten in der antiken Wohnstadt Abydos (ober-ägyptischer Gau VIII), dem heutigen Kôm-as-Sultân, ist der uralte Tempel der Siedlung eingebettet, ursprünglich dem Schutzgott der Stadt geweiht, den man in Gestalt des ihm geweihten Tieres, des liegenden Hundes, darstellte. Er hieß Chenti Amentiw «Erster der Westlichen» und war gleichzeitig der Schützer der Totenstadt, also ein Totengott, dem sich anvertraute, wer in der Wüste weiter westlich von der Stadt ein ruhiges Leben im Jenseits führen wollte. Als der Totengott Osiris sich von Busiris (unter-ägyptischer Gau IX) aus über ganz Ägypten verbreitete, gliederte man in Abydos den Chenti Amentiw ihm an, was leicht geschehen konnte, da beide die gleiche Aufgabe hatten: als Beherrscher des Totenreiches über das Seelenheil der Verstorbenen zu bestimmen. So wurde der Tempel der Stadt Abydos zu einem Heiligtum des Osiris, an das sich aus dem ganzen Lande jeder mit seinen Gebeten wandte, der für das ungewisse Fortleben seiner Seele nach dem Tode sorgen wollte. Wer dazu in der Lage war, stellte in Abydos, möglichst in der Nähe des (angeblichen) Grabes des Osiris (Band «*Mythen*», C) oder nahe seinem Tempel, einen Denkstein auf, der einem Grabstein ähnelte und eine Bestattung vortäuschte. Wer über große Mittel verfügte, stiftete eine Statue seiner selbst oder seines Vaters, für dessen Totendienst stets der älteste Sohn zu sorgen hatte, in den Tempel des Osiris und sicherte die Vollziehung der Totenopfer durch Stiftungen an die Priester. Die Stifter wohnten also in den verschiedensten Gauen von Ober- und Unter-Ägypten.

An dem westlichen Tor der Umfassungsmauer des Osiris-Tempels hat AUGUSTE MARIETTE um 1860 gegraben und dort einen Denkstein aus dem rotbunten Granit von Aswân zu Tage befördert, der jetzt in dem Museum in Kairo (Journal

d'Entrée, Nr. 66 285, Höhe noch 1,52 m) steht. Sein oberer
Teil ist weggebrochen, und man darf vielleicht ein großes
Stück ergänzen, auf dem nach dem üblichen Schema (wie Tafel 11) in der Rundung eine geflügelte Sonne angebracht war,
darunter ein Bild mit dem Opfer des regierenden Königs Pa-
seba-cha-nut II. (griechisch Psusennes, Dynastie XXI, um
958–945 v. Chr.) vor dem Stadtgott Osiris. Dann folgte eine
Inschrift in waagrechten → Zeilen, von denen die ersten weggebrochen sind. Die oberste Zeile des erhaltenen Teiles versetzt uns in die Erteilung eines Orakels des Gottes Amon in
Theben an den König in einer Angelegenheit seines Generals
Scheschonk.

Namirt (assyrisch Iamintu), Sohn der Frau Mehit-n-wese-
chet, fürstlicher Herr in dem ober-ägyptischen Gau XXI von
Hnês (griechisch Herakleopolis, arabisch Ahnâs), ein zuge-
wanderter Söldnerführer aus Libyen, hatte einen Sohn Scheschonk, der in dem Heer des Königs Pa-seba-cha-nut II. zum
General aufgestiegen war und durch seine Truppen aus dem
mächtigen Gau seines Vaters eine bedeutende Stellung im
Staat einnahm. Seine Soldaten waren libysche Söldner aus dem
Stamm der Maschwesch (griechisch Maxyes), die als kampf-
lustige Nomaden in der Wüste westlich von Ägypten lebten.
Scheschonk wollte nach dem Tode seines Vaters Namirt eine
Statue von ihm in dem Tempel des Osiris in Abydos aufstellen und dieser feste und dauernde Einkünfte für die Vollziehung von ständigen Opfern nach dem Totenritual zuweisen.
Es gelang ihm, den regierenden König zu einer Befragung des
Gottes Amon in Theben (ober-ägyptischer Gau IV) zu veranlassen, ob dieser die Absicht des Scheschonk billige. In Anwesenheit des Pharao wurden dem Götterbild des Amon durch
die Priester Fragen vorgelegt, von denen am Anfang der Inschrift vier erhalten sind. Das Götterbild bejahte sämtliche
Fragen zusammen durch ein einmaliges Nicken. Dadurch war
gesichert, daß Scheschonk als Erbe seines Vaters in dessen Be-

sitz eingesetzt wurde und daß er als Adjutant des Königs an dessen Seite bei festlichen Empfängen teilnehmen durfte. Diese Ehrung kam schon beinahe an eine Ernennung zum Thronfolger heran.

Der König ließ dem Götterbild dann, gewiß auf wiederholtes Drängen seines Generals Scheschonk, zwei weitere Fragen vorlegen. In ihnen wurde gefragt, ob der Gott die Bestrafung aller Personen gewährleisten wolle, die die Stiftungen für die Statue des Namirt, des Vaters des Scheschonk, in dem Osiris-Tempel in Abydos schädigen würden. Der Gott stimmte auch hierin zu, und der König konnte seinen General dazu beglückwünschen, daß er als Erbe seines Vaters dessen Besitz in Gau XXI übernehmen würde (Zeile 3–6). Die Inschrift läßt den König von der Statue überhaupt nicht sprechen, die von ihm wie von Scheschonk als eine nebensächliche Angelegenheit behandelt wurde. Die Hauptsache, die Scheschonk der Umwelt mitzuteilen wünschte, war seine hohe Stellung im Staat nahe dem Pharao. In der Tat ist diese Einsetzung der Anfang einer Entwicklung gewesen, die es Scheschonk ermöglicht hat, nach dem Tode des Königs Psusennes II. die Grafen der übrigen Gaue zurückzudrängen und selbst die Krone beider Ägypten zu ergreifen: der libysche Söldnerführer wurde König Scheschonk I. und regierte als Pharao 945–924 v. Chr., vielleicht erst 935–914 nach ALBRIGHT, in: *Bulletin of the American School of Oriental Research*, Nr. 130 (April 1953) 4–11.

König Psusennes II., der eigentlich in seiner Heimat im Delta zu residieren pflegte, gab in Theben vor dem Verlassen der Stadt noch den Befehl, die dort ausgestellte Statue des Namirt nach Abydos zu schaffen, und zwar mit einem festlichen Geleit, das aus Beauftragten des Königs und des Generals Scheschonk bestand. In Abydos wurde die Statue nach altehrwürdigem Ritual geweiht, an der heiligsten Stelle des Osiris-Tempels aufgestellt und mit Stiftungen bedacht, die als Erlaß des Reichsgottes Amon von Theben auf einem Denkstein aus

Granit von Aswân verkündigt werden sollten. Der Denkstein ist derjenige, auf dem diese Inschrift steht.

Der größte Teil der Inschrift (Zeile 9–26) bis zu ihrem Schluß besteht aus einer Aufzählung der Stiftungen, die Scheschonk für die Statue seines Vaters Namirt machte, damit ihr Totenopfer «bis in Ewigkeit» dargebracht würden. Die 9 Stiftungen sicherten die Erträgnisse von Ackerland, einer Rinderherde und einem Garten, zu denen eine bestimmte Zahl von Arbeitern gehören sollte. Ferner die Leistungen von Vogelfängern, Imkern, Sammlern von Weihrauch und Ölfrüchten, sowie Bier von Brauern. Am Schluß steht eine zahlenmäßige Zusammenfassung des Vermögens an Land und Menschen sowie an Geräten für die Darbringung der täglichen Opfer. Die Zahl der Männer und Frauen, die den Acker und den Garten zu bebauen und die genau festgelegten Lieferungen zu beschaffen hatten, war 25; nach einem Zusatz bei Stiftung 6–9 sollte diese Zahl unverändert bleiben, d. h. bei dem Tode eines dieser Hörigen sollte Ersatz eingestellt werden. Für die Durchführung der Bestimmungen wurde die Schatzverwaltung des Osiris-Tempels in Abydos verantwortlich gemacht (Zeile 24), die das Personal zu stellen hatte. Der Entgelt für den Tempel bestand eben in den genannten Lieferungen; denn wenn diese auch als «Totenopfer» angesehen und zunächst der Statue dargebracht wurden, gingen sie dann doch in die Hände der Priesterschaft des Osiris-Tempels über und stellten ihre Einnahmen dar.

Eine einmalige Angelegenheit ist die 1. Stiftung, die auch in die Summe am Schluß nicht einbezogen ist. Der Wortlaut besagt deutlich, daß zwei Beamte des Fürsten Scheschonk die Statue seines Vaters Namirt aus dem Delta nach Süden, vermutlich nach Theben, befördert haben; dabei haben sie nicht Waren, sondern 15 deben reines Silber mitgebracht, das aus Syrien stammte (wo Silber gewonnen wurde, das in Ägypten selbst kaum vorkam). Daraus muß man folgern, daß die Statue in dem Delta angefertigt worden ist, wahrscheinlich in den Werkstätten der königlichen Residenz. Leider ist die Statue nicht erhalten geblieben (oder bisher noch nicht aus dem Boden gehoben worden), so daß wir sie auf ihre stilistischen Kennzeichen hin nicht untersuchen können. Aber die Feststellung ist für die ägyptische Kunstgeschichte bemerkenswert; denn sie liefert einen neuen Beweis für die schon nachgewiesene Tatsache, daß nicht alle Kunstwerke an dem Ort gearbeitet worden sind, an dem sie gefunden wurden. Gerade in Abydos sind als Weihungen aus dem ganzen Lande Arbeiten zusammengeströmt, die in fremden Werkstätten angefertigt waren, von den Gauen des Delta bis zu den Tempeln des langgestreckten Ober-Ägypten.

Nach der am Schluß (in Zeile 25) zusammengezählten Summe verfügte die Stiftung für die Statue über 25 «Mann und Frau»; eigentlich 24 $^{1}/_{4}$ Arbeitskräfte. Vorher (in Zeile 23) war der Geldwert der in Stiftung 6–9 genannten 12 $^{1}/_{4}$ Männer (das ist ein Schreibfehler für 13 $^{1}/_{4}$ Männer!) richtig mit 8 deben und 8 $^{1}/_{3}$ kite in Silber angegeben; dabei waren die in Stiftung 3–5 genannten Personen weggelassen, vermutlich weil in Stiftung 5 der Geldwert für einen Vogelfänger und seine zwei Dienerinnen nicht hinzugefügt worden war. Hält man sich an die vorangegangenen Angaben, so ergibt sich als Wert eines Arbeiters in Silber 6 $^{2}/_{3}$ kite; hiermit sind offenbar Sklaven gemeint, die man kaufen und verkaufen konnte. Der Wert des freien Bauern in Stiftung 3 ist auf 1 deben und 4 $^{1}/_{3}$ kite angesetzt. Ein Rind (in Stiftung 3) ist nur 2 kite wert. Von dem Ackerland kostet ein setat (Fläche von 100 × 100 Ellen zu je 52 cm Größe, mit dem griechischen arûra übersetzt) 1 kite; der Garten von unbestimmter Größe 2 deben. Der Vergleich dieser Zahlen lehrt den hohen Wert eines Gartens, der gewiß künstliche Bewässerung haben mußte; einen solchen anzulegen und zu besitzen, ist immer der Stolz eines Ägypters gewesen, im Altertum wie heute. Der Wert eines Rindes ist fast

$^1/_3$ von dem eines Sklaven; der freie Bauer hat aber einen höheren Wert als zwei Sklaven. Bei diesen Berechnungen ist das deben von 91 Gramm angenommen; es bestand aus 10 kite zu je 9,1 Gramm.

Veröffentlichungen:

Auguste Mariette, *Abydos* II (1880), pl. 36–37.

Breasted, *Ancient Records* IV (Chicago 1906), 325, § 669.

Blackman in: *Journal of Egyptian Archaeology* 27 (1941), 83–95, pl. X–XII.

Maspero & Roeder, *Führer durch das Ägyptische Museum zu Kairo* (Kairo 1912) 56, Nr. 688; der Block ist als Schwelle verwendet worden.

Fünf (oder mehr) Fragen des Königs an das Götterbild des Amon

[Seine Majestät sprach vor Amon, diesem gewaltigen Gott.]

1. Frage: Soll Scheschonk seinen Vater Namirt beerben?

[Willst du veranlassen, daß Scheschonk der Erbe seines Vaters Namirt sein soll?]

2. Frage: Soll Scheschonk die Kultstätte für den Totendienst seines Vaters benützen?

[Und willst du veranlassen, daß] *ı* der gewaltige Große der Großen Scheschonk, wahr an Stimme, sein Sohn, auf den Thron der Geister (*ʾach, seiner verstorbenen Vorfahren und Vorgänger im Amt*) bei seinem Vater [eingesetzt wird]?

3. Frage: Soll Scheschonk den Totendienst an der Statue seines Vaters in Abydos vollziehen?

Und willst du geben, daß er (*Scheschonk*) seine (*des Namirt*) Schönheit [verherrliche] in der Stadt von Zaw-wêr (*der Wohnstadt von Abydos? oder Ta-wêr, dem Gau VIII?*) angesichts des «Unversehrt Erwachenden» (*Beiname des Osiris*)?

228

4. Frage: Soll Scheschonk ein hohes Alter erreichen und durch seinen Sohn beerbt werden?

Und willst du geben, daß er (*Scheschonk*) ehrwürdig (*angesehen*) sei, um das Alter zu empfangen, indem sein Sohn ₂ nach dem Zugehörigen bleibt (*d. h. im Besitz des Vermögens seines Vaters*)?

5. Frage: Soll Scheschonk bei Festen an der Seite des Königs im Triumphzug erscheinen dürfen?

Und willst du geben, daß er angenehm macht die (*teilnimmt an den*) Feste(n) Seiner Majestät (*des Königs*), indem er den Sieg empfängt zusammen auf ein einziges Mal?

Amon stimmte den Fragen zu

Da grüßte (*zustimmend*) dieser gewaltige Gott sehr, zweimal.

Der König ließ dem Götterbild des Amon zwei weitere Fragen vorlegen

Da wiederholte Seine Majestät die Rede (*sprach noch einmal*) vor diesem gewaltigen Gott.

6. Frage: Willst du alle Personen bestrafen lassen, die die Einkünfte der Statue schädigen werden?

Mein guter Herr, willst du bestrafen ₃ den Gewaltigen des Heeres und den Offizier und den Schreiber und den Beamten und jeden Boten (*Beauftragten*), und jeden, der ausgeschickt ist zu einer Botschaft in das Gefilde (*mit einem Auftrag über Land, im Gegensatz zur Stadt*), wenn er Sachen wegnehmen (*beschlagnahmen*) wird von dem Abbild (*die der Statue gehören*) des Osiris (*hier und im folgenden als Beiwort des Verstorbenen*), des gewaltigen Großen der Maschwesch (*namens*) Namirt, wahr an Stimme, Sohn der Mchit-em-wesechet («*Göttin Mehit ist in der Säulenhalle*»), wahr an Stimme, das (*die Statue*) in Abôdew (*Abydos*) ist?

*7. Frage: Willst du selbst gegen alle Personen vorgehen,
die das Vermögen der Totenstiftung schädigen?*

4 (Und was angeht) alle Leute, die eine Verminderung zufügen
werden an seinem Gottesopfer und seinen Äckern und seinen
Leuten und seinen Herden und seinem Garten und allen seinen Opferstiftungen und allen seinen Seelendienern *(gemeint:
Priester für die Totenopfer)* – willst du deinen gewaltigen und
gesamten Willen ausüben gegen sie und gegen die Frauen *5*
und die Kinder *(von ihnen)*?

Amon stimmte den beiden Fragen zu

Da grüßte der gewaltige Gott.

Der König dankte dem Gott für sein Orakel

Dann küßte Seine Majestät den Boden vor ihm.

Der König bestätigte dem Scheschonk die Entscheidung des Amon

Seine Majestät sagte nun: «Deine Stimme ist wahr, o Scheschonk, wahr an Stimme, gewaltiger Großer der Maschwesch,
Großer der Großen, mein Gewaltiger, samt allen, die auf deinem Wasser sind *(dir folgen)*, *6* und deine Soldaten, die zu *(dir)*
gehören – denn dich lobt Amon Rê, König der Götter, wegen
alles dessen, was du für deinen Vater *(gemeint: Namirt)* getan
hast. Du wirst ein Alter empfangen, indem du auf der Erde
bleibst und indem dein Erbe auf deinem Platze sitzt bis in
Ewigkeit.»

*Der Pharao ließ die Statue des Namirt durch die königliche Flotte
von Theben nach Abydos schaffen*

Dann befahl Seine Majestät, stromab nach Abydos zu schicken
die Statue des Osiris, des gewaltigen Großen der *7* Maschwesch, des Großen der Großen, *(namens)* Namirt, wahr an
Stimme. Mit ihm zusammen gegeben wurden große Boten

(*Beauftragte*) des Königs mit zahlreichen Schiffen ohne ihre Zahl, zusammen mit Boten des gewaltigen Großen der Maschwesch.

Auf königlichem Befehl sollte an der Statue des Namirt zunächst in dem Tempel des Abydos die «Reinigung» und das «Öffnen des Mundes» vollzogen werden

Es wurde veranlaßt (*durch den König*), daß er in dem ehrwürdigen Palast ruhe (*die Statue aufgestellt würde*), 8 dem Heiligtum des «Unversehrt Erwachenden» (*Osiris*), um seine Reinigung zu vollziehen, die in der Stadt (*Heiligtum?*) von Zawwêr war (*stattfinden sollte*) gemäß dem Bringen (*Vollziehen*) des Buches von dem Öffnen des Mundes.

*Die Reinigung der Statue
wurde nach den Vorschriften des Rituals ausgeführt*

Ihre (*der Statue*) Reinigung wurde vollzogen, und man beräucherte sie (*die Statue*) an den Toren (*gemäß den Vorschriften?*) des Per-Duat (*Kapelle für das Totenritual*) 4 Tage lang.

*Die Statue wurde gemäß den Angaben der Urkunden
und gemäß dem Orakel des Amon behandelt*

Festgestellt wurde ihr Zustand (*die Statue wurde vorschriftsmäßig behandelt*) in 9 der Halle der Schriften, wie es der Herr der Götter (*Amon*) gesagt (*vorgeschrieben*) hatte.

Ein Denkstein aus Granit mit einer inschriftlichen Festlegung der Bestimmungen des Amon wurde aufgestellt (neben der Statue?)

Aufgestellt wurde für sie (*die Statue*) ein Denkstein aus dem Stein von Abu (*Elephantine, also rotbunter Granit, aus dem der Denkstein in der Tat besteht*) mit dem Erlaß des «Der seinen Namen verbirgt» (*Beiwort des Amon von Theben*).

Auf königlichen Befehl wurde die Statue in Abydos
endgültig an der Treppe des Osiris-Tempels aufgestellt

Man (*der König*) veranlaßte, daß sie (*die Statue*) ruhe (*aufge-*
stellt würde) in den Heiligtümern der Götter an der Treppe
(*oder nur: bis in?*) der Ewigkeit.

Liste der Stiftungen für die Statue des Namirt in Abydos

Vorschrift für das Feststellen (*Unterhalten, Versorgen*) des Ab-
bildes des Osiris, des gewaltigen Großen der Maschwesch
(*namens*) *10* Namirt, wahr an Stimme, Sohn der Mehit-em-
wesechet, wahr an Stimme, das (*die Statue*) in Abydos ist.

1. Stiftung: Einmalige Lieferung aus dem Delta
im Wert von 35 Lot Silber

Gebracht wurde aus Ta-mehi (*Nordland, Delta von Unter-Ägyp-*
ten) durch die (*beiden*) Beamten des gewaltigen Großen Maschwesch, die (*als sie?*) mit der Statue kamen:
(*aus dem*) Fremdland Charu (*Syrien*): der Diener Ach-Amon-
nacht;
(*aus dem*) Fremdland *11* Charu (*Syrien*): der Ach-Ptah-nacht;
Silber: 15 deben.
Seine Majestät gab auf sie (*außerdem dazu*): 20 deben. Zusammen Silber: 35 deben.

2. Stiftung: Zuweisung von 100 Morgen Ackerland bei Abydos
im Wert von 10 Lot Silber

Abgesehen davon ist das (*oder: Einzelheit von dem*), was ersetzen (*bezahlen*) wird die 50 setat (*Morgen Acker*), die in der Gegend des Hochlandes südlich von Abydos liegen, die (*die Ge-*
gend) genannt wird Wah-nisut («*Dauernd an Königtum*»):
12 Silber: 6 deben,
(*und*) was im Westen ist in dem bewässerten Gelände des Kanals, der in Abydos ist:
Acker, 50 setat, macht Silber: 4 deben.

Summe: Acker der Bürger von den beiden Plätzen in der Gegend des Hochlandes südlich von Abydos samt der Gegend des Hochlandes *13* nördlich von Abydos:

Acker, 100 setat, macht Silber: 10 deben.

3. Stiftung: 5 Arbeiter und 10 Rinder mit einem Hirten sollen zu diesem Ackerlande gehören

(*Dieses Land soll bebaut werden durch den*) Bauer Pa-wêr («*Der Große*»), Sohn des .... (*Raum für den Namen freigelassen!*), (*und*) seinen Diener (*Höriger, Sklave*) Ar-bok, und seinen Diener Bup-Amon-ḫaᶜaᵓ, und seinen Diener Na-šenu-meḥ («*Die Bäume sind voll*»?), und seinen Diener Denit-en-Hor («*Geschrei des Horus*», *Ruf des Falken?*):

14 Summe 5 Mann, macht Silber: 4 deben, 1 kite.

Rinder, 10 Stück, macht 2 deben.

Ihr Hirt Pa-šeri-n-Mut («*Der Sohn der Mut*»), (wahr an) Stimme, Sohn des Hor-sa-Isis (*Hor-si-Êse*, «*Horus, Sohn der Isis*»), wahr (an Stimme):

macht Silber: $6^2/_3$ kite.

4. Stiftung: ein Garten mit einem Gärtner

Garten, der in der Gegend des Hochlandes nördlich von Abydos ist,

macht Silber: 2 deben.

Gärtner Hor-môse («*Von Horus gezeugt*») wahr an Stimme, Sohn des Pen-monch («*Dieser ist vortrefflich*», oder: «*Der [Diener] des Vortrefflichen [Herrn]*»):

15 macht Silber: $6^2/_3$ kite.

5. Stiftung: Zwei Vogelfänger und zwei weibliche Gehilfen

Der Vogelfänger Ni-mer-ju, wahr an Stimme, Sohn des Meḥ-Hor-n-pa-aref, wahr an Stimme, dessen Mutter Ta-ḳenet («*Die Starke*») ist, wahr an Stimme:

macht Silber: $6^2/_3$ kite.

Vogelfänger Nes-ta-Ta'it («*Zugehörig zu der Webegöttin Tait*»), wahr an Stimme, dessen Mutter Ta-di-Mut («*Die Mut gegeben hat*»), wahr an Stimme, ist, (und? *oder ist ein Wert in Silber vergessen?*) die Dienerin Ta-di-Isis («*Die Isis gegeben hat*»), wahr an Stimme, Tochter des Nebt-hepet (*eigentlich* «*Herr (neb) des Ruders*», *wohl nur irrtümlich wie ein Frauenname geschrieben*), dessen Mutter An-imach, wahr an Stimme, ist, 16 (und) die Dienerin Ta-peter-Amon («*Die Frau, die Amon erblickt*»), wahr an Stimme, Tochter des Pa-Neḥsi («*Der Nubier*»), deren Mutter Tent-Renenutet («*Die [Dienerin] der Erntegöttin-Schlange*»), wahr an Stimme, ist.

6. *Stiftung: Fünf Imker, und täglich ein halber Liter Honig*

Imker, 5 Mann, jeder einzelne $6^2/_3$ kite Bezahlung (*Wert*) des Mannes:
    macht Silber: $3^2/_3$ deben (*falsch statt* $3^1/_3$ *deben*).
Überwiesen an das Silberhaus (*Schatzverwaltung*) des Osiris. Die Hälfte eines Hin (*Liter*) an Honig soll hinausgehen (*geliefert werden*) zu dem Silberhaus 17 des Osiris als tägliche Lieferung zu dem Gottesopfer des Osiris, des gewaltigen Großen der Maschwesch, Namirt, wahr an Stimme, bis in Ewigkeit und Unendlichkeit. Was die Arbeit (*Lieferung?*) dieser 5 Imker angeht, so wurde ihr Silber (an) das Silberhaus des Osiris überwiesen. Nicht sollen sie sterben, und nicht sollen sie aufhören!

7. *Stiftung: 5 Männer zum Einsammeln von Harz, und täglich Weihrauch für das Räucheropfer*

Träger von Weihrauch (*Sammler des wohlriechenden Harzes*) 18 5 Mann, jeder Einzelne $6^2/_3$ kite,
    macht Silber: $3^2/_3$ deben (*falsch statt* $3^1/_3$ *deben*),
überwiesen an das Silberhaus des Osiris.
5 kite Weihrauch sollen hinausgehen (*geliefert werden*) an das Schatzhaus des Osiris als eine tägliche Lieferung zu dem Got-

tesopfer des Osiris, des gewaltigen Großen der Maschwesch, Namirt, wahr an Stimme, dessen Mutter Mehit-em-wêsechet, wahr an Stimme, ist, bis in Ewigkeit und Unendlichkeit.

Was *19* die Arbeit der 5 Träger von Weihrauch angeht, so ist ihr Silber an das Silberhaus des Osiris überwiesen. Nicht sollen sie sterben, und nicht sollen sie aufhören!

8. Stiftung: Ein Mann zum Einsammeln von Myrrhen, und täglich ein halber Liter Öl zum Brennen der ewigen Lampe

Sammler von Myrrhen (*Ölfrucht oder Harz*): ein einziger Mann, macht Silber 6²/₃ kite, überwiesen an das Silberhaus des Osiris.

Die Hälfte eines Hin an Öl *20* zum Brennen (*in Lampen*) soll hinausgehen (*geliefert werden*) für das Silberhaus des Osiris als eine tägliche Lieferung zu der Lampe des Osiris, des gewaltigen Großen der Maschwesch, Namirt, wahr an Stimme, dessen Mutter Mehit-em-wêsechet, wahr an Stimme, ist, bis in Ewigkeit.

Was die Arbeit des Myrrhen-Sammlers angeht, so ist sein Silber an das Silberhaus des Osiris überwiesen.

Nicht soll er sterben, *21* und er soll nicht aufhören!

Gegeben werden soll ein einzelner Mann!

9. Stiftung: Zwei Brauer und ein Gehilfe, sowie täglich Gerste und Weizen aus dem Kornhaus und dem Brauhaus des Osiris-Tempels

Brauer, 2 Mann, jeder einzelne 6²/₃ kite.

Kneter von Kuchen, ¹/₄ Mann, macht Silber 1 kite (*falsch für 1²/₃ kite*), überwiesen an das Silberhaus des Osiris.

Diese (*die erforderliche Menge von*) Gerste und Weizen sollen hinausgehen (*geliefert werden*) als eine tägliche Lieferung an (*mit dem?*) Brot und Bier des Speichers aus *22* dem Kornhaus des Osiris, zusammen mit dem Brauhaus des Osiris, zu dem Gottesopfer des Osiris, des gewaltigen Großen der Maschwesch, Namirt, wahr an Stimme, dessen Mutter Ta-Mehit-em-wêsechet, wahr an Stimme, ist, bis in Ewigkeit und Unendlichkeit.

Was die Arbeiten dieses Brauers und des Kneters des Kuchens angeht, so ist ihr Silber an das Silberhaus des Osiris überwiesen.

23 ...... zusammen mit dem Getreide dieses Ackers auf *(gehörig zu?)* den 100 setat, die gehen *(geliefert werden?)* zu dem Kornhaus des Osiris als Lieferung eines Jahres.

Sie sollen nicht sterben, und sie sollen nicht aufhören!

Summe der Stiftungen 6–9

Summe des Silbers *(für)* diese Leute, das zu dem Silberhaus des Osiris überwiesen ist:

24 Silber, 8 deben, 7 $^2/_3$ und $^2/_3$ kite *(die Summe ist richtig)*, macht 12 $^1/_4$ Mann *(falsch statt 13 $^1/_4$ Mann)*.

Diese Leistungen für die Statue des Namirt
sollen von der Schatzverwaltung des Tempels des Osiris in Abydos
zur Verfügung gestellt werden

Ihre Arbeit soll (aus) dem Silberhaus des Osiris hinausgezogen werden zu dem Gottesopfer des Osiris, des gewaltigen Großen der Maschwesch, des Großen der Großen, Namirt, wahr an Stimme, Sohn des gewaltigen Großen der Maschwesch, Scheschonk, wahr an Stimme, dessen Mutter Mehit-em-wesechet, wahr an Stimme, ist, bis in 25 Ewigkeit und Unendlichkeit.

Summe der Stiftungen 2–9

Summe des Gottesopfers der Statue des Osiris, des gewaltigen Großen der Maschwesch, wahr an Stimme *(versehentlich so!)* Namirt, wahr an Stimme, Sohn der Mehit-em-wesechet, wahr an Stimme, die *(die Statue)* in Abydos ist:

Acker, 100 setat *(aus der 2. Stiftung)*,
Mann und Frau: 25 *(eigentlich 24 $^{1}/_{4}$ Arbeitskräfte, richtig zu-*
sammengezählt aus Stiftung 3–9),
Garten: einer *(aus der 4. Stiftung)*,
Silber, Altar *(wohl Opfergerät)*: einer,
Gefäß der Darbringung: eines,
Wassersprenger *(als Gefäß)* [26] . . . .
macht Silber: . . . deben, . . . kite.

Der Denkstein Kairo, Journal d'Entrée 43 649 (unsere Tafel 17),
ist eine Platte aus Kalkstein von 54 cm Höhe, die in Abydos
gefunden wurde. Aus seiner Inschrift ergibt sich folgender Zusammenhang. In Abydos (ober-ägyptischer Gau VIII) lebte
unter König Ramses II. (Dynastie XIX, im 13. Jahrhundert v.
Chr.) ein Mann namens Pa-sar, der als Priester an dem Tempel des Osiris bedienstet war. Er besaß einen Acker, den er
von seinem, vielleicht noch lebenden, Vater Môse erhalten
hatte. Der Besitz des Landstreifens wurde ihm aber streitig
gemacht von einem Mann namens Paj, Sohn des Sedemnef, der
zusammen mit den Kindern des Haju ein Anrecht auf ihn zu
haben glaubte. Pa-sar wollte eine Entscheidung durch ein Orakel herbeiführen und wandte sich zu diesem Zweck im Jahre
1278 v. Chr. an seinen Kollegen Pa-ari, der zuständig war für
solche Befragungen an das Götterbild des Königs Ah-môse I.
Dieser große Pharao, der Begründer der XVIII. Dynastie, war
vor ungefähr 300 Jahren verstorben und in Theben (ober-
ägyptischer Gau IV) beigesetzt worden, lebte dort aber in der
Erinnerung des Volkes als ein mächtiger und wundertätiger
Herrscher fort, zusammen mit seiner Mutter Ah-môse Nofret-
ari. Sein Ansehen drang auch nach Abydos, etwa 150 km
stromab, so daß dort eine Kapelle des großen Königs, der nun
ein Gott geworden war, eingerichtet wurde. Für das «Erscheinen» seines Bildes war eine tragbare Kapelle in einer
Barke vorhanden, die auf unserem Denkstein abgebildet ist.

Priester Pa-sar hat sich durch die Befragung des Orakels
seinen Acker erkämpft; vielleicht hatte er sich bei seinem Kollegen Pa-ari auch vorher über den Ausgang verständigt. Jedenfalls lehnte der Gott in seiner Kapelle ab, als der Antragsteller den Namen seiner Gegner nannte, und nickte zustimmend als er seinen eigenen Namen als Besitzer des strittigen

Ackers angab. Der erfreute Pa-sar, der gewiß eine hohe Ge-
bühr an die Kapelle des Königs Ah-môse I. gezahlt hat, ließ
einen Denkstein anfertigen, um sich seinen Besitz öffentlich zu
sichern. Auf ihm wurde der Augenblick dargestellt, in dem
Pa-sar mit betend erhobenen Händen seine Frage an den Gott
richtet. Neben der Barke schreitet, als zuständiger Aufseher
des Verfahrens, der Priester Pa-ari. Sein Name ist als erster der
Zeugen genannt, die Pa-sar am Ende der Inschrift angegeben
hat, wie es in einer amtlichen Urkunde üblich war. Mit der
Ausführung des Denksteins wurde ein schriftkundiger Maler
Neb-mehit beauftragt, der an einem von König Ramses II. ge-
gründeten Gehöft innerhalb des Osiris-Tempels in den Werkstätten für kirchliche Kunst beschäftigt war. Weit hat seine
künstlerische Fähigkeit allerdings nicht gereicht, und seine
Kenntnis der Hieroglyphen, die er zum Einmeißeln durch
einen ebenfalls nicht sehr geschickten Steinmetz vorzeich-
nete, war auch gering. Das Wesentliche für Pa-sar war aber erfüllt: die Festlegung durch den Denkstein gab ihm die dauernde Sicherung für den Besitz seines Ackers. Als Bekräfti-
gung ließ er in der rechten unteren Ecke auch seinen Vater
Môse darstellen, ebenfalls in der den Gott anbetenden Haltung.

Veröffentlichung:

LEGRAIN, in: *Annales du Service des Antiquités de l'Egypte* 16 (1916) 161–
170.
Übersetzung von WILSON bei: PRITCHARD, *Ancient Near Eastern Texts relating to the Old Testament*, 2nd ed. (Princeton 1955) 448.

In dem oberen, abgerundeten Teil des Denksteins ist in
flüchtigen Umrißlinien ein Bild grob eingemeißelt, künstlerisch unbedeutend, inhaltlich bemerkenswert. Eine Tragstange (gemeint: zwei) ruht auf den Schultern von 4 × 2→ Männern,
die nach ihrem kahlen Kopf und ihrem weiten Wadenschurz
mit langen Bändern offenbar Priester sind. Auf der Tragstange
schwebt eine Barke, am Bug und Heck mit einem Königskopf

geschmückt. Der Naos in ihr ist durch ein nach vorn herab-
fallendes Tuch verhüllt, das von einer kleinen ← Königsfigur
festgehalten wird, während zwei andere vor ← bzw. hinter →
dem Naos knien, um seine Wände zu stützen. Dem Naos zugewendet steht ← eine Frau, zwei Sistrum in ihren Händen erhebend, und durch einen Kopfschmuck mit zwei hohen Federn als Königin gekennzeichnet: «Gattin des Gottes *(gemeint:*
des Amon, dessen «*Gattin*» *sie als Priesterin in Theben darstellte)*
(Ah-môse Nofret-ari)】»; sie ist die Mutter des Königs Ah-
môse I. Die Barke enthält noch, abgesehen von zwei großen
Wedeln mit halbkreisförmig angeordneten Straußenfedern,
hinter dem Bug eine Standarte mit einem Sphinx (stehender
Löwe mit Königskopf und erhobenem Schwanz).

Neben der Barke, zwischen den beiden Gruppen von je 2 × 2
Trägern, schreitet →, die linke Hand zum Gruß oder in Anbetung erhebend, als Zeichen seines höheren Ranges mit dem
Pantherfell über dem langen Schurz bekleidet, «Der Gottesdiener Pa-ari», mit dem Zusatz «wahr an Stimme», vielleicht
ohne daß damit gemeint sein muß, daß er inzwischen verstorben sei.

Der Barke entgegen schreitet ← mit anbetend erhobenen
Händen «Priester des Osiris Pa-sar». Zu ihm gehört wohl der
über ihm stehende ← Anruf: *1* «O du Träger des Wedels
(?), der die Wahrheit *(das Recht)* richtet, *2* ...... Wächter(?)
der beiden Wahrheiten! *3* Wie [schön ist] seine *(des Gottes?)*
Zunge in dir!»

Über dem verhüllten Naos, in dem das Bild des vergöttlichten Königs zu denken ist, steht: «Guter Gott, Herr der beiden
Länder (Neb-pehti-Rê)】 (Ah-môse)】.»

Unterhalb des Bildes ist eine Inschrift von 9 waagrechten ←
Zeilen mit schlechten Schriftformen, teilweise kaum lesbar,
eingemeißelt. Rechts neben den Enden von Zeile 4–9 ist ein
freier Raum ausgespart, in dem ein Mann mit anbetend erhobenen Händen steht: «Priester des Osiris Môse ....»

240

1 Jahr 14, Monat 2 der Überschwemmung, Tag 14 (*oder 25?*) unter der Majestät des Königs von Ober- und Unter-Ägypten (Woser-Maat-Rê, Erwählt von [Rê])| Sohn [des Rê (Geliebt von Amon] Ra-msês)| mit Leben beschenkt!

Die Einleitung des Verfahrens

Tag des Ankommens (*vor dem Königsbild*), *2* das der Priester Pa-sar machte zusammen mit dem Priester Zaj, um Klage zu erheben [vor König] (Neb-pehti-Rê)|.

Die erste Befragung

Das Ankommen (*für die Befragung*) machte *3* der Priester Pa-sar wegen dieses Ackers (*mit den Worten*): «Gehört er dem Paj, Sohn des Sedemnef (*oder: Sedmem?*), zusammen mit *4* den Kindern des Haju?» Der Gott stand still (*ablehnend*).

Die zweite Befragung

5 [Da wiederholte er] das Ankommen zu dem Gott (*die Befragung*) mit den Worten: «Gehört er dem Priester Pa-sar, Sohn des Môse?» *6* [Da geschah es, daß] der Gott sehr gewaltig nickte angesichts der Priester.

Die Liste der Zeugen

7 [Als Zeugen:] Gottesdiener des (Neb-pehti-Rê)| Pa-ari. Priester des Anfangs (*der Barke*) Anuzabu (?). Priester *8* [des Anfangs?] Za-nofer. Priester des Endes (*der Barke*) Nacht. Priester des Endes Thot-môse.

Der Verfertiger des Denksteins

9 [Gemacht] seitens des Priesters und Zeichners von Figuren des Gehöftes (*namens*) «Geliebt von Amon Ra-msês in dem Hause des Osiris», (*namens*) Neb-mehit, geboren von ......».

B 5. KURZE BITTEN
UM DAS ORAKEL EINER GOTTHEIT

Der trockene Boden Ägyptens hat uns die unscheinbaren Niederschriften aufbewahrt, mit denen einfache Gläubige aus dem niederen Volk sich an die ihnen nahestehenden Gottheiten wandten, um ihr Urteil in persönlichen Angelegenheiten zu erbitten. Es sind immer nur wenige Schriftzeilen, die auf kleine Stücke (3,5–7 cm groß) des billigsten Schreibmaterials gesetzt sind, das das Nil-Tal bietet: ein abgesplittertes Stück Kalkstein, die Scherbe eines zerbrochenen Kruges aus gebranntem Ton (beide «Ostrakon» genannt), oder seltener und erst in griechischer Zeit ein Stück des vorher noch zu wertvollen und teuren Papyrus. Diese Bitten um ein Orakel kennen wir von dem Neuen Reich ab, sie klingen in griechischer Sprache nicht anders als in der pharaonischen Zeit, und die christlichen Ägypter haben ihren Gott noch in der gleichen Weise befragt.

Das Institut Français d'Archéologie Orientale au Caire hat bei seiner Ausgrabung einer Siedlung von Handwerkern und Arbeitern, die an den Felsengräbern auf der Westseite von Theben beschäftigt waren, nahe dem heutigen Dorf Dêr al-Madîna, eine Reihe von solchen Niederschriften gefunden, von denen 37 Stück veröffentlicht worden sind. Sie geben in der flüchtigen hieratischen Schrift von Berufsschreibern der XX. Dynastie (im 12. Jahrhundert v. Chr.) ohne Anschrift oder Einleitung nur eine knappe Frage oder Aussage. Als Götterbilder, die über die Sorgen der Fragesteller entscheiden sollten, können wir uns dieselben denken, die wir aus ausführlicheren Schilderungen eines Orakels kennen: die drei Götterbilder des Amon in verschiedenen Erscheinungsformen, die einen Diebstahl von Kleidern aufgeklärt haben (*unten*, S.256), oder die Statue des vergöttlichten Königs Ah-môse I. aus dem Anfang der XVIII. Dynastie (*unten*, S.238).

Veröffentlichungen:

ČERNÝ in: *Bulletin de l'Institut Français d'Archéologie Orientale au Caire* 35 (1935) 41–58: Nr. 1–22; ebenda 41 (1942) 13–24: Nr. 23–37. Griechische Texte von SCHUBART in: *Zeitschrift für ägyptische Sprache und Altertumskunde* 67 (1931) 110–115.

OSTRAKON MIT FRAGE

Etwa zwei Drittel der 37 bearbeiteten Ostrakon-Texte enthalten nur einen einzigen Satz in schlichter volkstümlicher Sprache mit einer Frage, die im allgemeinen verständlich ist, wenn wir natürlich auch in keinem Falle wissen, um welche Angelegenheit es sich handelt. Diese Angelegenheiten waren recht unbedeutend, für die Fragesteller aber wichtig genug, um eine Entscheidung des göttlichen Orakels herbeizuführen, was gewiß mit Kosten verbunden gewesen ist. In welcher Weise die Entscheidung gefällt und mitgeteilt wurde, ist nicht ersichtlich. Wir können sie uns durch das in Prozession getragene Götterbild vorstellen, wie wir es durch den Denkstein des Pasar in Wort und Bild erfahren (*unten,* S.238). Die Ostrakon-Texte sind also originale Dokumente, tatsächliche Anfragen an die Priester, die das öffentliche Erscheinen des Götterbildes an den Festtagen leiteten und die Fragen der Gläubigen entgegennahmen. Als Ort der Auffindung der Schriftstücke (sie scheinen in einem einzigen Hause des Dorfes gefunden worden zu sein), vermutet man die Wohnung eines solchen Priesters. Bei 6 Stück von ihnen steht ein Buchstabe auf der Rückseite, offenbar ein Vermerk des Empfängers, der als Vorschrift für die Beantwortung der Anfrage dienen sollte.

Das Götterbild, an das die Fragen gerichtet wurden, ist nicht angegeben. Wären die Fragen nicht in der allerkürzesten Form abgefaßt, würden wir wohl auch den Namen der Gottheit erfahren, die in jedem Fall gewiß eine volkstümliche

Erscheinung eines der großen Götter gewesen ist, wie sie in kleinen Kapellen an Wegkreuzungen oder an ländlichen Anlagen verehrt worden sind (*unten, S.238, 253 und 256*). Auf Ostrakon Nr.21 ist die Gottheit bzw. das bekannte Götterbild angerufen mit: «O mein guter Herr!»

In zwei Fragen spielt der Wasîr eine Rolle, der höchste Verwaltungsbeamte in der Hauptstadt Theben.

Nr.30: «Werden sie mich dem Wasîr erwähnen?»

Nr.32: «Wird der Wasîr die fünf Burschen festnehmen?»

In der ersten dieser beiden Fragen handelt es sich vielleicht um die Ernennung in ein staatliches Amt, das der Fragende angestrebt hat. Über eine bevorstehende Beförderung in eine höhere Stellung wurden auch die vier folgenden Fragen gestellt.

Nr.1: «Wird man den Setôchi zum Gottesdiener geben (*ernennen*)?»

Nr.10: «Werde ich stromab fahren? Werde ich weggehen (*verreisen*)? Werde ich die Einführung (*in den Palast des Königs? in die Mysterien des Tempels?*) erfüllen (*verwirklichen*)?»

Nr.27: «Wird er uns einen Obersten (*Vorgesetzten*) in dieser Stunde (*sofort*) geben?»

Nr.28: «Wird man mich (zum) Anführer geben (*ernennen*)?»

Um die Ernährung drehen sich zwei Fragen, von denen die erste auf das Ausbleiben der Gehaltszahlung in Form von Getreide schließen läßt, die zweite auf einen Zweifel an der Güte eines gekauften Rindes.

Nr.21: «Mein guter Herr, wird man uns die Zuteilung an Getreide geben?»

Nr.25: «Ist das Rind gut, das ich empfangen habe?»

Sorgen um religiöse Angelegenheiten haben die Urheber der beiden folgenden Fragen getrieben. Dem ersten ist es zweifelhaft, ob Äußerungen eines Mannes, die ihm rätselhaft vorkamen, auf einen Gott zurückzuführen sind, der sich in ihm offenbare. In der zweiten scheint ein Vater zu sprechen, der Bedenken hat, ob Son, vielleicht sein ältester Sohn, auch wirklich die pflichtgemäßen Totenopfer für ihn darbringen wird.

Nr. 11: «Besteht (*Erscheint*) Horus in ihm? Sende die Wahrheit!»

Nr. 12: «Ist es Son, der es ausgießen (*das Wasseropfer darbringen*) wird?»

Diebstähle haben fünf Fragen veranlaßt, bei denen wir in Ereignisse hineinsehen, wie sie in den Befragungen der drei Götterbilder wegen eines Diebstahls (*unten*, S. 256) geschildert sind.

Nr. 2: «Ist er es, der diese Matte gestohlen hat?»

Nr. 13: «Sind es die Leute des Friedhofs, die es gestohlen haben?»

Nr. 8: «Wird er es ihr wirklich bezahlen (*ersetzen*)?»

Nr. 9: «Wird sie es mir nicht geben (*zurückerstatten*)?»

Nr. 13: «Sind es die Leute des Friedhofs, die es gestohlen haben?»

Nr. 29: «Wird er sie (*die Gegenstände*) an ihre Plätze legen?»

Wenn ein Verfahren wegen Diebstahls oder Verleumdung in Gang gebracht war, wünschte mancher Beteiligte zu wissen, wie seine Aussichten auf Freisprechung oder Verurteilung waren. Daraus ergaben sich Fragen an ein Götterbild wie die sechs folgenden, von denen ein Teil von den Parteien gestellt sein könnte, die wir in dem eben erwähnten Prozeß kennenlernten (*unten*, S. 257).

Nr. 3: «Sind die Reden wahr?»

Nr. 6: «Wird man kommen?»

Nr. 23: «Habe ich ihn verbrannt?»

Nr. 24: «Ich habe sie *(Mehrzahl)* doch nicht gebracht?»

Nr. 33: «Sind meine Worte eine Lüge?»

Nr. 34: «Ist es eine Verurteilung, was gegen mich geschehen wird?»

OSTRAKON MIT AUSSAGE

Etwa ein Drittel der Orakel-Texte enthält nicht eine Frage an den Gott, sondern eine Aussage in ähnlichen Angelegenheiten wie die Fragen. Wenn es auch möglich ist, daß einige dieser Aussagen gar nicht zu den Orakeln gehören, so bleibt doch eine Anzahl übrig, die nach Form und Inhalt mit den Fragen an den Gott zusammengehören. Man muß sich auch diese Niederschriften dem Götterbild vorgelegt denken, das dann entweder seine Zustimmung durch Annäherung an das Ostrakon mit seiner Barke, in der es in einer Kapelle stand, aussprach, oder seine Ablehnung durch Zurückweichen von dem Ostrakon; dabei mag das Ostrakon auf den Weg gelegt worden sein, auf dem die Priester die Barke auf ihren Schultern in einer Prozession umhertrugen. Drei Aussagen (Nr. 20, 36 und 37) beginnen mit dem Anruf: «O mein guter Herr!», wenden sich also an die gleichen oder ähnliche Götterbilder wie die Fragen.

Bei fünf Aussagen handelt es sich um Diebstähle, die aufgeklärt werden sollen.

Nr. 14: «Ein Mann hat es gestohlen.»

Nr. 15: «Er hat gemischt *(einen Gegenstand vertauscht)* bei der Frau Êset *(Isis)*.

Nr. 19: «Er gehört dem Pen-Anuket.»

Nr. 22: «Ich veranlasse, daß man zu dem Ort eilt, an dem dieser Mann sich aufhält.»

Zwei Aussagen bestätigen einen Sachverhalt, um dessen Anerkennung der Verfasser den Gott wohl bitten wollte.

Nr. 20: «Mein guter Herr, er sagt diese Rede in Wahrheit!»

Nr. 37: «Mein guter Herr! Was den Auftrag (auf) die Arbeitsleistung angeht, so ist die Zuteilung des Getreides festgestellt.»

Drei Aussagen beginnen mit einem Imperativ, also einer Aufforderung an den Gott, er möge tun, was der Satz ausspricht. Diese Befehlsform erinnert an die Beschwörungen von Zauberern, die einen Gott zu einer bestimmten Handlung zwingen wollen und sogar Drohungen hinzufügen, wenn er den Wunsch nicht erfüllt (Band «*Ausklang*», B, mehrfach).

Nr. 16: «Beseitige ihn als Wakîl (*Vorarbeiter*) der Mannschaft!»

Nr. 17: «Nimm diese Ziege an!»

Nr. 26: «Blicke auf den Esel des Schreibers Hor-môse!»

ZETTEL MIT GRIECHISCHER SCHRIFT UND SPRACHE

Teils in verschiedenen Ortschaften des Fajjûm (ober-ägyptischer Gau XXI, in Wüstengebiet eingelagert), teils in der etwas weiter südlich im Nil-Tal gelegenen Stadt Oxyrhynchos (Gau XIX) sind kleine Blätter Papyrus (bis zu 11 × 5 cm groß) gefunden worden, auf die im 1. bis 6. Jahrhundert n. Chr. in griechischer Schrift und Sprache kurze Bitten an Gottheiten der betreffenden Orte geschrieben sind. Diese sind in der Stadt Dimê an dem Westrande des Fajjûm Sonderformen des Krokodils Sôbek, griechisch Sûchos, mit den Namen Soknopaios und Sokonpieios (Sokonpeios); daneben auch Ammôn, der von Theben (ober-ägyptischer Gau IV) aus in das ganze Land vorgedrungene Staatsgott Amôn Rê; ferner die beiden Dioskuren Pollux und Kastor, die Söhne der Leda von Zeus

(Nr. 6). In Oxyrhynchos gab es ein Heiligtum, an dessen Gottheiten man sich wandte: Zeus Helios, Nachfolger des ägyptischen Sonnengottes Rê aus Heliopolis (unter-ägyptischer Gau XIII); Sarapis, der Osiris-Apis aus Memphis (unter-ägyptischer Gau I); und die mit ihnen zusammen verehrten Gottheiten niederen Ranges, die nicht namentlich aufgeführt wurden. Zwei dieser Zettel (Nr. 15 und 16) sind erst im 5.–6. Jahrhundert n. Chr. geschrieben, und der Schreiber hat vor beide das christliche Kreuz gesetzt und den einen mit «Amen!» geschlossen. Aber auch für den Christen ist es ein bestimmter «Der Gott» (mit Artikel!), den er befragt, und dessen Beiworte ähnlich denen sind, die man den ägyptischen Göttern gegeben hatte, z. B. «Herr des Alls», «Ehrwürdiger» (Heiliger), «Herr der Wahrheit» und «Schöpfer des Himmels und der Erde».

Die griechisch geschriebenen Bitten haben gegenüber den ägyptischen aus pharaonischer Zeit den Vorzug größerer Ausführlichkeit. Sie nennen am Anfang stets den Namen des Gottes oder der Gottheiten (auch der Christ kennt mehrere Erscheinungsformen seines Gottes, ganz wie sein Vorfahr in der alten Religion). Dann folgt der Name des Fragestellers (in Nr. 13 eine Frau). Den Schluß bildet in verschiedenen Worten eine ausdrückliche Bitte um Antwort. Auch die griechischen Bitten sind im Auftrag der Antragsteller wohl von berufsmäßigen Schreibern und Rechtsberatern geschrieben, und diese hielten sich an ein hergebrachtes Schema, das durchaus dem der älteren Zeit entspricht, und zwar bis in die christliche Zeit hinein. Die öffentlichen Schreiber in den Dörfern (vgl. Nr. 8), die diese Zettel geschrieben haben, waren keine Leute von gründlicher Bildung; sie verwechseln die Kasus (Nr. 4, 9, 15 und 16), konjugieren falsch und haben eine ungleichmäßige und schlechte Orthographie.

Von den griechischen Zetteln beschäftigen zwei aus Dimê, ähnlich einigen ägyptischen Fragen (*oben*, S. 244), sich mit dienstlichen Angelegenheiten und einer etwaigen Ernennung in ein neues Amt.

Nr. 7 aus Dimê:

«Dem Herrn Soknopaios, dem großen Gott, und dem Ammon, den größten Göttern. Sotas erfragt: ob der Nomarches (*Gaugraf*) nicht meinetwegen in Zorn geraten ist? oder ob er eine Untersuchung gegen mich führen wird, weil ich die Zettel des Ualerios (*lateinisch: Valerius*) schreibe? Dieses gib (*sende*) mir!»

Nr. 8 aus Dimê:

«Dem Herrn Soknopaios und dem Ammon, den großen Göttern. Teile dem Zoilas mit: ob der Dorfschreiber von Bukaia wegen des Briefes zurücktritt? Dieses gib (*sende*) mir!»

Wie der Ägypter der XX. Dynastie gefragt hatte, ob das von ihm gekaufte Rind auch gut sei (*oben*, S. 244, Nr. 25), so will eine Frau mit dem griechischen Namen Nike von den großen Göttern wissen, ob der Sklave, den sie zu kaufen gedenkt, auch seinen Preis lohnt.

Nr. 13 aus Oxyrhynchos:

«Dem Zeus Helios, dem Großen, dem Sarapis und den mit ihnen zusammen wohnenden (Göttern). Nike (*Frau*) fragt: ob es mir Gewinn bringt, von Ta-Sarapion (*Frau*) den Sarapion, der auch Gaion (genannt wird), den sie als Sklaven hält, zu kaufen? Dieses gib (*sende*) mir!»

Drei Zettel sind im Auftrag von Männern geschrieben, die Bedenken tragen, ob sie sich für eine beabsichtigte Ehe auch die richtige Frau ausgesucht haben. Der erste ist auf den Tag genau datiert.

Nr. 2 aus Dimê:

«Dem größten und gewaltigen Gott Soknopaios von Asklepiades, dem Sohn des Areios. Ob mir nicht gegeben wird, mit

249

Tapetheus, der Tochter des Marres, zusammen zu leben (*durch Heirat*)? Oder wird sie nicht Gattin eines anderen werden? Zeige es mir an und mache mir dieses Schreiben wirksam! Früher war die Tapetheus die Gattin des Horion. Jahr 35 des Kaisar, Pachon 1. (*Jahr 6 n. Chr. unter Kaiser Augustus am 1. Tag des Monats Pachon*).

Nr. 9 aus Dimê:

«Der großen großen Götter Soknopaios und Sokonpeios (*so im Genitiv statt Dativ geschrieben!*). Ob es (mir) gegeben wird, (mich) mit einer Frau zu verbinden? Dieses trage mir zu!»

Nr. 12 aus Oxyrhynchos:

«Dem Zeus Helios, dem Großen, dem Sarapis und den mit ihm zusammen wohnenden Göttern. Menandros erfragt: ob es mir gegeben wird zu heiraten? Dieses gib mir an!»

Zwei Zettel sind geschrieben, als Krankheit eingetreten war und Zweifel an der Genesung bestanden. Auf dem ersten bei dem Fragesteller selbst. Der zweite kommt von einem Christen, der um einen Verwandten mit dem Namen des hundsköpfigen Gottes Anubis besorgt war; der Name stammt aus der einheimischen Religion und hat die griechischen Götter überdauert.

Nr. 4 aus Dimê (zweimal gleichlautend ausgefertigt):

«Der Soknopaios und der Sokonpieios, die beiden großen großen Götter (*so beide im Nominativ!*), von Stotoétis, dem Sohn des Apynchis, dem Sohn des Tesenûphis. Werde ich von dieser Krankheit gerettet werden, die in mir ist? Dieses finde mir heraus!»

Nr. 16 aus Oxyrhynchos mit dem christlichen Kreuz:

«Der (*so mit Artikel!*) Gott des Vorstehers (*Schutzheiligen*) von uns, des heiligen Philoxenos: Wenn du befiehlst, den Anup in dein Krankenhaus zu überführen, so zeige deine Kraft. Und (dann) möge der Zettel (*Papyrus*) hinausgehen (*mit einer Anweisung von dir*)!»

Auf zwei Zetteln ist der Fragesteller unsicher, ob er eine geplante Reise unternehmen soll (ähnlich Nr. 10 aus Dynastie XX auf S. 244). Der erste fragt die beiden göttlichen Zwillinge, die er verpflichtet, einer einzigen Meinung zu sein, wenn sie ihm einen Rat geben. Der zweite hat, nach der Art ägyptischer Briefe, den einen Satz mit seiner Frage umschlossen durch eine Flut von herkömmlichen, in diesem Falle schon christlichen, Redewendungen.

Nr. 6 aus dem Fajjûm:
«Die Herren Dioskoros (*so im Nominativ, gemischt Mehrzahl und Einzahl*)! Ob es ihm bestimmt wird, in die Stadt zu verreisen? Dieses ermittle! Und du sollst mit deinem Bruder übereinstimmen!»

Nr. 15 aus Oxyrhynchos mit dem christlichen Kreuz:
«Der Gott (*so mit Artikel!*), der Allherrscher (pantokrator), der Heilige, der Wahrhaftige, Menschenfreund (philanthropos) und Weltschöpfer (demiurgos), der Vater des Herrn und Retters (sotêr, *Heiland*) von uns, des Jesos Christos. Offenbare mir die Wahrheit, die bei dir ist: Ob du mich nach Chiut verreisen lassen willst? Oder ob ich dich (*an einem anderen Orte*) als einen Helfer und Wohltäter für mich finden werde? Es geschehe, 99 (*bedeutet: Amen*)!»

B 6. BITTE UM EIN GÜNSTIGES ORAKEL
WEGEN FEHLENDER TÜCHER
[PAPYRUS NEVILL]

In Theben (ober-ägyptischer Gau IV) lebte zu einem unbekannten Zeitpunkt am Ende des Neuen Reichs, vielleicht unter oder bald nach der Regierung Ramses' III. (Dynastie XX,
12. Jahrhundert v. Chr.), ein Beamter der Totenstadt auf dem
Westufer. Er hatte eine Veruntreuung begangen oder auch
nur ein Mißgeschick erlitten, bei dem sich das Fehlen von Tüchern aus staatlichem Besitz herausgestellt hatte, für das er im
Dienst die Verantwortung trug. Sein höchster Vorgesetzter,
der Wasîr als Leiter der Zivilverwaltung in Theben, hatte bei
einer Revision schon eine Rückfrage machen lassen, auf die der
Beamte keine Aufklärung zu geben vermochte. In seiner Ver-
legenheit suchte er eine für ihn günstige Angabe über den
Verbleib der Tücher zu erlangen, indem er ein Orakel eines
Gottes herbeiführte. Zu diesem Zweck wandte er sich an einen Schreiber namens Hôri, der an einem von König Ramses III.
gestifteten Heiligtum, ebenfalls auf der Westseite von Theben, tätig war. Dieser wollte die Vorlage eines Schreibens an
den diensttuenden Priester des Orakels bewirken, und dabei
versicherte er dem Fragesteller wohl auch schon, daß er, vielleicht durch eine gewisse Zahlung, eine günstige Antwort erhalten könne.

Dieses Schreiben ist uns erhalten geblieben in Gestalt eines
Blattes Papyrus von 23,5 × 22 cm Größe, beiderseits mit einer
flüchtigen hieratischen Handschrift von je 6–7 waagerechten
→ Zeilen beschrieben. Der Verfasser, gewiß der beschuldigte
Beamte selbst, hat es in Form eines dienstlichen Briefes abge-
faßt, obwohl es an den zu befragenden Gott gerichtet ist;
zwar fehlt die in Briefen übliche Angabe von Absender und
Empfänger, aber am Schluß ist die übliche Formel hinzuge-

fügt, mit der der Absender dem Empfänger gute Gesundheit wünscht. Der Schreiber sucht sich durch Erwähnung des Vermittlers Hôri zu empfehlen, und dann beantragt er die Erteilung eines Orakels durch ein nicht genanntes Götterbild. Dabei spricht er von fünf Tüchern, die an ein von König Hor-emhab (Dynastie XIX, gestorben um 1310 v. Chr.) gestiftetes Heiligtum geliefert worden waren, und von zwei weiteren Tüchern an einen Schreiber in der Verwaltung des Westufers von Theben. Wenn er dann ein Orakel über die Abgabe von elf Tüchern an eine dem Wasîr unterstellte Frau Esêjet erbittet, so scheint er über vier weitere Tücher keine Auskunft geben zu können oder zu wollen. Von Angst vor einem dienstlichen Strafverfahren erfüllt, bittet er am Schluß den Gott um ein günstiges Orakel, da er sonst nicht nur seine Stellung, sondern auch das ewige Heil seiner Seele im Jenseits bedroht sehe.

An welches Götterbild der Fragesteller sich gewendet hat, bleibt uns wegen des Fehlens einer Anschrift des Briefes verborgen. Es wird ein ähnliches gewesen sein wie die Statue des Königs Ah-môse I., das etwa ein Jahrhundert früher der Priester Pa-sar wegen seines Ackers befragt hat (*oben*, S. 238). Stellung und Tätigkeit erinnern an den in Band «*Götterwelt*», Seite 305–309, übersetzten Brief des Hôri, der Wakîl (Vertreter des Vorstehers) an dem von Ramses III. gestifteten Heiligtum des Amon bei Madînat Hâbu auf dem Westufer von Theben war; vielleicht ist er derselbe, der in dem Papyrus Nevill die Vorlage übernommen hat.

Veröffentlichung:

Der hier übersetzte «Papyrus Nevill» ist in London vor 1903 erworben worden und befindet sich im Besitz der Familie Nevill. Er ist veröffentlicht von JOHN BARNS in: *Journal of Egyptian Archaeology* 35 (1949) 69–71, pl. VI.

Ich habe vergeblich dich zu erreichen gesucht

1 Ich habe dich gesucht, damit ich dir einige Angelegenheiten von mir sage. (Aber) es geschah, *2* daß du dich verbargst an deiner Stätte der Statue (*Götterbild*). Nicht gab es einen Menschen, der zu ihr herantreten (durfte), *3* damit er dir eine Nachricht brachte.

Dann fand ich einen Boten zu dir

Aber als ich (wartend) dastand, fand ich Hôri, diesen Schreiber *4* des Gehöftes des (Woser-Maat-Rê, Geliebt von Amon)| Leben Heil Gesundheit! Er sagte zu mir: «Ich (darf) herantreten.» Ich schickte ihn zu dir.

Ich bitte dich um meine Rechtfertigung wegen fehlender Tücher

5 Siehe, mögest du das Geheimnis an diesem Tage (*heute*) enthüllen, und mögest du herauskommen (*mit einem Orakelspruch*) bei Gelegenheit eines Einherwandelns (*in Prozession*), damit du die Angelegenheiten der fünf Tücher *7* des Gehöftes des (Hor-em-hab)| Leben Heil Gesundheit! entscheidest, und dieser anderen zwei Tücher des Schreibers der Totenstadt (cher).

Der Wasîr hat mich wegen der fehlenden Tücher zur Rede gestellt

1 (Denn) der Wasîr hat die Kleider nicht empfangen, (sondern er hat) gesagt: «Hast du ihre Zahl gemacht (*festgestellt*)?»

Jetzt sollte mir ein Orakel als Rechtfertigung zuteil werden

2 Aber nun ein (Gott), der wie deine Art ist: wenn er an einem geheimen Ort ist, der verborgen ist (*einem Ort mit geheimem Mysterium und Orakel*), *3* dann soll er veranlassen, daß seine Stimme hinausgehe (*daß er ein Orakel erteilt*). Aber du schicktest mir keine gute oder schlechte Nachricht.

Ich bitte dich um ein günstiges Orakel wegen der fehlenden Tücher

Siehe, mögest du veranlassen, daß elf (Tücher?) geschehen
(*durch ein günstiges Orakel aufgeklärt werden*) für Esêjet («*die
Isis-Dienerin*»), deine [Angestellte?], 5 bei deinem Eintreten auf
ihn (*durch dein Orakel*).

Wenn du kein Orakel erteilst, droht mir Verurteilung im Jenseits

Wenn es geschieht, daß deine Stimme nicht hinausgeht, 6 (so
wird es sein) wie die Art der Duat (*Totenreich*) von Millionen
von Jahren ist.

Schlußformel: Lebe wohl!

(Es wäre) schön, (wenn) du gesund (wärest)!

B 7. VERURTEILUNG EINES DIEBES DURCH ORAKEL VON DREI GÖTTERBILDERN

In dem 2. Jahr der Regierung eines Königs der XX. Dynastie, vielleicht Ramses' IV. (1168–1090 v. Chr.), bemerkte Amon-em-wia, Angestellter in der königlichen Verwaltung der Totenstadt auf dem Westufer von Theben, das Fehlen von fünf Kitteln (oder Schürzen?) in dem unter seiner Aufsicht stehenden Inventar. Um bei einer etwaigen Revision nicht selbst in den Verdacht eines Diebstahls zu geraten, fragte er das Götterbild des Amon-pa-Chenti, das wohl in seiner unmittelbaren Nähe in einem «Saal» (chenti) betreut wurde, ob der Gott ihm helfen würde, die Rückgabe der gestohlenen Röcke zu erreichen. Der Gott bejahte. Als Amon-em-wia dem Gott die Namen der in seiner Nähe wohnenden Männer aufzählte, nickte der Gott bei dem des Bauern Pa-zaw-emdi-Amon. Der Beschuldigte leugnete und suchte von einem anderen Götterbild, dem Amon-ta-Schenit, der Schützer eines großen Fangnetzes für wilde Gänse und Enten gewesen zu sein scheint, ein Orakel über seine Schuldlosigkeit zu erhalten. Aber auch dieser Gott erklärte ihn für den gesuchten Dieb. Als der Beschuldigte nochmals leugnete, verwies dieser Gott ihn an ein drittes Götterbild, vor dem er in Anwesenheit von Zeugen seine Erklärung abgeben sollte. Unsere Niederschrift nennt nur die Namen der drei Zeugen, übergeht aber den Verlauf des Verfahrens, das für den Beschuldigten offenbar eine Belastung ergab. Denn als er nochmals dem ersten Götterbild des Amon-pa-Chenti vorgeführt wurde, bekannte er sich unter Eid als den Dieb. Die Priester des Götterbildes sprachen nun die Verurteilung des Diebes zur Rückgabe des gestohlenen Gutes aus. Der staatliche Revisor fügte eine Prügelstrafe hinzu und ließ den Dieb unter Eid erklären, daß er sein Geständnis nicht widerrufen würde. Diese eidliche Versicherung war um so wichtiger, als es zunächst die Freunde des Angeklagten gewesen waren, die für ihn ein Orakel beantragt hatten, bei dem sie seine Freisprechung erhofften. Amon-em-wia konnte mit dem Ausgang des Verfahrens zufrieden sein, wenn der Gott es ihm auch nicht ermöglicht hatte, die gestohlenen Röcke wieder herbeizuschaffen, weil sie bei dem Dieb nicht mehr gefunden worden waren. Es war dem Amon-em-wia deshalb wertvoll, daß der Gott ihn unter Eid seine Schuldlosigkeit feststellen ließ; diesen Eid konnte er bei einer staatlichen Revision seines Inventars zu seiner Entlastung anführen.

Die Form, in der die Beteiligten sich an die Götterbilder gewendet haben, wird ähnlich gewesen sein wie die kurzen Bitten, die wir als Ostrakon-Texte kennen (*oben*, S. 242). Der Ablauf des Verfahrens, bei dem wir leider nicht immer die Beweggründe für die Stellungnahme der Götterbilder erkennen können, ist von den beteiligten Priestern wie ein Prozeß vor einem weltlichen Gericht gestaltet worden. Als privater Ankläger tritt Amon-em-wia auf, dessen Schuldlosigkeit von den Priestern des Amon-pa-Chenti gestützt wurde. Da ihnen der Name des Diebes mitgeteilt worden war, konnten sie nicht nur ihren eigenen Gott eine bestimmte Erklärung abgeben lassen, sondern auch die Priester der ihnen benachbarten Götterbilder über den Dieb unterrichten. Von zwei anderen Götterbildern des Amon wurde deshalb die gleiche Erklärung verkündet. Als der Angeklagte dem Amon-pa-Chenti nochmals vorgeführt wurde, griffen seine Priester zu und zwangen ihn durch Prügel zu einem Geständnis des Diebstahls. Die Priester erscheinen in diesem Verfahren also als Richter in der Voruntersuchung, so daß der staatliche Beamte nur noch die Vollstreckung einer von ihm festgesetzten Strafe zu verfügen brauchte. Als Verteidiger des Angeklagten wollten zunächst Nachbarn von ihm eingreifen; aber sie gaben ihre Absicht auf, als seine Schuld nicht mehr zu verheimlichen war. Die verfügte Strafe von 100 Schlägen ist uns aus gesetzlichen Bestimmungen in königlichen Erlassen bekannt, teilweise in noch härterer Form; z. B. in dem Denkstein von Sethos I. bei Nauri (Band «*Mythen*», E 2, Zeile 46, 49, 53, 70, 93 und 117, auf Seite 321–330), und in dem Erlaß des Königs Hor-em-hab über die Wiederherstellung der Gerechtigkeit (Band «*Ausklang*», A 4, Zeile 27).

Der übersetzte Text steht auf einem Blatt Papyrus von 40,7 × 11,5 cm Größe, das um 1830 für das British Museum in London erworben worden ist, jetzt Nr. 10335. Der König, in dessen 2. Jahr die Niederschrift gemacht worden ist, hat nach den Königen Sêtech-nacht und Ramses III. geherrscht, die beide am Anfang der XX. Dynastie (12. Jahrhundert v. Chr.) regiert haben. Das Blatt stammt aus einer Kanzlei, in der man Auszüge aus den Protokollen des Prozesses angefertigt hat; es enthält deshalb nur einen Teil der Protokolle und übergeht Einzelheiten, die für den Auftraggeber der Auszüge nicht von Bedeutung waren. Der Inhalt der Auszüge rückt den Beamten Amon-em-wia und das Götterbild des Amon-pa-Chenti in den Vordergrund, so daß man bei dieser Partei den Besteller der Auszüge vermuten muß.

Veröffentlichungen:

DAWSON & BLACKMAN in: *Journal of Egyptian Archaeology* 11 (1925) 247–255, pl. XXXV–XXXVIII; ČERNÝ *ebenda* 23 (1937) 60.

VORDERSEITE:

Datum der Niederschrift

1 Jahr 2, Monat 3 (oder 4?) der Überschwemmung, Tag 1.

Amon-em-wia fragte bei dem Götterbild des Amon-pa-Chenti an:

Da rief der Diener Amon-em-wia (*«Amon in der Barke» der Prozession*) zu dem Amon-pa-Chenti (*Götterbild «Amon von dem Heiligtum 'Der Saal'», vermutlich auf dem Westufer von Theben*) an seinem schönen Fest, dem Fest von Opet (*Tempel bei Luksor*). Er sagte:

Willst du den bei mir erfolgten Diebstahl aufklären?

«Komme [zu mir, o Amon]-pa-Chenti, *2* mein guter und geliebter Herr! Der Vorsteher der Rinder des Altars hat mich veranlaßt, hier zu stehen (*Dienst zu tun*) an dem 'Saal' der Stadtbewohner, indem ich seinen Speicher bewache und seine Gebühren (*die ihm schuldigen Ablieferungen*) eintreibe. Man (*ein Dieb*) kam *3* zu mir in der Mittagszeit. Gestohlen wurden aus farbigem Stoff fünf Röcke bei mir. Mein guter und geliebter Herr, würdest du (mir) ihren (*der Röcke*) Diebstahl geben (*zurückerstatten*)?»

Das Götterbild des Amon-pa-Chenti stimmte zu

Da nickte der Gott sehr, zweimal.

Amon-em-wia erhielt durch Orakel den Namen des Diebes

Da richtete der Diener Amon-em-wia erneut eine Frage (*an das Götterbild*) *4* (wegen) dieser (*Bewohner*) der (*benachbarten*) Ortschaft insgesamt. Da nickte der Gott zu (*der Nennung des Namens des*) Bauern Pa-zaw-emdi-Amon («*Der Wind ist bei Amon*») mit den Worten: «Er hat sie gestohlen!»

Der Dieb leugnete

Da sagte der Bauer Pa-zaw-emdi-Amon *5* vor dem Gott: «(Es ist) eine Lüge! Nicht bin ich es, der sie gestohlen hat.» Da wurde der Gott unwillig in heftiger Weise, zweimal.

*Der Dieb suchte von einem zweiten Götterbild
ein günstiges Orakel zu erlangen*

Als eine Wiederholung des Males (*als zweiten Schritt*) ging der Bauer Pa-zaw-emdi-Amon vor *6* den Amon-ta-Schenit («*Amon von dem Fangplatz*» des *Wildgeflügels*) mit den Worten: «Ich bin in der Nähe meines Gottes, und ich werde zu diesem anderen (Gotte) gehen, und ich will ihm fünf Opferbrote zu seinem Vorhof mitnehmen.»

Aber wiederum wurde er für den Dieb erklärt

Da nickte der Gott zu ihm in dieser Weise (*wie üblich*) ₇ mit den Worten: «Er (*der Fragesteller*) ist es, der sie gestohlen hat!»

Der Beschuldigte leugnete nochmals,

Da sagte der Bauer Pa-zaw-emdi-Amon: «(Es ist) eine Lüge!»

so daß das zweite Götterbild die Befragung eines dritten vor Zeugen verlangte

Da sagte der Gott: «Nimm ihn vor Amon-Bukenen (*«Amon auf dem Gelände 'Ort der Kraft'*, wohl auch auf der Westseite von Theben*) vor zahlreichen Zeugen!»

Liste der Zeugen bei der Befragung des dritten Götterbildes

₈ Zugehöriges Verzeichnis seines Namens (*Liste der Anwesenden*):
Pa-ari, Gehilfe des Vorstehers der Rinder des Gehöftes des Königs von Ober- und Unter-Ägypten (Woser-Maat-Rê, Geliebt von Amon)[Leben Heil Gesundheit! (*Ramses III.*) in dem Hause (*Tempel, Verwaltung*) des Amon (*gemeint wohl: in dem Tempel bei Madînat Hâbu auf dem Westufer von Theben*);
Neb-nôfer, Künstler (*Bildhauer*) des (*gleichen*) Gehöftes;
Amon-chaw, Gefolgsmann (*Soldat, Polizist?*) des (*gleichen*) Gehöftes.

Der Beschuldigte wurde nochmals vor das erste Götterbild gestellt

RÜCKSEITE:

₁ Da wiederholte er (*der Bauer Pa-zaw-emdi-Amon*) das Mal der Aufstellung (*stellte er sich erneut auf*) vor dem Amon-pa-Chenti ₂ an seinem schönen Fest Ka-hir-ka (*griechisch Choiak*) als das dritte Mal der Aufstellung. ₃ Er rief aus mit den Worten: «Komme zu mir, o Amon-pa-Chenti, ₄ mein guter und geliebter Herr! Bin ich es, der diese Kleider gestohlen hat?»

5 Da nickte der Gott sehr, zweimal, *6* mit den Worten: «Er
(der Fragesteller) ist es, der sie gestohlen hat!» Er brachte ihn
herbei *(der Gott ließ ihn zur Bestrafung vorführen)* und er machte *7* ihm eine Belehrung *(Züchtigung)* vor den Bewohnern der
Ortschaft.

Der Angeklagte bekannte sich nun vor den Zeugen als den gesuchten Dieb

Er (der Bauer Pa-zaw-emdi-Amon) machte *8* einen 'Leben des
Herrn, Leben Heil Gesundheit!' *(Eid bei dem Leben des Pharao)*
vor dem Gott mit den Worten: «Ich bin es, der sie gestohlen
hat!» *9* vor den Bewohnern von Pa-Chenti *(? oder einem anderen
Dorf)* und den Bewohnern von Per-hir *10* und den drei Beamten und dem Bauern des Hauses *(Tempel, Verwaltung)* des Ptah
(namens) Pa-ihu *(«Der von den Rindern», vielleicht zu verbessern
in: «Der Vorsteher der Rinder»)*.

*Das Götterbild des Amon-pa-Chenti verurteilte den Angeklagten zur
Rückgabe der gestohlenen fünf Röcke*

11 Der Gott gab ein Zeugnis ab für die Bewohner *12* der Ortschaften mit den Worten: «Siehe, der Mann hat *13* die Kleider
des Pharao, Leben Heil Gesundheit!, anerkannt *(als seinen Diebstahl)*, mit den Worten: 'Sie sind bei mir, und ich werde sie
geben *(zurückerstatten)*'.»

Der staatliche Revisor verurteilte den Dieb zur Prügelstrafe

Es war Pen-Hôr-wêr *(«Der [Diener] des Gottes Hôr-wêr»)*, In-
spektor des Hauses *(per)* des Tragsessels des Königs (Woser-
cha-Rê, Erwählt von Rê)| *(König Setech-nacht)*, *15* der ihm *(dem
Dieb)* eine Wiederholung machte *(erneut eine Strafe auferlegte)*,
als er ihm 100 Schläge mit der Palmblattrippe gab *(zuteilte)*,
16 nochmals.

und ließ ihn sein Geständnis eidlich als unwiderruflich erklären

Er veranlaßte, daß er *(der Angeklagte)* einen 'Leben des Herrn, Leben Heil Gesundheit!' machte *(einen Eid schwur)* mit den Worten: «Wenn ich *17* meinen Mund wiederum umwende *(mein Geständnis widerrufe)*, so sollst du mich dem Krokodil geben lassen *(mich auffressen lassen)*!»

Zeugen des Geständnisses waren befreundete Nachbarn des Diebes

Es waren *18* seine *(des verurteilten Diebes)* Genossen, die (Zeugen) seines Geständnisses, die *19* ihn vor den Gott gezogen hatten; und sie waren mit ihm als Zeugen *20* bei der Anerkennung.

Amon-em-wia erklärte eidlich seine Schuldlosigkeit,
obwohl die gestohlenen Röcke bei dem Dieb nicht mehr vorhanden waren

Der Gott veranlaßte, daß der Diener Amon-em-wia einen 'Leben des Herrn, Leben Heil Gesundheit!' machte *(Eid schwur)* mit den Worten: «Nicht ist der Diebstahl bei ihm *(dem Dieb)* eingetrieben worden *(die gestohlenen Röcke sind bei ihm nicht gefunden worden)*.»

262

B 8. VIER VERKÜNDIGUNGEN DES AMON FÜR OSIRIS, SEINE FAMILIE UND SEINE GLÄUBIGEN

In der Mitte des 19. Jahrhunderts wurde ein Blatt Papyrus, 31 × 27,5 cm groß, von unbekannter Herkunft, durch das Museum in Kairo erworben (Journal d'Entrée 18 217). Es hatte einen Text getragen, der abgewaschen und durch einen neuen von 23 Zeilen in einer Handschrift der persischen Zeit ersetzt worden ist. In die Schrift mit schwarzer Tusche sind rot eingesetzt die Anfangsworte der Verkündigungen und die Punkte • hinter den Enden der einzelnen Verse; außerdem einige Worte und Zeichen als Verbesserungen des Lehrers oder Vorgesetzten. Am Ende jeder der vier Verkündigungen ist der Rest der Zeile freigelassen, so daß ein Absatz deutlich angegeben wird. Das Blatt enthält also nur eine Abschrift aus einer anderen Handschrift, die als Vorlage gedient hat. Unsicher bleibt, für wen diese Abschrift hergestellt ist und was die Vorlage sonst noch enthalten hat.

Auf dem Blatt stehen vier Verkündigungen des Amon, die nach Wortlaut und Abfassung den Orakeln für den Hohenpriester Pinôtem II. und seine Gattin Nesi-Chonsu entsprechen (Band «*Ausklang*» C 4 für das Leben im Jenseits). Das Papyrusblatt ist eigentlich zu schlecht gearbeitet, als daß es dem Hohenpriester oder seiner Gattin in das Grab mitgegeben sein könnte; auch sind diese beiden Personen in dem Text nicht genannt. Aber zweifellos kommt der Text des Papyrus-Blattes aus dem gleichen Kreise wie jene Orakel, d. h. auch diese vier Verkündigungen sind in dem Amon-Tempel in Theben unter Dynastie XXI verfaßt worden. Die vorliegende Niederschrift trägt einen Vermerk der Registratur in demotischer Schrift, oben: «Das dritte (Blatt)», unten: «Das zweite (Blatt).» Die Handschrift war von DARESSY der persischen Zeit zugewiesen worden und ist von

GOLENISCHEFF auf das 1. Jahrhundert n. Chr. bestimmt. Die Vorlage war also vielleicht schon fast ein Jahrtausend alt, als ein Schreiber den Auftrag erhielt, eine Abschrift des in dem Archiv eines Tempels aufbewahrten Blattes herzustellen. In dieser Abschrift haben wir einen Beleg für die uns wohlbekannte Sitte der ägyptischen Priester in Händen, alte Texte aus ihren Archiven an das Tageslicht zu ziehen und zu weiterer Verwendung herzurichten.

Der Inhalt der vier Verkündigungen ist überraschend. In verständlicher Weise hat sich die Fürsorge des Amon für seinen Hohenpriester nicht nur auf sein diesseitiges Leben erstreckt, sondern auch auf sein jenseitiges. Aber in diesen vier Verkündigungen sorgt Amon für einen Gott, und zwar für Osiris, für seinen Sohn Horus und für seine Gattin Isis. In erstaunlicher Weise verkündigt Amon, er werde das Wohlbefinden des Osiris in der Unterwelt gewähren, als ob dieser ein verstorbener Mensch sei. Seine Worte klingen so, als ob Osiris ein König wäre, für dessen Grab und Totenkult sowie für dessen Seele Amon sorgen wolle. Das stimmt zwar mit denjenigen Zügen der Osiris-Legende überein, die in ihm einen König der Urzeit sehen, der zusammen mit seiner Gattin Isis den Menschen ihre Ernährung durch den Ackerbau gesichert habe und nach seinem Tode seine Herrschaft seinem Sohn Horus hinterlassen habe (Band «*Mythen*», C). Aber das berücksichtigt nicht die Anerkennung, die Osiris als Herr des Totenreichs in ganz Ägypten gefunden hatte und durch die er jedem Ägypter als der Herr über sein eigenes Schicksal im Jenseits vertraut war. Die Theologen des Amon-Tempels in Theben haben hier einen Versuch gemacht, einen der volkstümlichsten Teile der ägyptischen Religion, eben den Jenseitsglauben, in den Kreis ihrer Dogmen einzubeziehen. Sie haben Osiris und seine Familie, die im ganzen Nil-Tal im höchsten Maße angesehen waren und verehrt wurden, zu niederen Gottheiten gemacht, die von der Gnade des Amon als des Götterkönigs abhängig waren. Der Gedanke, daß Amon auch für die Toten sorgen soll, tritt schon unter Ramses II. (Dynastie XIX) in den «Tausend Liedern an Amon in Theben» auf, in Lied 800, wo Abydos durch Theben ersetzt werden soll (Band «*Götterwelt*», S. 300).

Von den vier Verkündigungen betrifft die erste den Osiris, die zweite seinen Sohn Horus, die vierte seine Gattin Isis. Eingefügt ist die dritte, die eine Verheißung für die großen Städte Ägyptens und ihre Bewohner ausspricht; eine Beziehung auf die drei anderen Verkündigungen kann man sich durch die Annahme herstellen, daß die Gläubigen des Osiris gemeint, wenn auch nicht ausdrücklich genannt sind. Was in der I. Verkündigung dem Osiris versprochen wird, ist eigentlich nichts anderes, als was in den üblichen Totentexten für einen verstorbenen Menschen (ursprünglich nur für den Pharao) gesagt wird, der durch die Verklärung im Jenseits zu einem Gott erhoben werden soll. Das II. Orakel verleiht, ebenso wie viele andere Texte, dem Horus die von seinem Großvater Geb ererbte Herrschaft über die Menschen auf der Erde. Das IV. Orakel wäre unverständlich, wenn man nicht nach dem Zusammenhang des Ganzen voraussetzen müßte, daß Amon der Isis irgend etwas zuerkennt; demnach ist wohl gemeint, daß Isis ihre bekannte und bewährte Zauberkraft von Amon erhält. Es ist also nichts Neues, was Amon den drei Gottheiten zusagt; sondern es ist nur eine Bestätigung der Schicksale, Zustände oder Fähigkeiten, die diesen Gottheiten auch ohnehin zustehen oder zuteil werden. Aber die von dem theologischen Verfasser beabsichtigte Betonung liegt darauf, daß es Amon von Theben ist, der den drei Gottheiten dieses alles verleiht und verheißt; darin spricht sich das am Ende des Neuen Reiches geforderte und durchgesetzte Dogma der Allmacht des Reichsgottes Amon aus.

Veröffentlichung:

DARESSY in: *Annales du Service des Antiquités de l'Egypte* 18 (1919) 218 bis
224: Un décret d'Amon en faveur d'Osiris.

I. ERSTE VERKÜNDIGUNG DES AMON FÜR OSIRIS

1 Worte des Amon Rê, König der Götter, des gewaltigen Gottes, des Großen des Anfangs des Entstehens.•

Ich werde den Leichnam des Osiris erhalten

Ich vergöttliche den ehrwürdigen Ba *(Seele)* des Osiris (Wen-
nôfer)〉〈 wahr an Stimme *(seliger Toter)*.•
Ich mache trefflich *(erhalte)* seinen Leichnam in der Cherit-
nûter *(Totenreich)*.•
2 Ich werde seinen Körper zusammensetzen.•
Ich werde seinen Sahu *(Mumie, eigentlich Edler)* göttlich machen,•
(wenn) er mitten in der Duat *(Unterwelt)* ist als ein Stier, bunt
an Fell (?).•
Ich mache trefflich *(verschönere, erhalte)* sein ehrwürdiges Geheimnis in seinem Grabe.•
das besteht bis *3* zur Ewigkeit und Unendlichkeit.•

Ich werde sein Grab ausstatten und seine Statue schützen

Ich werde seine Statue trefflich machen *(erhalten)* in den beiden Ländern *(lies: auf der Erde)* an allen Tagen.•
Sein ganzes chem *(Heiligtum, in diesem Fall: Grab)* soll ausgestattet sein mit allen Lebensmitteln und Speisen.•
Ich werde die Götter und Göttinnen *4* sich vereinigen lassen
bei der Beschützung seiner Glieder,•
indem (sie) ihn schützen an jedem Tage.•

Ich werde seine Seele erneuern

Sein Ba (*Seele*) soll sich verjüngen als (*wie*) der Mond an dem
30. Tage (*des Monats*),•
ein Knabe durch die Wiederholung der Geburt (*indem er von
neuem geboren wird*),•
ein Fürst aller Götter.•
Er ist auf der Erde der Sahu (*Sternbild Orion*) 5 im Himmel (*lies:
und auf der Erde?*),•
Ich werde (sein) Herz an jedem Tage erfreuen.•
Ich werde seinen Ba und seine Glieder mit dem Wasser der Jugend (*Verjüngung*) beleben.•

Er bringt eine Ernte auf der Erde hervor

Er ist es, der sich verjüngt (*wieder jung wird*) zu seiner Zeit,
ohne daß ihm ein Aufhören zuteil wird;•
6 der Ägypten durch seine Ausflüsse (*Wasser*) belebt,•
so daß es keinen Mangel an Speisen gibt.•
(Sein) Heiligtum (*chem, Sanktuar*)• ist (*versorgt*) mit Lebensmitteln und seinen Speisen;
der alle Gesichter (*Menschen*) belebt durch das (*Wasser*), das
aus ihm hervorgeht.•
Nicht gibt es irgendeinen Gott, der lebt, ohne ihn zu kennen.
7 (*Er ist es*), der durch Lebensmittel erfreut . . . .•
und der (*seine?*) Schönheit erhöht an jedem Tage•.

II. Zweite Verkündigung des Amon für Horus

8 Worte des Amon Rê, König der Götter, des gewaltigen Gottes, des Großen des Anfangs des Entstehens.•

Ich werde Horus als Nachfolger seines Vaters Osiris einsetzen

Ich werde das Diadem (nemes, *Kopftuch des Königs*) geben an
Horus, Sohn der Isis, Sohn des Osiris,•

Rächer seines Vaters, •

Erbe dessen, der ihn geschaffen (*gezeugt*) hat. •

9 Er soll der König der beiden Länder sein auf dem Thron seines Vaters (Wen-nôfer)| wahr an Stimme. •

Das Zepter soll in seiner Faust sein als ein Vermächtnis. •

Er soll erglänzen auf dem Thron des Rê als ein Herrscher der Lebenden (*Menschen*), •

10 während die Neun-Bogen-Völker vereinigt unter seinen Sohlen liegen. •

Ich werde ihm die Macht seines Großvaters Geb verleihen

Ich werde das Zepter (?) des Geb an Horus, seinen ältesten Sohn (*eigentlich: Enkel*) geben. •

Der Zauberkreis (*Symbol für Ewigkeit*) soll ein Diadem (ma²h, *Kranz*) (an) seinem Kopfe sein. •

Ich werde ihm diesen Schutz (*Zauber*) vereinigen (*verleihen*).

Ich werde ihm die Menschen untertan machen

11 [Ich werde groß sein lassen die Macht seiner] Stirnschlange. •

Ich werde Schrecken vor ihm setzen (*in die Herzen der Menschen?*) und seine Macht in alle Länder, •

wie die seines Vaters Hor-achti. •

Ich werde ihm alle Lebenden (*Menschen*) als Hörige geben in 12 seinem Palast. •

Ich werde alle Götter und Göttinnen [freundlich sein lassen] zu seinem Herzen in ..... •

Ich werde ihn seinen Gegner Setech vernichten lassen

Ich werde seine Feinde niederwerfen, •

(*so daß*) dann Setech mit seinen Genossen nicht mehr (*vorhanden*) ist. •

Vernichtet ist ihm (*dem Setech*) seine Schutzwehr (*Kampfgenossen*) 13 in seiner Stunde (*der Niederlage*). •

Vereinigt ist [dem Horus die Stirnschlange an seinem?] Scheitel.•

Festgestellt sind ihm [die Kronen auf seinem Haupte als] König von Ober- und Unter-Ägypten.

Nicht bewegt sich ......, um das Herz [seiner] Gefolgsleute zu erfreuen.•

[Isis betreut] ihren Sohn Horus *14* an den *(seinen)* Gliedern,• der den Feind [Setech gebunden] gelegt hat unter seinen Vater *(Osiris)* bis in Ewigkeit und Unendlichkeit in seiner [Stunde?].

Der Allherr Rê und sein Gefolge soll Horus schützen

Rê selbst *(ist es,?)* der *(ihn)* schützt an [jedem] Tage.

Der vortreffliche [Vertraute] des Ḥu und Siaw *(Verstand und Kenntnis)*, [der Genossen] der Richterschaft;•

15 der tätig ist *(gezeugt ist?)* in Onu *(Heliopolis)*, der wiederholt hat *(oder: ist?)* in [Memphis?], vortrefflich in Opet-asut *(Karnak)*•

wie Sobek *(in dem ober-ägyptischen Gau XXI)* ......, König von Ober- und Unter-Ägypten für [die Ewigkeit].

III. Dritte Verkündigung des Amon für die Bewohner von Ägypten

16 Worte des Amon Rê, König [der Götter, gewaltiger Gott, groß an] dem Anfang des Entstehens.

Ich werde die großen Städte Ägyptens schützen

Ich werde schützen [die Bewohner von Aby]dos• *(ober-ägyptischer Gau VIII)*• *(und von)* Abu *(Elephantine, ober-ägyptischer Gau I)*,• *(und von)* Kobtiw *(Koptos, ober-ägyptischer Gau V)*, *(und von)* ......• *(und von)* dem Tor von Ober-Ägypten• *(und von)* Habit *(Stadt der Isis in dem unter-ägyptischen Gau XII)*,• *17* *(und von*) der Mündung von Mer-nofer (*im Delta?*)˙ (*und von*) jedem Gau des Osiris (*und ganz Ägypten*).˙

Ich werde ihre Bewohner versorgen

Ihre (Plural) gewaltigen Kinder [sollen werden zu] Großen von Schmaw und Mehu (*Ober- und Unter-Ägypten*)˙. Ich [werde] sie (*die Städte und ihre Bewohner*) schützen˙. Ich werde sie verbinden (*vereinigen*), ich werde sie einrichten. *18* Ich werde veranlassen, daß sie Überfluß haben an [Lebensmitteln] und Speisen.

Ich werde ihre Tempel betreuen

Ich werde [sie eintragen in] die Bestandsliste der Götter [in] ihren (*der Götter*) Tempeln.˙
Ich werde ihre (*der Götter*) Gottesopfer ernähren, *19* [und ich werde speisen] ihre Festfeiern des Anfangs [der Jahreszeiten]. Ich werde veranlassen, daß ein Meh-tep (*Vermehrung?*) geschieht. Ich werde zahlreich machen ihre [Besitz]tümer.˙ *20* Ich werde verknüpfen (*erhalten*) ihre [Arbeiterschaft].˙ Ich werde (*sie*) feststellen bis in Ewigkeit und Unendlichkeit, wie Onu (*Heliopolis*),˙ und die Weiße Mauer (*Memphis*),˙ und die Gaue in [Ägypten],˙ [indem zufrieden sind] alle Götter von Schmaw und Mehu (*Ober- und Unter-Ägypten*).

IV. Vierte Verkündigung des Amon für Isis

21 Worte des Amon Rê, König der [Götter, gewaltiger Gott, groß] an dem Anfang des Entstehens.

Orakel über Isis, die Gattin des Osiris

Ich befehle meinen gewaltigen Ausspruch (*Orakel*),˙ den großen,˙ den ersten,˙ den ehrwürdigen.˙ Er betrifft Isis, die Große, die Mutter des Gottes (*gemeint Horus*), Tochter der Nut (*Himmelsgöttin*),˙ Erste Königsgattin *22* des Königs Osiris

(Wen-nofer)[, wahr an Stimme, • dieses mein erstes Kind (zweimal!). Ich sage:•

Ein Ausspruch der Isis soll als Orakel des Amon gelten
und in ihrem Munde Zauberwirkung haben

«Siehe, *(dieses ist)* die Stimme des Ausspruchs *(Orakel)*,• des
großen, des ehrwürdigen,• des Amon Rê, Königs der Götter,•
dieses 23 guten Vaters,• indem er Zufriedenheit des Herzens
[verleiht],• und indem er jedes Unbehagen vertreibt,• das bei
irgendeiner [Krankheit] erscheint,• und jedem Schmerz• und
jedem Unwillen des Herzens.»•

B 9. GRIECHISCHE BERICHTE
ÜBER ÄGYPTISCHE ORAKEL

Als der griechische Historiker Herodotos um 450 v. Chr. Ägypten bereiste, erzählte man ihm von Orakeln in verschiedenen Tempeln. Er hörte von dem chresterion (Orakel) des Amon in der Oase Siwa, das für die libyschen Bewohner des Westrandes des Delta die Zugehörigkeit zu Ägypten ausgesprochen hatte (II 18). König Mykerinos (Men-kaw-Rê, Dynastie IV), der Erbauer der dritten Pyramide bei Giza, habe von dem Orakel zu Buto einen Spruch erhalten, nach dem er in sieben Jahren sterben würde (I 133). In seinem Buch II, Kapitel 83 stellt er die Tempel zusammen, in denen die einzelnen Gottheiten ihre Entscheidungen durch Orakel erteilt haben.

HERODOTOS [II,83] BERICHTET ÜBER ORAKEL

Mit den Orakeln steht es bei ihnen folgendermaßen. Von den Menschen besitzt diese Kunst niemand, von den Göttern dagegen einige. Denn es gibt dort *(in Ägypten)* ein Orakel des Herakles *(wohl Hari-schaf, griechisch Harsaphis, in Herakleopolis, ober-ägyptischer Gau XX)*, des Apollon *(ägyptisch Horus, entweder in einem Ort des Delta oder in Edfu, ober-ägyptischer Gau II)*, der Athena *(ägyptisch Neit in Sais, unter-ägyptischer Gau V)*, der Artemis *(ägyptisch Bastet in Bubastis, unter-ägyptischer Gau XVIII)*, des Ares *(ägyptisch Setech in Tanis, unter-ägyptischer Gau XIV)* und des Zeus *(ägyptisch Amon, entweder in der Oase Siwa oder in Theben, ober-ägyptischer Gau IV)*. Was sie unter allen Orakeln besonders hoch achten, ist das der Leto in der Stadt Buto *(Schlange Uto in Buto, unter-ägyptischer Gau VI)*. Freilich sind ihre Orakel nicht gleichmäßig, sondern verschieden.

C. DIE VEREHRUNG DER NATUR
UND DER TIERE

Aus der Urzeit hat der Ägypter die Verehrung der Natur und
ein inneres Verhältnis zu der ihn umgebenden Welt in die religiösen Vorstellungen der späteren Zeit mit hineingenommen.
Für ihn war und blieb alles beseelt, was ihm entgegentrat, ob
es die Mächte des Himmels und der Erde waren, die sein Le-

Abb. 43. Ehrfurchtsvoll steht «König Ramses II., der gewaltige Gott»,
vor der «Hathor, Herrin der westlichen Wüste». Sie ist eine Kuh, die aus
dem Geröll des Felsenhanges auf dem Westufer von Theben hinaustritt,
wo ein Streifen sumpfigen Geländes mit Papyrus und Gräsern ihr Nahrung gibt. Durch ihren Wohnort ist sie auch die Schützerin des verstorbenen Königs, die ihn als Kind mit Milch versorgt hat (Text C 7 auf S. 342).

ben bestimmten, oder die Tiere, die ihm lieferten, wessen er bedurfte, oder die ihn bedrohten. Wenn man in Theben die aus dem Fruchtland vertraute Kuh auch als Herrin des Felsengebirges der Wüste ansah, so verschmolz ihre Gestalt mit dem Berghang zu einer Einheit (Abb. 43). Aus dem großen Laubbaum, der in der ägyptischen Landschaft ein eindrucksvolles Bild darbietet, reichte eine in ihm wohnende Göttin seiner Seele Speisen heraus, um den Menschen auch noch im Jenseits zu erquicken (Tafel 22). Ging die Sonne im Osten auf, so waren ihre ersten Anbeter die Paviane, die in den Klüften der

Abb. 44. Zwischen Himmel und Erde stehen, aufgerichtet wie Männer, vier Paviane, die mit erhobenen Händen die aufgehende Sonne begrüßen.

Felsen wohnten (Abb. 44). Das allgewaltige Gestirn zog seine Bahn über den Himmel. Im Osten wurde es von Atûm entlassen, dem Götterkönig und Herrn der Sonnenstadt Heliu-polis; im Westen wurde es begrüßt von Osiris, dem Herrn des Totenreiches, in dessen Gebiet es eintrat, um über Nacht unter der Erde den Kreislauf nach Osten zu vollenden (Abb. 45). Der junge Sonnengott, der im östlichen Horizont von der Himmelsgöttin geboren wurde, war ein Kind, das dem Ägypter mit dem anderen und ihm vertrauten Kinde aus seiner Götterwelt verschmolz: dem kleinen Horus-das-Kind, griechisch Har-po-krates. So verwandelte sich das Gestirn, das auf dem

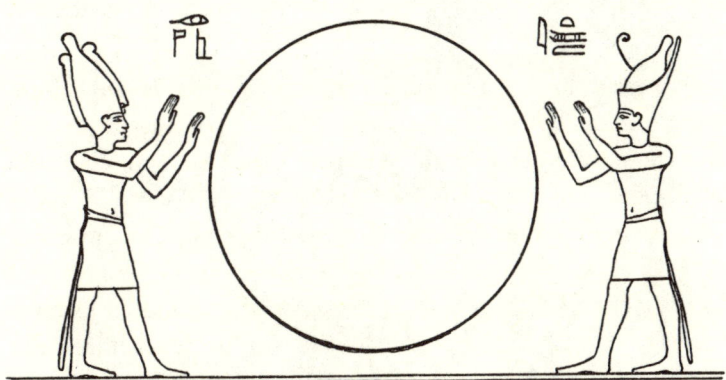

Abb. 45. Die Sonne wird in den beiden Horizonten von den dort wohnenden Göttern verehrt: im Osten von Atum, der als Götterkönig in Heliu-polis die Doppelkrone wie der Pharao trägt; im Westen von Osiris, dem Totengott mit der ober-ägyptischen Krone, in dessen unterirdisches Reich die Sonne dort eintritt.

Urhügel in dem finsteren Urozean aus einer Lotosblüte aufgestiegen war, in den kindlichen Horus, der als zukünftiger König schon die Symbole seiner Herrschaft in den Händen hielt (Abb. 46).

Neben dem Sonnengott, der in seinem Schiff über den Himmel fuhr, war sein Stellvertreter bei Nacht der Mond, ein göttliches Wesen, das man verehren mußte, weil seine wechselnde Gestalt eine Zeitbestimmung an die Hand gab (Abb. 47 und Tafel 19). Der regelmäßige Aufgang und Untergang der Sterne erlaubte es, nach ihnen die Stunden der Nacht zu bestimmen, wobei dann die Wasseruhr mithalf (Tafel 20). Die Sternbilder waren Gottheiten; aber in der nicht zählbaren Menge der einzelnen Sterne lebten wohl die Seelen der verstorbenen Menschen weiter (Teil des Himmels mit Sternen: Band «Götterwelt», S. 139, Abb. 22; Sternbilder in Gestalt von Menschen und Tieren: Band «Mythen», S. 178, Abb. 33).

Abb. 46. Der junge Sonnengott in der Gestalt des kindlichen Horus (mit Knabenzopf an der Doppelkrone, Krummstab und Geißel) steigt aus der Lotosblüte auf, die in dem Urozean (Wasserbecken) auf dem Urhügel gewachsen ist. Ihn begrüßt der Nun, der Vater aller Gottheiten in dem Urmeer (Wasserbecken), der hier die Gestalt des Bes (vollbärtiger und geschwänzter Greis mit verkrüppeltem Körper; Kopfschmuck von fünf Federn) erhalten hat. Links fächelt Toéris (weibliches Nilpferd mit Frauenarmen) als Geburtshelferin dem neugeborenen Kinde frische Luft zu.

Für den ägyptischen Bauern war die Erde, auf der er ackerte und sein Vieh zog, ein göttlicher Boden. An dem Ostrande des Delta (Gau XX) nannte man ihn Geb, in der Mitte (Gau IX) Osiris. Beide Götter waren Männer, auf deren Leib die Häuser standen und aus dem die Pflanzen sprießten. Aus ihrer ähnlichen Aufgabe ergab sich eine Feindseligkeit ihrer Anhänger in den verschiedenen Gauen (Text C 5).

Wenn der Nil durch seine sommerliche Überflutung dem Acker das Wachstum der Pflanzen schenkte, so mußte er ein gütiger Gott sein, den man gern pries (*unten*, S. 317).

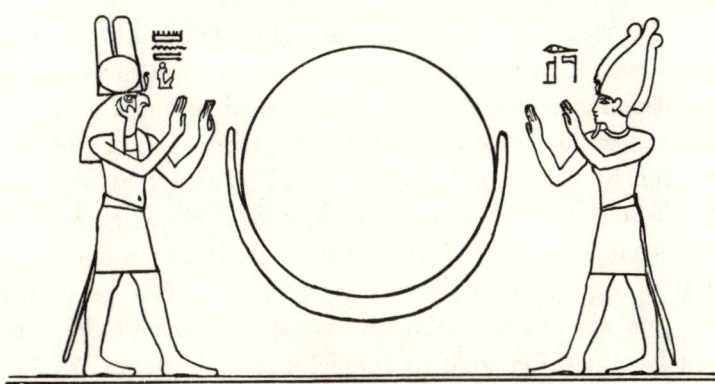

Abb. 47. Der Neumond (helle Sichel unter der schwach sichtbaren Scheibe) wird von Montu, dem Herrn des ober-ägyptischen Gaues IV von Theben, verehrt, und von Osiris, in dessen unterirdischem Totenreich die Sonne weilt, während der Mond sie am oberirdischen Himmel vertritt. Relief in dem Tempel des Mondgottes Chonsu bei Karnak in Theben.

Besondere Ehrfurcht haben die alten Ägypter den Bäumen entgegengebracht, durchaus verständlich in dem baumarmen Nil-Tal, in dem die Palmen nur einzeln stehen und alte Sykomoren weithin sichtbar sind. Besonders in Nubien sind große Bäume in der Landschaft auffallend, und unter einem solchen hat man in Dakka den dort heimischen Thot dargestellt (Tafel 21). In den Bäumen dachte man sich Göttinnen wie die griechischen Dryaden. Wie sie den Lebenden Schatten spendeten, so wünschte man sich für die Seelen der Verstorbenen, daß ihnen von Göttinnen aus den Bäumen Brot und Wasser gereicht werden möge (Tafel 22).

Wer als moderner Europäer die ägyptischen Glaubensvorstellungen richtig verstehen will, muß für das Denken dieser antiken Afrikaner anerkennen, daß für sie die Menschen und Tiere in gleicher Weise mit einer Seele bedacht waren, die vielleicht sogar durch sie hindurch wanderte. Waren doch nicht nur Bäume, sondern auch Bergspitzen und Felswände beseelte Wesen, die freundlich oder feindlich handelnd auftreten konnten. Seine Haustiere waren die ständigen Begleiter des Bauern, der von ihrem guten Willen abhing und unter ihrem schlechten Willen zu leiden hatte. Hinter ihnen, wie hinter den Menschen mit den gleichen Eigenschaften, standen göttliche Mächte, die in ihnen wie in den Menschen sich offenbarten, bald helfend, bald gefährlich, immer unerklärbar und unbegreiflich in ihren Absichten. Für den gläubigen Ägypter war in den Tieren, die man als sichtbare Erscheinungen der Gottheiten in ihren Tempelbezirken hielt, ein Teil dieser geheimen Kräfte vorhanden; man hob sie in ihrem Gehege durch ein herkömmliches Ritual über ihre Artgenossen hinaus.

Die Tiere ließ der Ägypter zu sich sprechen, als ob sie Menschen wären; so hören wir es in religiösen Texten ebenso wie in volkstümlichen Märchen. Er mischte dabei in seiner Vorstellung und auch in der bildlichen Wiedergabe die menschliche mit der tierischen Gestalt. Der Kuhkopf verband sich mit

Abb. 48. In ihrer Kapelle steht die Göttin Toéris als Nilpferd; sie legt die Tatze ihres Frauenarmes auf das Symbol sa «Schutz», den sie verleiht.

278

dem Frauengesicht (Band «*Götterwelt*», S. 245 mit Tafel 19–20), und das Nilpferd erhielt menschliche Arme mit Händen (Abb. 48). Die den Ägypter täglich umgebenden Tiere, gleichviel ob zahme oder wilde, trugen göttliche Kräfte in sich, um derenwillen man sie den großen Gottheiten angliederte. Stiere sind an mehreren Orten dem Herrn des Tempels zugewiesen worden, wie der Apis in Memphis dem Ptah (Band «*Götterwelt*», unter-ägyptischer Gau I, S. 37). Ebenso die Kühe, von denen eine in dem ober-ägyptischen Gau XXII der Hauptstadt ihren Namen gegeben hat (S. 349). Das Gefühl für eine übersinnliche Kraft, die den Rindern innewohnt, ist bei den Ägyptern, ebenso wie bei den Indern, so lebendig geblieben, daß der französische Schriftsteller GUSTAVE FLAUBERT in Kairo am 15. Januar 1850 an seinen Freund Dr. JULES CLOQUET schreiben konnte: «Wissen Sie, daß man noch vor einigen Jahren den, der ein Rind getötet hatte, mit dem Tode bestrafte, ganz wie zu den Zeiten des Apis?»

Tiere, die von den ersten Siedlern im Nil-Tal zu Wahrzeichen ihrer Stämme erklärt waren, haben ihre Verehrung behalten und sind zum Totem des Gaues geworden, wie der Stier (Abb. 40) und die Häsin (Band «*Götterwelt*», Abb. 34 und Tafel 17a), und der liegende Hund bzw. Schakal (Tafel 24). Von den Falken, die als Genossen der Sonne am Himmel schwebten, wurde einer als Abbild des Horus in dem Tempel von Edfu gehalten (S. 372) und ein anderer in Philae (Band «*Götterwelt*», ober-ägyptischer Gau I, S. 345); der gestorbene wurde in einem bronzenen Sarge beigesetzt (Tafel 31). Von den Geiern war ein weibliches Tier die Herrin des ober-ägyptischen Gaues III (Band «*Götterwelt*», S. 318), von dem aus der Pharao sie mitnahm, um ihn ständig zu beschützen (Band «*Mythen*», Tafel 17).

Bei den heiligen Tieren der Gaue in dem Band «*Götterwelt*» begegnet man wiederholt in dem ober-ägyptischen Gau XV dem Pavian, beigeordnet dem Thot, dem Herrn von Hermopolis, der den Kopf des Pavians auf dem Manneskörper trägt («*Götterwelt*», Tafel 16). Von dem Gott hat der Pavian den Mond auf seinem Kopfe erhalten (*ebenda*, Tafel 17b und Abb. 35), und ihn als den schriftkundigen Weisen vertrat er, wenn er auf den Schultern des gelehrten Schreibers hockte, um ihm kluge Worte in das Ohr zu flüstern (*eb.*, Tafel 18). Einem Pavian von übernatürlicher Größe schreibt man auch geheime Zauberkraft zu (*ebenda*, S. 227). Demselben Thot von Hermopolis ist der Ibis zugesellt (*ebenda*, Abb. 36 und Tafel 17b), dessen Kopf dem Gott meist gegeben wird (Tafel 16). Bilder in dem Band «*Mythen*» zeigen Thot mit Ibis-Kopf, wie er den Mond hält (*dort*, Abb. 3) oder die Sonne anbetet (*dort*, Abb. 60). Als Schreiber des Götterkönigs (*dort*, Abb. 5) verzeichnete er die Jubiläen der Regierung des Pharao (*dort*, Abb. 6 und 46), und seine Zaubersprüche verlas er als Helfer des Horus in dessen Kampf gegen Sêtech (*dort*, Abb. 22 und 26).

Die verehrten Tiere, ebenso geliebt wie gefürchtet, sind «die göttlichen Tiere der großen Götter», wie es sowohl in dem hieratischen wie in dem demotischen Teil des Totenpapyrus Rhind I für Montu-em-suf heißt (Band «*Ausklang*», C 6). Sie hatten Stimmungen gleich den Menschen, und ihre Reden in den Tierfabeln waren volkstümliche Erzeugnisse einer Phantasie, die aus echt ägyptischem Geist hervorging; durch ihren Übergang in die Literatur höheren Stils wurden diese Tierfabeln aus Ägypten in die ganze antike Welt hinausgetragen und wirkten, ihres religiösen Gehaltes meist entkleidet, bis in unsere Gegenwart fort. Die Gestalten von Tieren sind mit denen von Menschen an den Himmel gewandert und bildeten dort die Sternbilder (Band «*Mythen*», Text C 1, Abb. 33 auf S. 178).

Von den einzelnen Tieren werden unten in den Texten C 7–11 einige selbständig behandelt. Für weitere Tiere greife ich hier Beispiele heraus, die in den vorangegangenen Bänden dieser Folge durch Texte oder Bilder veranschaulicht sind. Unter den Haustieren erscheint der Widder und der Ziegenbock mehrfach bei den Gottheiten der Gaue in dem Band «*Götterwelt*»; entweder das ganze Tier in Mendes (*dort*, S. 172, Abb. 26 und Tafel 13), oder sein Kopf auf dem Manneskörper des Amon in Theben (*dort*, Abb. 47), und des Chnum in Elephantine (*dort*, S. 330, Abb. 56), und des Hari-schaf in Ḥnês (*dort*, S. 209, Abb. 31–32).

Die freundliche Katze war die Genossin der liebenswürdigen Göttin Bastet in Bubastis (*dort*, S. 189 mit Tafel 14). Dabei ging ihre Gestalt freilich gelegentlich in die der gefährlichen Raubkatze über, der Sachmet in Memphis, deren Bilder den Kopf der Löwin auf dem Frauenkörper zeigen (*dort*, S. 36 mit Tafel 3). Wie stark die Verehrung der Katzen und ihr Schutz durch die Bevölkerung war, lehrt der Bericht des Herodotos über den Gau (unter-ägyptischer XVIII) von Bubastis (*dort*, S. 192) aus dem 5. Jahrhundert v. Chr. Schon über ein Jahrtausend früher hatte Prinz Thut-môse, der die höchsten geistlichen Ämter des Landes bekleidete, einen Katzensarg gestiftet (*hier*, Abb. 49), auf dem die verstorbene Katze, mit einem Halsband mit Troddeln geschmückt, als «Osiris die Katze» dargestellt war; an den Schmalseiten klagten Isis und Nephthys um sie, wie sie es um ihren Bruder und Gatten Osiris getan hatten.

In Band «*Mythen*» tritt uns der männliche Löwe entgegen. Er begleitete den König bei seinem Kampf gegen die Libyer (*dort*, S. 217 mit Tafel 20), und der Pharao selbst verwandelte sich in einen Löwen, wie ihn eine monumentale Plastik aus Sandstein darstellte (*dort*, S. 65, Abb. 18). Der in die Länge gestreckte Leib zweier Löwen trägt die Sitzfläche des königlichen Thrones, und ebenso die Liegefläche des Bettes, auf dem der Körper des Menschen im Schlaf und als Leiche lag (*dort*, Abb. 34 und 36, Tafel 10 und 16). Die göttliche Majestät des Pharao war ein Löwe mit dem Königskopf, der «Sphinx» (*dort*,

Abb. 49. Sarg für eine Katze, gestiftet von Prinz Thut-môse (Dynastie XVIII), der nicht nur Hoherpriester von Memphis («Größter Leiter der Künstler») war, sondern auch «Vorsteher der Gottesdiener von Schmaw und Mehu (Ober- und Unter-Ägypten)». Kalkstein. Kairo, Cat. Gén. 5003.

Tafel 26 und 30, Abb. 52); ein solches Tier stand auf einer Standarte in dem Schiff des Sonnengottes (*dort*, S. 312, Abb. 60). Ihm verwandt sind Phantasiewesen, die man sich in der Wüste lebend dachte, wie der «Greif», der Löwe mit Falkenkopf, als Gestalt des Kampfgottes Montu (*dort*, Tafel 18), und das Fabeltier des ebenso kriegerischen Sêtech (*dort*, Tafel 5 und Abb. 4, 11, 15 und 45).

Die im ganzen Nil-Tal häufigen und deshalb überall gefürchteten Schlangen erscheinen in verschiedener Gestalt. Die große Schlange Meres-ger «Die das Schweigen liebt» auf dem Westufer von Theben war eine so mächtige Wächterin der dort liegenden Gräber, daß sogar der Pharao in einer monumentalen Gruppe sich betend vor sie stellte (Band «*Mythen*»,

Tafel 24). An der Stirn des Sonnengottes und seines Sohnes, des Pharao, richtete eine Schlange sich als «Uräus» auf, um durch ihren Feueratem Feinde zurückzuschrecken. Deshalb hing die Schlange an der Sonnenscheibe herab, die der junge Sonnengott auf seinem Kopfe trug (*dort*, Abb. 37); ebenso zwei Schlangen von der schwebenden Sonne (*dort*, Abb. 24), und an der über jeder Tempeltür als Schutz angebrachten «Geflügelten Sonne» (so auch auf den zahlreichen Bildern von Denksteinen in diesen Bänden). Die Verleihung der feuerspeienden Schlange an den König ist ein wesentlicher Teil seiner Krönung, durch die er die Würde der göttlichen Majestät an sich nahm. Man gab ihm den Uräus an den Stirnreif seiner Perücke (*dort*, Abb. 15, 24, 28 und 48), und an das königliche Kopftuch (*dort*, Abb. 8, 51 und 52), und an seinen Kriegshelm (*dort*, Abb. 11, 53 und 56), und an seine ober-ägyptische Krone (*dort*, Abb. 44). Der Uräus war mit der Doppelkrone fest verbunden, sowohl bei dem Pharao (*dort*, Abb. 45 und 46), wie bei dem königlichen Gott Horus (*dort*, Abb. 26, 27, 31 und 43), und wie bei dem ihn darstellenden Falken (*dort*, Abb. 32). An dem Uräus wurde der Leib oft ganz oder teilweise weggelassen; er war vorhanden an den Schlangen, die von dem waagerechten Widdergehörn an dem Kopfschmuck des Königs herabhingen (*dort*, Abb. 25 und 28).

Neben dem Falken stand unter den Vögeln der Geier dem Pharao am nächsten, und zwar das weibliche Tier als Verkörperung der Göttin Nechbet in dem III. ober-ägyptischen Gau (Band «*Mythen*», Tafel 23). Als schützende Macht schwebte der Geier über dem König (*dort*, Abb. 57), wenn er Jubiläen von Amon empfing (*dort*, Abb. 48) oder Beduinen niederschlug (*dort*, Tafel 17). Der Strauß hatte keine Beziehung zu einer bestimmten Gottheit. Aber eine seiner großen Schwanzfedern in ihrer charakteristischen Form mit der überhängenden Spitze war ein ständiger Kopfschmuck bei verschiedenen Gottheiten; entweder einzeln und allein bei Schow von Sebennytos (*dort*,

Abb. 7 und 16) und der Göttin Ma‘at «Wahrheit, Recht» (*dort*, Abb. 60); oder zu zweien und in Verbindung mit der Bündelkrone auf dem waagrechten Widdergehörn bei dem Götterkönig Rê Hor-achti (*dort*, Abb. 5), und bei Thot (*dort*, Abb. 22, 26 und 46), und bei Chnum (*dort*, Abb. 27), und bei dem Pharao (*dort*, Abb. 28 und 48).

Die in der vorstehenden Zusammenstellung gegebenen Beispiele aus dem Bande «*Mythen*» lassen sich leicht vervollständigen aus dem vorliegenden Bande, in dessen Abbildungen und Tafeln der Leser sofort weitere Ausführungen der bekannten Typen erkennen wird. Der Ägypter hat seine ganze Tierwelt ständig herangezogen, um sie in die Welt der geheimen Lebenskräfte hinaufzuheben, und um seinen Gottheiten diese zuzuweisen. Deshalb findet man die guten und die bösen Tiere immer wieder in einer geistigen oder körperlichen Verbindung mit den Gottheiten.

C I. LIED AN DEN ALLHERRN
ALS WELTHERRSCHER UND AN SEIN AUGE
ALS SEINE DIENERIN

(Spruch 587 der Pyramiden-Texte, deren Entstehung
in Band «*Mythen*», S. 14, geschildert ist.)

Das Lied ist ein «Gehöft», umrahmt von dem Schriftzeichen
ḥôt «Gehöft». Es beginnt mit einem Anruf (§ 1587) an den
Allherrn Atûm, den Urgott von Heliopolis, der als Sonne auf
dem Urhügel entstand. Dann geht der Sänger sofort zu einem
Anruf (§ 1588) an die Göttin über, an die das ganze Lied bis
zum letzten Vers gerichtet ist. Sie wird «Auge des Horus»
genannt, wobei der Name des Allherrn sich unmerklich in
«Horus» geändert hat, der Himmel, Sonne und Götterkönig
zugleich ist, während sein «Auge», sonst auch seine Stirnschlange (Uräus) genannt, einen Teil seiner Eigenschaften
und Tätigkeiten erhalten hat. Der Dichter ermahnt (§ 1589)
die Göttin, nur ihrem Herrn zu gehorchen, der sie betreut
habe. Ihm möge sie (§ 1590) Wasser, Pflanzen und Speisen zuführen, wohin er auch gehe. Nur ihm (§ 1593) würden die
Tore des Himmels geöffnet, so daß er sich frei bewegen könne. Horus sei es ja (§ 1595), der sie betreut und geschützt
habe. Wenn der Dichter (§ 1596) sein Lied nun mit einem
Vers aus einem ganz anderen Mythos abschließt, in dem Geb
(Erdgott), der Enkel des Allherrn Atum, als Götterkönig
herrscht, so zeigt die Angleichung von dessen Gattin Nût
(Himmel) an das «Auge des Horus», als eine wie umfassende
Göttin die letztere gedacht ist. Der Dichter hat sich unter dem
«Auge des Horus», der Dienerin des Allherrn, offenbar ein
Wesen vorgestellt, das in dem ganzen Raum des Himmels er-
scheinen konnte.

Hiermit endet das Lied an den Allherrn und an sein «Auge»,
das ein eindrucksvolles und vielleicht berühmtes Gedicht ge-

wesen sein muß. Denn die Priester, die mit der Herstellung der Totentexte für die Königsgräber der VI.Dynastie (um 2600 v.Chr.) betraut waren, entnahmen es dem Archiv ihres Tempels, vermutlich in Heliopolis (unter-ägyptischer Gau XIII), und fügten ihm eine Überarbeitung hinzu (§1596–1606), in der die gleichen Verse, die in dem Liede von dem Dichter an die Göttin mit Bezug auf den Urgott als ihren Herrn gerichtet waren, nunmehr an dieselbe Göttin mit Bezug auf den verstorbenen König gerichtet wurden. Der vergöttlichte Pharao, der nach seiner Verklärung von der Erde zum Himmel hinaufgeflogen war, wurde also zu einem Ebenbild des Urgottes und Allherrn, und nun wurde ihm alles zugeschrieben, was jener getan und erlebt hatte.

Der Dichter beginnt (§ 1596) seine angehängte Überarbeitung mit der Feststellung, daß der König nun zum «Horus» geworden sei; und dann wiederholt er (§ 1597) Vers nach Vers die Anrufungen an die Göttin. Diese soll nun nur dem König gehorchen (§ 1598) und ihn versorgen (§ 1600) an jedem Ort, da er ja auch seinerseits völlige Bewegungsfreiheit im Himmel erlangt habe (§ 1603). Die abschließenden Zeilen (§ 1605–1606) fassen den Befehl an die Götter nochmals zusammen. Mit dem letzten Satz des Liedes (§ 1606) springt der Dichter aus seinem Thema und aus seiner literarischen Form heraus: er warnt plötzlich eine Mehrzahl von Wesen, unter denen man sich nur seine Mitmenschen denken kann, auf einen Dämon mit einem Messer zu hören. Diese Zeile muß sich aus einem anderen Text an die vorliegende Stelle verirrt haben.

Das Lied und seine Überarbeitung sind als «Spruch 587» in zwei Pyramiden der VI.Dynastie aufgenommen worden, in die des Königs Pepi und des Nofer-ka-Rê. In der ersteren ist der Anfang weggebrochen, so daß der Text erst von § 1592 ab erhalten ist und auch in § 1593 und 1594 noch Lücken hat; von § 1599 ab ist er wieder ganz weggebrochen. Wo der Name des Königs steht, der in der betreffenden Pyramide bestattet ist, habe ich ihn durch «(Königsname)⟩» angedeutet. Die Zeit der Einmeißelung der beiden Ausfertigungen mag um etwa ein Jahrhundert auseinanderliegen; sie haben einige kleine Abweichungen voneinander, die von der Hand des letzten Redaktors herrühren.

Die religiösen Vorstellungen des Liedes hängen einerseits mit den Persönlichkeiten des Pantheons zusammen, die in ihm auftreten. Atum und Choprer sind Namen des Urgottes, die in Heliopolis durch die ganze Folgezeit hindurch bekannt geblieben und angewendet worden sind. Der Name Horus, unter dem er hier erscheint, ist derselbe wie der des Hor-achti, des «Horus der beiden Horizonte» des Himmels, in denen die Sonne auf- und untergeht. Hier befreien die Verse des Dichters sich von der menschlichen Gestalt der Gottheiten und lassen diese hinüberfließen in die großen Eindrücke von der Außenwelt des Ägypters. Der Allherr wird in den Mittelpunkt des Universums gestellt, das er nach allen vier Himmelsrichtungen hin beherrscht, auch auf der Erde. Der Dichter nimmt die Bilder, mit denen er von der Göttin ihre Dienste für ihren Meister fordert, zunächst aus der Natur: die Gewässer und die Pflanzen sollen ihre ernährende Kraft hergeben. Dann folgen die Speisen, die den Göttern als Opfer dargebracht werden; dabei sind die Totenopfer vielleicht nachträglich eingeschoben, schon im Hinblick auf die folgende Überarbeitung des Liedes für die Vergöttlichung des verstorbenen Königs.

Veröffentlichungen:

KURT SETHE, *Die altägyptischen Pyramidentexte* 2 (1910) 344–355: Spruch 587, § 1587–1606.

Eine Übersetzung des Anfangs des Liedes sieht in ihm «the earliest Sunhymn which we possess»: JAMES HENRY BREASTED, *Development of religion and thought in ancient Egypt* (New York 1912) 13.

Als «An early hymn to the Sun» bearbeitet von MERCER, *The Pyramid Texts* (1952) I, 246 und III, 761.

Anweisung für die Rezitierung des Spruches

§ *1587* Worte zu sprechen (*Anfang des «Gehöftes»*).

Heil dir, Urgott, der auf dem Urhügel aus sich selbst entstand!

Heil dir, o Atum! Heil dir, o Choprer, der aus sich selbst entstand (choper)! Du bist hoch in deiner Höhe (*Urhügel*). Du bist entstanden (choper) in deinem Namen (Choprer).

Heil dir, Göttin des Auges des Horus!

§ *1588* Heil dir (*weiblich*), du Auge des Horus, das er mit seinen beiden Händen insgesamt geschmückt hat!

Dein Herr läßt dich nicht auf andere hören,

Nicht hat er (*Horus als Allherr*) gegeben (*zugelassen*), daß du (*weiblich*) auf die Westlichen hörst. Nicht hat er gegeben, daß du auf die Östlichen hörst. Nicht hat er gegeben, daß du auf die Südlichen hörst. Nicht hat er gegeben, daß du auf die Nördlichen hörst. Nicht hat er gegeben, daß du auf die auf der Erde Lebenden hörst.

sondern du sollst nur auf ihn selbst hören,

§ *1589* (Sondern) du sollst hören auf Horus!

denn er hat dich betreut!

Er ist es, der dich (*weiblich*) schmückte. Er ist es, der dich baute. Er ist es, der dich einrichtete (goreg).

Du sollst ihm gehorchen!

§ *1590* Du sollst ihm alle Dinge machen, die er dir sagt, an jedem Ort, an den er geht.

Du sollst ihm die Gewässer zuführen

Du sollst ihm die Gewässer des Vogelteiches (*für Wildgeflügel*), die in dir sind, zutragen. Du sollst ihm die Gewässer des Vogelteiches, die in dir sein werden, zutragen.

und alle Bäume

§ *1591* Du sollst ihm deinen (*lies: jeden*) Baum, der in dir ist, zutragen. Du sollst ihm jeden Baum, der in dir sein wird, zutragen.

und das Totenopfer

Du sollst ihm das Totenopfer (*an Brot, Bier und Kuchen*), das in dir ist, zutragen. Du sollst ihm das Totenopfer, das in dir ist (*zu streichen!*), das in dir sein wird, zutragen.

und die Opferspende

§ *1592* Du sollst ihm die Opferspende, die in dir ist, zutragen. Du sollst ihm die Opferspende, die in dir sein wird, zutragen.

und alle Dinge

Du sollst ihm jede Sache (*Opfergabe*), die in dir ist, zutragen. Du sollst ihm jede Sache, die in dir sein wird, zutragen.

an jedem Ort

Du sollst (es) ihm zu jedem Orte nehmen (*bringen*), an den sein Herz (*zu gehen*) wünscht.

Die Tore des Himmels werden verschlossen gehalten

§ *1593* Die Türflügel (*Mehrzahl*), die auf dir sind, sind festgestellt durch An-mutef (*Gott*).

und nicht für andere geöffnet,

Nicht werden sie geöffnet für die Westlichen. Nicht werden sie geöffnet für die Östlichen. Nicht werden sie geöffnet für die Nördlichen. Nicht werden sie geöffnet für die Südlichen. Nicht werden sie geöffnet für die auf der Erde Lebenden.

sondern nur für Horus,

§ *1594* (Sondern) sie werden geöffnet (nur) für Horus.

weil er sie hergestellt und geschützt hat

Er ist es, der sie (*Mehrzahl*) machte. Er ist es, der sie feststellte. Er ist es, der sie errettete vor jedem Leid, das Setech gegen sie getan hat.

Horus hat dich (Göttin) betreut und geschützt

§ *1595* Er ist es, der dich (*weiblich*) ansiedelte (goreg) in diesem deinem Namen der «Ansiedlungen» (gorgut, *Wortspiel*). Er ist es, der eilt, wenn er mit deinem Baum läuft (nini) in deinem Namen der Stadt (nowet, *Wortspiel*). Er ist es, der dich errettet vor jedem Leid (Pepi: vor jeder grünen Sache), die Setech gegen dich (*weiblich*) getan hat.

Beeile dich, o Himmelsgöttin Nut!

§ *1596* Laufe du, laufe du, o Nut (*Himmel*)! Geb (*dein Gatte, der Götterkönig*) hat befohlen, daß du läufst (nini) in deinem Namen Stadt (nôwet, *Wortspiel*).

Der (verstorbene) König ist nun zum Horus geworden

Der (Königsname)͗ ist wahrlich Horus, der sein Auge geschmückt hat mit seinen beiden Händen insgesamt.

Er hat dich (Göttin) wie Horus betreut

§ *1597* Dieser (Königsname)͗ schmückte dich (*weiblich*), und du bist geschmückt! Dieser (Königsname)͗ siedelte dich (*weiblich*) an (goreg), o diese Ansiedlungen (gorgut, *Wortspiel*)! Dieser (Königsname)͗ baute dich (*weiblich*), o diese Stadt (nôwet) des (Königsname)͗!

Du sollst nun auch ihm alles Gute erweisen

Du sollst für diesen (Königsname)͗ alle schönen Dinge machen (Pepi: alle Dinge, die das Herz dieses (Königsname)͗ wünscht). Du sollst sie für diesen (Königsname)͗ machen an jedem Ort, an den er geht.

Du sollst nicht anderen gehorchen,

§ *1598* Du sollst nicht hören auf die Westlichen. Du sollst nicht hören auf die Östlichen. Du sollst nicht hören auf die Nördlichen. Du sollst nicht hören auf die Südlichen. Du sollst nicht hören auf die auf der Erde Lebenden,

sondern nur dem (verstorbenen) König selbst,

§ *1599* (sondern) du sollst hören auf diesen (Königsname)ǀ,

denn er hat dich betreut

(denn) er ist es, der dich (weiblich) schmückte. Der (Königsname)ǀ ist es, der dich baute. Er ist es, der dich einrichtete.

Du sollst ihm gehorchen

§ *1600* Du sollst ihm alle Dinge machen, die er dir sagen wird an jedem Ort, an dem er geht.

Du sollst ihm die Gewässer zuführen

Du sollst ihm die Gewässer des Vogelteiches zutragen, die in dir sind. Du sollst ihm die Gewässer des Vogelteiches zutragen, die in dir sein werden.

und alle Bäume

§ *1601* Du sollst ihm jeden Baum zutragen, der in dir ist. Du sollst ihm jeden Baum zutragen, der in dir sein wird.

und das Totenopfer

Du sollst dem (Königsname)ǀ das Totenopfer (an Brot, Bier und Kuchen) zutragen, das in dir ist. Du sollst ihm das Totenopfer zutragen, das in dir sein wird.

und die Opferspenden

§ *1602* Du sollst dem (Königsname)ǀ die Opferspenden zutragen, die in dir sind. Du sollst dem (Königsname)ǀ die Opferspenden zutragen, die in dir sein werden.

und alle Dinge

Du sollst ihm alle Sachen zutragen, die in dir sind.

an jedem Ort

Du sollst (sie) für (Königsname)ǁ zu jedem Ort nehmen (*bringen*), an den das Herz des (Königsname)ǁ (zu gehen) wünscht.

Die Tore des Himmels werden verschlossen gehalten

§ 1603 Die Türflügel, die auf dir sind, sind festgestellt durch An-mutef.

und nicht für andere geöffnet

Nicht werden sie geöffnet für die Westlichen. Nicht werden sie geöffnet für die Östlichen. Nicht werden sie geöffnet für die Nördlichen. Nicht werden sie geöffnet für die Südlichen. Nicht werden sie geöffnet für die auf der Erde Lebenden.

sondern nur für den (verstorbenen) König,

§ 1604 [(Sondern) sie werden (nur) geöffnet für] den (Königsname)ǁ.

weil er sie hergestellt und geschützt hat

(Denn) er ist es, der sie machte. Der (Königsname)ǁ ist es, der sie feststellte. Er ist es, der sie (*Mehrzahl*) errettete, vor allen bösen Dingen, die die Menschen gegen sie getan haben.

Er (der König) hat auch dich (Göttin) betreut

§ 1605 Der (Königsname)ǁ ist es, der dich [ansiedelte (goreg)] in diesem deinem Namen «Ansiedlungen» (gorgut, *Wortspiel!*). Der (Königsname)ǁ ist es, der eilt und läuft (nini) mit deinem (*weiblich*) Baum in diesem deinem Namen «Stadt» (nowet, *Wortspiel!*). Der (Königsname)ǁ ist es, der dich (*weiblich*) errettet vor jeder [bösen] Sache, [die die Menschen] gegen dich [getan haben].

Du sollst nun dem König gehorchen,

§ *1606* Du sollst hören auf den (Königsname)∦ (als) den Einzigen.

der dich geschaffen hat

Der (Königsname)∦ ist es, der dich *(weiblich)* machte.

Ihr Menschen sollt nicht den Drohungen der Dämonen erliegen!

Nicht sollt ihr *(Mehrzahl)* hören auf den mit dem Messer Be-
waffneten!

(Ende des «Gehöftes»)

C 2. LIED FÜR DIE HIMMELFAHRT
DES VERSTORBENEN KÖNIGS

(Pyramiden-Texte, Spruch 271)

Spruch 271 aus den Pyramiden-Texten steht schon in der Pyramide des Königs Wonis (Unas, Dynastie V) und ist in denen der Könige Pepi und Nofer-ka-Rê (Dynastie VI) wiederholt (Band «*Mythen*», S. 14). Das «Gehöft» ist ein einheitlicher Text von schlichtem Aufbau, in seiner Fassung freilich so knapp gehalten, daß wir mit jedem Vers ohne Einleitung oder Übergang vor eine neue Tatsache gestellt werden. Der Schauplatz ist im Anfang die Erde, die der verstorbene König, als ob er ein Urgott wäre, aus dem Chaos hat entstehen lassen. Auf ihr hat er, der als König von Ober-Ägypten nach Norden zog, Unter-Ägypten niedergeworfen und dadurch die beiden Länder zu einem Reich zusammengeschweißt. Geholfen hat ihm dabei die Landesgöttin von Ober-Ägypten, die sonst als der weibliche Geier aus Gau III gedacht wird, hier aber als das Weibchen des Ur-Stieres aus dem begrünten Wadi der Wüste erscheint.

Der zweite Teil des Liedes springt über zu dem Augenblick, in dem der verstorbene König zum Himmel hinaufsteigen will. Der Allherr erleichtert ihm die Überwindung der senkrechten Felswände des Kalksteingebirges am Rande des Nil-Tals dadurch, daß er Blöcke hat hinabstürzen lassen, um ihm einen Aufstieg zu ermöglichen. Horus und Setech, als Vorgänger des Pharao die Beschützer seines Königtums, helfen ihm gemeinsam; aber der Dichter weiß, daß sie vor kurzem noch feindliche Brüder waren, und so warnt er einen vor dem anderen. Der Allherr öffnet erfreut sein Gesicht dem ankommenden König und läßt ihn sich neben den Thron des Götterkönigs setzen.

Die mythologischen Anspielungen dieses Spruches bedienen sich beobachteter Bilder aus der Natur. Der Dichter greift zurück bis in die Urzeit, als der Urhügel zum erstenmal aus dem leblosen Meere auftauchte. Dann sieht er das Nil-Tal vor sich mit den Papyrus-Dickichten in seinen Niederungen und mit den steilen Felswänden am Wüstenrande, hinter denen der mächtige Ur mit seiner Herde weidet. Dort, eigentlich am Ende des Erdkreises, stehen die Stützen des Himmels, unbesteigbar für den Sterblichen, und nur mit Hilfe der Götter zu erklimmen. Der landschaftliche Hintergrund, zusammen mit den Persönlichkeiten der auftretenden Gottheiten, gibt dem Spruch sein Gepräge. Die politischen Andeutungen versetzen in die Zeit der Könige der I. Dynastie, als eben der erste von ihnen, der Ober-Ägypter Menes oder Nar-mer, durch einen siegreichen Bürgerkrieg das Delta niedergeworfen und das Reich der beiden Staaten gebildet hatte.

Veröffentlichungen:

KURT SETHE, *Die altägyptischen Pyramidentexte* 1 (1908) 202–204: Spruch 271, § 388–391.

KURT SETHE, *Übersetzung und Kommentar zu den altägyptischen Pyramidentexten* 2 (ohne Jahr) 121–131; MERCER, *The Pyramid Texts* (1952) I, 92 und II, 178.

Anweisung für die Rezitierung des Spruches

§ 388 Worte zu sprechen (*Anfang des «Gehöftes»*).

Der (verstorbene) König hat den Urhügel entstehen lassen

Der (Königsname)ʲ ist es, der die Erde erfüllt (*als trockenen Boden festgestellt*) hat, die aus dem See (*Urmeer, Chaos*) hervorgegangen ist.

Er hat Unter-Ägypten besiegt

Der (Königsname)ʲ ist es, der Papyrusstengel ausgerissen hat (*das Papyrus-Land Unter-Ägypten bezwungen hat*).

Er hat die beiden Landeshälften vereinigt

Der (Königsname)| ist es, der die beiden Länder zur Ruhe brachte. Der (Königsname)| ist es, der die beiden Länder vereinigte.

Er hat durch die ober-ägyptische Landesgöttin gesiegt

Der (Königsname)| ist es, der sich mit seiner Mutter verband, der Urkuh *(weibliches Wildrind)*, der Großen, *§ 389* der Mutter des (Königsname)|, der Urkuh, dem Weib, die auf dem Berge der Wiese ist, die auf dem Berge des sehseh-Vogels *(eher Reiher als Geier)* ist.

Der Allherr ermöglicht ihm das Hinaufsteigen zum Himmel

Die beiden Pfeiler stehen fest, (aber) Blöcke sind herabgestürzt. *§ 390* Der (Königsname)| steigt hinauf auf die Leiter *(am Felsen)*, die ihm sein Vater Rê gemacht hat.

Horus und Setech unterstützen ihn dabei

Horus und Setech greifen nach dem Arm des (Königsname)|, damit sie ihn zu der Daʾt *(Gefilde der Seligen am Himmel)* führen.

Anruf, zuerst an Horus, dann an Setech

§ 391 «Du Gott, dem zugewinkt wurde, hüte dich vor dem Gott, dem befohlen wurde!»
«Du Gott, dem befohlen wurde, hüte dich vor dem Gott, dem zugewinkt wurde!»

Der Allherr nimmt den Verstorbenen zu sich

Das Gesicht des Gottes *(des Allherrn)* öffnet sich dem (Königsname)|. Dieser (Königsname)| läßt sich nieder auf dem großen Thron zur Seite des gewaltigen Gottes.

(Ende des « Gehöftes»)

C 3. GEBET DES MERI-RÊ
AN DIE AUFGEHENDE SONNE

Unter einem der späteren Könige der XVIII. Dynastie, vielleicht Amon-hôtep III., lebte in einem Mittelpunkt der staatlichen Verwaltung, wahrscheinlich in Theben (ober-ägyptischer Gau IV, Band «*Götterwelt*», S.255), ein Mann namens
Meri-Rê («Geliebt von Rê») als Vorsteher des königlichen
Schatzes, der Gold und Silber zu verwalten hatte und zur Führung des königlichen Siegels berechtigt war. Getreu seinem
Namen war er ein Verehrer des Sonnengottes Rê, und an diesen wandte er sich mit einem Gebet auf einer Statue, die er
bei Lebzeiten arbeiten ließ, vermutlich als Stiftung in ein Heiligtum oder auch in sein eigenes Grab (Tafel 25). Die Statue
(Tafel 25) stellt ihn in schlichter Tracht (mit anliegendem
Schurz und halblanger Löckchenperücke) dar, wie er kniend
einen Denkstein vor sich hält. Er blickt geradeaus mit einem
Gesicht, das einige Porträtzüge mit einer idealisierten Jugend-
lichkeit mischt. Es läßt die Ruhe eines würdevollen Mannes
erkennen, aus dessen Munde man sich das auf dem Denkstein
eingemeißelte Gebet gesprochen denken kann. In der Rundung
des Denksteins stehen oberhalb der Inschrift zwei menschliche
Uzat-Augen zur Abwehr von Unheil (gegen den bösen Blick:
Band «*Ausklang*», C 1 mit Tafel 17); zwischen ihnen der Ring
der «Ewigkeit» über dem Wassernapf, wohl als Gewähr für die
ewige Darbringung des Wasseropfers nach dem Tode des Stifters.

Veröffentlichung:

Die Statue aus schwarzem Granit, Höhe 71 cm, von unbekannter Herkunft, ist jetzt in Mitau, Kurland, Sowjetunion. Veröffentlicht von
WRESZINSKI in: *Zeitschrift für ägyptische Sprache und Altertumskunde* 67
(1931) 132–133, Tafel IX–X.

Anbetung der Sonne bei ihrem Aufgang

1 Verehrung des Rê, wenn er aufgeht, durch Fürst, *2* Graf, Träger des Siegels des Königs von Unter-Ägypten, Einziger Freund (*Hofamt*), der das Fest des Amon leitet (*als staatlicher Abgeordneter zu dem kirchlichen Volksfest*), *3* Großer Vorsteher des Hauses (*der Verwaltung*), Meri-Rê. Er sagt:

Lied an den Sonnengott

4 Heil dir, Rê, Herr der Ewigkeit, der den Himmel schuf, *5* Einziger, der einzig ist, Herr der Menschheit, *6* Vater der Götter!

Ich bete zu dir

Ich gebe dir Anbetung, *7* ich erhöre dich, ich preise *8* die Schönheit Deiner Majestät.

Laß mich Gnade bei dem Pharao finden

Mögest du meine Belobigung *9* vor dem König von Ober-Ägypten geben, und meine Beliebtheit bei dem Herrn der beiden Länder.

Laß mich die ewige Seligkeit erlangen

10 Mögest du geben, daß ich mich vereinige mit (*bestattet werde in*) dem schönen Westen (*Totenreich*), und daß ich *11* meinen Sitz der Ewigkeit [erreiche], wie du es für mich [auf] *12* der Erde getan hast!

Titulatur des Betenden

Der Vorsteher der beiden Häuser des Goldes, Vorsteher der beiden Häuser des Silbers (*der Schatzverwaltung beider Länder Ober- und Unter-Ägypten*), Großer Vorsteher des Hauses, Meri-Rê.

C 4. ZWEI LIEDER AUF SOBEK UND HORUS ALS SCHÖPFER UND ERHALTER DER WELT

Der Tempel von Nubôjet, koptisch Embô, griechisch Ombos, arabisch Kôm Ombô (Tafel 26), liegt dicht an der jetzigen Sprachgrenze, südlich von der die Nubier wohnen; vielleicht hat das nubische Sprach- und Volksgebiet im Altertum noch weiter nach Norden gereicht als heute (Band «*Götterwelt*», S. 329). Von dem Tempel aus herrscht nicht ein Gaugott, den es ursprünglich hier gar nicht gegeben zu haben scheint; sondern in ihm wohnen zwei verschiedene Götter, das Krokodil Sôbek, griechisch Sûchos, aus dem ober-ägyptischen Gau XX (Fajjum), und der Falke Hôrus, der sowohl in verschiedenen Gauen Ägyptens wie in Nubien beheimatet ist. Die beiden Götter, die allenfalls durch ihre Tiere, aber keinesfalls durch ihr Wesen einen bodenständigen Eindruck machen, sind in Ombos wohl von den Ägyptern angesiedelt, als sie den südlichsten Teil ihres Nil-Tales kolonisierten und durch ägyptische Enklaven auf nubischem Boden zu sichern wünschten. Wir brauchen also keinen nubischen Einfluß in den beiden Göttergestalten zu suchen.

Um zwei Göttern eine Heimat zu bieten, ist der Tempel von Ombos durch seine Mittelachse stärker in zwei Hälften geteilt, als es sonst in ägyptischen Heiligtümern üblich ist, wenn etwa die nördliche Hälfte das Land Unter-Ägypten wiedergibt, die südliche das Land Ober-Ägypten. Hier gehört die südliche Hälfte dem Sobek, die nördliche dem Horus. Damit der letztere nicht mit dem kindlichen Sohn Har-po-krates («Horus-das-Kind») des Osiris und der Isis verwechselt werden kann, sondern deutlich den Sonnengott und falkenköpfigen Helfer des Allherrn darstellt, wird er Har-wêr «Horus der Große, der Alte» genannt, griechisch Haroêris oder Apollon. Aus der Fülle der Inschriften, mit denen die Wände des Tempels während der Regierung der römischen Kaiser bedeckt worden sind, greife ich zwei Lieder an die Herren des Heiligtums heraus, die innerlich zusammengehören und unmittelbar nebeneinander in der Mitte der äußeren Ostwand der Umfassungsmauer eingemeißelt sind; das Lied auf Sobek südlich der Mittelachse, das auf Horus nördlich von ihr (Tafel 27). Unterhalb jedes Liedes ist eine Darstellung in Hochrelief eingemeißelt, die in ihrer Symbolik auf Wesen und Taten des betreffenden Gottes hinweist (Tafel 27). Zunächst der Mittelachse steht die Landespflanze: in der Nordhälfte für Horus der unter-ägyptische Papyrus, in der Südhälfte für Sobek die ober-ägyptische Lilie. Man hat also die beiden Götter auch als Vertreter der beiden Landeshälften angesehen (Band «*Götterwelt*», S. 29 und 195), und wir haben als Vorbild des Horus einen unter-ägyptischen Sonnengott anzunehmen, nach der ausdrücklichen Angabe am Anfang des Liedes vielleicht den von Letopolis in dem II. unter-ägyptischen Gau. In jeder Hälfte der Darstellung folgen dann Brote und zerlegte Rinder als Speisen, deren Schöpfer die beiden Götter nach den mittleren Versen der Lieder sind. Den Abschluß bilden in jeder Hälfte drei an den Pfahl gebundene Gefangene, die von dem Gott niedergeworfenen Feinde des Allherrn, deren Vernichtung beide Lieder erwähnen.

Die beiden Lieder, die in je drei Zeilen mit erhabenen, dicht gedrängten Hieroglyphen eingemeißelt sind, haben eine enge Verwandtschaft in Komposition und Inhalt. Sie geben keine Schilderung von Ereignissen, sondern bestehen, in einer zu allen Zeiten der ägyptischen Literatur häufigen Gattung, nur aus Namen, Beiworten und erläuternden Bezeichnungen des Gottes. Nur um die Eintönigkeit aufzulockern, sind gelegentlich Wiedergaben von Tatsachen eingeflochten in der Fassung: «Er hat getan ....» oder «Er ist ....». Der Beginn der Lieder stellt zuerst das nahe Verhältnis des Gottes zu dem Allherrn fest und läßt dann die Mächte der Natur erkennen, in denen der Gott sich offenbart: Sonne und Mond, Wasser und Wind. Dann folgt für beide Götter die Erwähnung ihres siegreichen Kampfes für den Allherrn, gegen den die Dämonen der Finsternis sich empört hatten. Jeder der beiden Götter ist ein Vertreter von Wahrheit und Recht, und er zeigt den Gläubigen, die zu ihm beten, seine freundlichen Seiten.

Diese übereinstimmenden Gedanken sind in jedem Liede auf selbständige Weise ausgeführt, durchaus entsprechend dem Charakter des betreffenden Gottes. Bei Sobek ist jeder Vers ausgerichtet auf sein Wesen, das schon in dem ersten Satz als «Schöpfer der Erde» angegeben ist, während Horus als der Erhalter der Welt gilt. Deshalb ist bei Sobek ausdrücklich betont, daß die Mächte der Natur von ihm geschaffen sind, während sie bei Horus als vorhanden angesehen werden und er sich ihrer zum Wohle der Götter und Menschen bedient. In den weiteren Versen hat der Dichter nach verschiedenartigen Wendungen für den Ausdruck seines Gedankens gesucht. Für beide Götter betont er, daß sie von ihrer Wut, mit der sie gegen ihre Feinde gekämpft haben, ablassen, wenn Gläubige sich im Gebet an sie wenden. In der Persönlichkeit beider Götter wirken uralte Züge fort. Horus ist als Sonne die große Macht der Urzeit, die zuerst Licht, Wärme und Trokkenheit in das feuchte Chaos gebracht und seine Schöpferkraft betätigt hat. Sobek ist noch deutlicher der urweltliche Schöpfer, der Sonne und Mond entstehen ließ und durch den Nil die Pflanzen auf dem Acker zum Wachsen brachte. Züge dieses Sobek berühren sich mit dem Sobek, Sohn der Neit, der in Spruch 317 der «Pyramiden-Texte» die befruchtende Überschwemmung in das Nil-Tal geleitet hat (*unten*, S. 318).

Der Verfasser der Vorlagen zu den beiden Inschriften ist nicht der Erfinder ihres Inhalts gewesen, sondern er hat in dem Archiv seines Tempels auch in römischer Zeit noch Texte auf Papyrus gefunden, die er lesen und für seine Gedichte benützen konnte. Er bediente sich der altertümlichen Sprache seiner Vorlagen, und er übernahm unbedenklich ganze Verse aus ihnen. Gewiß hat er nicht Lieder vorgefunden, die er nur abgeschrieben hätte. Vielmehr ließ er sich von den alten Texten anregen, um aus ihnen Sätze, Bilder und Worte zu entnehmen. Aus diesen untereinander nicht zusammenhängenden Teilen hat er dann im Sinne seiner einheitlichen Komposition zwei neue Lieder gestaltet. Die einzelnen Abschnitte mit selbständigem Inhalt sind auch in seinen Vorlagen schon ähnlich vorhanden gewesen, aber vielleicht in anderem Zusammenhang. Wir beobachten eine solche Mischung von mythologischen Zügen verschiedener Art auch schon in pharaonischer Zeit. Aus dem individuellen Charakter der Gaugottheiten strömten neue Eigenschaften in die Persönlichkeiten der großen Götter hinein und gaben ihnen die uneinheitliche Vielseitigkeit, die in dem Synkretismus der späten Religion zu einem unauflösbaren Knäuel von Gedanken führte.

Veröffentlichungen:

J. DE MORGAN, *Kom Ombo (Catalogue des monuments et inscriptions de l'Egypte ancienne)* II (Kairo, 1909) 292, Nr. 939, pl. auf S. 295.
JUNKER in: *Zeitschrift für ägyptische Sprache und Altertumskunde* 67 (1931) 51–55, Tafel VII.

LIED AN SOBEK

Sobek hat am Uranfang die Erde geschaffen

1 Sobek ist der Ka *(Seele)* des Großen *(Gottes, Allherrn)*. Seine große Macht *(Wesen)* ist die des Schöpfers der Erde. Er hat den Nun *(Chaos, Urozean)* in seiner Stunde geschaffen.

Sonne und Mond sind aus seinen Augen hervorgegangen

Der gewaltige Gott, aus dessen beiden Augen die beiden Atôn *(leuchtende Scheiben, Sonne und Mond)* hervorgegangen sind. Sein rechtes Auge erstrahlt am Tage, sein linkes in der Nacht. Seine beiden Großen (Augen), sie machen die Finsternis hell.

Er schafft den erfrischenden Wind

Der Wind geht aus seinem Munde hervor, und das Nest (*der Anfang*) des Windes aus seiner Nase.

Er läßt den befruchtenden Nil die Überschwemmung bringen

Der Hapi (*Nil*) strömt aus seinem lebendigen Schweiß. Er hat (*die Pflanzen*) des Ackers (*als Überschwemmung befruchtend*) umhüllt. Der durch seinen Phallus wirkt, *2* um die beiden Länder zu überfluten mit den Speisen, die er geschaffen hat.

Er hat für Rê die Empörer niedergeworfen

Er hat gegen die Empörer durch seine Erscheinung gewütet in seinem Namen des Sobek Rê in seinem Teich. Seine Kraft ist stark wie die Seiner Majestät des Rê, wenn er seinen Gegner durch seine Gewalt vernichtet.

Er hat als gerechter Richter den Streit der Götter geschlichtet

Er ist der Herrscher der Wahrheit, der das Recht der beiden Götter (*Horus und Setech*) angesichts des (*Götterkönigs*) Geb urteilt.

Er sorgt für die Seinigen wie ein Vater

Der Alte (*Vater*), der für seine Kinder Sorge trägt. Ist Trockenheit entstanden, so gibt es (*dank ihm*) keinen Mangel (?).

Er erhört den zu ihm Betenden

Der Gott, mächtig an Güte (?) – *3* wie süß ist es, ihn anzubeten! Der Erhörer, der zu dem kommt, der nach ihm ruft; wertvoll (*freundlich*) im Hinblicken, groß an Ohren (*Erhörung*); Oberster der Rede für den, der sich im Gebet zu ihm befindet.

Er läßt sich trotz seiner unvergleichlichen Macht besänftigen

Machtvoll an Kraft, der nicht seinesgleichen hat. Wie stark ist er, mehr als die (anderen) Götter, durch seine Kraft! Sobek, Herr von Nubôjet (*Ombos*), der den Frieden liebt nach der Wut.

Horus von Ombos erscheint als Sonnengott

1 Der (Gott), der das Herz grünen (*sich freuen*) läßt, ist der göttliche Ka (*Seele*) des Wêr («*Großer*» *Löwe*). Seine prächtige Erscheinungsform ist die Gestalt des (*falkenköpfigen*) Sonnengottes in dem Horizont. (Er ist) der Chenti-en-arti (*Falkengott in Letopolis, unter-ägyptischer Gau II*) als Gestalt des Edlen, der auf den Bezirken (*Ländereien, Fruchtland*) ist.

Sonne und Mond sind die Augen in seinem Gesicht

Der Herr der beiden Uzat-Augen, in dessen Gesicht Sonne und Mond sich befinden. Sein rechtes Auge ist der Atôn (*Sonnenscheibe*), sein linkes Auge ist der Atûm (*Sonnengott in Heliopolis, unter-ägyptischer Gau XIV*). Seine beiden göttlichen Augen erstrahlen an seinem Morgen und an seinem Abend. Er zeigt sich auf dem Bach-Berg (*im Osten bei Sonnenaufgang*) gegenüber seiner Stadt (*gemeint: Ombos*), und (*am Abend*) landet er auf der Erde in seiner wahren Gestalt.

Er erfüllt die Luft zwischen Himmel und Erde

Der Wind ist er ferner zwischen dem Himmel und der Erde, indem er Sonne und Mond, die beiden rundherum Wandernden, im Schiff fahren (*segeln*) läßt.

Er schafft die Nahrung durch den Nil und die Luft

2 Er ist es, der allen Göttern und Göttinnen das Leben (*anch*) zuweist; der Glück (*wa's*) aus seinen Gliedern bereitet; der den Hapi (*Nil*) herbeiführt, um den Acker gedeihen zu lassen; der die Pflanzen belebt, indem er (*erfrischenden*) Wind aus seiner Hand aufsteigen läßt.

Er ist der Herr der vier Winde

Schow (*Bild mit Anch «Leben» und Segel «Wind» in seinen Händen*), Herr der Jahre, seine Gestalt aber trägt die vier Winde des Lebens (*anch*):

Er ist die Wahrheit selbst und ihr Vater

«Vereiniger der Wahrheit», so wird er mit seinem großen Namen genannt. Seine Tochter ist die Maat (*Wahrheit*), die ihm gegenüber erstrahlt.

Er hat die Feinde des Rê niedergeschlagen

Da ist er, der Horus «Stark an Arm», Herr des Messers Ijet als Schützer des Rê. ₃ Groß an Kraft, der seine (*des Rê*) Feinde schlägt. Der tapfere Retter (*des Rê*) vor denen, die sich gegen ihn (*Rê*) empörten.

Er kann wüten, aber auch gnädig sein

Der Zornige, groß an Macht, Stark an Wut, groß an Willen, der (aber) den Frieden sucht in einer anderen Stunde.

Er erhört und betreut seine Gläubigen

Der wahrhaftige Gott, der nicht seinesgleichen hat. Freundlich an Herz zu dem, der zu ihm betet (*ihn bittet*). Der gute Arzt in Wirklichkeit, der den Bedarf der Götter und Göttinnen macht (*besorgt*). Der Herr der beiden Uzat-Augen, Horus Rê, Herr von Nubôjet (*Ombos*), der große Sieger, der Sorge trägt für den, der ihn liebt.

C 5. DIE ERDGÖTTER
IN DEN PYRAMIDEN-TEXTEN

Spruch 534 der «Pyramiden-Texte» (Zusammensetzung in Band «*Mythen*», S. 14 erläutert) ist ein längeres Kapitel, das in neun verschiedenartige Abschnitte auseinanderfällt. Abschnitt I ist eine Überschrift, die nach dem Namen des Gottes Horus, offenbar des Sonnengottes, in Heliopolis von einem Bearbeiter hinzugefügt worden ist. Abschnitt II gibt die eigentliche Überschrift des Textes mit den Liedern, und sie muß aus der Heimat des Geb, also aus dem östlichen Delta, stammen. Abschnitt III ist das erste der Lieder, aus fünf gleichartigen Strophen zusammengesetzt. Sie verjagen einen bösen Geist, der in Zeile 4 «Oberhaupt» genannt wird. Dieser muß zurückweichen, obwohl er von fünf Gottheiten des Osiris-Kreises gereinigt und von fünf weiteren geschützt wird. Diese Gottheiten, die sonst als freundliche Helfer des Verstorbenen gelten, sind hier seine Feinde. Abschnitt IV ist ein fremdartiger Einschub mit der Rede eines Priesters, der das Grab des Königs weiht und seinen Zugang sichern will.

Abschnitt V–VI bilden insofern eine Einheit, als sie sich mit den zehn Gottheiten aus Abschnitt III beschäftigen. Vorhanden sind aber nur acht Verse, und auch in ihnen fehlen einzelne Wörter oder sogar ganze Sätze; der Text scheint auf einem beschädigten Papyrus vorgelegen zu haben, auf denen er in unvollständiger Form stand. Abschnitt V besteht aus drei Versen, in denen Osiris bzw. Horus bzw. Setech an dem Herantreten an einen großen Gott gehindert werden, der ihnen seine Arme nicht öffnen soll; er wird mit «du» angeredet, und man hat die Wahl zwischen Geb, dem höchsten Gott des östlichen Delta als dem Entstehungsort des Textes, und Rê Atum von Heliopolis als dem Allherrn. Die beiden ersten Zeilen lauten überall gleich. Dann folgt ein spöttischer Hinweis auf einen herabsetzenden Beinamen des abzuwehrenden Gottes.

Dieser wird dann an zwei Orte zurückgeschickt, an denen er Ansehen genießt. Die Spottnamen enthalten eine Anspielung auf ein mythologisches Ereignis (bei Osiris versehentlich ausgelassen); bei Horus ist es seine Blendung durch Setech, der als schwarzes Schwein erschien; bei Setech ist es die Vergewaltigung von Frauen und Jünglingen durch ihn. Abschnitt VI besteht aus fünf Versen von gleichem Bau, der nur in den Anfangsworten leicht abweicht von Abschnitt V. In ihnen werden Mechenti-arti bzw. Thot bzw. Isis bzw. Nephthys bzw. die Dämonen Chaaw und Amiw-jaw in derselben Weise von dem großen Gott ferngehalten. Die Spottnamen, denen wieder zwei Namen von Kultstätten als Zuflucht der verjagten Gottheit folgen, sind: bei Mechenti-arti ein Hinweis auf ein unbekanntes Ereignis. Bei Thot wird auf seine Entstehung ohne Eltern angespielt, bei der er nur durch die Macht seines Wortes geschaffen hat; in seinem Kultort Hermopolis (oberägyptischer Gau XV) ist die Welt aus dem Ei eines mythischen Ibis hervorgegangen. Isis muß sich Anspielungen auf Liebesabenteuer gefallen lassen, bei denen sie wohl vergewaltigt worden ist. Nephthys im Gegenteil soll zu diesen nicht imstande gewesen sein, vielleicht auch nur nicht empfangen haben, wie es von einer Begattung durch Osiris berichtet wird. Die Dämonen erhalten das gleiche Beiwort wie Horus in Vers 2 des Abschnittes V.

Abschnitt VII besteht aus zwei Versen von gleichem Bau, die mit den vorangegangenen Liedern nichts zu tun haben, sich aber in ihrer äußeren Form an jene anlehnen. Sie sind offenbar eine Nachdichtung, nach ihrer allgemeinen Tendenz vielleicht aus Heliopolis, und sie sollen dem König freie Bewegung sichern, nicht nur in den Himmel, sondern auch in die Unterwelt, die hier als der untere Himmel aufgefaßt ist.

In Abschnitt VIII gibt der Redaktor der Lieder sich als Gott Geb zu erkennen, der als Gabe des Götterkönigs Atum von

Heliopolis die Weihung und die Reinheit des Grabmals des Königs verkündet.

Abschnitt IX, der späteste Zusatz, bedroht jeden, der das Grabmal beschädigt, mit einer Verfluchung, ähnlich wie in den Erlassen des irdischen Pharao. Hier ist dem Verfasser ein Versehen unterlaufen: er nennt unter den Gottheiten, die der Eindringling nicht beleidigen darf, nicht nur den Geb, aus dessen Kreis die vorangegangenen Lieder genommen worden sind, sondern auch Isis und Nephthys, die in ihnen verspottet wurden.

Die Feindseligkeit gegen den Osiris-Kreis ist der auffallendste Zug in den Liedern, aus denen dieser Text zusammengesetzt worden ist. Die Grundlage muß aus einer Gegend stammen, in der man der Religion von Busiris (Gau IX) unfreundlich gegenüberstand und ihr die eigene Gottheit entgegenhielt. Diese ist hier Geb, und dadurch geraten wir in dessen Heimat, das östliche Delta mit Gau XX. Dort sind die Lieder entstanden, die in Geb den mächtigsten Gott ihrer Landschaft sehen. Aus Gau XX kennen wir die Erzählung von dem Götterkönig Geb, der die Herrschaft auf der Erde ergriff, als sein gealterter Vater Schow sich in den Himmel zurückgezogen hatte (Band D 153). Das eigentliche Wesen des Geb wird in vielen Texten offenbar: er ist die Erde, auf deren Rücken die Pflanzen wachsen. Als den Erdgott verehrt ihn Lied 50 und Lied 700 der «Tausend Lieder an Amon von Theben» (Band «*Götterwelt*», ober-ägyptischer Gau IV, S. 290 und 299). In den «Liedern des ungerecht Verurteilten» wendet Lied V sich an den Erdgott, auf dem die vier Stützen des Himmels ruhen (Band D 49). Als eine «Lebende Seele des Geb», der alle Pflanzen gedeihen läßt, wird der Bock von Mendes bezeichnet (Band «*Götterwelt*», unter-ägyptischer Gau XVI, S. 174). In dem Mysterien-Drama in Edfu hat die um ihren Sohn Horus besorgte Isis Hilfe von den beiden Göttern aus dem unter-ägyptischen Gau XX erhalten: von Sopdu und von dem Erdgott Geb (Band «*Mythen*», B 3: Bild 6, der 9. Stoß, S. 124).

Geb war also für den Osten des Delta eine ähnliche Gottheit wie Osiris für den in der Mitte von Unter-Ägypten gelegenen Gau IX von Busiris, von dem aus Osiris sich über ganz Ägypten hin verbreitet hat, allerdings mehr als Totengott und als der im Frühjahr mit den Pflanzen wieder zum Leben Erwachende. Hieraus hat sich eine Gegnerschaft des Geb gegen Osiris ergeben, die in einigen alten Liedern der Pyramiden-Texte des Alten Reichs noch erhalten ist. In ihnen begrüßt Geb den eben verstorbenen Pharao und warnt ihn, die westlichen Wege zum Himmel zu beschreiten, die das Gebiet des Osiris sind. «Das östliche Tor des Himmels ist dir geöffnet», und «Nut *(Himmel Nunet, Schwester des Geb)* streckt ihre beiden Arme zu dir hin, o Nofer-ka-Rê!» (Anruf an König Pepi II. Nofer-ka-Rê II., Dynastie VI, um 2500 v. Chr.). Wer in das westliche Totenreich wandert, kehrt von dort nicht wieder zurück. Wer in das sonnige Reich des Ostens wandert, wird dort mit der Sonne leben.

«Pyramiden-Texte», nach SETHE, *Pyramidentexte* 2 (1910) Spruch 697 (SCHACK, Kap. 320) mit § 2169–2175; MERCER, *Pyramid Texts* (1952) I, 315 und III, 943.

Der Text ist nur in der Pyramide des Königs Nofer-ka-Rê vorhanden.

Lied des Erdgottes Geb an den verstorbenen König als Warnung,
die Wege zu dem Totenreich im Westen zu betreten

Überschrift am Anfang des «Gehöftes»
§ 2169 Worte zu sprechen:

Geb ruft den verstorbenen König als Osiris an

O dieser (Nofer-ka-Rê)[!
Der Mund der Erde ist dir geöffnet,
und Geb redet zu dir.

und fordert ihn auf, zu den Göttern in dem Himmel hinaufzusteigen

Du bist groß wie der König (*von Ober-Ägypten, aber mit der Doppelkrone*),
du bist gewaltig wie Rê!
§ *2170* Du sollst dich in dem See des Schakals reinigen.
Du sollst dich in dem See der Dati (*Duat, Land des Jenseits am Himmel*) lösen.
Komme doch in Frieden zu den beiden Neunheiten der Götter!

Der Himmel steht dir offen

Geöffnet ist dir das östliche Tor des Himmels durch den Gott, der die Ka (*Seelen*) verbirgt.
§ *2171* Nut (*Himmelsgöttin*) streckt ihre beiden Arme zu dir hin,
o (Nofer-ka-Rê)|,
die weit ist an Haar (*ihr gelöstes Haar hängt herab*),
deren Brüste herabhängen (*weil sie als Laube gebückt steht wie in Band «Mythen», Abb. 7 auf S. 40*).
Sie hat dich zum Himmel hinaufgezogen,
nicht hat sie den (Nofer-ka-Rê)| zu der Erde hinabgestoßen.
§ *2172* Sie gebiert dich, o (Nofer-ka-Rê)|, wie den Sahu (*Sternbild Orion*).
Sie bewirkt, daß du bestehen bleibst als erster der beiden Itert (*Staatsheiligtümer von Ober- bzw. Unter-Ägypten*).

Der Dichter schildert die Fahrt des Königs im Sonnenschiff

Der (Nofer-ka-Rê)| steigt hinab in das Schiff (*der Sonne*) wie Rê,
der auf den Ufern des Sees von Cha (*im Himmel*) ist.

Die Götter der Sternbilder
sollen den Pharao auf den himmlischen Seen rudern

§ *2173* Der (Nofer-ka-Rê)| soll gerudert werden durch die Nicht-Ermüdenden Sterne (*die großen Sternbilder*).

Der (Nofer-ka-Rê)| soll Befehle erteilen den Nicht-Unterge-
henden Sternen (*um den Nordpol*). Gerudert werden soll der
(Nofer-ka-Rê)| in dem See Henti.
Das Steuerruder soll der (Nofer-ka-Rê)| ergreifen zu den Ge-
filden des Chacha.

Eilige Boten kündigen die Ankunft des Pharao dem Götterkönig an

Die Boten eilen,
und deine Läufer rennen.
Sie sollen zu Rê sagen:
«Siehe, der (Nofer-ka-Rê)| kommt,
Siehe, der (Nofer-ka-Rê)| kommt in Frieden!»

Der Priester des Rê bittet den Pharao,
nicht zum Westen zu Osiris zu wandern, sondern zum Osten zu Rê

§ 2175 Du sollst nicht fahren auf diesen Wasserwegen der Westlichen,
auf denen diejenigen wandern, die nicht wieder zurückgekehrt
sind.
Fahre du doch, o dieser (Nofer-ka-Rê)|, auf diesen Wasserwe-
gen der Östlichen
zusammen mit den Gefolgsleuten des Rê!

(Ende des « Gehöftes »)

Die Gegnerschaft gegen den Osiris-Kreis steht vereinzelt in
der allgemeinen Tendenz der späteren Entwicklung, und sie
ist nur verständlich als Äußerung einer örtlich beschränkten
Gemeinde, die nichts wußte oder nichts wissen wollte von
dem Ansehen, das der von Busiris über ganz Ägypten ausge-
strahlte Osiris-Glaube genoß. Eine solche Lage ist nur von der
vorgeschichtlichen Zeit her zu verstehen, in der die einzelnen
Gaue, oder Gruppen von ihnen, noch gegeneinander abgeschlossen waren und, nahezu ohne Verbindung mit der Außenwelt, nur die bodenständigen Vorstellungen kannten und

pflegten. Gerade das östliche Delta ist für eine derartige Abgeschlossenheit gut geeignet, weil kein Nil-Arm es mit den mittleren und westlichen Gauen des Delta in Verbindung brachte; sein Wasser floß nicht dorthin, sondern in das Meer, und im Osten hatten die Bewohner die undurchdringliche Wüste.

Die priesterliche Theologie des ägyptischen Königreiches hat den vorgeschichtlichen Glauben in Gau XX übergangen; sie hat eine Genealogie der großen Gottheiten konstruiert, und Zufälle haben es gewollt, daß in ihr Geb zum Vater des Osiris wurde. Diese künstliche Verwandtschaft haben die Priester von Heliopolis geschaffen und in ihrer «Großen Neunheit» festgelegt; durch die Macht des Tempels von Heliopolis ist sie für Jahrtausende anerkannt bestehen geblieben. Um so wichtiger in religionsgeschichtlicher Hinsicht erscheinen uns die kärglichen Trümmer uralter Lieder, die vor der schriftlichen Festlegung religiöser Texte gedichtet worden sind. Wie eine Ironie mutet es an, daß sie durch priesterliche Schreiber, die von ihrem Ursprung kaum noch etwas wußten, zur Ausschmükkung der Gräber von Königen verwendet wurden, die ihr jenseitiges Leben bewußt unter den Schutz des Osiris stellten.

Veröffentlichung:

Kurt Sethe, *Die altägyptischen Pyramidentexte 2* (Leipzig 1910), Spruch 534 (Schack, Kapitel 307), § 1264–1279.
Samuel A. B. Mercer, *The Pyramid Texts* (1952) I, 208–210 und III, 631–640.

Nachträgliche Überschrift durch einen Redaktor in Heliopolis Anfang des «Gehöftes»

I. *§ 1264* Rede des Horus.

Einleitung des Bearbeiters der Lieder

II. Ein Opfer, das Geb gibt.

III. Weiche, und du bist fern, du, den Horus reinigt und Setech schützt!

Weiche, und du bist fern, du, den Osiris reinigt und Cherti
schützt.

§ *1265* Weiche, und du bist fern, du, den Isis reinigt und Nephthys schützt.

Du bist fern, Oberhaupt, den Mechenti-arti reinigt und Thot
schützt.

Weiche, und du bist fern, du, den die Chaaw reinigen und die
Amiw-jaw schützen.

Rede eines Priesters in Heliopolis, der die Pyramide
des Königs Pepi und ihren Totentempel weiht

IV. § *1266* Ich bin gekommen, und ich habe dieses Haus (per)
für diesen Pepi geweiht. Rein (waᶜb) ist die Halle (weṣḥet)!
Sei gegrüßt (nini), Hüter des Kebhu-Himmels, dessen Aufsicht die Tür unterstellt ist, die die beiden Chenes-Stiere *(Tor-*
hüter) bewachen, wenn er (sie) mit den beiden bösen Augen
verschließt.

Drei Verse von gleichem Bau: Osiris, Horus und Setech sollen nicht an
den Götterkönig (bzw. den verstorbenen König) herankommen

V. § *1267* Lasse Osiris nicht kommen in diesem seinem bösen
Kommen! Öffne ihm deine Arme nicht! Stürze heran, und eile
nach Nedit *(Ort der Ermordung des Osiris bei Busiris, in dem unter-*
ägyptischen Gau IX)! Laufe, und eile nach Aza *(Ort des Unrechts)*!
§ *1268* Lasse Horus nicht kommen in diesem seinem bösen
Kommen! Öffne ihm deine Arme nicht, du, wenn zu ihm gesagt wird dieser sein Name: «Den der Eber geblendet hat.»
Eile nach Anpet *(in dem unter-ägyptischen Gau XVI: Stadt Men-*

des)! Laufe, eile nach Netru (*in dem unter-ägyptischen Gau XII:*
Stadt Iseion, heute Behbêt)!

§ *1269* Lasse Setech nicht kommen in diesem seinem bösen Kommen! Öffne ihm deine Arme nicht, du, wenn zu ihm gesagt
wird dieser sein Name: «Der brünstig Erregte.» Eile du zu den
schwarzen Bergen! Laufe, eile nach Henet (*Kultort des Setech*
bei Memphis)!

Fünf Verse von gleichem Bau:
Mechenti-arti, Thot, Isis, Nephthys und die Dämonen sollen nicht
an den Götterkönig herankommen

VI. § *1270* Wenn Mechenti-arti kommen will in diesem seinem
bösen Kommen, so öffne ihm deine Arme nicht, du, wenn zu
ihm gesagt wird dieser sein Name: «Behaarter» (neš, *Sabbern-*
der mit Speichel?)! Eile du nach Dednu! Er ist es, den du für sie
(*gemeint: Götter*) als Zitternden findest. Laufe, eile nach Chem
(*Letopolis in dem unter-ägyptischen Gau II*)!

§ *1271* Wenn Thot kommen will in diesem seinem bösen Kommen, so öffne ihm deine Arme nicht, du, wenn zu ihm gesagt
wird sein Name: «Du hast keine Mutter.» Eile, stürze heran
zu deinen beiden Eischalen! Eile nach Pe (*Buto in dem unter-*
ägyptischen Gau VI) und nach Cheri-Thot (*Stadt, vermutlich in*
dem unter-ägyptischen Gau XV)!

§ *1272* Wenn Isis kommen will in diesem ihrem bösen Kommen,
so öffne ihr deine Arme nicht, du, wenn zu ihr gesagt wird ihr
Name: «Weit an Scheide.» Stürze heran, eile nach den Häusern von Manu (*Ort in dem unter-ägyptischen Gau III*)! Laufe,
eile nach Hezbet (*Ort*), an dem du geschlagen (*begattet?*) bist!

§ *1273* Wenn Nephthys kommen will in diesem ihrem bösen
Kommen, [ausgelassen: so öffne ihr deine Arme nicht], du,
wenn zu ihr gesagt wird dieser ihr Name: «Stellvertreterin,
die keine Scheide hat.» Eile du (*weiblich!*) zu den Häusern der
Selket (*Skorpion*), zu diesem Ort, an dem du geschlagen (*begat-*
tet) bist an deinen beiden Schenkeln.

314

§ *1274* Wenn die Chaaw zusammen mit den Amiw-jaw kommen wollen [ausgelassen: in diesem ihrem bösen Kommen, so öffne ihnen deine Arme nicht], du, wenn zu ihr (*lies: ihnen*) gesagt wird dieser ihr (*weiblich Singular*) Name: «Die der Eber geblendet hat.» Eile nach . . . . -twet!

Zwei Verse von gleichem Bau: der Götterkönig möge dem König Pepi seine Arme öffnen und ihn zu dem unteren und dem oberen Himmel gehen lassen

VII. § *1275* Wenn König Pepi mit seinem Ka kommen will [ausgelassen: so mögest du ihm deine Arme öffnen!]. Der Mund seiner Götter möge geöffnet werden. Wenn er verlangt, daß er zu dem unteren Himmel hinabsteige, so möge er hinabsteigen zu dem Ort, an dem die Götter weilen.
§ *1276* Wenn dieser König Pepi mit seinem Ka kommen will, so mögest du ihm deine Arme öffnen! Der Mund seiner Götter möge geöffnet werden. Wenn er verlangt, daß er zu dem (oberen) Himmel hinaufsteige, so möge er hinaufsteigen [ausgelassen: zu dem Ort, an dem die Götter weilen].

Geb verkündet die Weihung der Pyramide für König Pepi als sein Grabmal

VIII. § *1277* Ich bin gekommen, ein Richter, nämlich Geb, (*und ich verkünde:*) Eine Opfergabe, die Atum gibt: Dargebracht wird diese Pyramide und dieses Gottesgehöft (*gemeint der Totentempel*) für König Pepi und für seinen Ka, und das, was diese Pyramide und dieses Gottesgehöft umschließt, für König Pepi und für seinen Ka. Rein ist dieses Auge des Horus. § *1278* Möchte es mir eine Freude sein.

IX. Wer seinen Finger erheben wird gegen diese Pyramide und gegen dieses Gottesgehöft (*Totentempel*) des Königs Pepi und seines Ka, der erhebt seinen Finger gegen das Gehöft des Horus in dem Kebhu-Himmel. Wenn er an Nephthys und Isis herantritt und wenn er (*sich nähert*) dem Geb, *§ 1279* und wenn seine Rede von den neun Göttern gehört wird, so gibt es keinen Anwalt für ihn und keinen Anwalt für sein Haus. Er ist ein Verfluchter und einer, dessen Leib aufgefressen wird.

(*Ende des «Gehöftes»*)

C 6. DER SEGEN SPENDENDE
STROM HAPI [NIL]

Unter den Wesen der «unbeseelten» Natur mußte der Strom, dem das Tal im Gegensatz zu der es umgebenden Wüste seine Fruchtbarkeit verdankte, für den Ägypter eine besondere Bedeutung haben (*oben*, S. 14). Gern haben die Künstler den Hapi als Gott dargestellt, und zwar (ähnlich wie die Deutschen ihren «Vater Rhein») als einen älteren Mann, gelegentlich nach frühgeschichtlicher Weise mit einem großen Vollbart, immer fett mit einer hängenden, fast weiblichen Brust und beladen mit Gaben von seinen Erzeugnissen: wildem Geflügel von seinen Ufern, Brot von seinem Getreide, Stengeln von Papyrus und Lotos und zahllosen Fischen. So zeigen ihn Bronzefiguren und Reliefs (Band «*Götterwelt*», Tafel 15 und Abb. 9–10, und «*Mythen*», Abb. 54–55), und besonders eindrucksvoll eine künstlerisch hochstehende Gruppe zweier Nil-Götter aus Granit (*hier*, Tafel 28). Der Augenblick der Verheißung der kommenden Ernte war das alljährliche Steigen des Wassers in der Mitte des Juni; durch ein System von Nil-Messern wurde es beobachtet und weitergemeldet, zuerst in Elephantine in dem Ersten Katarakt; und dann weiter durch Ober-Ägypten, bis es im Juli sich bei Memphis deutlich bemerkbar machte und durch Feste gefeiert wurde. König Ramses III. hat für die Nil-Feste große Stiftungen gemacht, durch die das Volk an ihnen erfreut wurde, in Memphis wie in Heliopolis (Band «*Götterwelt*», S. 58 und 150).

Bei den Nil-Festen sind Hymnen an den göttlichen Strom gesungen worden, die ihn verherrlichten und in seiner Verwandtschaft mit den großen Gottheiten priesen. Aus allen Zeiten sind solche Lieder bekannt. Ich gebe vier von ihnen wieder, die leider sämtlich schwer verständlich sind, einerseits wegen der knappen Ausdrucksweise dieser Poesie, andererseits wegen der übertragenen Bedeutung vieler Wörter, ganz abgesehen von der zufällig schlechten Überlieferung des letzten großen Textes.

DAS KROKODIL SOBEK BRINGT DAS BEFRUCHTENDE WASSER DER ÜBERSCHWEMMUNG

Spruch 317 der «Pyramiden-Texte» (Band «*Mythen*», S. 14) ist kein Lied, und er enthält keinen Anruf an eine Gottheit. Vielmehr ist er eine Schilderung des für die Bewohner des Nil-Tals so wichtigen Ereignisses im Juni, wenn der Nil steigt und sein Wasser den Feldern das befruchtende Naß bringt. Der Gott, der hier die Flut mit sich führt, ist das Krokodil Sobek, der Sohn der Neit von Sais (unter-ägyptischer Gau IV), in der die Himmelsgöttin mit der Urkuh Mehet-wêret vereinigt ist. Sobek, der wie alle Gottheiten mehrere Züge in sich trägt, ist einerseits das Krokodil mit einer grünen Federkrone, das gegen Angreifer wütet; andererseits von der großen Göttin geboren, ebenso wie die Sonnenscheibe (§ 507). Sobek als Urgott hat das Wasser aus dem Urmeer genommen, und nun bringt er es in das Nil-Tal (§ 508). Dort läßt er die Felder grün werden, und dort ist eine gütige Göttin, die diese Gabe den Menschen überweist (§ 509). In den beiden letzten Zeilen kommt die Erklärung dafür, daß dieser Spruch in die Totentexte für den Pharao aufgenommen worden ist: der priesterliche Dichter hat auch den verstorbenen König in diesen Sobek, Sohn der Neit, verwandelt, und er läßt ihn wie einen Götterkönig auf seinem Thron erscheinen. Züge dieses uralten Liedes, das hier für den verstorbenen König umgearbeitet ist, haben bis in die römische Zeit weitergelebt (Text C 4, *oben*, S. 301).

Veröffentlichungen:

SETHE, *Pyramidentexte*, Spruch 317 mit § 507–510.
MERCER (1952) I, 108 und II, 238–239.
Der Text ist nur in der Pyramide des Königs Wonis (Dynastie V) vorhanden.

Anweisung für die Rezitierung des Spruches

§ 507 Worte zu sprechen.

Der verstorbene König
erscheint gleichzeitig mit dem Steigen des Nil

(Wonis)ᵓ ist heute (*jetzt, nach seinem Tode*) gekommen an der
Spitze des Flutens des Agebi (*Gott der Überschwemmung*).

Er ist das Krokodil Sobek, der Sohn der Mehet-wêret

(Wonis)ᵓ ist Sobek (*Krokodil*), der eine grüne Feder (*auf seinem Kopfe*) trägt, der ein wachsames Gesicht hat, der seine
Stirn erhebt, der wild wütet, der aus dem Bein und Schwanz
der Großen (*Himmelskuh*) hervorgegangen ist, die im Sonnen-
licht (*des Horizontes*) weilt.

Er bringt das befruchtende Wasser auf die Felder

§ 508 (Wonis)ᵓ ist zu seinen Wasserarmen (*des Nil*) gekommen,
die in dem Gelände des Ageb (*Überschwemmung*) und der
Mehet-wêret («*Große Flut» und die in ihr schwimmende Urkuh*)
sind, und zu der Stätte der Gaben (*Gefilde der Opferspenden*),
die grün an Feldern ist und die in dem Horizont (*am Ende des
Himmels*) liegt.

Er läßt die Felder grün werden

§ 509 (Wonis)ᵓ (*gemeint der Wassergott Sobek*) läßt das Gras grün
werden auf den beiden Ufern des Horizontes (*Seiten des Himmels*), (aus dem) (Wonis)ᵓ das Leuchtende (*für: das grüne Gras*)
bringt zu dem großen Auge (*Göttin der Gaben*), die mitten in
dem (*fruchtbaren*) Felde weilt.

Er besteigt den Thron im Himmel als Sobek

(Wonis)ᵓ empfängt (*nimmt ein*) seinen Thron, der in dem
Horizont ist.
§ 510 (Wonis)ᵓ erscheint als Sobek, der Sohn der Neit.

LIED AN DEN HAPI [NIL]
ALS FREUND DER ERDE [OSIRIS]

Einen jüngeren Eindruck als das vorhergehende Lied macht Spruch 581 der «Pyramiden-Texte», ein Lied, das an einen männlichen Gott gerichtet ist, der bald als Hapi angesehen wird, bald als Osiris. In dem ersten Vers (§ 1551) wird die Höhle (weiblich) mit der Quelle des Nil in dem Ersten Katarakt genannt, die durch eine poetische Spielerei mit der Halle der Gerechtigkeit in dem Totengericht des Osiris in der jenseitigen Welt verbunden wird. Dazu kommt das Hineinziehen des verstorbenen Königs, der selbst als verklärter Toter ein Osiris geworden ist. Die beiden Götter, die ihre Gaben bringen (§ 1552), muten an wie Diener des Hapi, die beinahe ihn selbst darstellen, während er mit dem Totengott Anubis verglichen wird, der mit dem Steigen und Fallen des Nil eigentlich nichts zu tun hat. Das Einsetzen der Überschwemmung beschäftigt dann den Dichter (§ 1553–1554) und veranlaßt ihn zu Anspielungen auf die Freude der Menschen, die beglückt eine gütige Göttin als Spenderin der Gaben preisen. Die beiden folgenden Verse (§ 1555–1556) bringen Aussprüche, zuerst von den Menschen, die, zum Gebet eilend, den Hapi um die Wiederbelebung des wie tot ruhenden Erdgottes Osiris bitten; dann von den Göttern, die in einer Versammlung auf dem Wüstengebirge den Osiris als den gerechtfertigten Sieger erklären, seinen Gegner Sêtech aber als Unterlegenen. In dem letzten Vers (§ 1557) wird die Überflutung der Erde durch die Überschwemmung vorausgesetzt. Die Höhle der Quelle des Nil wird durch einen Gott reichlich mit Wasser versehen, und dem Hapi wird der Weg zum Himmel geöffnet, in dem die guten Geister weilen.

Veröffentlichungen:

SETHE, *Pyramidentexte* 2 (1910): Spruch 581 (SCHACK Kap. 347) mit § 1551–1557.

MERCER, *Pyramid Texts* (1952) I, 242 und III, 751–754.

Überschrift mit dem Anfang des «Gehöftes»

§ *1551* Worte zu sprechen:

Deine Quelle in der Höhle bringt neues Leben

Diese deine (*männlich, gemeint: des Hapi*) Höhle (*der Quelle*) ist es, die Halle dieses Osiris (Königsname)[, die die frische Luft bringt, wenn sie den (*kühlenden*) Nordwind sendet. Sie (*weiblich, die Höhle bzw. ihr Erzeugnis, der frische Wind*) erhebt dich (*männlich, den Hapi*) als diesen Osiris (Königsname)[.

Zwei Götter kommen mit Gaben zu dir, o Hapi!

§ *1552* Der Schesmu (*Gott der Presse für Wein und Öl*) kommt zu dir (*männlich: Hapi*) mit dem Wasser des Rebstocks (*gemeint: Wein*).

Der Gott «Erster seiner täglichen Opfergaben» (kommt) mit den Opfergefäßen der Götter, die vor den beiden Landeskapellen (itert) sind.

Du (*männlich: Hapi*) sollst aufstehen, und du sollst dich hinsetzen (*das Wasser steigen bzw. fallen lassen?*) als der Anubis (*liegender Schakal*), der Erste des «Prächtigen Landes» (*Friedhof bei Memphis*).

Erde und Himmel werden dir helfen

§ *1553* Der Aker (*doppelköpfiger Gott der Erde*) soll dir aufstehen (*das Wasser hervorquellen lassen?*), und Schow (*die Luft als der Himmelsträger*) soll dir .... (*den Himmel stützen?*).

Die Menschen, glücklich über das Steigen des Nil,
preisen die Gaben spendende Göttin

Die Menschen, die den Hapi erblicken, wenn er (Wellen) schlägt (*steigt*), erzittern (*vor Sorge über den Wasserstand*).

§ *1554* Die Überschwemmungen lachen, und die Ufer sind überflutet.

«O du Hotpet (*Göttin der Gaben*), die die Gaben des Gottes

(bringt), Heil dir!» (sagen) die Menschen, (so daß) das Herz der Götter jauchzt.

Menschen und Götter lassen Osiris (den Erdboden)
durch dich wieder auferstehen

§ *1555* Du (*männlich: Hapi*) sollst diesen (Königsname)((*gemeint: den als Leiche ruhenden Osiris*) befreien von den Binden des Lebenden, den Kleidern der Götter» – (*so erklingt es*) in dem Mund dessen, der zu ihnen (*den Göttern*) eilt an diesem schönen Tage des eiligen Laufes (*der Menschen*).

§ *1556* «Sêtech ist ein (*falscher*) Prahler (*oder: ein rauher Befehlshaber?*)! (Aber) Osiris ist wahr (*gerechtfertigt*)!» – (*so erklingt es*) in dem Mund der Götter an diesem schönen Tage des Hinaufsteigens auf den Berg.

Wegen des Eintretens der Überschwemmung
erheben die Menschen dich in den Himmel

§ *1557* Wenn das Wasser flutet, so trinken es die Bewohner der Erde. Der Gott, der mit seinem Ba (*Seele*) eilt (*gemeint: das Wasser der Überschwemmung*), er flutet zu seiner Höhle. Du (*männlich: Hapi*) sollst hinter deinem ꜣAch (*Geist*) gehen zu den Gefilden Kenem-jewnu (*Tore des Himmels? Ort der Entstehung der Winde?*). Das Gebiet ist es des Cherti (*Gott, der dem Osiris nahesteht?*), des Ersten von Nesat (*Stadt im Delta*).

(*Ende des «Gehöftes»*)

LIED AN OSIRIS, DEN GEB MIT HILFE DES HAPI ZU NEUEM LEBEN ERWECKT

Das kurze Lied aus den Pyramiden-Texten kommt aus einem Kreise, in dem drei Götter sich freundlich gegenüberstehen und sich gegenseitig helfen. Der in den beiden ersten Versen Sprechende ist der Erdgott Geb, der den verstorbenen König Osiris als den trockenen Erdboden ansieht, dessen Leben durch die Überschwemmung des Nil wieder erweckt wird. Der wie tot daliegende Osiris soll seinen Körper wieder aufrichten und dadurch symbolisch die in ihn gelegten Körner des Getreides zum Keimen bringen und die neue Ernte gewährleisten. (Band «Götterwelt», Tafel 12, als Statue aus Diorit). In dem 3.–4. Vers werden die beiden ersten Verse mit sinngemäßer Umgestaltung an den verstorbenen König gerichtet, der in seiner Pyramide ruht und dort, ebenso wie Osiris, die Auferstehung erleben soll. Die kommende Überschwemmung des Nil ist hier das belebende Element, das den Körper des Königs mit neuer Kraft und Frische erfüllt.

Veröffentlichungen:

SETHE, *Pyramidentexte* 2 (1910): Spruch 690 (SCHACK Kap. 435) mit § 2111–2114.

MERCER, *Pyramid Texts* (1952) I, 308 und III, 930.

Geb kündigt dem Osiris die Wiederbelebung durch das Wasser des Nil an

§ *2111* «O Osiris, die Überschwemmung kommt, die Überflutung eilt herbei!» so sagt Geb *(Erde)*.

§ *2112* «Ich habe dich beklagt auf (deinem) Grab *(Acker?)*. Ich habe den *(gemeint: die Trockenheit als Feind der Erde)* geschlagen *(Wortspiel mit «schlagen» für das Steigen des Nil)*, der gegen dich mit Gewalt aufgetreten ist, Du sollst doch leben! Du sollst dich erheben *(deinen Körper aufrichten)* auf deiner Kraft!»

Der Dichter kündigt dem Pharao das gleiche Erlebnis an

§ *2113* «O (Nofer-ka-Rê)|, [die Überschwemmung kommt, die Überflutung eilt herbei!].

§ *2114* Der göttliche Ausfluß, der in dir ist, strömt aus *(oder: verdorrt?)*. Dein Herz soll wieder aufleben. Dein göttliches Fleisch soll wieder frisch werden, und deine Binden *(Leichentücher)* werden gelöst!»

Im 13. Jahrhundert v. Chr. lebte in einem Ort des Delta, vielleicht in Teku (Pithôm, im XIV. unter-ägyptischen Gau), ein Beamter Kagabu in der Behörde des «Silberhauses», einer Abteilung der Finanzverwaltung des Staates bzw. des Königs. Kagabu hatte einige junge Leute in seiner Behörde, die zu guten «Schreibern», d. h. Sekretären und tüchtigen Beamten, erzogen werden sollten. Er stellte ihnen Aufgaben, indem er ihnen vorbildliche Texte von literarischem Wert diktierte. Von den Handschriften dieser jungen Leute sind uns einige erhalten geblieben, und aus anderen solcher Beamtenschulen haben wir weitere Niederschriften auf Papyrus. In ihnen kommt an zahlreichen Stellen ein Nil-Hymnus vor, der zu den nachahmenswerten Beispielen der klassischen Literatur gehörte, so daß er an verschiedenen Orten und zu verschiedenen Zeiten von den Schülern nach Diktat oder Vorlage geschrieben worden ist.

Von den vorhandenen Handschriften zu dem Nil-Hymnus sind einige von Bedeutung für uns, besonders zwei Papyrus von der Hand des Ennana, eines jungen Angestellten, der aus Memphis stammte: der «Papyrus Anastasi VII», geschrieben in Jahr 6 des Königs Si-Ptah, und der «Papyrus Sallier II», geschrieben in Jahr 1 des Königs Sethos II. (Dynastie XIX), die beide den Text vollständig enthalten. Ferner sind Teile von zwei Seiten in einem Papyrus in Torino erhalten. Auf dem Ostrakon (Platte von Kalkstein) Golenischeff Nr. 4470 steht der Anfang bis in Vers V hinein. Abgesehen von diesen sind noch eine Anzahl weiterer Übungen von Schülern vorhanden, auf denen der Anfang des Hymnus oder einzelne Stellen niedergeschrieben sind.

Keine einzige dieser Niederschriften ist als Arbeit von dauerndem Wert für eine Bibliothek hergestellt worden; wäre es der Fall, so würden wir mit einer guten Ausführung und mit einem zuverlässigen Text rechnen können, wie z. B. bei den beiden Papyrus mit den Ritualen aus den Tempeln des Amon und der Mut in Theben (*oben*, S. 11). Leider haben die Schüler aber ihre Arbeit schlecht gemacht. Oft haben sie sich verhört oder verschrieben, und wenn man einen Satz in den vier Handschriften vergleicht, so sieht man in ihm völlig verschiedene Wörter auftauchen, abgesehen davon, daß gelegentlich Schriftzeichen oder ganze Wörter fehlen. Dann kann man natürlich nicht wörtlich übersetzen, sondern muß sich aus den vorhandenen Niederschriften heraussuchen, was wohl der ursprüngliche Sinn gewesen sein mag. Die Entscheidung liegt bei dem jeweiligen Bearbeiter, und sie ist begreiflicherweise von den einzelnen Übersetzern ganz verschieden gefällt worden, wenn sie nicht auf eine Wiedergabe solcher Sätze ganz verzichtet haben. Hier kann nur Kenntnis der ägyptischen Literatur und Einfühlung in die ägyptische Psyche helfen, um den richtigen Weg zu finden. Zuweilen ist der Zugang zu ihm bisher noch niemandem gelungen, und dann steht man verzweifelt vor Wörtern ohne Sinn. An einer solchen Stelle sagt der französische Ägyptologe MASPERO (p. XLV seiner Ausgabe), dem es gewiß nicht an Kenntnis und an Phantasie gemangelt hat: «C'est un des cas où nous traduisons le mot par le mot sans comprendre exactement ce qu'il exprimait aux Egyptiens.»

Die Komposition des Nil-Hymnus in der uns vorliegenden Gestalt ist eine einheitliche Überarbeitung in Versen I–XIV, deren Anfangswörter in den Papyrus mit roter Tinte geschrieben sind (*unten:* in großen Buchstaben gedruckt); diese Einteilung ist also nicht von uns hergestellt, sondern ist schon im Altertum vorgenommen worden. Jeder Vers besteht aus 8–12 Zeilen von verschiedener Länge, die durch einen am Ende hochgesetzten roten Punkt abgeschlossen werden; auch diese Abgrenzung ist sicher, allerdings können wir die Aussprache mit den Hebungen nur ahnen.

Für den Inhalt der einzelnen Verse vermutet man zunächst eine innere Einheitlichkeit. Nach dem Zustand in anderen Zusammenstellungen poetischer Form möchte man ferner annehmen, daß die einzelnen Verse gesonderte Herkunft haben, also zu verschiedenen Zeiten oder an verschiedenen Orten gedichtet sind. Aber die Prüfung der Verse bestätigt diese Vermutungen nur in wenigen Fällen. Wohl ist hier und dort zu erkennen, daß der Wortlaut wegen bestimmter Götternamen oder wegen des Charakters der Landschaft entweder auf die Flußarme des Delta hinweist oder auf das zwischen Wüsten eingelagerte schmale Tal in Ober-Ägypten. Andererseits leiten religionsgeschichtliche Tendenzen auf die Einstellung von Priesterschaften entweder in älterer Zeit oder in dem zu dem synthetischen Monotheismus neigenden Neuen Reich. Aber alle diese Gesichtspunkte reichen nicht zu einer Quellenscheidung aus, wie man sie z. B. bei den hebräischen Psalmen des Alten Testaments angewendet hat. Mit unseren bisherigen Kenntnissen kommen wir nicht über gelegentliche Bemerkungen in dieser Richtung hinaus. Wir müssen uns heute noch damit begnügen, die XIV Verse als einzeln gesungene Lieder zu erkennen, die man bei den Nil-Feiern vorgetragen hat, wobei der Takt durch Klatschen in die Hände unter Begleitung durch die Harfe angegeben wurde (Vers XI). Für die Nil-Feste hat König Ramses III. große Stiftungen gemacht, besonders in Memphis (Band «*Götterwelt*», S. 58 und 63), von wo auch einzelne Verse unseres großen Nil-Hymnus zu stammen scheinen; ebenso in Heliopolis (*ebenda*, S. 150 und 153), das einen Nil-Messer bei Per-Hapi (griechisch Neilu-polis) besaß; aber nicht in Theben, wo die Nil-Feiern mehr in der Prozession des Amon auf seiner Barke an dem Opet-Fest bestanden (*ebenda*, S. 258 und 275).

Der Abschluß des Hymnus in Vers XIV klingt wie ein Jubelruf, der vielleicht wirklich in dieser Form von den Teilnehmern ausgerufen worden ist. Ich habe den an zwei Stellen je dreimal eingesetzten Ruf wiedergegeben (d. h. geraten) durch «Reich an Segen!». Die Übersetzung ist ganz unsicher, weil wir die Bedeutung des nur hier vorkommenden Wortes kapu (Lieder?) nicht kennen; vielleicht ist es nur durch einen Schreibfehler entstanden, und man hat zu übersetzen: «Frisch auf! (oder: Frisches Wasser!?), so sagst du!»

INHALT UND FORM DER EINZELNEN VERSE

Vers I beginnt mit einer Anrede an Hapi (Nil), geht dann in die 3. Person über und läuft mit Beiworten bis zum Ende weiter. In allen folgenden Versen taucht gelegentlich die Anrede in der 2. Person wieder auf, die ursprünglich gewiß durchgehend gemeint war; aber an den meisten Stellen wird von dem Nil in der 3. Person gesprochen, und diesen Sätzen fügen sich die Beiworte ein. Daß diese Hymnen als Anreden an den Gott in der 2. Person gemeint sind, zeigt der Anfang eines ähnlichen Liedes an den Nil, das auf dem Ostrakon Nr. 92 aus dem Ramesseum (auf dem Westufer von Theben, Band «*Götterwelt*», S. 309) von einem Schüler abgeschrieben worden ist: «Heil dir, Hapi, der in diesem Lande erschienen ist, der zu den Lebenden von Kêmet (*Ägypten*) kommt! Die Menschen, die dir dienen, richten ihre Bitten an dich, der bewässert . . . . .» (nicht weiter geschrieben).

Der Dichter unseres Vers I sieht den Lauf des Nil vom Delta aus an, wo dieser auf Rê von Heliopolis als Schöpfer der Äcker trifft, und auf Ptah von Memphis als Herrn der Künstler. Der Lauf durch Ober-Ägypten, von wo der Nil kommt, war geheimnisvoll, und dort, wo kein Regen fällt, hat er die Felder sogar am Wüstenrande bewässert. Die drei letzten Zeilen mit den Gottheiten des Delta, dem Erdgott Geb, dem Getreidegott Nepra und Ptah von Memphis, führen deutlich in das Delta hinein.

In Vers II scheint der Schauplatz Ober-Ägypten zu sein, wo Fische und wildes Geflügel vorhanden sind und die Tempel durch die Ernte des Getreides reich werden. Der Schluß warnt vor dem Versagen des Hochwassers, das Verarmung der Menschen und Verminderung der Opferspenden an die Götter mit sich bringen würde.

In Vers III nimmt die erste Hälfte ein zu niedriges Wasser an, bei dem Hungersnot einzutreten droht. In der zweiten Hälfte jubeln die Menschen, wenn der Nil steigt.

Vers IV preist einheitlich den Hapi als Spender der Lebensmittel auf den Feldern.

In Vers V beginnen alle Sätze mit «Nicht ....», abgesehen von der 1. und 3. Zeile. Dabei wird betont, daß der Nil einen geheimen Ursprung hat und daß sein Wirken unmerklich geschieht.

In Vers VI leitet die Erwähnung der beiden Länder auf die Tendenz der Zusammenfassung der Staaten und ihrer Götter, die im Neuen Reich von Theben aus betrieben worden ist. Die Zeilen lassen sich gut im Sinne der dortigen Theologen entstanden denken.

Vers VII versetzt in den Augenblick, in dem der beauftragte Rufer (bis in die Gegenwart als «munâdi an-Nil» tätig) den Stand des steigenden Nil verkündet. Kann er das Steigen des Wassers berichten, so freuen sich alle Menschen. Sie dürfen dann erwarten, daß der Acker die Pflanzen hervorbrechen lassen wird, wofür der realistische Dichter einen für uns etwas unästhetischen Vergleich benützt.

Vers VIII begrüßt den Hapi in Memphis, wo er aus Ober-Ägypten erscheint wie die Sonne aus der Finsternis. Vor Ptah als Gott von Mehu (Unter-Ägypten) werden Nil-Hymnen aus den Handschriften verlesen. Die Nacht, die in Vers VIII und IX erwähnt ist, mag die «Nacht des Tropfens» (arabisch lailat an-nukta) sein, die bis in die Gegenwart hinein noch als der Augenblick gefeiert wurde, in dem der Nil von dem Kata-

rakt her zum Steigen gebracht wurde, nach antiker Vorstel
lung durch Tränen der Isis.

Wenn man in Vers IX auf den Wortlaut von «das Haus in
der Mitte» Wert legen darf, könnte der Vers aus Mittel-
Ägypten kommen. Mit positiven und negativen Ausdrücken
wird geschildert, wie alle Menschen zur Arbeit gedrängt werden, um die (verlaufende) Überschwemmung auszunützen.
Dabei verzichten die einen auf schöne Kleider, während die
anderen sich parfümieren.

Vers X will die Menschen auf die kommende Überschwemmung vorbereiten, deren Auswirkung mit merkwürdigen
Vergleichen von teilweise unklarem Sinn geschildert wird.

In Vers XI begrüßt man mit Harfenspiel und Gesang das
Steigen des Nil, das Wohltaten bringen wird.

Vers XII: wer sich in Theben sättigen kann, zeigt dem Nil
seine Dankbarkeit dafür; vernachlässigt man ihn aber, so hört
das Wohlleben auf.

Vers XIII bringt wieder den Gegensatz zum Ausdruck:
wenn der Nil ansteigt, werden Opfer dargebracht; versagt er,
so erscheint kein Gott in Prozession.

In Vers XIV ist die Einstellung der Menschheit in den ersten Zeilen unsicher. Der Herr des Alls ist der Sonnengott
Rê Hor-achti von Heliopolis, der als «Sohn» von Hapi nur
bezeichnet werden kann, wenn dieser dem Nun gleichgesetzt
wird, dem Wassergott des Urozeans und des Chaos, der als
ältester Gott der «Vater aller Götter» ist. Den Abschluß bildet ein jubelnder Ausruf.

Das Auftreten bestimmter *Götternamen* gibt gelegentlich
einen Hinweis auf die Herkunft der Zeile, in der er genannt
wird; allerdings kaum darüber hinaus auf die Herkunft des
ganzen Verses, da dieser, wenigstens zuweilen, aus Elementen
verschiedener Herkunft zusammengesetzt ist. Immerhin kann
man den Versuch einer Quellenscheidung ebenso an den Göt-

ternamen wie an den landschaftlichen Vorstellungen in den einzelnen Versen unternehmen.

Auf das Delta deuten in Vers I die Götter Rê, Geb, Nepra und Ptah. Von diesen wird Nepra noch in Vers X genannt. In Vers VII deutet Sobek in Verbindung mit Neit auf das Delta; die beiden Gottheiten gehören auch in anderen Texten zusammen, und dann ist der Urgott Sobek der Sohn der Himmelsgöttin Neit. In Vers VIII ist der Nil in der «Nacht des Tropfens» erschienen, und in Mehu (Unter-Ägypten) erwarten ihn Ptah und die heiligen Schriften. Wenn in Vers XIV Nun als Vater des Herrn des Alls genannt wird, so denkt man an Heliopolis.

Von Theben ist die Rede in Vers XII (die Stadt des Herrschers), und in Vers XIII (seine Höhlen in Wêset).

Nach Vers III hat Chnum den Hapi gebaut, d. h. er läßt im Katarakt das Wasser steigen. Aber diese indifferente Äußerung erlaubt keine Folgerung für die Herkunft des Satzes. Einige Redewendungen wiederholen sich in mehreren Versen in verschiedenem Zusammenhang. Man gewinnt den Eindruck, daß diese gleichlautenden Zeilen aus einem einzigen Hymnus stammen und von den Verfassern der hier vorliegenden Verse aus ihrer Erinnerung in ihre eigene Zusammenstellung übernommen worden sind. Dadurch schließt man auf die gleiche Herkunft derjenigen Verse, in denen diese gleichen Elemente auftreten.

Der Satz «Der das Herz zuwendet» im Sinne von: «Der sich bemüht um ....» tritt auf in Vers IV (den Angelegenheiten der Armen), und in Vers IV (dem Opfer für jeden Gott), und in Vers VI (der Vermehrung der Schönheiten).

Der Satz «Deine Jünglinge und deine Kinder jubeln dir zu» erscheint in Vers VI (vielleicht aus Theben), und in Vers X (in dem Lied zur Harfe).

Wildes Geflügel fällt ein, wohl um Getreide abzufressen, in Vers II (auf die Arbeiten), und in Vers X (von der Wüste).

Der Lauf, besonders die Quellen, des Nil sind geheimnisvoll nach Vers I (er verbirgt seinen Lauf), und nach Vers V (er wird nicht erblickt, und seine Höhlen werden nicht gefunden).

Das Kebehu als Wasser des Kataraktes in Elephantine ist erwähnt in Vers IX (bringt die Überschwemmung), und in Vers II (die Fische ziehen stromauf zum Kebehu).

Der Nil ist es, der die Äcker ihre Frucht bringen läßt, in Vers I (er überflutet die Äcker), und in Vers I (das Wüstengebirge ist fern vom Wasser), und in Vers IV (er läßt das Gras für die Herden entstehen).

Die Überschwemmung wird vergleichsweise bezeichnet als der Tau, der vom Himmel herabfällt (Vers I), oder als das Herannahen des Hapi (Vers III), oder als Kebehu, also als Wasser des Kataraktes (Vers IX), oder als das Große Grün, also als Ozean (Vers X).

Der Eintritt der Überschwemmung macht die Menschen fröhlich. Bei dem Herannahen des Steigens jauchzt die Erde (Vers III). Ähnlich in Vers VII (wenn der Rufer den Wasserstand verkündet), und in Vers XIII (wenn der Nil ansteigt).

Das Versagen der Überschwemmung bringt Hungersnot und betrübt die Menschen. So in Vers II (wenn seine Finger ruhen), und in Vers III (wenn er grausam ist), und in Vers IX (wenn du zornig wirst), und in Vers XIII (wenn er untätig ist).

Veröffentlichungen:

Zusammenfassende Bearbeitung mit Angabe der älteren Veröffentlichungen:

GASTON MASPERO, *Hymne au Nil (Publications de l'Institut Français d'Archéologie Orientale, Bibliothèque d'Etude*, Tome V) Kairo 1912.

Später erschienen:

GRAPOW in: *Zeitschrift für ägyptische Sprache und Altertumskunde* 52 (1914) 103–106.

J.B.Pritchard, *Ancient Near Eastern Texts relating to the Old Testament*, 2nd ed. (Princeton 1955), 372–373: Übersetzung von J.A.Wilson.

E.Bacchi, *L'inno al Nilo (Pubblicazioni del R.Museo di Torino*, vol. IV), Torino [1950].

Überschrift des Hymnus

Verehrung des Hapi (Nil)•

Vers I: *Heil dir, Hapi, der in geheimem Lauf in das Delta strömt!*

Heil dir, Hapi!•
Du bist erschienen in diesem Lande,•
[du] bist gekommen, um Kêmet (*Ägypten*) zu beleben,•
wenn er (*so!*) seinen Lauf verbirgt (wie) die Finsternis an dem Tage, an dem ihm seine Gefolgsleute (*Diener, Gläubige*) Lobpreis spenden;•
der die Äcker überflutet, die Rê geschaffen hat,•
um alles Vieh zu beleben (*ernähren*);•
der das Wüstengebirge sich sättigen läßt, das fern von dem Wasser ist (*kein Wasser hat*);•
(denn) sein Tau ist es, der (vom) Himmel herabfällt (*als Regen? als Überschwemmung?*);•
der den Geb (*Erde*) liebt,•
der den Nepra (*Gott des Getreides*) leitet,•
der die Werkstatt des Ptah gedeihen läßt.•

Vers II: (*Heil dir, Hapi,*) *der die Tempel durch Ernten reich macht, aber bei Versagen die Opfergaben vermindert!*

Herr der Fische, wenn du (sie zu) dem Katarakt (kebehu) stromauf ziehen läßt (*während der Überschwemmung*).•
Nicht gibt es Geflügel, das auf die Arbeiten (*auf die Erzeugnisse der Äcker*) einfällt, (*um sie durch Abfressen zu zerstören?*);•
der die Gerste macht (*schafft*), der den Spelt entstehen läßt;•
wenn er die Tempel festlich (*reich*) macht;•

332

Wenn seine Finger (aber) ruhen (*er untätig ist*), dann werden die Nasen verstopft,˙
und alle Leute werden arm.˙
Verminderung tritt ein in den Himmel der Götter,˙
und Millionen Männer unter den Menschen gehen dann zugrunde.˙

Vers III: *Niedriges Wasser läßt die Menschen verzagen,
steigendes macht sie wieder froh*

WENN ER GRAUSAM IST (*wenig Wasser bringt*), so wird die ganze Erde umgestürzt.˙
Große und Kleine vergehen (*vor Hunger*).˙
(Aber) bei seinem Herannahen (*Steigen des Wassers*) vermischen sich die Menschen (*werden wieder froh*).˙
Wenn Chnum ihn gebaut hat (*ihn im Katarakt steigen läßt*),˙
dann erscheinst du (*gehst auf wie die Sonne*), und die Erde ist in Jauchzen.˙
Jeder Leib ist in Freude.˙
Jeder Rücken, er hat Lachen begonnen.˙
Jeder Zahn ist entblößt (*bei dem Lachen*).˙

Vers IV: *Heil dem Hapi, der seinen Gläubigen reiche Ernten bringt!*

DER DIE LEBENSMITTEL BRINGT, groß (*reich*) an Speisen,˙
der alles Schöne schafft.˙
Herr der Kraft, angenehm an Wohlgeruch.˙
Er ist es, durch den man erfreut (*Opfer darbringt*);˙
der das Gras für seine Herden entstehen läßt,˙
der sein Herz dem zuwendet (*dafür sorgt*), daß jedem Gott geopfert wird.˙
(Wie) der beste Weihrauch ist der (Gläubige),
der unter seiner Leitung steht (*von ihm bewässert wird*).˙
Er kommt aus der Duat (*Unterwelt*), aus dem Himmel und aus der Erde,˙

wenn (er) die Stadt Iti-tawi (*Residenz des Mittleren Reichs nahe dem Fajjûm*) ergreift; •
der die Speicher füllt und die Kornhaufen weit macht; •
der das Herz den Angelegenheiten der Armen zuwendet. •

> Vers V: *Heil dem Hapi, der im Geheimen wirkt,*
> *ohne daß man ihn und seine Diener sieht!*

(Er ist es,) DER DEN BAUM GEDEIHEN LÄSST, den jeder wünscht, •
ohne daß es einen Mangel daran gibt. •
Der die Schiffe durch seine Kraft entstehen läßt, •
ohne daß in Stein gemeißelt wird, •
(wenn) die Statuen (*des Königs*) die weiße Krone und die Uräus-Schlange anlegen. •
Nicht wird er erblickt (*will er, soll er erblickt werden*). •
Nicht hat er Arbeiter, und nicht seine Opferträger, (*die sichtbar werden*). •
Nicht wird er aus den Geheimnissen (*geheimen Liedern*) gelesen. •
Nicht wird der Ort gekannt, an dem er sich befindet. •
Nicht werden (seine) Höhlen (*Quellen des Nil*) gefunden durch die Kraft der Schrift (*Bücher*). •

> Vers VI: *Heil dir, Hapi,*
> *der beide Länder durch sein Wasser beherrscht!*

NICHT GIBT ES SCHEUNEN, um seine (*lies: deine*) Lieferungen (aufzunehmen). •
Nicht gibt es eine Leitung in dein Herz (*Zutritt zu dir*). •
Deine Jünglinge und deine Kinder jubeln dir zu. •
Man bittet dich um Rat als einen König. •
Die (*Deine*) Gesetze bleiben bestehen (in) dem ganzen Lande. •
Der (Du) hervorkommst an der Spitze von Schmaw und Mehu (*Ober- und Unter-Ägypten*). •
Jedes Auge (*Alle Menschen*) trinkt Wasser von ihm, •

der das Herz der Vermehrung der Schönheiten (*Gaben*) zuwendet.·

Vers VII: *Heil dem Hapi,*
dessen Überschwemmung Götter und Menschen beglückt!

WENN DER RUFER DA IST (*um den Wasserstand zu verkünden*),
so kommt Fröhlichkeit heraus,·
und jedes Herz ist fröhlich (*über das verkündete Steigen des Nil*).·
Die Krokodile (*Sobek*) sind schwanger, und Neit gebiert (*den*
Sobek als Wassergott).·
Die Neunheit der Götter, die in dir ist, wird prächtig.·
Er ist (wie) das Erbrechen (*Hervorbringen*), das das Feld sich
übergeben läßt (*gemeint: seine Erzeugnisse sprießen läßt*);·
der die Menschheit stark macht;·
der den einen kräftigt und den anderen liebt,·
ohne daß es einen Rechtsstreit mit ihm gibt;·
der die Opfergaben macht (*schafft*), ohne daß es jemanden neben ihm gibt.·
Die Menschheit macht ihm die Grenzen (*ob durch Befestigung*
der Ufer? durch Kanäle?).·

Vers VIII: *Heil dem Hapi, der in Memphis als Segenspender erscheint*
und mit herkömmlichen Liedern begrüßt wird!

(Er ist) DER ERLEUCHTENDE, DER AUS DER FINSTERNIS
HERAUSGEHT,·
als ein Fett (*Gedeihen*) seiner Herden.·
Die Kraft ist er, der alles entstehen läßt.·
Nicht gibt es Menschen, die sich vor ihm verbergen könnten.·
Der die Menschen (*festlich*) bekleidet, um sie durch das zu erfüllen, was er (ihnen) bestimmt hat (*als ihr Schicksal; oder zu*
verbessern: mit Flachs von seinen Wiesen?).·
Der die Herzen auf seine Arbeiten (*auf dem Acker*) hinwendet;·
der in der Nacht (*des Tropfens?*) tätig ist, indem er seine Äcker
liebt.·

Nicht gibt es eine Grenze des Ptah *(lies: Er ist ein Genosse des Ptah?)* zusammen mit Jubelrufen (?);•
der alle Arbeiten *(Leistungen)* aus ihm (selbst) entstehen läßt,•
und alle Bücher der Gottesworte,•
und seine Tätigkeiten in dem Mehu *(Unter-Ägypten).*•

Vers IX: *Heil dir, Hapi, der du in Mittel-Ägypten*
die erfreuten Menschen zur Arbeit auf die Äcker bringst!

DER (DU) MIT WORTEN *(Liedern)* EINTRITT in das Haus in der Mitte *(des Landes?)*;•
Der Ersehnte, der aus dem Geheimnis *(unbekannten Quellen)* hervorgegangen ist.•
Wenn du zornig wirst, tritt ein Mangel an Fischen ein *(durch Sterben)*;•
dann wird das Wasser des Jahres *(d.h. die Überschwemmung)* erbeten *(von den Menschen).*•
Angesehen *(bewertet)* wird der Starke gleichwie der Flüchtling;•
gezählt *(mitgerechnet)* wird jeder Mann, der seine Geräte *(zum Ackern)* trägt.•
Nicht gibt es einen Genossen, der hinter *(seinem)* Genossen *(zurückbleibt).*•
Nicht gibt es einen, der sich mit *(festlichen)* Kleidern bekleidet *(und nicht arbeitet).*•
Nicht gibt es einen, der die Kinder des Ehrwürdigen *(Vornehmen)* schmückt *(ohne daß sie arbeiten).*•
Nicht gibt es einen, der *(die Anrufungen des Nil)* hört in der Nacht *(des Tropfens?)* *(ohne sie zu befolgen).*•
Es wird geantwortet zusammen mit dem *(die Antwort erfolgt durch das)* Kebehu-Wasser *(des Kataraktes? der Überschwemmung?),*•
und alle Leute salben sich *(aus Freude über die steigende Überflutung der Äcker).*•

336

Vers X: *Heil dir, Hapi, der du die Pflanzen auf dem Acker*
zum Wachsen bringst und schützest!

DER DIE WAHRHEIT FESTSTELLT, die die Menschen wünschen;•
durch das, was gesagt wird: «Sei bereit, bis dir geantwortet
wird!»•
Dann wird geantwortet *(von dir, o Nil!)* zusammen mit dem
(durch das) Große Grün *(Ozean, für die Überschwemmung)*.•
[Die Vornehmen wandern] hinter den Armen.•
Die Menschheit leitet den Nepra *(arbeitet für das Getreide)*,•
indem sie alle Götter verehren.•
Nicht gibt es Geflügel, das von der Wüste hinabsteigt *(um die*
jungen Pflanzen abzufressen).•
Man erinnert sich *(dankbar)* deiner Hand von Gold•
bei dem Schlagen *(Formen)* des Ziegels von Silber.•
Nicht ißt man den echten Blaustein, •
wenn die Gerste vor dem Gedeihen steht.•

Vers XI: *Heil dir, Hapi, dir werden frohe Lieder gesungen,*
wenn die Überschwemmung Segen gebracht hat!

BEGONNEN WIRD DIR EIN LIED zur Harfe,•
gesungen wird dir auf der Hand *(durch Klatschen)*.•
Deine Jünglinge und deine Kinder jubeln dir zu.•
Vergolten werden dir die Verkündigungen *(Meldungen des Er-*
trages der Ernte).•
Wenn der Ehrwürdige *(Nil)* kommt mit den Kostbarkeiten
(seinen Erzeugnissen), ist die Erde geschmückt;•
der die Schiffe vor den Menschen grün *(prächtig)* macht *(die*
Schiffahrt gedeihen läßt);•
der die Herzen in den Schwangeren belebt,•
den die Menge aller seiner Herden liebt.•

Vers XII: *Heil dir, Hapi, der du die Menschen in Theben sättigst,*
die ohne dich verhungern!

WENN DU AUFGEHST (*wie die Sonne*) in der Stadt des Herrschers (*gemeint: in der Hauptstadt Theben*),•
dann sättigt sich der Vorsteher (*Besitzer*) von schönen Dingen.•
«Hätte ich doch Lotos(*-früchte zum Essen*)!» (*sagt*) der Mann
von geringem (*Einkommen*).•
Alle Dinge sind in Verknüpfung (*guter Ordnung*) auf der Erde.•
Jedes Gras ist (*vorhanden*) bei deinen Kindern.•
Wenn die Essenden ihn (aber) vergessen (*vernachlässigen*),•
so entfernt sich das Schöne (*Wohlbehagen*) von den Wohnstät-
ten,•
und die Erde fällt in das Verderben.•

Vers XIII: *Heil dir, Hapi, der du durch das Ansteigen*
des Nil in Theben Opfer an die Götter bewirkst!

WENN (DU) ANSTEIGST, o Hapi,•
dann wird dir geopfert.•
Rinder werden dir geschlachtet.•
ein gewaltiges Opfer wird dir dargebracht.•
Geflügel wird dir gemästet.•
Löwen werden dir auf der Wüste eingerichtet (*gejagt? ge-*
zähmt?).•
Schöne Dinge (*Opfergaben, Räucheropfer*) werden dir vergolten
(*als Ersatz dargebracht*).
Geopfert wird jedem Gott,•
wie es dem Hapi getan wird.•
Weihrauch des Himmels, Rinder und Kälber,•
Geflügel (*auf die*) Flamme (*als Räucheropfer*),•
und das, was der Hapi gemacht (*geschaffen*) hat (aus) seinen
Höhlen in Wêset (*Theben*).•
Nicht kennt man seinen Namen (*nicht ist er vorhanden*) in der
Duat (*Unterwelt*).•

338

Nicht würde ein Gott (in) seinen Gestalten herausgehen (*in Prozession*),*
wenn er untätig ist (in seinen) Absichten (*wenn der Nil nicht die Überschwemmung steigen läßt*).*

Vers XIV: *Heil dem Hapi,
dessen Sohn als Allherr Ägypten gedeihen läßt!*

DIE MENSCHHEIT ERHEBT SICH zu den Göttern (*empört sich gegen sie? erzittert vor ihnen?*),*
aus Furcht vor der Macht, die sein (*des Hapi = Nun*) Sohn, der Herr des Alls, ausgeübt hat,*
um die beiden Ufer (Ägypten) gedeihen zu lassen.*
Reich (*eigentlich: frisch*) an Segen (kapu: *Sprüche, Lieder?*)!
Reich an Segen, o Hapi, reich an Segen!*
Der die Menschen und die Herden belebt durch die (Gaben) der Äcker.*
Reich an Segen, reich an Segen, o Hapi, reich an Segen!*

Nachschrift in Papyrus Sallier II

Es geht schön aus in Frieden durch die Arbeit des Schreibers der beiden Silberhäuser Kagabu.*

Beide Geschlechter sind den Gottheiten zugewiesen worden bei den Rindern, die als ständige Hausgenossen dem ägyptischen Bauern nahe waren, andererseits als fast wilde Herden in den sumpfigen Weiden des Delta lebten. Der Stier, dem in einer Zeichnung auf Papyrus acht Kühe beigesellt sind (Band «*Mythen*», Abb. 19 auf S. 82), ist in der ägyptischen Poesie ein Beispiel von Kraft und eines der Bilder für den siegreichen Pharao. In mehreren Tempeln wurde ein Stier gehalten, dort als «Seele» eines Gottes gedeutet, am bekanntesten der Apis in dem Heiligtum des Ptah in Memphis (Band «*Götterwelt*», S. 37 mit Tafel 4). König Ptolemaios II. Philadelphos und seine Gattin besuchten zusammen die drei heiligen Stiere des Landes in ihren Ställen neben den Tempeln von Memphis, Heliopolis und Pithom (Band «*Götterwelt*», S. 126). Das Eintreten desselben Königs zu dem Bock von Mendes vollzog sich nach einem alten Ritual, das für solche Königsbesuche bei den heiligen Tieren bestand (*ebenda*, S. 179). Der Kopf des Stieres mit seinen kurzen Hörnern wird nur selten auf den Körper des Mannes gesetzt, wie bei einem Horus (Band «*Mythen*», Tafel 8 b); er ist bei dem Gauzeichen von Sais (unter-ägyptischer Gau IV–V) ein schützendes Symbol (*ebenda*, S. 64).

Die Kühe hatten sich schon vor der Entstehung der Erde betätigt. Eine Kuh Ahet hatte in dem Urmeer zwischen ihren Hörnern den jungen Sonnengott getragen, als er zum erstenmal erschien und Licht in das dunkle Chaos brachte (Band «*Mythen*», Abb. 37 auf S. 210). In Dendera gehörte die Kuh zu der dortigen Göttin Hathor, deren Frauengesicht mit Kuhohren versehen wurde (Bund «*Götterwelt*», Tafel 20). Die langen Kuhhörner mit der Sonnenscheibe zwischen ihnen waren der ständige Kopfschmuck der Hathor von Dendera (ober-ägyptischer Gau VI; *ebenda*, S. 245 mit Abb. 42 und 45); ebenso, wenn sie die Genossin des Sêtech in Nubt (ober-ägyptischer

Gau V) war (Band «*Mythen*», Abb. 11 auf S. 49), oder wenn sie als Totengöttin den Pharao in der Unterwelt begrüßte (*ebenda*, Abb. 8–9 auf S. 42–46). Der Kopfschmuck ist von Hathor übergegangen auf die ihr innerlich nahestehende Isis, die Mutter des Horus, die ihren Knaben säugte. So stellen Bronzefiguren die Gruppe der Mutter mit dem Kinde dar (*ebenda*, Tafel 12), und Reliefs in ihrem Tempel auf der Insel Philae (Band «*Götterwelt*», S. 331 mit Abb. 57–58). Auf den Kopfschmuck ist das Schriftzeichen «Isis» (Thron) gesetzt in den Bildern in dem Tempel des Horus bei Edfu während des Kampfes ihres Sohnes gegen Setech als Nilpferd (Band «*Mythen*», Abb. 22–28 auf S. 97–145). Die enge Verbindung zwischen Hathor und der Kuh hat die Vermischung zwischen den beiden Wesen veranlaßt, durch die in Theben die Kuh als Amme des Pharao tätig war.

C 7. DIE HEILIGE KUH
ALS AMME DES KÖNIGS

Königin Hat-schepsut (Dynastie XVIII) hat sich ihren Totentempel auf dem Westufer von Theben (ober-ägyptischer Gau
IV, Band «*Götterwelt*», S. 304) in einem Winkel unmittelbar
vor den steil abfallenden Wänden des Kalksteinfelsens der
Wüste erbauen lassen, der nach einem (jetzt verschwundenen)
koptischen Kloster Dêr al-Bahri «Nördliches Kloster» genannt
wird (Tafel 29). Die Göttin dieses Felsengebirges war eine Kuh,
die zuweilen körperlich verbunden mit dem Kalkstein dargestellt wird (Abb. 43). Da Kühe auch in anderen Gauen verehrt
und als heilige Tiere von Göttinnen in deren Tempeln gehalten wurden, verschmolzen diese Kühe in ihren Namen und
Beiworten miteinander. So erhielt die Kuh in Theben den Namen der Hathor von Dendera und der Hesat von Tep-jêhu
(ober-ägyptischer Gau VI und XXII). Aufgabe dieser Kühe in
den Mythen um die göttliche Majestät des Pharao war es, den
König als Kind mit ihrer Milch zu nähren. Dadurch ging etwas von der Tätigkeit der Göttinnen, denen die Kühe zuge-
ordnet waren, auf diese über, so daß die Kühe als fast menschlich gedachte Wesen auch in anderer Hinsicht für die Pflege
und Erziehung des Königs sorgten. Die heilige Kuh in Theben erhielt demgemäß zu ihrer ursprünglichen Aufgabe als
Totengöttin des Westens eine Anzahl von weiteren Tätigkeiten.

An dem Totentempel der Königin Hat-schepsut bei Dêr al-
Baḥri ist eine Kapelle aus dem Felsen herausgehauen, in der
eine lebensgroße Statue der heiligen Kuh aus bemaltem Kalkstein steht, als ob sie aus dem gewachsenen Felsen herausträ-
te, in dem sie wohnt und mit dem sie verbunden ist (Tafel 30).
Unter der Kuh kniet ein kindlicher Pharao, der an ihrem Euter
saugt (wie Abb. 50); er führt in dem Relief an der Rundplastik
augenfällig vor, was die Texte mit Worten beschreiben und

ausdeuten. Diese Texte stehen an den Wänden der Kapelle als Beischriften zu Bildern in bemaltem Relief, und sie haben meist einen alten Wortlaut, der auch für andere Pharaonen vor und nach Hat-schepsut verwendet worden ist. Da Hat-schepsut eine Frau war, die alten Texte aber auf einen männlichen Pharao lauteten, mußten sie für die Anbringung in dem Toten-

Abb. 50. Das Bild der «Hathor, Herrin von Onet (Dendera)» als Kuh ist in ihrer Kapelle aufgestellt, während eine Königsfigur ehrfürchtig vor ihr steht und eine andere kniend an ihrem Euter saugt. Relief in dem Tempel der Hathor bei Dendera, übereinstimmend mit den Bildern in Theben, auch mit der Statue Tafel 30.

tempel der Königin umgearbeitet werden: jedes «er» oder «sein» war in ein «sie» oder «ihr» umzuwandeln, und für das «du» oder «dir, dich» waren statt der männlichen die weiblichen Formen der Fürwörter einzusetzen. Diese Veränderungen waren verhältnismäßig leicht vorzunehmen, aber schwierig wurde es bei der Symbolik und den poetischen Bildern. Vergleiche mit einem Löwen oder einem Stier konnte der priesterliche Literat bei der Abfassung von Inschriften weglassen. Aber nicht zu vermeiden war die Benennung der Königin als Horus, mit dem Falken geschrieben, die zu der Titulatur des Pharao gehörte. In einigen Fällen fügte man dem Falken ein -t als weibliche Endung hinzu und machte die Königin zu einer «Falkin-Horus». In anderen, in denen eine Schilderung aus dem Mythos des Horus-Knaben eine Veränderung unmöglich machte, ließ man den Vergleich mit dem Horus-Falken stehen und machte sich keine Sorge um den inneren Widerspruch, daß die Königin als Knabe oder als Mann angesprochen wurde. Die folgenden Texte geben Beispiele für jede dieser Lösungen. Durchgehend hat Hat-schepsut (Maat-ha-Rê) die üblichen Titel des Pharao in männlicher Form beibehalten: «König von Ober- und Unter-Ägypten, Herr beider Länder»; oft auch «Sohn des Rê», das aber gelegentlich durch die Endung -t in eine «Tochter des Rê» umgeändert worden ist.

An zwei Wänden des Tempels von Dêr al-Baḥri zeigt ein Relief die göttliche Kuh (→ bzw.←), an deren Euter die kleine Königin (← bzw. →), als Knabe dargestellt, saugt, während eine schreitende Königsfigur (→ bzw.←) vor der Kuh steht (wie Abb. 50).

Veröffentlichung:

EDOUARD NAVILLE, *The Temple of Deir el Bahari*, IV (London 1901), pl. CIV und CV. Text bei SETHE, *Urkunden der XVIII. Dynastie (Urkunden des ägyptischen Altertums*, Abteilung IV, Leipzig 1906), 235. Ausschnitte übersetzt bei SERGIO DONADONI, *La religione dell'antico Egitto, Testi* (1959) 407–408.

Beischrift zu der Kuh

Rede der Hathor, der Erhabenen der Kühe, Oberhaupt aller Götter, an König von Ober- und Unter-Ägypten, Herr beider Länder (Maat-ka-Rê)|, der mit Leben beschenkt ist ewiglich:

Du bist mein leibliches Kind

Meine geliebte Tochter (Maat-ka-Rê)|, ich bin deine Mutter, die deine Schönheit geschaffen hat. Ich ernährte dich auf dem Thron des Horus *(für)* das Königtum von Schmaw und Mehu *(Ober- und Unter-Ägypten)*. Ich gebe dir die Jahre der Ewigkeit.

In einer anderen Darstellung ist die Kuh → an die ← thronende Königin herangetreten und beleckte ihre Hand, um sie zu säubern und zu pflegen.

Veröffentlichung:

NAVILLE pl. XCVI; SETHE, in: *Urk.* IV 239.

Rede der Kuh

Rede der Hathor, Oberhaupt von Wêset *(Theben)*, Hesat *(Kuh in dem ober-ägyptischen Gau XXI)*, Mutter des Gottes *(Königs)*, Herrin des Himmels, Fürstin der Götter, die ihren Horus *(Sohn der Isis)* erfreut, die den Horus *(König)* leckt, den sie geboren hat.

Ich betreue dich als Amme

Ich bin gekommen zu dir, meine geliebte Tochter, König von Ober- und Unter-Ägypten (Maat-ka-Rê)|, Tochter des Rê (Genossin des Amon, Hat-schepsut)|. Ich küsse deinen Arm, ich lecke deine Glieder. Ich versehe Deine Majestät mit Leben und Glück, wie ich es für Horus getan habe in dem Nest *(Dickicht)* von Ach-biti *(bei Buto, unter-ägyptischer Gau VI)*. Ich habe Deine Majestät mit meiner Brust *(Euter)* gesäugt, Ich habe dich mit meinem ꜣAch (*Geist, Fluidum*) erfüllt und mit diesem meinem Wasser des Lebens und Glücks.

Ich bin dir wie eine Mutter

Ich bin deine Mutter, die deine Glieder [genährt] hat, ich habe deine Schönheit geschaffen.

Ich beschütze und ernähre dich

Ich bin gekommen, damit ich den Schutz über dich ausübe. Ich befahre (*erfülle*) deinen Mund mit meiner Milch (*Mehrzahl*), indem du lebst und dauerst durch sie, indem du ein ꜣAch (Geist) bist durch sie, indem du vollständig bist durch sie.

Ich halte Schädliches von dir fern

Ich entferne alles Schlechte, das dir anhaftet, wie es dein Vater Rê befohlen hat, der Amon, Herr von Nesut-tawi (*Karnak*), indem du lebst in Ewigkeit.

Eine dritte Darstellung zeigt dieselbe Komposition im Spiegelbild: die Kuh ← leckt die Hand der → thronenden Königin.

Veröffentlichung:

NAVILLE pl. XCIV und LXXXVI; SETHE, in: *Urk.* IV 237.

Beischrift zu der heiligen Kuh, die an der Hand der Königin leckt

Sich gegenseitig anblicken, den Arm küssen, die Glieder des Gottes (*Königs*) lecken, den König mit Leben und Glück versehen.

Rede der Kuh an die Königin

Rede der Hathor, Herrin von Onet (*Dendera, ober-ägyptischer Gau VI*), Herrin des Himmels, Fürstin der Götter, wohnend in Zoser-zosru («*Prächtiger der prächtigen Tempel*», *Name des To-tentempels der Hat-schepsut bei Dêr al-Bahri*). *Variante:* Genossin des Horus, Mutter des Gottes (*Königs*), die seine Schönheit geschaffen hat.

Ich bin zufrieden über den neuen Kuhstall

Meine geliebte Tochter (Maat-ka-Rê)|: Ich bin gekommen, indem ich über deine Liebe jauchze und indem ich zufrieden bin über dieses dein Denkmal (*Bauwerk*), den schönen Ruhe-platz (*Stall*), den du mir gemacht hast. Ich bin gekommen aus Pe, ich bin gegangen aus Dep (*beide Teile der Stadt Buto in dem unter-ägyptischen Gau VI*).

Ich bin aus dem Delta gekommen

Ich habe die Seschu (*Dickichte mit Wildgeflügel im Delta*) und die Pehu (*Sumpfgebiete an den Mündungen des Nil*) und die Wege des Horus (*Grenzgebiet in der Wüste gegen Syrien*) durchwandert, und ich ließ mich nieder in Ach-biti (*Dickicht bei Buto, grie-chisch Chemmis*), bei der Beschützung meines Horus (*des Sohnes der Isis*).

Ich verschaffe dir angenehmen Geruch

Mein Geruch (*Parfüm*) soll zu dir (*übergehen*) als (*der Geruch des Weihrauchs von*) Punt. Dein Duft soll angenehmer sein als (*der der*) Götter.

Ich säuge und säubere dich

Meine Tochter von meinem Leibe (Maat-ka-Rê)|, mein Horus von Elektron: Ich bin deine Mutter, süß an Milch. Ich säuge Deine Majestät mit meiner Brust (*Euter*), so daß sie (*die Men-gen meiner Milch*) zu dir eintreten mit Leben und Glück. Ich küsse deinen Arm, ich lecke deine Glieder mit meiner süßen Zunge, die aus meinem Munde herausgekommen ist.

Amon erkennt dich als sein Kind an

Du bist geboren und du bist neu an jedem Tage auf den Armen deines Vaters Amon, der alle Länder unter deine Sohlen legt.

Hinter der Kuh steht ein Gott, der sie in der Rolle des Stieres begleitet:

Rede des Stier-Gottes, des Herrn der Kühe

Rede des *(Herrn der)* Milch, des Hapi *(griechisch Apis, Stier in Memphis, unter-ägyptischer Gau I)*, Stier, der auf die Schönen *(Kühe)* springt *(begattet)*:

Ich schütze dich als Königin

Ich bin gekommen, damit ich meine geliebte Tochter schütze, die den Leib *(ihrer Mutter)* öffnete *(als Erstgeborene)*, König von Ober- und Unter-Ägypten (Maat-ka-Rê).

Ich vermehre deine Rinderherden

Ich lege *(stifte)* dir Pehu *(Sumpfgebiete)* der Rinderherden *(als Weideland)*. Ich mache dir deine Kühe *(Herden)* zahlreich. Ich erzeuge *(dir)* die Hesat *(heilige Kuh in dem ober-ägyptischen Gau XXI, S. 349)*, indem du lebst in Ewigkeit.

C 8. TOD DER HEILIGEN KUH
IN DEM OBER-ÄGYPTISCHEN GAU XXII
UNTER PTOLEMAIOS I.

Die Hauptstadt des Messer-Gaues XXII hieß Tep-jêhu «Haupt der Kühe», und in ihr wurde eine Kuh verehrt, die als Tier der Göttin Hathor, später besonders der Isis, angesehen wurde (Abb. 51). Der eigentliche Name der Kuh war Hesat, und ihm fügte man den von anderen großen Göttinnen hinzu, neben dem der Isis auch den der Sopdet, des als Form der Isis angesehenen Sternes Sirius. Die in dem Tempel von Tep-jêhu gehaltene Kuh wurde von einem Priester betreut, der den Titel «Mehi (Betreuer?), der die Stirn (der Kuh) feststellt (versorgt)» trug und den höheren Priestern verantwortlich war. Als in dem 12. Regierungsjahr (oder später) unter König Ptolemaios I. Sotêr, also nach 310 v. Chr., die damals gehaltene Kuh starb, verkündete der «Betreuer» das unglückliche Ereignis seinen Vorgesetzten, und diese vollzogen die üblichen Gebräuche für die feierliche Beisetzung gemäß den überlieferten Vorschriften, wobei der gelehrte Vorleser und der «Schrei-

Abb. 51. Das Bild der heiligen Kuh von Tep-jêhu (ober-ägyptischer Gau XXII «Messer») liegt auf einem als Tempel gestalteten Untersatz; dieser soll auf seinem Schlitten bei einer Prozession in das Freie hinausgezogen werden, vielleicht auch zur Erteilung eines Orakels. Relief aus Tep-jêhu, arabisch Atfîh.

ber des Gottesbuches» als Kenner des Tempelarchivs mitwirkten. Wie es scheint, hatte das Leben der heiligen Kuh nach 14 jähriger Haltung in dem Tempel ihr Ende gefunden, und nun mußte eine Nachfolgerin für sie gefunden werden. Es gelang, und man errichtete in dem Tempel von Tep-jêhu einen Denkstein, auf dem der Tod der alten Kuh und die Einsetzung der neuen geschildert wurden. Einen Bericht über den etwa gleichzeitigen Tod des Stieres Apis in Memphis gibt Diodoros I 84 (*unten*, S. 392).

Veröffentlichungen:

Ahmed bey Kamal, *Stèles ptolémaïques et romaines (Catalogue Général du Musée du Caire)* I (1905), p. 158; II (1904), pl. LIII, Nr. 22 180.

Spiegelberg, in: *Z. ägypt. Sprache und Altertumskunde*, 43 (1906), 129 bis 135.

Sethe, *Hieroglyphische Urkunden der griechisch-römischen Zeit (Urkunden des ägyptischen Altertums*, II, 1904), 159–162.

Der Denkstein, heute im Museum von Kairo, Catal. Génér. Nr. 22 180, ist eine Platte aus Kalkstein, die in der oberen Rundung eine Darstellung trägt (Abb. 52). Unter der geflügelten Sonnenscheibe schreiten von rechts her zwei ← Männer heran. Zuerst der Priester An-mutef «Pfeiler seiner Mutter», ursprünglich Beiwort des jungen Horus, der seiner Mutter Isis half; dann Bezeichnung des Totenpriesters, der für den Totendienst seiner Eltern sorgt, in diesem Falle für die heilige Kuh. Ihm folgt König Ptolemaios I. Sotêr mit zwei Wasserkrügen in den Händen und der Beischrift «Beschenken mit Krügen», in denen gewiß geweihte Milch enthalten ist. In dem linken Teil des Bildes sind hintereinander die Gottheiten von Tep-jêhu dargestellt. Zuerst die → liegende Kuh «Isis, Hesat, Sopdet, Herrscherin der lebenden Sterne (Name auch für die Planeten)» mit Sonne und Straußenfedern zwischen den Hörnern und mit einem Halskragen, an dem im Nacken das übliche Menat «Gegengewicht» hängt. Vor der Kuh steht eine

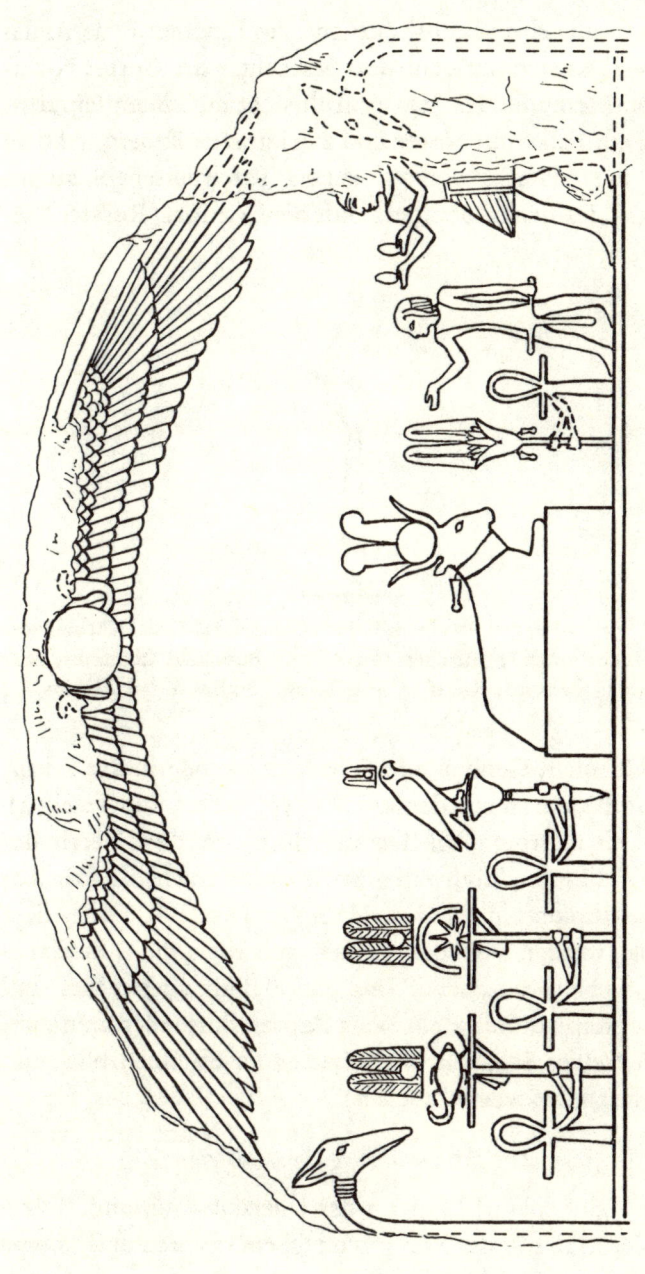

Abb. 52. Oberteil des Denksteins aus dem Tempel von Tep-jêhu, arabisch Atfîh, auf den Tod einer heiligen Kuh Hesat unter König Ptolemaios I. Sotêr, der ihr Milch darbringt.

Standarte mit einer Lotosblüte und zwei graden Federn, das Symbol «Das sich mit dem Gott vereinigt» des Gottes Nofertêm von Memphis. Hinter der Kuh steht auf einem Papyrusstengel ein Falke mit Sonne und zwei graden Federn auf dem Kopfe, der «Horus, der auf seinem Papyrusstengel steht» (Abb. 53). Dann eine Standarte mit dem Symbol (Rosette) der

Abb. 53. Ein Falke, der auf einem Papyrusstengel steht, als Gottheit verehrt in dem unter-ägyptischen Gau VI von Buto und Chemmis, dort «Horus» benannt. Relief in dem Tempel Sethos' I. bei Abydos.

Göttin Seschat, Genossin des Thot, als Erfinderin der Schrift «Die Große, die Herrin der Schrift» (vgl. Abb. 3 und Tafel 2 a). Zuletzt ein Skorpion, das Tier der Göttin «Selket, Herrin des Lebens», das sie durch ihren Stich so oft gefährdet (Zauber gegen Skorpione in Band «*Ausklang*», Text B 3). Alle diese Symbole werden von den Armen gehalten, die von einem Anch «Leben» ausgehen. Das ganze Bild wird rechts und links begrenzt durch je ein Waʾs-Zepter, dessen Krümme wie der Kopf eines Schakals behandelt ist (nach innen blickend, rechts fast ganz weggebrochen).

Tag der Errichtung des Denksteins

[Jahr 12 oder später] Monat 2 der Überschwemmung, Tag 7 unter der Majestät des Königs von Ober-Ägypten und Königs

352

von Unter-Ägypten, Herrn beider Länder (Erwählt von Rê, Geliebt von Amon)|, Sohn des Rê, Herr der Kronen (Ptolemaios)|, geliebt von Isis, Hesat, Sopdet (*Stern Sirius*), Herrscherin der lebenden Sterne.

Der Tod der heiligen Kuh wird festgestellt

An diesem Tage, als an die Majestät der Hesat das traurige Ereignis (*Tod*) herantrat, da wurde Nachricht darüber gegeben an den Betreuer, den (*Priester*), der die Stirn feststellt (*dem die Fürsorge für den Stall der Kuh übergeben ist*), und an die Gottesdiener und die Gottesväter. Da sorgte der Schreiber des Gottesbuches für sie (*die Kuh*), wie es in den Schriften vorgeschrieben ist, und (seine) Rede war: «(In der) dritten Stunde an diesem Tage ist die Seele der Majestät der Isis Hesat nach dem Kebeh (*Land oder Ozean am Himmel*) hinaufgestiegen. Ihre Seele hat sich zum Himmel begeben, und sie hat sich dem Rê (*Sonne*) zugesellt.»

Der Tod wird feierlich gemeldet

Man (*der Priester*) vollzog große Vermehrungen (*Zaubersprüche*) und das Bringen des Schwanzes (*Zeremoniell zur Vertreibung der Dämonen durch den Priester vor Verlassen des Raumes*) durch das ganze Haus (*Tempel*). Der Priester des Tores (*Stall*) trat dann heraus, ohne daß irgendwelche Leute (ihn) sahen. Dann trat er in den Vorhof ein, um das Unglück dem Betreuer und den großen Gottesdienern zu melden, indem er sagte: «Der Huf (der Kuh) hat den Himmel der Erde vorgezogen. Die Seele der Isis hat sich entfernt, und sie ist zu dem Himmel geflogen, und sie hat als Erste (*der Kühe? Anspielung auf den Namen 'Erste der Kühe' der Stadt des XXII. Gaues*) den Ozean (des Himmels) befahren.»

Der Totenpriester bringt der verklärten Toten das erste Opfer dar

Dann eilte der Betreuer, der die Stirn feststellt, und der Oberste des Geheimnisses der Herrin von Tep-jêhu («Erste der Kühe» *als Name der Stadt*), und die Gottesdiener und die Gottesväter und die großen Priester und die vier Balsamierer der Göttin, und der Cherheb (*Vorleser*), und der Schreiber des Gottesbuches, und der Leiter des Festes [der Beisetzung]. Sie ließen den An-mutef (*Priester des Totenkultes*) eilig erscheinen (in feierlichem Zuge) zu dem Gehöft der Hesat (*Kuhstall*). Ihre Gebräuche wurden vollzogen als Lohn [für das, was die Kuh getan hatte] in alle Ewigkeit.

Die anderen Gottheiten des Tempels
bezeugen ihre Anteilnahme an dem Tod ihrer Genossin

Nach diesem [erschienen die Götterbilder] der Isis Hesat und des Horus, der auf seinem Papyrusstengel steht. Es (*das Bild der Isis-Kuh?*) ruhte als Sachmet [in dem ...-Saal] des Tempels. [Die heilige Kuh wurde verehrt und behandelt] wie in der Urzeit. Alle Gebräuche wurden ihr vollzogen .... gemäß den Büchern (des Rituals). Man ließ eintreten [die Götterbilder in die Halle] des Tempels gemäß den Seelen der Neit (*heilige Schriften mit Anweisungen?*). Ihr wurden vollzogen [alle Gebräuche wie in der] Urzeit.

Die Kuh wird als Mumie hergerichtet und beigesetzt

Nach diesem ließ man sie (*die Kuh*) sich niederlassen in dem [...-Saale des Tempels]. Alle Gebräuche wurden in richtiger Weise [ausgeübt bei der Herrichtung zu einer prächtigen Mumie]. Man ließ [sie] sich niederlassen in Triumph.

Eine Trauerzeit wird für den Tempel angesetzt

Dann begannen die Gottesdiener mit der Trauer, und die Gottesväter und alle Männer dieser Stadt. ....

.... Sie war in dem [Heiligtum] von Tep-jêhu für 14 Jahre gewesen an dem Tage, an dem sie von dort aufstieg (zum Himmel).

Eine neue heilige Kuh wurde gesucht und gefunden

Monat 2 der .... -Jahreszeit: [Man fand eine neue Kuh, die genannt wurde:] Meht-weret (*große Kuh des Himmelsozeans*). An diesem [Tage] erschien sie (in Prozession) [herrlicher als] alle (anderen) Göttinnen ....

In dem Nil-Tal sind Falken häufig, und man sieht die Raub-
vögel oft am Himmel schweben, besonders in der Nähe der
Ansiedlungen. Im Altertum hat man sie an verschiedenen
Stellen in den Kreis der Tiere gezogen, die den Göttern nahe-
standen. In der Wüste westlich von Memphis (unter-ägyptischer Gau I) lag ein Falke auf dem Sande (Band «*Götterwelt*»,
S. 40, Abb. 5) und schützte die dort bestatteten Menschen, so
daß der Gott Sokar selbst die Gestalt einer Mumie mit Falkenkopf erhielt (*ebenda*, Tafel 6). In dem Papyrusdickicht von
Buto (Gau VI) war der Falke mit Doppelkrone der junge Horus (Band «*Mythen*», S. 158, Abb. 32). In Edfu (ober-ägyptischer Gau II) wurde ein kolossales Steinbild eines Falken vor
dem Tempel des Horus aufgestellt (*ebenda*, Tafel 7).

Die Zuordnung des Falken zu dem Königsgott Horus machte das Tier zu einem Schützer des Königs, über dessen Haupt
er schwebte, in Reliefs in Karnak (Band «*Götterwelt*», S. 318,
Abb. 52), wie in Abydos (Band «*Mythen*», S. 48, Abb. 10). In
einer rundplastischen Komposition in Granit aus Karnak
schwebt der Falke über König Ramses VI., der einen Libyer
niederschlägt (*ebenda*, Tafel 20), Während er in dem Totentempel der zweiten Pyramide bei Giza mit ausgebreiteten Flügeln hinter dem Kopf des Königs Chaf-Rê (Chephren) steht
(*ebenda*, Tafel 23). Der auf den Namensschild des Königs ge-
stellte Falke war der Pharao selbst; ihm wurde von dem stehenden Wolf als Ortsgott das wa's «Glück» und anch «Leben» gereicht (Band «*Götterwelt*», S. 240, Abb. 41). Der selige
Tote im Jenseits wünschte sich in einen Falken verwandeln zu
können, der Horus, Sohn der Isis, genannt wurde, wozu ihm
Spruch 16–17 der Sargtexte des Mittleren Reichs verhalf
(Band D 204). Kapitel 77 des Totenbuchs des Neuen Reichs
ließ ihn die Gestalt eines goldenen Falken annehmen (Band D
263).

Die Flügel des Falken wurden an die Sonnenscheibe gesetzt, und daraus ergab sich das Symbol der «Geflügelten Sonne», die, in Reliefs unter dem langgestreckten Himmel schwebend, ihren Zauberschutz über den Tempel ausübte (Band «*Götterwelt*», S. 318, Abb. 53), oder in der oberen Rundung der Denksteine (*ebenda*, Abb. 15, 26 und 30; Tafel 10 und 11). Auch über dem Kopf des Königs war sie als seine Helferin gegenwärtig, besonders mächtig durch die an ihr hängende Schlange (Band «*Mythen*», S. 62, Abb. 15, und S. 250, Abb. 52). Falkenflügel waren an den Armen der Isis befestigt, damit sie mit ihnen die Mumie ihres Gatten Osiris schützen und ihr frische Luft zufächeln konnte (Bronzegruppe, *ebenda*, Tafel 11). Die langen geraden Schwungfedern aus den Flügeln oder dem Schwanz des Falken wurden von Göttern als Kopfschmuck getragen: zwei von Amon in Theben (*ebenda*, Abb. 20, 48, 52, 53 und 59), vier von An-hûret in Tine (*ebenda*, S. 141, Abb. 27, unten Nr. 3; Band «*Götterwelt*», S. 230, Abb. 37).

In einen weiblichen Falken hat Isis sich verwandelt, als sie sich den Nachstellungen des Sêtech entziehen wollte (Band «*Mythen*», S. 47). In dieser Gestalt hockte sie mit ausgebreiteten Flügeln auf der Leiche des Osiris, um von ihm ihren Sohn Horus zu empfangen, während vier weitere Falken auf den Ecken des Ruhebettes den mythischen Vorgang bewachten (Band «*Mythen*», S. 181, mit Abb. 34 und Tafel 10).

Ein Falkenkörper mit menschlichem Kopf war die Gestalt der «Seele» (Ba), die sich im Jenseits an kühlem Wasser labte (Band «*Ausklang*», Tafel 24 und Abb. 18). Eine solche «Seele» hat auch Osiris gehabt, über dessen Leiche sie mit ausgebreiteten Flügeln verweilte (Band «*Mythen*», S. 187, Abb. 36).

Der Mann mit Falkenkopf ist eine in dem ägyptischen Pantheon mehrfach auftretende Gestalt. In Heliopolis wurde sie benützt für Rê Hor-achti, den Allherrn und Gott der Sonne, die er auf seinem Kopfe trug (*ebenda*, Abb. 5, 53 und 59); bei seinem ersten Erscheinen war er noch ein Knabe (*eben-*

da, Abb. 37). Ein Mann mit Falkenkopf war auch der große Horus in Buto (Band «*Götterwelt*», Tafel 11). In Theben erhielt der Mondgott Chonsu den Falkenkopf auf seinem Mumienkörper (Band «*Mythen*», Abb. 52). In Edfu ist der gewaltige Horus, der im Dienst des Allherrn das ihm feindliche Nilpferd Sêtech bezwang, stets ein Mann mit Falkenkopf, in Bronzefiguren (*ebenda*, Abb. 21 und Tafel 8a) und in Reliefs (*ebenda*, Abb. 22-28). In dem Schiff des Sonnengottes, in dem er über den Himmel fuhr, standen mehrere Männer mit Falkenkopf; einer als Steuermann (*ebenda*, Abb. 12), der «Horus Chent-chtaj» (von Athribis) genannt wurde (*ebenda*, Abb. 60); auch bei dem Piloten mit der Meßstange im Bug des Schiffes hat man an Horus gedacht, von dem er die Doppelkrone erhalten hat.

Ein Mann mit Falkenkopf ist endlich der Horus als Landesgott von Unter-Ägypten, der mit dem ober-ägyptischen Sêtech zusammen den König in den Tempel einführt und krönen läßt (Band «*Mythen*», Abb. 15 und 45). Der Gott ist das Vorbild des Pharao, auf dessen Thron er in der mythischen Urzeit gesessen hat, und deshalb begrüßte er den Pharao, der in das Jenseits eintreten wollte (*ebenda*, Tafel 29, Relief aus dem Grab Sethos' I.).

C 9. DER HOHEPRIESTER ZED-HÔR BETREUT DIE HEILIGEN FALKEN IN ATRIB

Unter König Philippos Arrhidaios, dem Halbbruder und Nachfolger des makedonischen Eroberers Alexandros III. (I.) des Großen (gestorben 323 v. Chr.), lebte in Athribis (unter-ägyptischer Gau X, heute Tell Atrîb nahe der Stadt Benha) ein Mann namens Zed-Hôr als hoher Beamter an dem Tempel des Gottes Horus Chent-chtaj, des Herrn der Stadt. Zed-Hôr hat sich eine Statue arbeiten lassen, die 1918 an dem südöstlichen Rande des Tell Atrîb gefunden wurde (Tafel 9 in Band «*Ausklang*»). Die Statue (Höhe 65 cm) ist, ebenso wie der Sockel (Höhe 31 cm), in den sie eingelassen ist, aus schwarzem Granit gearbeitet und stellt Zed-Hôr in hockender Stellung dar. Auf seine angezogenen Knie legt er gekreuzt seine Arme, um mit ihnen von oben her einen Denkstein mit dem «Horus auf den Krokodilen» (Tafel 9 und Abb. 5 in Band «*Ausklang*») zu stützen, der auf seinen Füßen steht. Der Sockel (Oberfläche 90 × 56 cm, Höhe 31 cm) enthält auf seiner Oberfläche eingetiefte Gruben zur Aufnahme von Wasser, das über die Statue ausgegossen und zu Zauberzwecken benützt wurde (Abb. 6 in Band «*Ausklang*»). Statue und Sockel sind in ungewöhnlicher Weise mit hieroglyphischen Inschriften bedeckt, zu denen Reihen von Götterbildern gehören, in innerem Zusammenhang mit dem Inhalt der Texte, die in Band «*Ausklang*» bei den Zaubersprüchen übersetzt werden. Die Kenntnis dieser wirksamen Zaubersprüche hat dem Zed-Hôr den Beinamen Pa-Sched «Der Retter» verschafft, den er im Unterschied zu seinem gleichnamigen Vater und zu seinem Sohn führt.

Als wesentliches und höchstes Amt des Zed-Hôr wird angegeben: «Oberster der Zugehörigen (*ari*) zu den Toren (*eigentlich: den beiden Torflügeln*) des Horus-Chent-chtaj» und «Oberster der Wächter (*saʾw*) des Falken». Der erste Titel bezeichnet ihn als den Vorgesetzten der einfachen «Zuge-

hörigen zu den Toren des Horus Chent-chtaj», die als berufsmäßige und hauptamtliche Priester tätig waren und dabei
auch für die lebenden und toten Falken zu sorgen hatten
(Zeile 117, 120, 122). Der zweite Titel bezeichnet Zed-Hôr
als den Vorgesetzten der Priester, die den oder die heiligen
Falken in Athribis vorzugsweise zu betreuen hatten, die heiligen Tiere des Horus, der selbst in Gestalt eines Falken als
Statue oder in Reliefs dargestellt wurde. Die Stellung des Zed-
Hôr muß aber höher gewesen sein, als seine Titel vermuten
lassen. Vielleicht war er in Wirklichkeit der Oberpriester des
Tempels von Athribis. Aus der Schilderung seiner Leistungen
wenigstens geht hervor, daß er der tatsächliche Leiter der
Verwaltung war, nicht nur für den Tempel des Horus Chent-
chtaj, sondern darüber hinaus für den ganzen Gau X «Schwarzer Stier». Eine ähnliche Lage kennen wir bei Pet-Osiris, der
zur etwa gleichen Zeit als Hoherpriester des Thot in Hermopolis auch den ganzen Gau XV «Hase» in Ober-Ägypten leitete.

Die besondere Fürsorge des Zed-Hôr galt den Falken, die
man, frei am Himmel schwebend, als Genossen des Sonnengottes schätzte und in denen man eine volkstümliche Erscheinungsform des Horus von Athribis sah. Die biographische Inschrift auf der Vorderseite des Sockels seiner Statue schildert,
was Zed-Hôr für die Pflege und Bestattung der Falken in
Athribis unternommen hat. Dabei verwendet er teilweise die
Berichtsform «Ich habe gegeben, daß ....»; dazwischen die
unpersönliche Angabe «Man gab, daß ....» oder «Es wurde
gegeben, daß ....».

Ein Sarg aus Bronze für einen Falken, vielleicht für eines
der im Tempel gehaltenen Tiere, ist auf Tafel 31 wiedergegeben.

Die verhältnismäßig genauen Schilderungen des Zed-Hôr
sind wichtig für die Topographie der antiken Stadt, in der
eine große Umfassungsmauer (sebti oder jenb) ein weites Gelände mit dem Tempel (per) des Horus Chent-chtaj umschloß,

sowie mit der Kapelle Waꜥbet «Die Reine», dem Stall der Falken. Das Gelände hieß At-kmat und war so groß, daß (griechische?) Soldaten sich auf ihm außerhalb der beiden Tempel ansiedeln und sich dort Wohnhäuser errichten konnten. Zed-Hôr erreichte durch ihre Aussiedlung an eine entfernte Stelle weiter östlich im Süden des Gaues nahe dem Nil die «Reinigung» des ägyptischen Tempels, so daß er nun um die Waꜥbet herum Gärten und einen Brunnen für die Fütterung der Falken anlegen lassen konnte. Nachdem wir in Hermopolis durch die deutschen Ausgrabungen von 1929 bis 1939 einen Heiligen Bezirk von etwa 637 m im Quadrat mit einer Umfassungsmauer von 15 m Dicke und 15 m Höhe als eine «Burg» kennengelernt haben, innerhalb derer nicht nur ein großer Tempel des Thot und mehrere kleinere Heiligtümer lagen, sondern auch Wohnungen für die Priester, später auch für Soldaten, dürfen wir einen ähnlichen Heiligen Bezirk auch für Athribis annehmen. Die Schilderung des Zed-Hôr ist also durchaus glaubhaft.

In dem Heiligen Bezirk von Athribis lag, vermutlich als sein Mittelpunkt, der große Tempel des Horus Chent-chtaj, und südlich von ihm die Waꜥbet der Falken. Zed-Hôr schildert die letztere als eine Kapelle von 31,5 × 34 m Größe mit einer Halle von 8 Säulen und 6 (oder 12?) Räumen als Vogelkäfigen. Bestattet wurden die Falken auf einem Gelände Roseta-zaw im Norden des Gaues, also in einem von der Stadt entfernten Friedhof. Dorthin brachte man nicht nur die in der Waꜥbet gehaltenen Falken, sondern auch solche, die man irgendwo verendet gefunden hatte. Hierin liegt eine Bestätigung für die Beobachtungen von Herodotos (II 67, *unten*, S. 390) über die Wertschätzung der Falken.

Veröffentlichung:

DARESSY in: *Annales du Service des Antiquités de l'Egypte* 18 (1919) 113–158.
Die Statue ist jetzt in dem Museum in Kairo, Journal d'Entrée 46 341, Guide Nr. 4752 nach *Brief Description* (1956), 105.

Text I der Statue auf dem oberen Teil des Gewandes des Zed-Hôr, Zeile 1–11 nach DARESSY, p. 115:

Titel des Zed-Hôr

1 Angesehen bei Osiris, dem Herrn von At-kmat (*Heiliger Bezirk in Athribis*), und bei den Göttern, die in Ro-seta-zaw (*Friedhof der Falken in Athribis*) sind; *2* Oberster der Zugehörigen (*Beamten*) der Tore des Horus Chent-chtaj, *3* des gewaltigen Gottes, des Herrn des Gaues «Schwarzer Stier» (*Gau X*); Oberster der Wächter (*Pfleger*) *4* des Falken mit allen *5* seinen Sachen (*seinem ganzen Besitz*), *6* und mit allen *7* Abgaben *8* des ganzen Landes; Schreiber *9* der Schriften der beiden Häuser des Silbers des Falken *10* bis zu den Angelegenheiten dieser lebenden Falken (*Archivar der Urkunden der Schatzverwaltung der Falken*), *11* Zed-Hôr-pa-Sched (Zed-Hôr «der Retter»), geboren von Ta-scherit-en-ta-Ahet («Die Tochter der Ahet-Kuh», Urgöttin im Chaos).

Text des Sockels V, Zeile 43–46, auf den Rändern des Sockels, nach DARESSY, p. 140:

Titel des Zed-Hôr
RECHTE HÄLFTE:

45 Es lebe, der angesehen ist bei den Göttern, die in At-kmat sind; der sein Herz leitet, um zu tun, was sein Gott liebt; der den Bedarf der lebenden Falken versorgt, die in diesem Lande sind, Zed-Hôr-Der-Retter, geboren von Ta-scherit-en-ta-Ahet.

LINKE HÄLFTE:

43 (Es lebe,) der angesehen ist bei den Göttern, die in Ro-seta-zaw sind im Norden des Gaues «Schwarzer Stier», usw., Zed-Hôr.

Text des Sockels X, Zeile 98, als Beischrift zu der Darstellung des Zed-Hôr und seiner Familie, nach DARESSY, p. 149:

Titel des Zed-Hôr

₉₈ Oberster der Zugehörigen zu den Toren des Horus Chent-
chtaj, Oberster der Wächter des Falken, Zed-Hôr-Der-Retter,
Sohn des Zed-Hôr, geboren von Ta-scherit-en-ta-Ahet.

Text des Sockels VI, Zeile 47, auf der Oberfläche des Sok-
kels, zweimal → ← einander zugewendet, nach DARESSY,
p. 140. Da die erste Kartusche leer gelassen ist, war der Thron-
name des neuen Pharao, der wohl in Asien lebte, in Athribis
noch nicht bekannt.

Der Name des regierenden Königs

₄₇ Es lebe der Gute Gott, Herr beider Länder (leer)⟩ Sohn des
Rê (Pilipos)⟩ der ewig leben möge, geliebt von Horus Chent-
chtaj, Herr des Gaues «Schwarzer Stier».

Text des Sockels IX, Zeile 53–96, an der Vorderseite des
Sockels, nach DARESSY, p. 144:

Titel und rühmende Beiworte des Zed-Hôr
als Priester der heiligen Falken

₅₃ Angesehen bei dem Gott seiner Stadt; der tut, was der
Falke lobt in At-kmat *(Stadtgelände von Athribis)*; der die Gebräuche in der Waᶜbet («Reinen Kapelle») tut *(der das Ritual*
vollzieht in dem Stall des Falken); ₅₄ der ihre *(der Falken)* Beisetzung vollzieht in Ro-seta-zaw *(Gelände des Friedhofs)* im
Norden des Gaues «Schwarzer Stier»; der den Bedarf *(die*
Pflege und Fütterung) der lebenden Falken ausführt, ₅₅ die in
diesem Lande sind; der jede Arbeit für den Falken an jedem
Orte tut, an dem sein Ka *(Seele des Falken)* (zu sein) wünscht;
der alle seine *(des Falken)* Reden hört *(befolgt)*; die Großen
sind es, sie tun wie *(gemäß)* alle seine *(des Falken)* Reden;

363

und als Betreuer der Menschen in dem X. Gau «Schwarzer Stier»

56 der den Bedrängten vor dem Starken errettet, und der sein Mal *(Unglück)* abwendet; der zahlreichen (Menschen) in ihrer Gesamtheit zu trinken gibt; der den Hungernden belebt *57* in seinem Gau;

und als Freund der Bevölkerung seines Gaues

kühl *(ohne Leidenschaft)* an Rede in dem, was er geredet hat; wenn er vor zahlreichen (Menschen) redet, so ist der, der auf seine Worte hört, gelöst *(befreit o.ä.)*; der seine *(des Gottes)* Wahrheit liebt; *58* wahrlich, etwas Vortreffliches (?) ist seine Arbeit, wenn er festlich macht (?) ......; der nicht müde wird bei dem Suchen nach Herrlichkeiten für seinen Gott; groß ist seine Beliebtheit bei allen Gesichtern *(Menschen)*, und sie jauchzen *59* bei seinem Anblick wie (vor) ihrem Gott; der schön an Wundern *(Taten)* ist, vortrefflich an Ratschlägen, freundlich an Herz zu jedem Mann; der die beiden Länder kennt, vortrefflich in seinen Ratschlägen;

in seiner dienstlichen Stellung

Oberster der Zugehörigen *(Beamten)* der Tore des Horus Chent-[chtaj], *60* [Ober]ster der Wächter des Falken mit allen seinen Sachen *(Besitz)*; Gottesdiener der Isis von der Siedlung «Die Mauer (sebti) des Charu (Syrer)» in dem Gau (tosch) *61* von Hat-hir-jebt (griechisch wiedergegeben durch Ath-ri-bis), Zed-Hôr-Der-Retter, geboren von Ta-scherit-en-ta-Ahet.

Gebet an den Gott Chent-chtaj von Athribis

Er sagt: O mein Herr, Chent-chtaj, Herr des Gaues «Schwarzer Stier», Oberster der Götter, *62* [Herr der Wahrheit?], von der er lebt *(oder:* [Herr des Tempels], in dem er lebt?*)*; der das Herz der Götter und Menschen leitet: mögest du auch mein Herz leiten!

Ich habe die Verwaltung des Tempels
nach deinem Befehl erfolgreich geführt

Ich führte die Pläne des Falken in At-kmat aus, 63 nachdem
ich im Dienst des Falken in At-kmat in zahlreichen Jahren
gewesen bin. Du hast mein Herz als richtig befunden. 64 Nicht
gab es Fehler in meinem Herzen. Du hast es in mein Herz gelegt, alle Dinge gedeihen zu lassen für den Falken in At-kmat
mit 65 den Abgaben des ganzen Landes, die zu diesem Hause
(*per, Tempel*) gebracht wurden mit Silber, mit Gold und mit
den Lieferungen an Leinen und mit den Herden zu ihrem
Platze (*Ablieferungsstelle*), 66 um jede Arbeit auszuführen in
dem Hause (*per, Tempel*) des Falken dort, gemäß dem, was du
mir anbefohlen hattest, o dieser Herr der Götter!

Ich erbaute einen neuen Stall für die heiligen Falken
mit Beiträgen von anderen Gläubigen

Ich veranlaßte, daß die Waꜥbet (*Stall*) des Falken gebaut
würde, 67 nachdem sie (*man*) gegeben hatten (*ihre Beiträge*)
zu dem Haus des Silbers (*Schatzhaus*) des heilen (*gesunden,*
lebenden) Falken. Nicht wurde (etwas) davon weggenommen.
Sie (*man*) hatten es gegeben zu ihrer (*der Spender*) Stätte, 68
um jede Arbeit auszuführen in dem Hause (*per*) des Falken
auf der Südseite des Gottesgehöftes (*hot-nûter, weiblich*) von
At-kmat mit 68 Ellen (*34 m*) in der (Länge), und 63 Ellen
(*31,5 m*) in 69 der Breite, in vortrefflicher schöner Arbeit mit
allen Dingen.

Der Stall der Falken war ein Gebäude
mit kostbarer Ausstattung

Eine gewaltige Halle (*weshet, Säulensaal*) war in ihrem (*des*
Stalles waꜥbet) Inneren. Sechs Paläste (*Kapellen als Vogelkäfige?*)
waren im Westen und Osten in ihr (*der waꜥbet*). Ihre (*der Pa-*
läste) Türen 70 bestanden aus weißem schönem Stein von
Ajin (*Kalkstein*); ihre Türflügel waren aus echtem Zedern-

holz; ihre Beschläge und ihre Riegel waren aus Erz von Asien (*Bronze*). Eine gewaltige Halle (*hajet*) 71 an dem ersten Tor dieser Wa'bet war mit acht Säulen (*als Papyrusstengel*) versehen. Zwei Throne (*Gestelle für die Falken?*) von Zedernholz waren in der oberen Hälfte angebracht, graviert auf den großen Namen Seiner Majestät.

Besondere Priester sorgten für die Pflege der Falken

72 Die Gebräuche der Verschönerung (*Pflege*) des Leibes des Gottes wurden in der Wa'bet in diesem Hause (*per, Tempel*) vollzogen durch die Obersten des Geheimnisses (*Mysterium*) zur (richtigen) Zeit.

Ich habe die heiligen Falken im Friedhof bestattet

Zur Zeit ihrer Beisetzung (*der Falken*) 73 wurden sie beigesetzt, und man ließ sie ruhen auf (dem Gelände von) Setat (*der sonst als Ro-seta-zaw bezeichnete Friedhof*) auf dem Norden des Gaues «Schwarzer Stier»; «Haus (*per*) von Ro-seta-zaw» wurde er (*der Bestattungsplatz*) genannt.

Ich habe eine Säulenhalle für den Totendienst der heiligen Falken erbaut

Gemacht (*erbaut*) wurde eine Halle (*weshet, Säulensaal*) 74 aus schönem weißem Stein von Ajin (*Kalkstein*) an dem Mund (*Tor?*) dieses Hauses bis hin zu dem ersten Tempel (*ro-per*) mit einer Mauer (*jenb*), die im Umkreis dieser Wa'bet verlief.

Ich erbaute eine Umfassungsmauer um den Heiligen Bezirk mit dem Horus-Tempel und dem Falken-Stall

75 Gemacht (*erbaut*) wurde eine gewaltige Mauer (*sebti*) in dem Umkreis des Gottesgehöftes von At-kmat und des Gottesgehöftes der Wa'bet in vortrefflicher schöner Arbeit mit allen Dingen.

Ich veranlaßte die Aussiedlung der (griechischen?) Soldaten,
die sich in dem Heiligen Bezirk Wohnhäuser gebaut hatten

76 Ich fand zahlreiche Häuser von Soldaten innerhalb dieser
Mauer *(jenb)*. Ich machte Schönheit des Herzens für ihren
Herrn *(sagte dem Befehlshaber Freundlichkeiten)*. Ein zugehöriger
Ersatz (für das Gelände) wurde veranlaßt auf dem Osten des
Gottesgehöftes von At-kmat. Sie *(man? die Soldaten?)* bauten
an den Häusern von neuem. Wie schön war es *(die neuen Häu-
ser)*, mehr als es vorher gewesen war!

Ich siedelte die Soldaten nahe dem Nil wieder an

Man gab 78 ihre Abgaben zur Erde *(erließ sie den Soldaten?)*. Ich
gab sie *(Plural: die Soldaten?)* zu dem Strom *(Nil)* auf dem
Süden des Gaues «Schwarzer Stier». Man gab, daß der Gott
gebracht wurde *(wohl Fehler in der Inschrift!)* von 3000 Ellen
(1500 m) nach oben *(oberhalb?)* in diesem Wasser.

Ich legte einen Garten für die Versorgung der Falken an
(vgl. Diodoros I 83 auf S. 391)

79 Man gab, daß sie *(man? oder die Soldaten?)* legten *(übersiedel-
ten?)* zu dem *(fruchtbaren?)* Erdboden des Gaues «Schwarzer
Stier». Sie machten einen zweiten Garten auf dem Westen
und Osten angesichts der Waᶜbet. 80 Gepflanzt wurden Bäume
und Pflanzen *(schab)* und jeder Baum und Kräuter und schöne
Sachen. Beladen wurden die Opfertafeln mit ihnen für die
Götter *(Falken)*, die in der Waᶜbet sind.

Ich habe den Stall der Falken sauber hergerichtet

81 Ich gab *(veranlaßte)*, daß das Gottesgehöft *(Gelände)* der
Waᶜbet rein *(gesäubert)* war nach den *(nach Entfernung der)*
Häusern, die in ihr *(dem Gehöft)* waren, trotz (?) der unheil-
vollen Zustände, die *(dort?)* 82 gewesen waren *(Text wohl un-
richtig!)*. Ich säuberte *(sie)* rein in Ewigkeit und Unendlichkeit.

Ich habe einen Brunnen mit frischem Wasser für die Falken angelegt

Ich habe gegeben, daß ein gewaltiger Brunnen (*schedet, weiblich*) geschaffen wurde *83* aus Stein auf dem Südosten der Waᶜbet. Seine (*des Brunnens*) Tiefe war gewaltig (wie) der Nun (*Himmelsozean*), um kühles Wasser aus ihm (*dem Brunnen*) zu heben *84* für die Götter (*Falken*), die in der Waᶜbet sind.

Ich habe einen Baumgarten neben dem Stall der Falken angelegt

Ich habe gegeben, daß ein Garten (*hesep*) geschaffen würde auf dem Südosten der Waᶜbet, *85* bepflanzt mit Sykomoren und mit Kräutern zusammen mit jedem Baum, der süß an Geruch war. Von ihnen wurde an jedem Tag und jeder Nacht gegeben *86* an die Götter (*Falken*), die in der Waᶜbet sind.

Ich habe die Bäume aus dem Brunnen bewässern lassen

Ich habe gemacht (*bewirkt*), daß jeder Baum, der in dem Umkreis der Waᶜbet wuchs, gedieh, *87* indem ich Wasser hinter jeden Baum gab in (*innerhalb*) der Mauer (*jenb*) des Umkreises der Waᶜbet *88* aus diesem Brunnen (*schedet*).

Ich habe einen Teich für die rituellen Waschungen
der Priester der Falken angelegt

Ich habe gegeben, daß ein Teich von reinem Wasser in *89* diesem Gottesgehöft gedieh (*frisches Wasser hatte*), damit in ihm die Obersten des Geheimnisses (*Mysteriums*) sich reinigen konnten, wenn er (*einer von ihnen*) ging, um sich zu reinigen.

Ich habe die Bestattung der Falken
nach alten Vorschriften ausführen lassen

90 Ich habe gegeben, daß die Bestattung des Falken geschaffen wurde mit dem Öl des Gottes und allen Edelsteinen, *91* indem alle ihre (*der Bestattung*) Geheimnisse [ausgeführt] wurden wie das, was in den Schriften steht. Man gab, daß in ihr (*der Bestattung*) bestattet wurde zusammen mit schönen reinen Kleiderstoffen. *92* Wie schön war es, mehr als das, was darin früher getan wurde! Nachdem (*so?*) sie (*die Falken*) auf der Bestattung gewesen waren, *93* (*nämlich*) der Falke dort, (wurden verwendet? *Text wohl fehlerhaft!*) trockenes Harz und erhitzter Wein und Most, der nud («*Windel*») genannt wird.

Ich habe auch fremde Falken
auf dem Friedhof der Falken beisetzen lassen

94 Gefunden wurden zahlreiche Falken, die nicht beigesetzt waren in dem Gottesgehöft von At-kmat im Inneren eines Geländes *95* von 70 (*Ellen, dann 35 m*). Man gab, daß sie in die Wa^c bet eintraten. Man gab, daß sie bestattet wurden mit diesem Öl *96* zusammen mit schönen Kleiderstoffen und zusammen mit dem, was in der Wa^c bet war. Man gab, daß sie eintraten nach dem Hause (*per, Tempel*) von Ro-seta-zaw (*Friedhof der Falken*).

Text Sockel XI, Zeile 115–126, an der rechten Seite des Sockels, nach DARESSY, p. 150:

Rede des Zed-Hôr

115 Der Oberste der Zugehörigen zu den Toren des Horus Chent-chtaj, der Wächter des Falken, Zed-Hôr-Der-Retter, geboren von Ta-scherit-en-ta-Ahet, er sagt:

Gebet an Horus von Athribis

O *116* Chent-chtaj, Herr des Gaues «Schwarzer Stier», Oberster der Götter!

Ich habe den heiligen Falken gemäß den alten Vorschriften bestattet

Man gab, daß der Falke bestattet wurde, mit dem Öl des Gottes und Edelsteinen, wie das, was in den Schriften steht. *117* Ich habe gegeben, daß sie in das Haus (*per, Tempel*) von

Ro-seta-zaw (*Friedhof der Falken*) auf dem Norden des Gaues «Schwarzer Stier» eintraten unter (*in*) jedem Monat. Der Zugehörige der Tore des Horus Chent-chtaj (*als zuständiger Priester*) war es, der (sie) reinigte, indem er (sie) *118* mit Stoffen bekleidete.

Ich habe für das Futter des Falken Getreide und Weinreben gezogen

Ich habe gegeben, daß ein Acker des Speltes mit einem Acker der Weinrebe entstand, indem ich gab, daß alles, was aus ihnen herauskam (*abgeliefert wurde*), gebracht würde zu dem Silberhaus (*Schatz*) *119* des heilen (*gesunden, lebenden*) Falken.

Ich habe für die Lieferungen an den Falkenstall
ein Magazin unter Aufsicht des zuständigen Priesters eingerichtet

Ich habe gegeben, daß ein einziger Schuppen geschaffen würde für das Beste (*die Erzeugnisse*) des ganzen Landes, die nach dem Gau «Schwarzer Stier» gebracht wurden. Der Zugehörige (*Priester*) der Tore *120* des Horus Chent-chtaj war es, der sie zu dem Silberhaus (*Schatz*) des heilen Falken schleppte.

Ich habe zur Fütterung des Falken einen Taubenschlag eingerichtet

Ich habe gegeben, daß ein Behälter (*Taubenschlag*) geschaffen wurde für die zum Himmel gehörenden Vögel (*Tauben, steht versehentlich teilweise in Zeile 121*) in diesem Hause (*per, Tempel*). Weinreben (*gehört wohl in Zeile 118; hier ist der Text in Unordnung geraten*). *121* Zu dem, was in dem Umkreis des Gaues «Schwarzer Stier» ist, des (*? in dem?*) Gau (*tosch*) von Hothir-jeb (*Athribis*). Bier von Spelt (*gehört in Zeile 118?*); zu dem Besten (*den Erzeugnissen*) des ganzen Landes für den Gau (*tosch*). Der Zugehörige (*Priester*) der Tore des Horus *122* Chent-chtaj war es, der sie zu dem Silberhaus und dem Speicher des heilen Falken schleppte.

Ich habe zuverlässige Arbeiter zur Betreuung des Falken verpflichtet

Ich habe gegeben, daß eine Auslese von Menschen geschaffen *(abgeordnet)* würde als Arbeiter des *123* Falken, verpflichtet mit ihren Arbeiten zu dem Silberhaus des [heilen] Falken.

Ich habe die Erträge von Herden zum Unterhalt des Falken bestimmt

Ich habe gegeben, daß alle Herden geschaffen würden *(zur Verfügung stünden)*, die mit ihren Arbeiten verpflichtet sind *124* zu dem Silberhaus des Falken. Diese bis zu ihrer Länge *(insgesamt)*, ich war es, der sie zu dem Silberhaus des Falken berechnete, zusammen mit den Kindern *(Jungtieren der Herde)*, die kein anderer berechnet hatte. *125* Ich war es, der gab *(veranlaßte)*, daß sie hinausgingen *(abgeliefert wurden)*, um jede Arbeit für den Falken zu tun in ihnen *(in den Herden)*.

Zed-Hôr rühmt seine Leistungen für den Tempel in Athribis

Nicht ist etwas wie dieses getan worden, was ich in deinem Hause getan habe, seitens irgendwelcher Menschen, die früher gewesen sind.

und dankt dem Gott für seine Gnade

126 Der Lohn, den du mir für dieses gemacht *(gegeben)* hast, ist, daß ich in deinem Hause *(per, Tempel)* gemacht *(gewirkt, gelebt)* habe. Du hast gemacht *(gewährt)*, daß das (mein) Haus *(per, Wohnhaus)* mit (meinen) Kindern besteht.

und bittet um ein glückliches Alter in seiner Heimat

Mögest du (mir) ein Alter in (meiner) Stadt machen *(gewähren)*, angesehen in (meinem) Gau, indem ich in deiner Gnade bin.

C 10. ZWEI TISCHGEBETE
FÜR DEN HEILIGEN FALKEN IN EDFU

An der Innenwand der Umfassungsmauer des Tempels von
Edfu (ober-ägyptischer Gau II, Band «*Götterwelt*», S. 320)
sind unter Ptolemaios XI. Alexandros I. (106–88 v. Chr.) Bilder verschiedener Art angebracht. Etwas entfernt von der Bild-
folge mit der Erstechung des Setech als Nilpferd durch Horus (Band «*Mythen*», S. 90) befindet sich ein einzelnes Bild mit
der Fütterung des heiligen Falken, der in Edfu als Tier
des Horus gehalten wurde. Die Fütterung des Vogels mit
Fleischstücken geschieht vor Horus, der von seiner Gattin
und seinem Sohn begleitet ist. Eine große Inschrift neben
dem Bilde wird als eine «Rede Seiner Majestät» eingeleitet, wobei man zunächst annimmt, daß der Falke, der ja
auch eine göttliche Majestät ist, sein Tischgebet spricht. Der
größere Text I, der dann an erster Stelle folgt, enthält 15 Anrufe an den «Speisetisch», der nicht etwa als kleiner Dämon
und als freundlicher Helfer angeredet wird, sondern so, als ob
er der Allherr Rê selbst sei, der von seinem Sohn Schôw als
dem Speisenträger bedient wird. Von dem Allherrn ist aber
nur mittelbar die Rede, denn die Anrufungen beschäftigen
sich zunächst ausschließlich mit Schow, der auf übernatürliche Weise aus dem Munde des Schöpfers entstanden ist, dann
den Himmel hochgehoben hat und nun in Gestalt verschiedener Götter die Speisen herbeibringt. Wenn er die Speisen zerlegt, so tut er es, als ob er seine und seines Vaters Feinde ver-
nichte. Unter den Göttern, in deren Namen Schow die Speisen zubereitet, sind nicht nur die freundlichen Dämonen, die
man hier als zweckmäßig erwarten darf, wie Hu «Geschmack»,
Zefa «Überfluß» und Hike «Zauber», sondern auch der weise
Thot und sogar Ptah, der mächtige Schöpfer von Memphis.
Für den Verfasser des Gebetes waren die genannten Götter ge-
ringer als Schow, und wenn Ptah so geringschätzig behandelt

wird, kann der Dichter nur in einem Gau gelebt haben, in dem Schow mehr galt als Ptah von Memphis. Das leitet auf die Heimat des Schow: Sebennytos, die Hauptstadt von Gau XII in der Mitte des Delta, und auf eine Zeit, in der die Priester des dortigen Tempels es wagen konnten, unter Ausschaltung des ganzen Schöpfungsmythos von Memphis Schow als den einzigen Sohn und rechtmäßigen Nachfolger des Allherrn Rê hinzustellen.

Auf die 15 Anrufungen an den «Speisetisch» folgen zwei Gebete mit dem gleichen Anfang «Sei gnädig und sei gepriesen!». Das erste wendet sich an den «Herrn der Götter», also den Allherrn. Das zweite ist scheinbar an den Falken gerichtet, dessen Name aber offenbar nur nachträglich eingesetzt ist an Stelle des Allherrn, auf den allein die folgenden Worte passen. Der Sinn der beiden Gebete ist, daß der Allherr nicht nur selbst die Opfergaben gnädig annehmen möge, sondern daß er dem Betenden, der sich seinen Sohn nennt, etwas von ihnen abgeben möge. Dieser Wunsch, der den Schlüssel zum Verständnis des ganzen Tischgebetes bietet, wird am Schluß nochmals mit aller Deutlichkeit wiederholt.

Der kürzere Text II, der ohne Trennung auf den ersten folgt, weist in einem Satze, den ich als Überschrift gefaßt habe, darauf hin, daß auch diese Speisung ein Mysterium ist, dessen geheimer Sinn nur den Eingeweihten erschlossen wird. Der dann folgende Text läßt etwas von der Bedeutung ahnen, die der ägyptische Theologe der Speisung beigelegt hat wie der heiligen Handlung der Darbringung des Opfers vor der Gottheit. Der Text enthält Anrufungen an eine Göttin, die mit dem Namen der Sachmet von Memphis (Gau I), Uto von Buto (Gau VI) und Bastet von Bubastis (Gau XVIII) belegt wird. Sie sind sämtlich im Delta beheimatet und werden im Neuen Reich als Benennungen der Stirnschlange des Sonnengottes Rê verwendet, die mit ihrem Feueratem seine Feinde zurücktreibt. Auch hier ist die angerufene Göttin eine furchtbare Kämpferin, die mit den Pfeilen ihres Bogens und mit Feuer die

Gegner vernichtet, die sie von den Speisen fernhalten will. Am Schluß ergreift die Göttin als Sachmet selbst das Wort und verspricht die Abwehr aller Feinde des Falken von Edfu. Die dann hinzugefügte Anweisung für den bedienenden Priester besagt, daß bei dem Fleisch für den Falken auch ein Papyrusstengel liegen soll, nicht nur als Speise für den Vogel, sondern auch als Hinweis auf das Zepter in Gestalt eines Papyrusstengels, das Göttinnen in der Hand zu halten pflegen.

Daß die beiden Texte Gebete vor dem Genuß von Speisen sind, ist nach dem Wortlaut klar. Es fragt sich nur, für welchen Zweck sie erfunden worden sind. Die Nennung des regierenden Königs dürfen wir als nachträglichen Einschub ausschalten, der in beiden Gebeten an offenbar falscher Stelle eingesetzt worden ist. Und wer ist der betende Empfänger der Speisen? In Text I ist er in den 15 Anrufungen überhaupt nicht genannt. In dem zweiten der beiden angehängten Gebete ist es der Falke von Edfu; aber sein Name ist fälschlich an Stelle des Allherrn eingesetzt worden, wie sich aus dem Zusammenhang ergibt. In Text II macht die Überschrift die Bestimmung des Spruches für den Falken von Edfu zweifellos; aber die Überschrift ist das Werk eines späteren Redaktors in Edfu. In den folgenden Anrufungen steht der Name des Falken dreimal. Aber keine Einzelheit weist zwingend auf ihn hin, und der Sinn der Verse würde nicht leiden oder verändert, wenn man statt seiner den Namen irgendeines anderen Gottes einsetzt. Also sind beide Texte ursprünglich für einen anderen Gott gedichtet und erst nachträglich für den Falken von Edfu umgestaltet worden. Jeder Vers der beiden Gebete fordert den Allherrn als den Angerufenen, und der Handelnde ist sein Sohn; die Lage ist also ähnlich wie bei dem Totenkult, wo der älteste Sohn als Totenpriester dem Vater die Speisen darbringt. Die beiden Gebete müssen für die Darbringung einer Mahlzeit an den Allherrn gedichtet worden sein, und der Schauplatz ist ein Tempel des Schow, der als der Darbringende auftritt. Dieser Zusammenhang ist denkbar in Sebennytos, dessen Gott Schow den Allherrn als seinen Vater anerkannt haben wird und als Opferträger vor diesem vorgestellt werden kann. Die Zeit der Abfassung der ursprünglichen Vorlage zu den Gebeten läßt sich nur aus ihrer sprachlichen Form erschließen, und diese deutet auf das Mittlere, vielleicht sogar auf das Alte Reich. Aber inzwischen sind die Texte durch viele Hände gewandert, die sie umgestaltet haben, zuletzt aus dem Delta in das südlichste Ende von Ober-Ägypten. Als der Priester in Edfu die Lieder zuletzt auf den Namen des unbedeutenden Herrschers aus der makedonischen Dynastie bearbeitete, behandelte er diesen so, als ob er noch einer der einheimischen Pharaonen wäre, in deren Auftrag den Göttern ihre Speisen dargebracht worden waren.

In dem Tempel von Edfu ist zweifellos ein Falke gehalten und gefüttert worden, ebenso wie in dem Tempel auf der Insel Philae, wo Strabon ihn gesehen hat, als er dem Verenden nahe war (Band «*Götterwelt*», ober-ägyptischer Gau I, S.345). Die toten Falken hat man in einem Bronzesarg beigesetzt, wie wir ihn aus anderen Orten kennen (Tafel 31).

Veröffentlichungen:

EMILE CHASSINAT, *Le Temple d'Edfou*, 6 = *Mémoires publiés par les membres de la Mission Archéologique Française au Caire*, 23 (Le Caire 1931), p. 152 – 157; 14 = *Mém.* 31 (1934), pl. DLVII (Photo); 10 = *Mém.* 27 (1929?), pl. CXLIX (Zeichnung).

BLACKMAN, in: *Journal of Egyptian Archaeology*, 31 (1945), 57–73.

König Ptolemaios XI. Alexander I. bringt einen Speisetisch mit Enten und Fleischstücken dar vor dem heiligen Falken. Dieser steht auf einem «Palast» (Sockel in Form einer Palastfassade) unmittelbar vor Horus, hinter dem Hathor und der kleine Harsomtus stehen.

[153] Der König heißt: «König von Ober- und Unter-Ägypten (*freigelassen*)[Sohn des Rê (Ptolemaios, ewig lebend, ge-

375

liebt von Ptah)[, Diener des Falken (*gemehsu*), der ein Opfer
seinem Vater darbringt, der das Herz (*lies: Ba 'Seele'*) des
Gottes zu seiner Speise bringt.»

Die Königin, die den König mit erhobener Hand schützt,
heißt: «Herrscherin, Herrin beider Länder (Kleopatra)[, Got-
tesmutter des Sohnes des Rê (Ptolemaios, ewig lebend, geliebt von Ptah)[.» Sie sagt zu dem Falken: «Nimm sie (*die
Opfergaben*) dir. Es ist keine Unsauberkeit an ihnen. Sie sind
mit Leben versehen, und sie sind rein.»

Senkrechte Schriftzeilen am linken Rand des Bildes: «Der
König von Ober- und Unter-Ägypten (*freigelassen*)[sitzt auf
seinem Throne in dem großen Fenster (*für Audienzen*) des
Falken mit den bunten Federn, und er schlachtet den Opfer-
stier, und er fängt die Wildgänse, und er bringt ihre Fleischstücke zu dem 'Gehöft des Falken' (*Edfu*). Er ist wie Schow,
der die Hand (mit Opfergaben) ausstreckt zu dem, der ihn erzeugte; der Genosse der Wahrheit; der seinen (*des Falken*) Altar speist.»

[152] Die Angabe der Opferhandlung und die bei ihr zu
sprechenden Worte stehen vor dem König: «Darbringen der
Fleischstücke. Rede: Die Fleischstücke deiner Feinde sind vor
dir zerschnitten, großer Falke an der 'Großen Stätte' (*Kapelle*).»

Der Falke gibt dem König Speise

[156] Über dem Falken steht: «Rede des lebenden Falken,
der auf seinem 'Palast' steht, lebende Seele (*Ba*) des Rê, Erster des Fensters (*des Erscheinens für die Gläubigen*) täglich, während sein Sohn Schow ihm seine Hand (mit Opfergaben) ausstreckt: Ich versorge deinen Speisetisch bei Tage und bei
Nacht, indem die beiden Geschwister (*Schow und Tefênet*) deinen Schutz ausüben.»

Horus verheißt dem König Ernährung und Himmelfahrt

Über dem thronenden Horus mit Falkenkopf steht: «Rede
des Horus Behedti, großer Gott, Herr des Himmels, herrlicher

Falke, der zufrieden ist über die Wahrheit, der (die Erzeugnisse des) Gotteslandes berechnet (*Weihrauchland im Süden des Roten Meeres, nahe Punt*), Herrscher von Punt, der seinem Herzen folgt (*seine Freude hat*) in dem Wüstental der Myrrhen, Herr der Götter, der eine Einzige, Chopri, der entstehen ließ, was entstand (*choper*): Mögest du über den Himmel fliegen, und mögest du den Horizont durchziehen als Behedti, der Herr von Punt. Ich gebe dir Rinder und Geflügel, ohne daß der Sohn eines Gottes (*ein heiliges Tier*) unter ihnen ist.»

Horus stellt sich selbst in dem Falken dar

[157] Senkrechte Schriftzeile am rechten Rand des Bildes: «Behedti, Herr von Behdet (*Edfu*), sitzt auf seinem Behdet, der Herr des Thrones in dem 'Gehöft des Thrones' (*Edfu*). Er erbt die beiden Länder, und er stellt sein Tier (*den Falken*) auf, und er erhöht seine Seele (*Ba*) vor den Seelen der anderen Götter. Er ist (der Falke) mit dem bunten Gefieder, leuchtend an Gefieder, Herr des Gefieders, Herrscher der Doppelkrone.»

Hathor schenkt dem König alle erdenklichen Gaben

[156] Beischrift zu Hathor, die Horus mit ihrer erhobenen Hand schützt: «Rede der Hathor, der Großen, Herrin von Onet (*Dendera, ober-ägyptischer Gau VI*), Auge des Rê, wohnend in Behdet, Herrin des Himmels, Fürstin aller Götter: Ich gebe dir alle Dinge, die der Himmel hervorbringt und die Erde schafft und der Nil aus seiner Höhle erzeugt.»

Harsomtus verheißt dem König Gaben auf seinen Speisetisch

Beischrift zu Harsomtus, der als Kind hinter seiner Mutter steht: «Rede des Horus Sma-tawi ('Vereiniger beider Länder'), der Knabe, Sohn der Hathor, schöner Knabe des Harachte: Ich gebe dir Gaben und Speisen auf deinen Speisetisch und alle schönen Dinge zu deinem Unterhalt.» Über dem Knaben schwebt eine geflügelte Sonne: «Behedti, großer Gott, Herr des Himmels, bunt an Gefieder.»

[153] «Rede Seiner Majestät, wenn er eine Mahlzeit nimmt:

Gebet zu dem Speisetisch als Gott Allherr, dem Erzeuger des Schow

O Speisetisch, du hast *(wie der Allherr)* Schow aus deinem Munde ausgespien. Nicht hat Schow sich (selbst) hervorgebracht, sondern er ist (von dir) hervorgebracht worden.

Schow ist zu einem Gott geworden

O Speisetisch, er *(Schow)* ist zu einem Gott geworden, der ein Ba *(Seele)* ist, der wohlversehen, gepriesen und mächtig (durch Zauber) ist. Er hat die beiden Länder ergriffen, und er hat alle Dinge mit seinen Armen umschlossen. Er bringt dir alles dar *(hu)*, was er (durch Sprüche) bezaubert hat, nachdem er zu Hu *(Gott 'Geschmack, Schöpferkraft')* geworden ist.
O Speisetisch, du hast ihn *(Schow)* ausgespien, und er ist aus deinem Munde hervorgegangen. Er ist zu Hu geworden, der deinen Ausspruch aussendet.

Schow bringt dir Speisen dar

O Speisetisch, er *(Schow)* gibt dir alles, was er dargebracht hat. Er ist zu einem Gott geworden, der ein Ba *(Seele)* ist, der wohlversehen, gepriesen und mächtig ist. Er bringt dir alle schönen Dinge dar. Mögest du ihm geben, daß er zu dem Hike *(Gott 'Zauber')* wird. O Speisetisch, er *(Schow)* ist aus deinem Munde hervorgegangen, ohne daß deine scharfen Zähne ihm den Weg versperrt haben. Die (Dämonen, die) in deinen Zähnen sitzen, haben ihn nicht hervorgebracht, sondern (du) hast ihn hervorgebracht, und deine Lippen haben ihn ausgespien.

Schow als Himmelsträger erfreut dich

[154] Die Erde hat ihn erhoben, die Erde hat ihn bezaubert *(durch Sprüche)*. Er ist zu dem 'Erhobenen des Schow' *(Himmel)*

378

geworden. Er hat sich selbst erhoben, er hat sich selbst versammelt *(sahwi)* als ein Ei *(sowhet)*.

Er bringt dir alle Gaben und Speisen dar. Er legt (sie) vor dich, damit du dich daran erfreust und damit dein Ka *(Seele)* sich daran erfreut, und damit dein Herz sich daran erfreut in Ewigkeit.

(Er) gibt dir, *(was)* die Erde *(hervorbringt)*. Er erhebt dir alle schönen Dinge, *(die)* auf ihr *(wachsen)*. Er ist zu Zefa *(Gott 'Speisen, Überfluß')* auf der Erde geworden.

Schow als Gott legt dir Speisen hin

O Speisetisch, er ist zu einem Gott geworden, der ein Ba *(Seele)* ist, der wohlversehen, gepriesen und mächtig ist in seinem Namen 'Seele *(Ba)* des Schow', der zu einem Gott geworden ist.

Er bringt dir alle schönen Dinge dar und Gaben und Speisen. Er legt (sie) vor dich, damit du dich daran erfreust und damit dein göttlicher Ka *(Seele)* sich daran erfreut und an den Speisen. Du wirst dadurch eine Seele *(Ba)*, du wirst dadurch ein Gepriesener, du wirst dadurch mächtig, du wirst dadurch göttlich.

Schow im Himmel hat das Mahl bereitet

O Speisetisch, du hast zu ihm gesagt: 'Komme zu mir, Sohn des Rê (Ptolemaios, ewig lebend, geliebt von Ptah)!' *(der Name Ptolemaios ist als nachträglicher Zusatz zu streichen; gemeint ist Schow als Sohn des Rê)*. Das Mahl, er hat (es) bereitet, damit er (es) genießt (?) und damit er (daran) teilnimmt (?). Sein Name ist geworden zu Schow in dem Himmel.

Schow kommt als Hu («Verstand») zu dir

O Speisetisch, er kommt zu dir, und er jubelt bei der Annäherung an dich. Er genießt (?) (es) zusammen mit dir, nachdem er herangekommen ist. Er bringt dir alle schönen Dinge, nachdem er zu Hu geworden ist, der deine Aussprüche aussendet.

Schow zerlegt die Speisen, wie er seine Feinde zerschnitten hat

O Speisetisch, er schlägt dir alle deine Feinde nieder. Er ist zu dem großen Schläger geworden.

O Speisetisch, er bewacht sie dir. Er ist zu dem großen Wächter geworden.

O Speisetisch, er zerschneidet sie dir, er zerlegt sie dir, er zerteilt sie dir, er wendet sie dir. Er legt sie dir auf ihr Gesicht hin.

Schow bringt dir die von dir geschaffene Speise dar

O Speisetisch, du hast zu ihm gesagt: 'Du bist doch ein Gott, der eine Seele (*Ba*) ist, der wohlversehen, gepriesen und mächtig ist!' Er bringt dir dieses dar, was aus dir hervorgegangen ist.

Schow als Himmelsträger bringt dir deine Nahrung

O Speisetisch, er ist zu einem Gott geworden, der eine Seele (*Ba*) ist, der wohlversehen, gepriesen und mächtig ist. Er ist zu einem Gott geworden. Er schafft dir alle schönen Dinge herbei. Er bringt dir dar, und er speit es dir aus (*legt es dir hin*) in seinem Namen Schow, der Ka (*Seele*) des Königs. Er bringt dir dieses dar, und er speit dir den Himmel aus, den er auf seinem Kopfe trägt, in seinem Namen Schow, der Himmel (*gemeint: Schow, der den Himmel trägt, legt ihn dir zu Füßen*).

Schow als Ptah bringt dir den Himmel wie eine Speise dar

O Speisetisch, er gibt dir Kraft (*pahti*) unter dem Himmel in seinem Namen Ptah. Er trägt (*wörtlich: speit aus*) dir den Himmel auf seinen Armen in seinem Namen Schow unter dem Himmel.

Du besitzest deinen Sohn Schow in allen seinen Namen und Formen

O Speisetisch, du hast ihn mit dir zusammen gewünscht in einem einzigen Leibe in seinem Namen Merhu-Stier. Du besitzest (*chnom*) ihn mit allen seinen Gliedern in seinem Namen Chnum. Du freust dich (*hotep*) über ihn in seinem Namen Ptah. [155] Du besitzest (*chnom*) ihn, damit dein Herz sich über ihn freut in seinem Namen Chnum, der bereit ist an seinen Armen. Er bringt dir dar (*huj*) in seinem Namen Hu.

Nimm das Speiseopfer gnädig an!

Sei gnädig und sei gepriesen, o Herr der Götter, durch die Opfergaben (*genieße die Speisen!*), die dir dieser dein Sohn bringt. Mögest du ihm vorlesen (zu verbessern: Möge er dir vorlesen?) ein Beispiel deiner Aussprüche, denn er ist dein männlicher Sohn, in seinem Namen Merhu-Stier. Mögest du ihm Opfergaben geben, die vor dir dargebracht werden bei dem ersten Mal (*in der Urzeit*) in seinem Namen 'Der (Gott) auf dem Ufer'.

Erfreue dich an den Opfergaben deines Sohnes!

Sei gnädig und sei gepriesen, du lebender Falke, Herr beider Länder, Herr der Edlen, Herr der Untertanen, Herr des 'Thrones des Rê' (*Edfu*), Herr der Götter, durch die Opfergaben, die dir dieser dein Sohn bringt, dieser dein Gepriesener, dieser dein göttlicher Ka (*Seele*), dieser dein Hike (*Gott 'Zauber'*), dieser dein Ptah, dieser dein Schow, dieser dein Thot, dieser dein Zefa (*Gott 'Überfluß' an Speisen*) auf der Erde.

Deine Seele erfreue sich an den Speisen!

Erfreue dich daran, sei gepriesen dadurch. Dein Ka erfreue sich daran, und dein Herz erfreue sich daran in Ewigkeit.

Laß deinen Sohn Schow einen Anteil an den Speisen haben!

Mögest du ihm ein Beispiel deiner Aussprüche geben, denn er ist dein männlicher Sohn in seinem Namen Merhu-Stier. Mögest du ihm Opfergaben geben, die vor dir dargebracht werden bei dem ersten Mal (*in der Urzeit?*) in seinem Namen 'Der (Gott) auf dem Ufer'.»

[155] Es ist ein Geheimnis (*Mysterium*) des Königs, es ist ein Geheimnis des lebenden Falken, der Genuß dessen, was der Diener des Falken (*gemehsu*) gebracht hat in seiner Gestalt des Schow, des Sohnes des Rê.

Anruf an die Göttin, die die Speisen darbringt

«O Sachmet von gestern, o Uto von heute, du bist gekommen und du hast gefüllt diesen Opfertisch des lebenden Falken, des Königs von Ober- und Unter-Ägypten (*freigelassen*)[(*der Name des Königs ist als nachträglicher Zusatz zu streichen!*), wie dieses, das du (*Göttin*) deinem Vater gemacht hast, als du aus Pe (*Buto*) herausgekommen warst.

Göttin Uto möge den Falken schützen

Mögest du (*Uto*) den lebenden Falken schützen, den Sohn des Rê (Ptolemaios, ewig lebend, geliebt von Ptah)[(*der Königsname ist zu streichen; gemeint ist Schow, der Sohn des Rê*), mit diesem Papyrusstengel (*waz*) des Lebens in deiner Hand (*wie die Göttin dargestellt wird*) in diesem deinem Namen Uto (*Wazet*).

Göttin Sachmet möge die Speisen gegen Feinde schützen

Mögest du deinen Pfeil schießen auf alle Speisen derer, die mit irgendeinem bösen Wort reden gegen den lebenden Falken. Ein Gemetzel soll unter ihnen angerichtet werden wie jenes, das du unter den Feinden des Rê bei dem ersten Mal (*in der Urzeit*) angerichtet hast (*sochem*) in diesem deinem Namen Sachmet.

Die Göttin möge die Speisen dem Falken geben

Deine (*Göttin*) Opfergaben gehören dem lebenden Falken. Er ist Rê, aus dem du hervorgegangen bist, o Sachmet.

Sachmet und Bastet mögen die Feinde des Falken vernichten

[156] O Sachmet, mögest du deinen Pfeil schießen gegen alle Feinde des lebenden Falken. O Bastet, mögest du ihre Herzen herausreißen, damit (sie) in die Flamme des Horus, der in den Stricken ist (*ober-ägyptischer Dämon, der durch Feuer vernichtet*), geworfen werden.

Sachmet verheißt Vernichtung der Feinde

Mein Pfeil verfehlt sie nicht. Ich bin Sachmet, die Macht hat (*sochem*) über eine Million (von Gegnern). Ich schieße gegen alle Feinde des lebenden Falken, des lebenden Vogels, des Horus (zweimal).»

Anweisung für den Priester, der den Speisetisch herrichtet

Der Papyrusstengel (in der Hand) der Sachmet ist bei dem Fleisch für den lebenden Falken, wohlbehalten für das Leben.

C II. DER KÄFER [SKARABÄUS]
DES SONNENGOTTES

Nach dem Rechenschaftsbericht über die Regierung des Königs Ramses III. hat dieser in seinem Totentempel bei Madînat Hâbu auf dem Westufer von Theben (unter-ägyptischer Gau IV, Band «*Götterwelt*», S. 305) einen Käfer aus schwarzem Stein (Granit) gestiftet (*ebenda*, S. 264). Wir werden in Text C 11 ein ähnliches Tierbild kennenlernen, das ein Vorgänger von ihm, etwa 200 Jahre früher, ebenfalls in Theben aufgestellt hatte. Der Käfer war eine der Erscheinungsformen der Sonne oder stand ihr doch nahe. Über dem Symbol (Reliquienschrein) des Osiris in Abydos breitet ein Käfer seine Flügel aus, die wie die eines Falken gemustert sind (*ebenda*, Abb. 40); Falkenflügel wurden in der gleichen Weise an die Sonnenscheibe angesetzt (*oben*, S. 357). In einer großen Sonnenscheibe ist ein Käfer mit ausgebreiteten Flügeln dargestellt, der eine kleine Sonne vor sich her schiebt (Band «*Mythen*», Abb. 60), wie er (der Mistkäfer Skarabäus) es in Wirklichkeit mit der Kugel mit seinen Eiern zu tun pflegt. König Ramses III., wie der Sonnengott «Chopra» benannt, trägt in einer Statuengruppe einen Käfer (choper) auf seinem Kopfe (Band «*Ausklang*», B 3, mit Tafel 8).

C II. KÖNIG AMON-HÔTEP III.

WEIHT IN THEBEN DEM SONNENGOTT
EINEN KÄFER [SKARABÄUS]

Tafel 32

An der Nordostecke des Heiligen Sees des Amon-Tempels bei Karnak auf dem Ostufer von Theben steht ein runder, etwa 2 m hoher Sockel aus Granit, auf dem, mit ihm verbunden rundplastisch ausgehauen, ein Käfer von über 1 m Länge kriecht; dieser erhebt auf seinen sechs Beinen den Körper, der nach vorn (Süden) blickt. Das monumentale Denkmal wurde 1907 an seinem gegenwärtigen Standort ausgegraben. Der Standort überrascht, weil der Käfer und die Inschrift keinerlei Verbindung mit Amon, dem Herrn des Tempels in dem ober-ägyptischen Gau IV, zeigt. Im Gegenteil, der Käfer ist ein in Heliopolis (unter-ägyptischer Gau XIII) heimisches Symbol für die Sonne, und der an der Vorderseite des Sockels darge-stellte Gott Atûm ist der Sonnengott von Heliopolis. Das ganze Denkmal ist also im Sinne der Theologie von Heliopolis entworfen, und zunächst würde man seinen Standort in dem Tempel des Sonnengottes in Heliopolis vermuten. Der Fund-ort nötigt aber zu der Annahme eines Heiligtums des Sonnen-gottes von Heliopolis auf dem Boden von Theben; dort ist es denkbar, da Amon von Theben seit dem Mittleren Reich zu einem Sonnengott ausgestaltet worden ist, einem ober-ägyp-tischen Gegenstück zu dem unter-ägyptischen Rê Atûm von Heliopolis. Wo dieses Heiligtum des unter-ägyptischen Son-nengottes in Theben gestanden hat, dürfen wir aus der In-schrift (Zeile 4) entnehmen: auf der Westseite von Theben. Auch dieser Standort überrascht, denn das Westufer ist eigent-lich das Reich der Toten und enthält die ausgedehnten Fried-höfe für die Könige mit den zugehörigen Totentempeln und für die Privatleute mit ihren Kapellen für den Totendienst.

Der unter-ägyptische Sonnengott wird dort mit verschiedenen Namen angerufen worden sein, zunächst als Rê Atûm von Heliopolis. Aber wenn König Amon-hôtep III. (Dynastie XVIII des Neuen Reichs) in diesen Tempel einen Käfer als Symbol der Sonne geweiht hat, so ist mit ihm der Gott Chopri der untergehenden Sonne gemeint, und für diesen ist das Westufer angemessen. Die klugen Priester von Theben haben also, um ihren eigenen Sonnengott Amon Rê nicht in den Hintergrund gedrängt zu sehen, dem unter-ägyptischen Sonnengott auf ihrem Boden die Rolle der im Westen zum Horizont der Unterwelt niedersteigenden Sonne zugewiesen.

Wir kennen auf dem Westufer von Theben zwei kolossale Statuen des Königs Amon-hôtep III., bekannt als die «Memnon-Kolosse», die der einzige Rest eines verschwundenen Tempels in großen Abmessungen sind (Band «*Götterwelt*», S. 305). Vielleicht haben wir uns dort den gesuchten Tempel der untergehenden Sonne zu denken. Der Standort würde gut zu der Symbolik passen, mit der der Untergang des Tagesgestirns im Westen verbunden war.

Veröffentlichungen:

LEGRAIN in: *Egypt Exploration Fund, Archaeological Report* 1907/1908 (London), 81.
Literatur bei: PORTER & MOSS, *Topographical Bibliography*, 2 (1929) 73.
Photos bei: JEAN CAPART, *Thèbes* (Bruxelles 1905), 239, Fig. 155–156.
Texte bei SPIEGELBERG in: *Zeitschrift für ägypt. Sprache und Altertumskunde*, 66 (1931), 44–45.
Die beiden Photographien auf Tafel 32 sind von Professor J. CAPART aufgenommen und mir durch die Fondation Egyptologique Reine Elisabeth in Brüssel (Belgien) freundlichst zur Verfügung gestellt worden.

Die Vorderseite des runden Sockels ist abgeplattet und trägt eingemeißelt eine Darstellung, wie sie auf selbständigen Denksteinen angebracht wurde. Oben schwebt eine geflügelte Sonne, deren Flügel schräg abwärts gesenkt sind, als ob der Denkstein oben gewölbt wäre. Die Sonne (Rê) ist als Schriftzeichen gemeint und bildet mit den beiden unter ihr stehenden Zeichen den Namen Neb-Maat-Rê des Königs Amon-hôtep III. Von der Sonne hängen zwei Schlangen als Verkörperungen der Landesgöttinnen herab, die linke ← «Uto» mit der unter-ägyptischen Krone, die rechte → «Nechbet», die Weiße, von Nechen (Stadt Hierakonpolis in dem ober-ägyptischen Gau III) mit der ober-ägyptischen Krone.

Unter diesen Bildern, die den Himmel symbolisch andeuten, spielt sich das Opfer ab. Rechts kniet ← mit untergeschlagenen Beinen auf einem Sockel der König im Kopftuch und erhebt auf jeder Hand einen runden Krug, wie er für Wein benützt wird und nach der Beischrift auch in diesem Falle bestimmt ist: «Darbringen des Weines». Der König heißt mit Bezugnahme auf den Skarabäus, der die Gestalt des Schriftzeichens chôper «Käfer» hat: «König von Ober-Ägypten und König von Unter-Ägypten (Neb-Maat-Rê)‖ Sohn des Rê (Amon-hôtep, Herrscher von Wêset (*Theben*))‖ geliebt von Chopri, der aus der Erde entstand (*choper*).» Dem Käfer (unser «Mistkäfer») wird hier, wie auch sonst, eine als Urzeugung vorgestellte Entstehung aus der Erde zugeschrieben.

Links sitzt → auf einem kubischen Thron altertümlicher Form der Gott «Atûm, Herr beider Länder von Onu (Heliopolis)» als Mann mit der Doppelkrone, der dem König mit seiner linken Hand die Palmrippe «Jahr» zureicht, und mit seiner rechten Hand das Zepter was «Glück» mit den Symbolen «Ewigkeit, Dauer, Leben». Diese drücken aus, was die Worte des Atûm an den König aussprechen: «Empfange dir das Leben an deine Nase, o Herr der beiden Länder (Neb-Maat-Rê)‖! Ich gebe Dir Millionen von Jahren als König von Ober-Ägypten und als Oberhaupt der Lebenden (*Menschen*), o Horus, der für die Ewigkeit besteht, indem du lebst und frisch (*jugendlich*) bist bis in Unendlichkeit!»

Unterhalb dieser Darstellung steht in 5 waagerechten → Zeilen die Inschrift:

1 Sprechen der Worte durch Chopri, der aus der Erde entstand:

Chopri sagt zu Amon-hôtep III.

O dieser mein Sohn (Neb-Maat-Rê)! Ich gebe dir *2* Leben, Dauer und [Glück] an deine Nase, damit du Millionen von Heb-sed (*Jubiläen der Regierung*) vollziehst, während du ein Herr dessen bist, was der Aton (*Sonne*) erhellt. *3* Die Neun-Bogen (*Völker des Auslandes*) sollen getötet unter deinen beiden Sandalen liegen als Lohn für dieses, das du mir getan hast.

Ich belohne dich für die Anlage meines Tempels

4 Ich bin zufrieden darüber, daß du mir mein Gehöft gemacht (*den Tempel errichtet*) hast auf der Ami-wêret von Wêset (*Westufer von Theben*).

Meine ganze Götterschaft soll dich belohnen

5 Deine Majestät hat meine Götterschaft gebildet (*als Statuen angefertigt*), jeden einzelnen (Gott) in seinem Leibe (*in seiner herkömmlichen Gestalt*), indem (du) ihn machtest, damit er (dir) Leben gäbe in Ewigkeit.»

Der letzte Satz ist so knapp gefaßt, daß man ihn auch anders deuten kann; man hat ihn übersetzt: «Ich (*Atûm*) habe ihn (*den König*) gemacht, daß er (*der König*) mit Leben begabt sei ewiglich.»

HERODOTOS [BUCH II KAP. 47–72] BERICHTET:

[47] Die Ägypter glauben, daß das Schwein (*im Gegensatz zu anderen Tieren*) ein unreines Tier sei. Wenn nämlich jemand von ihnen beim Vorübergehen ein Schwein berührt hat, dann steigt er in den Fluß hinein und reinigt sich davon samt seinen Kleidern. Ferner betreten die Schweinehirten, selbst wenn sie geborene Ägypter sind, als einzige von sämtlichen Ägyptern keinen Tempel. Und niemand will ihnen seine Tochter zur Frau geben oder von ihnen eine freien, sondern die Schweinehirten tauschen ihre Töchter untereinander aus. Die Ägypter halten es nicht für recht, den anderen Göttern Schweine zu opfern, sondern nur der Selene (*gemeint der männliche Gott Mond-Osiris?*) und dem Dionysos (*gemeint Osiris*) zu der gleichen Zeit. An demselben Vollmond opfern sie die Schweine und genießen ihr Fleisch. Weshalb sie aber die Schweine an den übrigen Festen verabscheuen, an diesem aber sie opfern, dafür geben die Ägypter einen Grund an. Ich kenne ihn zwar, aber ich halte es nicht für richtig, ihn anzuführen. Die Opferung der Schweine für Selene geschieht auf folgende Weise: wenn es geschlachtet ist, dann legt man die Schwanzspitze, die Milz und das Darmnetz zusammen auf einen Haufen und bedeckt es nun mit dem gesamten Bauchfett des Tieres und wirft es in das Feuer. Das übrige Fleisch verspeisen sie an dem Vollmond, an dem sie die Opfer darbringen; an einem anderen Tage aber dürften sie nicht davon kosten. Die Armen unter ihnen formen und backen infolge ihres kargen Lebensunterhaltes Schweine aus Teig und opfern diese.

[65] Obgleich Ägypten an Libyen grenzt, so ist es doch nicht sehr tierreich; die vorhandenen werden von ihnen (*den*

Ägyptern) sämtlich für heilig gehalten. Einige von ihnen leben zusammen mit den Menschen selbst, andere nicht. Wollte ich angeben, weshalb die Tiere für heilig gehalten werden, würde ich mich mit meiner Rede in die göttlichen Dinge einlassen, die auszusprechen ich sehr meide. Wenn ich einiges davon bei meinen Schilderungen berührt habe, so habe ich es nur notgedrungen in Angriff genommen und ausgesprochen. Was die Tiere angeht, so besteht folgender Brauch. Als Wärter sind für die Fütterung der einzelnen Tiere sowohl Männer wie Frauen angestellt, von denen das Kind dieses Ehrenamt empfängt. Die einzelnen Leute in den Städten bringen folgende Gaben, die sie gelobt haben. Sie beten zu dem Gott, dem das Tier geweiht ist, scheren bei den Kindern entweder den Kopf ganz oder zur Hälfte oder den dritten Teil, und wiegen die Haare auf einer Waage gegen Silber auf. Was sich dabei ergibt, so viel gibt er der Wärterin der Tiere, und diese reicht dafür Fische den Tieren als Futter, indem sie sie zerschneidet. Eine solche Ernährung ist ihnen vorgeschrieben. Wenn jemand eines von diesen Tieren absichtlich tötet, so folgt die Todesstrafe. Tut er es ohne Absicht, so bezahlt er die Strafe, die die Priester bestimmen. Wer aber einen Ibis oder Falken tötet, absichtlich oder unabsichtlich, muß sterben.

[67] Wenn die Katzen gestorben sind, werden sie in heilige Kammern gebracht. Dort werden sie einbalsamiert und begraben in der Stadt Bubastis (*unter-ägyptischer Gau XVIII in Band «Götterwelt», S.189*). Die Hunde begräbt ein jeder in seiner Stadt in heiligen Grabstätten. Auf die gleiche Weise wie die Hunde werden die Ichneumon begraben. Die Spitzmäuse und die Falken bringen sie nach der Stadt Buto (*unter-ägyptischer Gau VI*), die Ibis nach Hermeo-polis (*Hermopolis, unter-ägyptischer Gau XV, auch ober-ägyptischer Gau XV*). Die Bären, die selten sind, und die Wölfe, welche nicht viel größer sind als die Füchse, begraben sie dort, wo man sie liegend gefunden hat.

[72] Auch enhydries (*«Wassertiere», ob Ratte oder Ichneumon?*) kommen in dem Fluß vor, und sie glauben, daß sie heilig seien. Von den Fischen meinen sie, daß der sogenannte Lepidotos heilig sei, und der Aal. Diese sollen dem Neilos (*Nilgott*) heilig sein, und von den Vögeln die Fuchsgänse (*eine Art Wildgans*).

DIODOROS [BUCH I, KAPITEL 83–86] BERICHTET:

(zu den Falken vgl. oben S. 361: Zed-Hôr, Athribis)

[83] Die Ägypter verehren einige von den Tieren übermäßig, nicht nur wenn sie leben, sondern auch wenn sie gestorben sind, wie z.B. Katzen, die Ichneumon und Hunde, dazu noch Falken und die bei ihnen Ibis genannten (Vögel), außerdem noch die Wölfe und die Krokodile und mehrere andere ähnliche Tiere, über die wir versuchen werden, die Gründe anzugeben, nachdem wir kurz vorher über sie gesprochen haben. Zunächst weiht man einer jeden Art der Tiere, denen Verehrung zuteil wird, ein Stück Land, dessen Ertrag zu der Pflege und der Ernährung von ihnen ausreicht. Die Bewohner von Ägypten leisten wegen der Kinder, die aus der Krankheit genesen sind, auch einigen Göttern gegenüber Gelübde; sie scheren nämlich die Haare ab, wiegen sie gegen Silber oder Gold auf und geben den Erlös den Pflegern der vorher erwähnten Tiere. Diese aber schneiden Fleischstücke für die Falken zurecht, rufen sie mit lauter Stimme an und werfen sie zu den fliegenden empor, bis sie sie aufgefangen haben. Für die Katzen und für die Ichneumon weichen sie Brotstücke in Milch auf und stellen sie ihnen hin, indem sie sie mit Schnalzen anlocken; oder sie zerschneiden die Fische aus dem Nil und verfüttern sie roh. In gleicher Weise bereiten sie auch für jede Art von den übrigen Tieren die passende Nahrung.

. . . .

Wenn eines von den erwähnten Tieren gestorben ist, hüllen sie es in feine Leinwand und schlagen sich unter Wehklagen an die Brust und tragen es in die Häuser der Einbalsamierer. Dann behandeln sie es mit Zedernöl und mit den Stoffen, die Wohlgeruch und langdauernde Aufbewahrung (*Konservierung*) des Körpers gewährleisten, und begraben sie in heiligen Särgen. Wer eines von diesen Tieren absichtlich tötet, ist mit dem Tode bedroht, außer wenn er eine Katze oder den Ibis getötet hat. Wenn er diese absichtlich oder unabsichtlich tötet, verfällt er auf jeden Fall dem Tode, da die Menge zusammenströmt und dem Täter auf die fürchterlichste Weise zusetzt, und dieses tun sie manchmal ohne ein Urteil. Aus Furcht hiervor bleiben diejenigen, die eines von diesen Tieren tot daliegen sehen, in weiter Entfernung stehen, erheben ein großes Geschrei, Klagen und beteuern, sie hätten es schon tot angetroffen. So tief ist in die Seelen der Menge die Furcht vor einem Dämon bei diesen Tieren eingewurzelt, und ein jeder verharrt unter allen Umständen unabänderlich bei der Verehrung dieser Tiere. Ein Beispiel: Zu der Zeit, als König Ptolemaios (*XIII. Neos Dionysos, 81–51 v. Chr.*) von den Römern noch nicht als Freund angesprochen wurde, die Menge aber allen Eifer anwandte, die aus Italien Zugereisten freundlich zu behandeln, und aus Furcht sich eifrig bemühte, keinen Anlaß zu Klage oder Streit zu geben, tötete ein Römer eine Katze. Die Volksmasse stürmte nach dem Hause des Täters zusammen. Da hatten weder die von dem König wegen der Freigabe geschickten Beamten Macht genug, noch war die allgemeine Furcht vor Rom stark genug, den Mann vor der Strafe zu bewahren, obwohl er es unabsichtlich getan hatte. Dieses berichten wir nicht nach Hörensagen, sondern wir haben es selbst gesehen während unseres Aufenthaltes in Ägypten.

Haltung und Bestattung der heiligen Tiere

[84] Das, was geschieht mit dem bunten Apis in Memphis und mit dem Mneuis (Mnewis) in Heliu-polis und mit dem Ziegenbock (tragos) in Mendes, außerdem das Krokodil in

dem See des Moiris und den Löwen, der in der sogenannten Stadt der Löwen (Leonton-polis) gehalten wird, und viele andere ähnliche Dinge kann man leicht erzählen. Es ist aber schwierig, bei dem, was man nicht gesehen hat, dem Erzähler zu glauben. Die Tiere werden nämlich in heiligen Gehegen gehalten, und viele angesehene Männer pflegen sie, indem sie ihnen die wertvollsten Speisen reichen. Sie kochen nämlich Weizenmehl oder Graupen in Milch und wenden unablässig Geld auf, indem sie allerlei Kuchen mit Honig anrühren, und indem sie Gänsefleisch teils kochen, teils braten. Für die Tiere, die rohes Fleisch fressen, fangen sie viele Vögel und werfen sie ihnen vor, und überhaupt verwenden sie großen Eifer auf die Vollkommenheit der Ernährung. Sie verwenden fortgesetzt lauwarme Bäder, sie salben sie mit den kräftigsten Myrrhen und räuchern alle möglichen Wohlgerüche. Viel Geld verwenden sie auf die wertvollsten Decken und kostbaren Schmuck. Sie machen sich sehr viele Gedanken darüber, wie sie *(die Tiere)* auf natürliche Weise Gesellschaft bekommen; zu diesem Zweck unterhalten sie für jedes von den Tieren Weibchen von der gleichen Art, und zwar die schönsten, die sie Kebsweiber *(pallakis)* nennen und mit den größten Aufwendungen und öffentlichen Dienstleistungen *(leiturgia)* pflegen. Wenn ein solches Tier stirbt, trauern sie, als ob sie geliebter Kinder beraubt wären, und sie bestatten es nicht nur entsprechend ihrem Vermögen, sondern wie es ihre Verhältnisse bei weitem übersteigt. Denn als nach dem Tode des Alexandros *(des Großen)* Ptolemaios, Sohn des Lagos, eben Ägypten übernommen hatte, da starb in Memphis gerade der Apis an Altersschwäche. Sein Pfleger aber wandte zunächst den zur Verfügung stehenden Geldbetrag, der sehr hoch war, für die Bestattung gänzlich auf, und außerdem lieh er sich noch von Ptolemaios 50 Talente Silber *(1 Talantos = 4500 Mark)*. Auch in unserer Zeit haben einige der Pfleger dieser Tiere für deren Bestattungen nicht weniger als 100 Talente ausgegeben.

[85] Hinzuzufügen ist zu dem Gesagten das, was noch nicht berücksichtigt ist von den Dingen, die sich auf den sogenannten Apis beziehen. Wenn er gestorben und prächtig begraben ist, suchen die Priester, die dafür bestimmt sind, ein Kalb, das an seinem Körper Kennzeichen trägt, die dem vorherigen Tiere ähnlich sind. Wenn es gefunden ist, hört die Volksmenge mit der Trauer auf. Von den Priestern führen diejenigen, die damit betraut sind, das Kalb zunächst nach Neilu-polis *(Stadt am Nil südlich von Memphis)*, wo sie es über 40 Tage hin pflegen. Dann lassen sie es an Bord eines Schiffes gehen, das als Kammer ein vergoldetes Gemach hat, und führen es wie einen Gott nach Memphis in den heiligen Bezirk des Hephaistos *(Ptah)*. Nur während der vorher erwähnten 40 Tage betrachten es die Frauen, indem sie sich ihm gegenüberstellen, und sie raffen ihre Kleider hoch und zeigen ihre Geschlechtsteile. Während der ganzen übrigen Zeit ist es ihnen verboten, diesem Gott vor Augen zu treten. Als Grund für die Verehrung dieses Stieres geben einige an, die Seele des verstorbenen Osiris sei auf ihn übergegangen, und deshalb gehe sie dauernd bis zum heutigen Tage immer bei seiner feierlichen Einsetzung auf die Nachfolger über. Einige erklären, als Osiris von Typhon *(Sêtech)* ermordet war, habe Isis seine Glieder gesammelt und in eine hölzerne Kuh hineingelegt, die mit Byssos *(feinem Leinen)* umkleidet war, und daher sei auch die Stadt Busiris *(bus «Rind» und Osiris mit falscher Deutung des Stadtnamens Per-Osiris «Haus des Osiris»)* genannt worden. Und viele andere Dinge erzählen sie über den Apis, über die in jeder Einzelheit genau zu berichten wir für zu lang halten.

Gründe für die Heilighaltung der Tiere

[86] Die Leute in Ägypten, die alles Wunderbare und jenseits des Glaubens Liegende vollführen, bereiten hinsichtlich

der Verehrung der Tiere denen eine große Schwierigkeit, die nach den Gründen dafür suchen. Ihre Priester haben zwar eine geheime Lehre, die wir vorher bei der Besprechung ihrer Theologie gesagt haben. Die Menge (*Laien*) der Ägypter aber geben folgende drei Gründe an.

Diodoros gibt diese drei Gründe ausführlich wieder. Erstens hätten die Götter sich in Tiere verwandelt, als sie von den sich empörenden Menschen verfolgt wurden. Zweitens hätten die Ägypter den einzelnen Abteilungen ihres Heeres Bilder von Tieren als Abzeichen gegeben, die auf Stangen getragen wurden; die dargestellten Tiere seien verehrt worden, weil sie zum Siege in der Schlacht verholfen hätten. Drittens seien die verehrten Tiere in irgendeiner Weise wertvoll oder nützlich oder bewunderungswürdig, oder sie hätten den Göttern gute Dienste erwiesen.

PLUTARCHOS [DE ISIDE ET OSIRIDE, KAPITEL 7 UND 71–72] BERICHTET:

Der Seefische enthalten sich alle (Ägypter), zwar nicht sämtlicher, sondern nur einiger, wie die Bewohner von Oxyrynchos (*ober-ägyptischer Gau XIX*) der von der Angel (gefangenen Fische). Denn da sie den Oxyrynchos-Fisch verehren, fürchten sie, daß einmal die Angel nicht rein ist, wenn ein Oxyrynchos angebissen hat. Die Bewohner von Syene (*ober-ägyptischer Gau I, heute Aswân am Ersten Katarakt*) enthalten sich des Phagros-Fisches, denn man glaubt, daß er gleichzeitig mit dem anschwellenden Nil erscheine und daß er sein Steigen ihnen zu ihrer Freude mitteile, wenn er als persönlicher Bote gesehen wird. Die Priester enthalten sich sämtlicher (Fische). Wenn an dem neunten Tage des ersten Monats jeder von den Ägyptern vor dem Tor seines Hofes einen gebratenen Fisch verzehrt, rühren die Priester ihn nicht an, sondern sie verbrennen die Fische vor den Toren.

[71] Die meisten von den Ägyptern pflegen die Tiere selbst und ehren sie wie Götter. Sie machen dadurch nicht nur die heiligen Handlungen zum Gelächter und zum Gespött (denn dieses wäre das geringste Übel der Torheit), sondern es entsteht die schreckliche Anschauung, welche die Schwachen und Arglosen zur krassesten Furcht vor Dämonen verleitet, bei den Verschmitzteren und Mutigeren jedoch zu gottlosen und wilden Einfällen verführt. Deshalb ist es nicht unpassend, auch hierüber das Wahrscheinliche auszuführen.

Gründe für die Heilighaltung der Tiere

[72] Denn die Angabe, daß die Götter aus Furcht vor Typhon sich in diese Tiere verwandelt hätten, indem sie sich gleichsam in die Leiber von Ibissen, Hunden und Falken versteckt hätten, hat in seiner kindlichen Anschauung jegliche Aufschneiderei und Göttergeschichten (mythologia) übertroffen. Und daß die Seelen der Verstorbenen, soweit sie fortbestehen, in diese (Tiere) allein hinein wiedergeboren werden, ist in gleicher Weise unglaublich. Von denen, die einen politischen Grund dafür angeben wollen, behaupten die einen, Osiris habe, indem er in dem großen Heere die Streitmacht in viele Abteilungen aufteilte (Kompanien und Bataillone nennen sie sie auf hellenisch), allen tiergestaltige Feldzeichen gegeben, von denen einer jeden Abteilung das zugeteilte Feldzeichen (*Tier*) heilig und ehrwürdig wurde. Andere aber (berichten), daß die späteren Könige die Feinde in den Kämpfen erschrecken wollten und deshalb sich zeigten, indem sie Protomen (*Vorderteil mit Kopf*) von Tieren aus Gold und Silber anlegten. Andere (berichten), einer von den verschlagenen und bösen Königen habe gemerkt, daß die Ägypter ihrer Natur nach leicht beweglich und deshalb zu Neuerung und Umsturz äußerst geneigt seien, daß aber ihre Streitmacht schwer zu be-

kämpfen und infolge ihrer großen Anzahl schwer niederzuhalten sei, wenn sie eines Sinnes wären und gemeinsam handelten, und deshalb habe er *(der König)* ihnen etwas Unsichtbares in die Brust gepflanzt, indem er ihnen Furcht vor den Dämonen gezeigt, als Vorwand zu unaufhörlichem Streit. Denn da die Tiere, von denen er *(der König)* den einen diese, den anderen jene zu verehren und zu scheuen befahl, sich böse und feindlich gegeneinander verhielten und da sie ihrer Natur nach sich gegenseitig auffressen wollten, so standen stets die einzelnen Ägypter ihren eigenen Tieren bei, und sie waren erbost darüber, wenn ihnen irgend etwas Unrechtes geschah. Auf diese Weise wurden sie *(die Ägypter)*, ohne daß sie es merkten, in die Feindschaften der Tiere mit hineingezogen und kämpften mit ihnen zusammen gegeneinander. Als einzige von den Ägyptern essen noch jetzt die Lykopoliten *(Bewohner von Lyko-polis «Stadt des Wolfes» lykos, heute Asjût in dem ober-ägyptischen Gau XIII)* ein Schaf, da auch ein Wolf (es tut), den sie für einen Gott halten. Die Oxyrynchiten *(Bewohner von Oxyrynchos «Stadt des Fisches Oxyrynchos» in dem ober-ägyptischen Gau XIX)* aber fingen bis zu unserer Zeit Hunde, opferten sie und verzehrten sie als Opfertier, weil die Kynopoliten *(Bewohner von Kyno-polis «Stadt des Hundes» kyon in dem benachbarten ober-ägyptischen Gau XVII)* den Oxyrynchos-Fisch aßen. Als sie hierdurch in Krieg miteinander geraten waren, richteten sie sich gegenseitig böse zu; später wurden sie von den Römern bestraft und auseinander gebracht.

C 13. IUVENALIS VERSPOTTET
DIE TIERVEREHRUNG DER ÄGYPTER

Der römische Dichter Decimus Iunius Iuvenalis, geboren um 47 n. Chr. in Aquinum im Lande der Volsker (zwischen Rom und Neapel), gestorben nach 119 oder 127 n. Chr., wurde wegen seiner boshaften Kritik an der Gesellschaft des kaiserlichen Rom verbannt, wahrscheinlich nach Ägypten, das er allerdings auch als Reisender besucht haben könnte. Er erhielt ehrenhalber ein militärisches Kommando, und sein Standort mag in oder bei Dendera (ober-ägyptischer Gau VI) gewesen sein, wo römische Anlagen aus seiner Zeit erhalten sind. Iuvenalis verspottet in seiner Satire XV die Tierverehrung der Ägypter und schildert dann einen Kampf zwischen den Bewohnern von Dendera (Tentyra) und Nubt (Ombus), der darauf zurückging, daß sie verschiedene Tiere verehrten und die heiligen Tiere der Gegner töteten und verspeisten. Die lebhafte Schilderung beruht auf eigenen Beobachtungen, wie Iuvenalis auch ausdrücklich angibt. Er läßt den Kampf dann in Menschenfresserei ausarten. Mag dieser Zug erfunden oder übertrieben sein, er gehört jedenfalls zu der gesteigerten Raserei, in die sich Ägypter auch heute durch ihre religiöse Ekstase versetzen können.

Die Satire XV hat die Form eines poetischen Briefes an seinen Freund Volusius aus Bithynien (in Klein-Asien). Die Verehrungsstätten (Band «*Götterwelt*», bei den einzelnen Gauen) der im Anfang genannten Tiere sind in Ober-Ägypten: Krokodil in Gau VI, Ibis und Pavian bei Hermopolis in Gau XV, Hund (Schakal) in Gau XVII. Ferner in Unter-Ägypten: Katze in Bubastis (Gau XVIII), Fisch in Gau XVI. Bestimmte Eßverbote, die Iuvenalis sicher übertreibt, besonders für die Lämmer der Schafe und Ziegen, galten insbesondere für Priester. Der «halb umgestürzte Memnon» ist eine der beiden kolossalen Statuen des Königs Amenophis III. auf der Westseite von The-

ben (ober-ägyptischer Gau IV in Band «*Götterwelt*», S. 305).
Mit Canopus ist die Stadt an der Mündung des I. (westlich-
sten) Kanopischen Nil-Arms gemeint, die wegen ihrer aus-
schweifenden Festfeiern bekannt war (*oben*, S. 142), dabei werden auch Kapellen von Negern mit nubischen Flötenbläsern
mitgewirkt haben.

Iuvenalis, Satire XV, 1–13, über die Tierverehrung

Wer weiß nicht, Volusius aus Bithynien, was für Scheusale das
verrückte Ägypten verehrt? Der eine Teil betet das Krokodil
an, der andere zittert aus Angst vor dem Ibis, der sich an
Schlangen sattgefressen hat. Ein Ebenbild des heiligen Cerco-
pithecus (*gemeint Pavian*) erstrahlt in glänzendem Golde dort,
wo bei dem halb umgestürzten Memnon die magischen Saiten
erklingen und wo das alte Thebe mit seinen hundert Toren
in Schutt und Asche liegt. In der einen Gegend verehren sie
Katzen (*aelurus*), in einer anderen die Fische im Fluß, wieder
anderswo verehren ganze Städte den Hund. Doch niemand
verehrt die Diana. Lauch und Zwiebeln ein Leid anzutun und
sie zu essen, ist Sünde. Was sind das doch für heilige Völker,
bei denen diese Dinge als Götter in ihren Gärten wachsen!
Fleisch von Tieren mit wolligem Fell kommt auf keinen Tisch.
Sünde ist es in jenem Lande, ein Ziegenlamm zu schlachten –
aber Menschenfleisch zu essen, das ist erlaubt!

Der Kampf zwischen den Städten Ombus und Tentyra
(Vers 33–58)

Unter Nachbarn, zwischen Ombus und Tentyra, herrscht alte
Erbfeindschaft, ein unauslöschlicher Haß, und es brennt eine
niemals heilbare Wunde. Die grimmigste Wut der Volksmenge hat auf beiden Seiten ihren Grund darin, daß jede Stätte die
Gottheiten der Nachbarn haßt, in dem Glauben, nur die dürfte
man für Götter halten, welche sie selbst verehrt. Zur Festzeit
des *einen* Volkes jedoch schien es allen Vornehmsten und Füh-

rern der Feinde geboten, die günstige Gelegenheit rasch zu ergreifen, daß jene nicht einen fröhlichen und vergnügten Tag, daß sie nicht die Freuden des reichlichen Mahles genössen, (einmal) an Tischen, die bei den Tempeln und Straßenkreuzungen standen, und (dann), ohne zu schlafen, auf Polstern, auf denen manchmal der siebente Tag Leute antraf, welche Tag und Nacht dort lagen. Ohne Schliff, wahrlich, sind die Ägypter, aber an Zügellosigkeit steht, wie ich selbst beobachtete, der wilde Haufen dem berüchtigten Canopus nicht nach. Bedenke auch noch, wie leicht der Sieg ist über Betrunkene, Lallende und vom Wein Torkelnde. Auf der *einen* Seite Tanzen von Männern nach der Flöte des schwarzen Pfeifers, Unmengen von Salben und Blumen und um die Stirn viele Kränze; auf der *anderen* Seite nur nüchterner Haß. Doch zunächst beginnen sie mit loderndem Herzen zu schimpfen – das ist das Trompetengeschmetter zum Beginn des Streites –, dann stürzt man zugleich mit Geschrei auf den Feind, und als Waffe wütet die bloße Faust. Nur wenige Kinnbacken sind ohne Wunden, kaum einem Manne oder vielmehr keinem bleibt bei dem ganzen Kampfe die Nase heil und verschont. Schon kann man in ganzen Reihen die Gesichtszüge nur noch zur Hälfte erkennen, man sieht entstellte (andere) Gesichter, freiliegende Knochen, da die Wangen zerrissen sind, und Fäuste, die vom Blute der Augen besudelt sind.

Der Kampf wird mit Steinen fortgesetzt (Vers 62–64)

.... Dann wird hitziger der Ansturm. Schon suchen sie mit hinabgebeugten Armen Steine am Boden und beginnen, sie, die Geschosse beim heimischen Aufruhr, zu schleudern...

Ein Gefangener aus Tentyra wird von den Ombus-Leuten
aufgegessen (Vers 72–83)

...... Nachdem die Leute von Ombus, durch Hilfskräfte verstärkt, es wagen, Waffen hervorzuholen und mit gefährlichen

Pfeilen den Kampf zu erneuern, und nunmehr vorrücken, da ergreifen die Bewohner von Tentyra, der Stadt mit den schattigen Palmen, schleunigst die Flucht. Da läuft einer von ihnen aus allzu großer Furcht zu schnell, stürzt und wird gefangen genommen. Aber der siegreiche Haufen zerschnitt ihn in recht viele Stückchen und Teilchen, damit der eine Tote für viele genüge, verzehrte ihn ganz und nagte die Knochen ab. Dabei kochte er ihn nicht im Kessel über dem Feuer oder briet ihn am Spieße – für zu umständlich und langwierig hielt er es, auf die Zubereitung zu warten (*die Herde zu erwarten*) –, sondern war zufrieden mit dem rohen Leichnam.

ANHANG

VERZEICHNIS DER TAFELN

TAFELN · REGISTER

INHALTSVERZEICHNIS

VERZEICHNIS DER TAFELN

Die Aufnahmen stammen aus den angegebenen Museen, meist aus Kairo
(mit verschiedenen Inventar-Nummern). Die Landschaften sind teilweise
nach älteren Aufnahmen gegeben, einzelne durch Vermittlung von
LEHNERT & LANDROCK in Kairo

1 (zu S. 34) Nackter Knabe mit Maske des Zwergengreises Bes.
Bronze, Höhe 31 cm. Berlin 2489.

2 Bronzefiguren von Göttinnen: a) (zu S. 29) Seschat (Sefchet-abwi),
Höhe 23,2 cm. Berlin 19 656. b) (zu S. 40) Ma‘at, Höhe 9,4 cm,
Brooklyn 37. 561 E–A (Courtesy Brooklyn Museum).

3 (zu S. 34) Zwei Sistrum, zu ergänzen mit Ringen auf den durch-
gesteckten Stäben: a) Seitenansicht mit 4 Löchern für die Stäbe,
Höhe 24,5 cm, Berlin 9710. b) Vorderansicht mit 3 Stäben, Höhe
29 cm. Berlin 2767.

4 (zu S. 42) Kopf der Mumie des Königs Ramses II., früher in dem
Museum in Kairo, Catalogue Général 61 078.

5 (zu S. 43) Ramses II. legt kniend seinen Namen (auf dem Sockel
zu ergänzen) dem Amon in seinem Tempel vor. Schiefer, Höhe
27,5 cm. Aus dem Tempel des Amon bei Karnak. Kairo, Cat. Gén.
42 144.

6 (zu S. 38) König Sethos I. wird im Jenseits von Horus begrüßt.
Relief in dem Grabe des Königs in dem «Tal der Königsgräber»
auf dem Westufer von Theben. Kalkstein, bemalt.

7–8 Abydos, Totentempel des Königs Sethos I., Kapelle des Amon
(S. 72). Aufnahmen von Professor JEAN CAPART, durch Vermittlung der Fondation Egyptologique Reine Elisabeth, Bruxelles.

7 (zu S. 76) Blick in das Innere gegen die Rückwand mit der Scheintür.

8 (zu S. 108) Darstellung zu Szene 14: König Sethos I. tritt vor Amon
mit einem Zeugstreifen (Tuch), um den Boden vor ihm abzuwi-
schen.

9 (zu S. 79) Drei Geräte zum Räuchern von Harz (Weihrauch), das
auf glühende Holzkohlen in dem Napf auf der ausgestreckten Hand
gelegt wurde. – Oben (nur Mittelstück mit einer Königsfigur hinter
einem Behälter für das Harz in Form eines Königsringes «cartouche»): Minneapolis MIA 26, Bronze, Länge 11 cm. – Mitte (vollständig, eine Königsfigur war nicht angebracht): Kairo, Journal

d'Entrée 30 700, Holz vergoldet, als Modell. – Unten: mit demotischem Gebet an Isis für den Stifter dieses sehotep «Räucheregeräts». Bronze, Länge 46 cm. Berlin 10 708.

10 (zu S. 73) a) Oberteil des schreitenden Amon, Bronze, aus al-Asasif auf dem Westufer von Theben, Höhe 40 cm. Kairo, Cat. Gén. 38 003. b) Oberteil der Statue der Göttin Mut aus Karnak. Kalkstein, Höhe 80 cm. Kairo, Cat. Gén. 602.

11 (zu S. 173) Bild des Denksteins aus al-Nibeira mit dem Dekret von Memphis, Text des Steines von Rosette. Kalkstein. Kairo, Cat. Gén. 22 188.

12 (zu S. 192) Aufsatz eines Stabes für eine Prozession. Auf einem Papyrusstengel liegt ein Krokodil, das im Wasser (Zickzacklinien) durch ein Boot niedergedrückt und bezwungen wird. In dem Boot steht eine Kapelle für Horus, der zweimal dargestellt ist: an der Wand in eingeritzter Zeichnung als Knabe, von seiner Mutter Isis gesäugt; auf dem Dach als Falke mit Doppelkrone. An der Vorderseite der Kapelle ist das Fenster geöffnet, so daß ein in ihr aufgestelltes Götterbild erblickt werden kann. Vor der Kapelle steht ein Sphinx (Löwe mit Königskopf), ein falkenköpfiger Horus mit Lanze, und ein kahlköpfiger Mann (Priester? Stifter?) mit Vase. Hinter ihr stehen Isis (mit Sonne zwischen Kuhhörnern), Anubis (mit Hundekopf) und zwei falkenköpfige Steuermänner für die beiden Steuerruder. Bronze. Kairo, Temp. Nr. 22/2/22/2.

13 (zu S. 192) Tragbare Kapelle für eine Figur eines Gottes, wahrscheinlich des Sonnengottes Rê, die durch das Fenster an der Vorderseite und die durchbrochenen Wände sichtbar sein sollte. An der Rückwand schwebt ein Falke mit aufwärts ausgebreiteten Flügeln. An der rechten Wand wird ein falkenköpfiger Gott mit Sonne, der auf einer Lotosblüte (neben ihr zwei Knospen) hockt, von zwei Göttinnen mit geflügelten Armen geschützt; die Gruppe stellt das erste Erscheinen der Sonne auf dem Urhügel dar (vgl. S. 274 mit Tafel 18a). Auf dem Dach ist ein Falke (Tier des Sonnengottes) mit Doppelkrone durch den Fries der Schlangen (Uräus) umgeben. Bronze, Höhe 18,2 cm. Berlin 8674.

14 (zu S. 194) Denkstein eines Kreters als Werbeplakat für Traumdeutung, aus dem Serapeum bei Sakkâra. An einem griechischen Tempel tragen nackte Frauen wie Karyatiden das Gebälk. Vor einem Altar steht ein Stier, mit dem der Apis von Memphis gemeint ist. Kalkstein. Kairo, Cat. Gén. 27 567.

15   (zu S. 195) Hof des Tempels der Isis auf der Insel Philae: Blick von dem Säulensaal zurück auf den Pylon über dem Eingang.

16   (zu S. 195) Kopf der Mumie des Königs Thut-môse III. Früher in dem Museum in Kairo, Cat. Gén. 61 068.

17   (zu S. 238) Denkstein des Priesters Pa-sar. Kalkstein. Kairo, J. d'Entrée 43 699.

18   (zu S. 36) Zwei Aufsätze von Stäben für eine Prozession. Bronze: a) Auf einer Lotosblüte hockt der junge Sonnengott als nackter Knabe (lutschend, mit Zopf an der rechten Schläfe). Höhe 23,2 cm. Berlin 19 643. An dem ähnlichen Stück Kairo, Cat. Gén. 38 222, konnte das Erscheinen der Sonne dadurch vorgeführt werden, daß der Knabe hochgeschoben und die ihn verbergenden Blütenblätter des Lotos gesenkt wurden. b) Auf einem Papyrusstengel steht breitbeinig der Zwergengreis Bes, der mit seiner rechten Hand die Saiten einer Leier schlägt; in dem Untersatz auf seinem Kopf wurde eine Federkrone durch einen Stift festgehalten. Höhe 20 cm. Minneapolis MIA 9. Courtesy, The Minneapolis Institute of Arts.

19   (zu S. 275) Zwei thronende Mondgötter mit dem Mond (Scheibe über der Sichel angegeben, wie bei Neumond sichtbar) auf ihrem Kopf; an dem Götterhaar der Uräus. a) Mann mit Kopf eines Ibis, des Tieres des Thot von Hermopolis. Höhe 11,5 cm. Berlin 8687. b) Mumie mit den Zeptern des Osiris, nach der Inschrift: «Osiris Mond (Ja^cḥ)». Höhe 19,5 cm. Berlin 2452.

20   (zu S. 275) Wasseruhr aus Karnak mit dem Namen des Königs Amon-hôtep III. Alabaster. Kairo, J. d'Entrée 37 525.

21   (zu S. 271) Unter einer großen Sykomore sitzt «Thot von Pe-Nubs (Dakka)» als Pavian. Ein Gaugott mit einem Krug treibt ihm ein Kalb zu. Relief in dem Tempel von Dakka (Nord-Nubien).

22   (zu S. 274) Aus einer großen Sykomore reicht die Göttin Isis Brote und gießt Wasser, dessen Strahlen von einer Frau und ihrer Tochter aufgefangen werden. Hinter ihnen bringen Angehörige (drei Frauen und ein Mann) Blüten und Zweige als Opferspende. Bildstreifen auf dem Denkstein des Ptah-makwi aus Abydos. Kairo, Cat. Gén. 34 133.

23   (zu S. 283) Geier, das Tier der Göttin Nechbet in dem III. oberägyptischen Gau. Kalkstein, aus Dendera. Kairo, J. d'Entrée 48 889.

24   (zu S. 279) König Men-kaw-Rê (Mykerinos, Dynastie IV) zwischen Hathor (mit Sonne zwischen Kuhhörnern) und der Göttin des Hun-

de-Gaues (XVII. ober-ägyptischer, griechisch Kynopolites), dessen Gauzeichen (liegender Schakal) sie auf dem Kopfe trägt. Gruppe
aus dem Totentempel des Königs vor der dritten Pyramide bei
Giza. Schiefer. Kairo, Guide 149.

25 (zu S. 297) Statue des Meri-Rê, der kniend einen Denkstein mit
einem Gebet an die aufgehende Sonne hält. Schwarzer Granit, Höhe
71 cm. Museum in Mitau, Kurland (Sowjet-Union).

26 (zu S. 300) Der Tempel des Sobek und Horus in Nubôjet, griechisch Ombos, arabisch Kôm Ombô. in dem I. ober-ägyptischen
Gau. Der Blick auf die hinteren Räume zeigt die Zweiteilung durch
die Mittelachse. Der vordere Teil des Tempels, der auf einem Hü-
gel über dem Nil erbaut wurde, ist in den Strom hinabgestürzt.

27 (zu S. 300) Zwei Lieder an Sobek und Horus in dem Tempel von
Nubôjet (Kôm Ombô) mit zugehörigen Bildern.

28 (zu S. 317) Zwei Nil-Götter. Statuengruppe aus Tanis. Arbeit aus
Dynastie XII. Schwarzer Granit, Höhe 1,60 m. Kairo, Cat. Gén.
392.

29 (zu S. 342) Der Totentempel der Königin Hat-schepsut (Dynastie
XVIII) bei Dêr al-Bahri auf dem Westufer von Theben, von der
Höhe des Wüstengebirges nach Süden gesehen.

30 (zu S. 342) Die Kuh der Hathor (zwischen ihren Hörnern die Sonne
mit der Uräus-Schlange und zwei Straußenfedern), vor der König
Amon-hôtep II. betet, tritt aus ihrer Kapelle, an deren Wänden sie
in Bildern des Königs Thut-môse III. dargestellt ist. Die Kapelle ist
in dem Felsen neben dem Totentempel der Königin Hat-schepsut
bei Dêr al-Bahri angelegt. Höhe der Kuh 2,20 m, Länge 2,25 m.
Sandstein bemalt. Kairo, J. d'Entrée 38 574.

31 (zu S. 360) Ein Falke mit Doppelkrone steht auf einem Sarg, der
für die Beisetzung eines heiligen Falken bestimmt war. Der Fund-
ort Tell Fara ᶜîn (Buto, VI. unter-ägyptischer Gau) deutet auf Horus
von Buto. Bronze. Kairo, J. d'Entrée 49 671.

32 (zu S. 385) Ein Käfer (Skarabäus, Länge über 1 m) als Bild des Son-
nengottes kriecht auf einem Sockel (Höhe etwa 2 m), an dessen
Vorderseite König Amon-hôtep III. (Dynastie XVIII) dem Sonnen-
gott Atûm von Heliopolis Wein darbringt. Tempel bei Karnak.
Aufnahmen von Professor JEAN CAPART, durch Vermittlung der
Fondation Egyptologique Reine Elisabeth, Bruxelles.

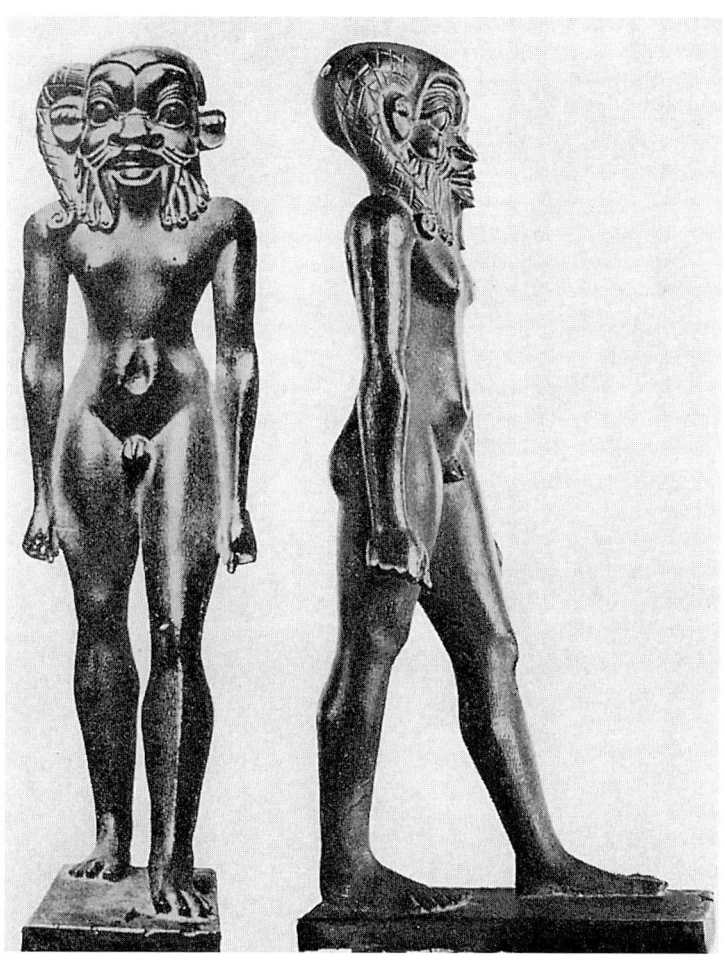

Bronzefigur eines Knaben,
der für eine Prozession die Maske des Zwergengreises Bes erhalten hat.

Bronzefiguren von Göttinnen:
a) Seschat, Herrin der Schrift. b) Ma'at, die Wahrheit und Gerechtigkeit.

TAFEL 2

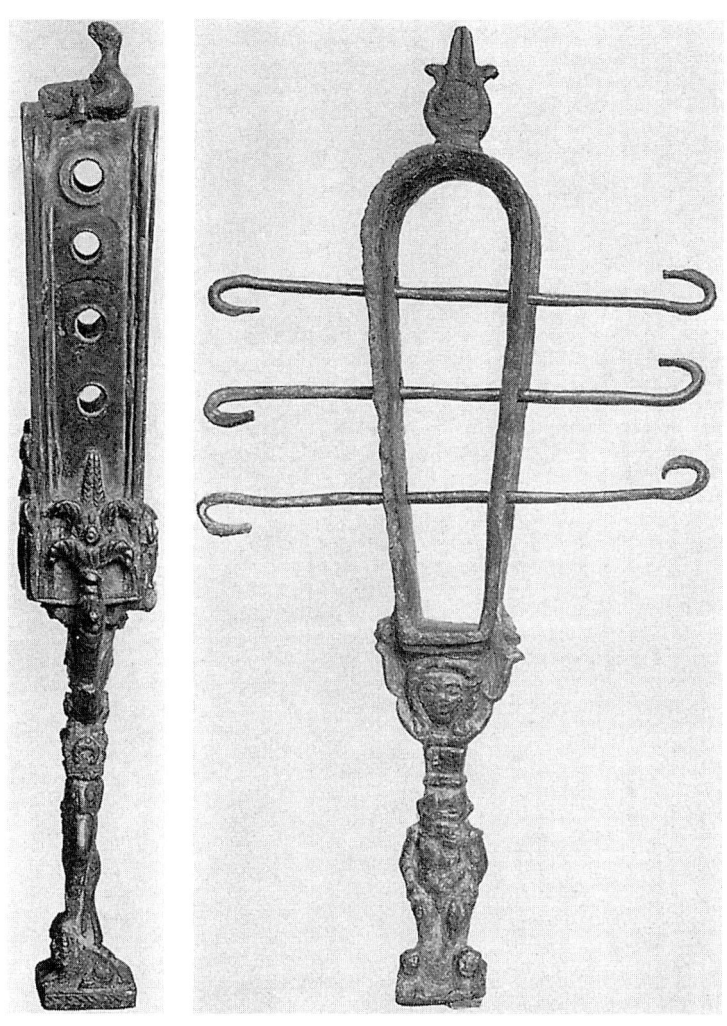

Zwei Sistren als Rasseln zum Schlagen des Taktes bei Tänzen der Frauen.

TAFEL 3

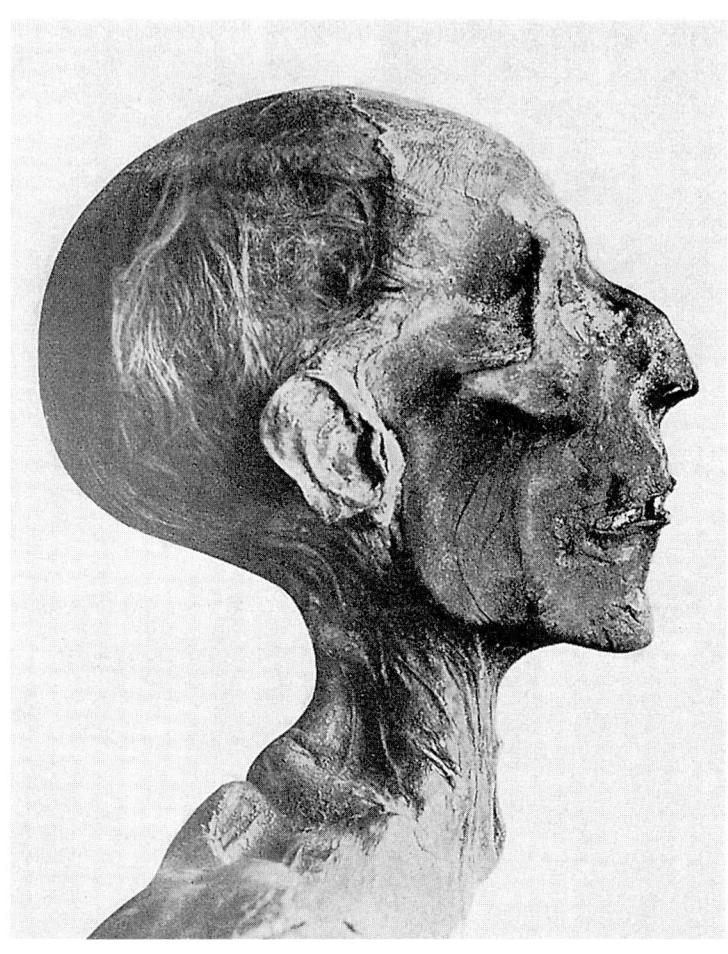

Kopf der Mumie des Königs Ramses II. (Dynastie XIX), der im Alter
von über 90 Jahren 1232 v. Chr. starb.

Der jugendliche König Ramses II. bringt in einem Tempel eine Opfergabe dar. Statue in Schiefer aus Karnak (Theben).

TAFEL 5

Horus begrüßt den Pharao im Jenseits.

TAFEL 6

Totentempel des Königs Sethos I. bei Abydos: Blick in die Kapelle des
Amon; an der Rückwand die Scheintür.

König Sethos I. reinigt den Fußboden vor Amon von Theben
(Szene 14 des Rituals).

Drei Räuchergeräte für die kultische Reinigung durch Weihrauch.

TAFEL 9

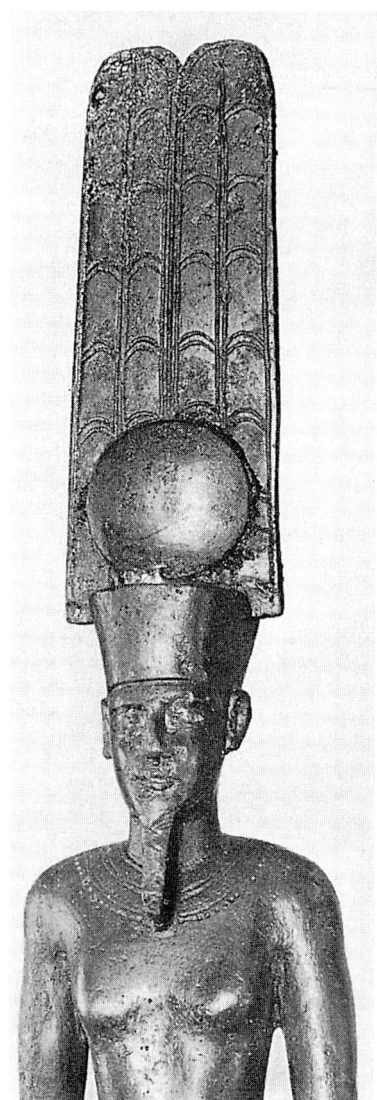

Gott Amon (Bronzefigur) und Göttin Mut (Steinstatue), die Gottheiten von Theben.

Denkstein aus al-Nibeira mit dem Dekret von Memphis (Stein von Rosette).

TAFEL 11

Stabaufsatz für eine Prozession mit Schilderung eines Mythos:
der Sonnengott (Falke) bezwingt von seinem Schiff aus seinen Feind
(Krokodil).

TAFEL 12

Kapelle aus Bronze von einer Barke für Prozessionen,
bestimmt für einen königlichen Falken als Symbol des Sonnengottes.

Denkstein eines Traumdeuters aus Kreta, der nahe den Gräbern der
heiligen Stiere Kunden wirbt.

Der Hof des Tempels der Isis auf der Insel Philae.

TAFEL 15

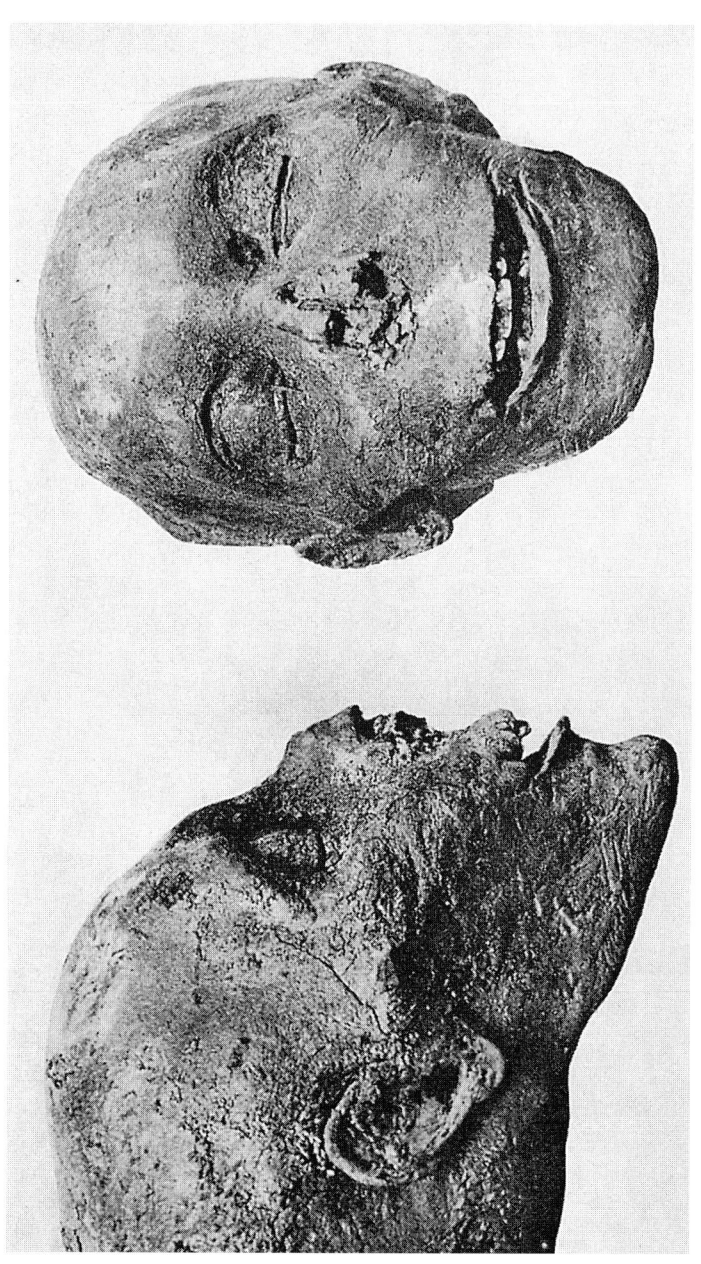

Der Kopf der Mumie des Königs Thut-môse III.

TAFEL 16

Priester Pa-sar begrüßt bei einer Prozession die Barke mit dem Götterbilde des vor 300 Jahren verstorbenen Königs Ah-môse I., von dem er
ein Orakel erbitten will.

TAFEL 17

Bronzefiguren: a) Der junge Sonnengott steigt aus einer Lotosblüte auf.
b) Der Zwergengreis Bes spielt die Leier.

Bronzefiguren von thronenden Mondgöttern:
a) Thot mit Ibiskopf. b) Osiris als Mumie.

Wasseruhr aus Alabaster, an der die Zeit durch Ausfließen von Wasser aus einer Öffnung gemessen wurde. Die Bilder stellen König Amonhôtep III. dar, der, gefolgt von Thot (Ibiskopf mit Mond), ein Opfer vor Rê (Falkenkopf mit Sonne) darbringt; daneben Sternbilder und Monatsgötter.

Unter einer verehrungswürdigen Sykomore hockt der weise Ortsgott Thot als Pavian. Tempel bei Dakka (Nord-Nubien).

Eine gütige Göttin reicht Speisen und gießt Wasser aus einer Sykomore heraus für die Seele (Falke mit Menschenkopf) eines Verstorbenen.

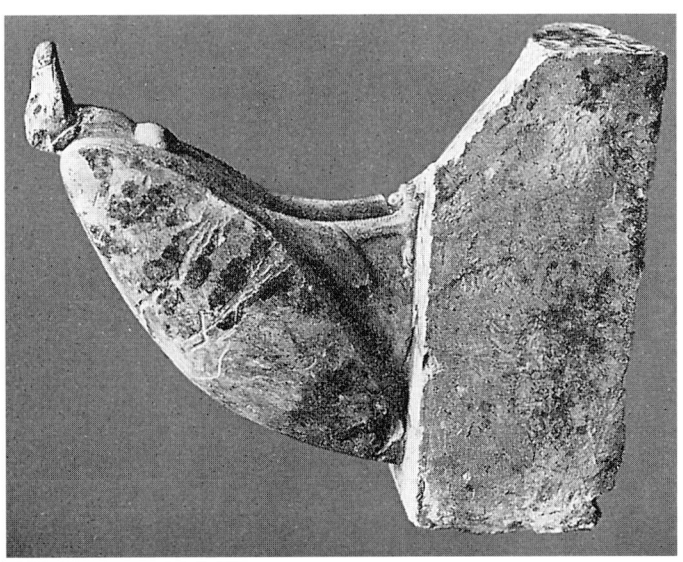

Weiblicher Geier, Tier der Göttin Nechbet in Ober-Ägypten.

Der Pharao zwischen Hathor und einer Gaugöttin.

TAFEL 24

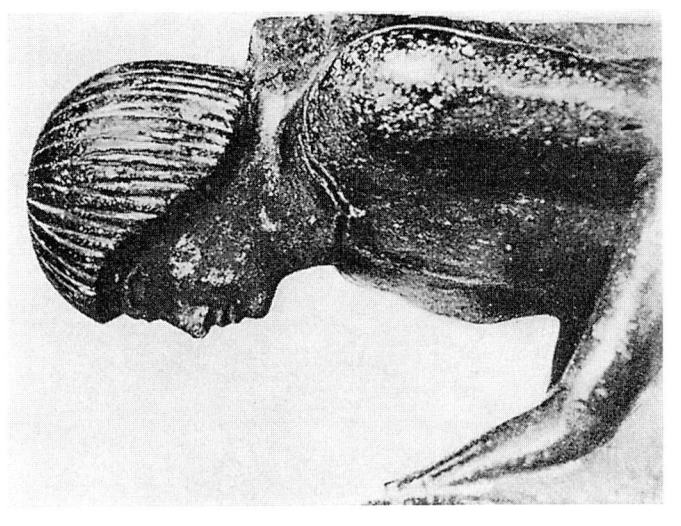

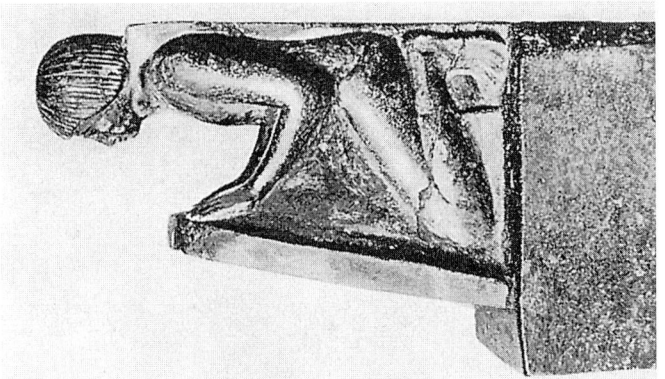

Der kniende Meri-Rê hält einen Denkstein mit einem Lied an die Sonne.

TAFEL 25

Der zweiteilige Tempel des Sobek und Horus auf dem Kôm Ombô.

TAFEL 26

Zwei Hymnen an Sobek und Horus.

Zwei Nil-Götter bringen ihre Erzeugnisse: Fische und Lotosstengel mit
Blüten und Knospen; sie haben nach vorgeschichtlicher Art Vollbärte
und lange Haarsträhnen.

TAFEL 28

Blick auf den Totentempel der Königin Hat-schepsut bei Dêr al-Bahri
auf dem Westufer von Theben.

TAFEL 29

Hathor, Totengöttin auf dem Westufer von Theben, tritt in Gestalt einer
Kuh aus ihrer Kapelle in dem Felsen bei Dêr al-Bahri.

Ein Falke mit Doppelkrone steht auf seinem bronzenen Sarge.

TAFEL 31

Der Käfer (Skarabäus) des Sonnengottes.

NAMEN- UND SACHREGISTER

Abkürzungen:

äg.	ägyptisch	OÄg.	Ober-Ägypten
G.	Gott	oäg.	ober-ägyptisch
Gn.	Göttin	St.	Stadt
griech.	griechisch	T.	Tempel
Kg.	König	UÄg.	Unter-Ägypten
Kgn.	Königin	uäg.	unter-ägyptisch
mP.	männlicher Personenname	wP.	weiblicher Personenname

Die Seitenzahlen für die Gaue I–XX von Unter-Ägypten und I–XXI von Ober-Ägypten sind dem Inhaltsverzeichnis in Band I zu entnehmen. Das Zeichen * weist auf Stichwörter hin, bei denen weitere Belege stehen. Der arabische Artikel al- ist bei der alphabetischen Ordnung der Stichwörter nicht berücksichtigt. Der Inhalt der Tafeln ist im Verzeichnis der Tafeln auf Seite 405 erläutert.

Aal, 391
Abteilung, der Priesterschaft, 157
Abu, St., Elephantine, 231, 269
Abydos, St., 15, 37, 72, 223, 238, 269
ꜣAch (Verklärter, Geist, Fluidum, übernatürliche Eigenschaft), 101, 124, 130, 131, 203, 346
Ach-biti, Chebit, griech. Chemmis, 201, 345, 347
Achti (Sonnengott der beiden Horizonte), *Hor-achti, 203
Acker, 331; als Tempelgut, 182; als Stiftung, 212, 232; Streit um einen, 238
Aétos, Priester des *Alexandros, 175
Agebi, G. der Überschwemmung, 319
Ahet-Kuh, Ur-Gn. im Chaos, 362
Ah-môse I., Kg., 238
Ähren, 164; im Kopfschmuck, 165 (Abb. 37)

Ajin, Stein von (Kalkstein), 365, 366
Aker, G. der Erde, 321
Akeru (Dämonen in der Unterwelt), 120
Alexandros III. (I.), der Große, Kg., 143, 175, 393
Allerheiligstes, *Sanktuar, 72, 176
All, Herr des, G., 71, 285, 296, 301, 339, 372; *Rê, *Sonne
Altes Reich, 17
«Amen!», 248
Ami-wêret (Westseite), 101, 388
Amiw-jaw, Dämonen, 313, 315
Ammon (griechisch), 249
Amon, G. in Theben (Tafeln 7–8, 10), 72, 195, 346; Genossin des (Kgn. Hat-schepsut), 345; T. des, 73, 222; Abydos, Kammer des, 117 (Abb. 23), 127 (Abb. 28), 134 (Abb. 30); *Fest des, 298; als Unendlichkeit,

206; als Orakel, 224, 263; Abbild des, 175
Amon Rê, 218
Amon Rê Hor-achti Atum, 153
Amon-Bukenen (Götterbild), 260
Amon-pa-Chenti (Götterbild), 258, 260
Amon-ta-Schenit (Götterbild), 259
Amon-hôtep II., Kg. (Tafel 30)
Amon-hôtep III., Kg. (Tafeln 20, 32), 386
Anch «Leben», 44, 352
An-hûret, griech. Onûris, G., 49, 219
An-mutef, Priester des Totenkultes, 201, 350, 354; als G., 289, 292
Anpet, St. Mendes, 313
Anûbis, G. (Tafel 12), 111, 138
Anup, griech. *Anûbis, G., 250
Apis, äg. Hapi ḥpw, *Stier in Memphis, 194 (Tafel 14), 192 (Abb. 40), 392–394
Apollon, griech. G., äg. *Horus, 272
Apollonides, mP., höchster Geistlicher, 143, 153
Arbeiter, im T., 371; Geldwert, 227
Archiv des T.s, 11, 264, 286, 301, 350
Ares, griech. G., äg. *Sêtech, 272
Armbänder, Darbringung, 125 (Abb. 27)
Arme, in Anbetung erhoben, 50
Arsinoé, Kgn., II., 144, 150; III., 176
Artemis, griech. Gn., äg. *Bastet, 272
Arzt, G. *Horus als, 305

Aschru, T. der *Mut am See bei Karnak, 83
Ast-weret, *Sanktuar, 75, 102, 141
Athena, griech. Gn., äg. *Neit, 272
Athribis, St. in uäg. Gau X, 359
At-kmat, Gelände bei *Athribis, 361
Atôn, *Sonne, 45, 58, 221, 222, 304, 388; als G. 70; die beiden (Sonne und Mond), 302
Atûm, G., in *Heliopolis, 58, 81, 387; *Allherr, *Urgott, 70, 285; Kg. der Götter, 274; Sonnengott als Schöpfer, 51, 304; als Vater des *Amon Rê, 111; befehlend, 60, 69; gebend, 101, 315; Thron des, 45, 62; Anrufung des, 120; Darstellung, 109 (Abb. 19); als Sonne, 66, 68
Auge (*Uzat) des *Horus, 91, 106, 113, 115, 123, 128, 134; Gn. des, 288
Auge des *Rê, Name für *Hathor, 377; *Stirnschlange, 119
Auge des Atûm, 285
Augen des *Sobek, die beiden *Atôn, 302
Ausgleich, *Stiftung als, 215
autobiographische Darstellung, 10, 12

Ba (Seele), 81, 106, 266, 267, 376–380; als Macht, 205; als Überschwemmung, 322
Ba (Widder, Seele), 67; als Bock, 98
Bach-Berg (Sonnenaufgang), 106, 304

442

Baket (demotisch: Kêmet, griech.
Aigyptos), 154, 180, 183, 184,
188
Bär, 390
Barke des Götterbildes, *Schiff,
79, 103, 134, 147, 161, 193
(Abb. 41), 199 (Abb. 42)
Basel, Museum, 186 (Abb. 38):
Nr. NIII 6420, Platte
Bastet, Gn., griech. *Artemis,
148, 159, 383
Bauch, Bäuche, 51, 96
Bauer Pa-wêr («Der Große»), 233
Baum, Herrin des, 152; Ehr-
furcht vor, 274, 277
Behdet, St., arab. *Edfu, 377
Behedti, geflügelte *Sonne, 377
Beisetzung der *Falken, 366, 369
Bekleiden des *Götterbildes, 115
Belohnung (*Lohn) des Königs-
paares durch die Götter, 156
Benu (Phönix-Vogel) als Priester,
92
Berater (Priester), 157, 166
Berenike, Mutter des Kg.s Ptole-
maios I., 150
Berenike, Kgn. (Gattin des
*Ptolemaios III. Euergetes),
144, 150, 151 (Abb. 34), 175
Berenike, Prinzessin, 145, 148,
160
Berg, roter (gegenüber Memphis),
Gabal Ahmar, 208
Bergspitzen, als beseelte Wesen,
277
Bericht, über Leistungen des Kg.s,
197
Berlin, Museum: Nr. 2452, Osi-
ris Mond, Tafel 19b; Nr. 2489,
Bes, Tafel 1; Nr. 2767, Sistrum,
Tafel 3b; Nr. 8674, Kapelle,

Tafel 13; Nr. 8687, Mondgott,
Tafel 19a; Nr. 9710, Sistrum,
Tafel 3a; Nr. 10708, Räucher-
gerät, Tafel 9; Nr. 19643, Stab-
aufsatz, Tafel 18a; Nr. 19656,
Seschat, Tafel 2
Bes, Zwergengreis, Tafel 1 und
18b
Besen, 141 (Abb. 33)
Besoldung, der *Priester und
*Stundenpriester, 50
Bestattung, des *Falken, 369
Bildhauer, Werkstatt der, 50
Bildnis, der Prinzessin *Berenike,
162
Binde (nemes, weißer Kleider-
stoff), 113
Blaustein (hesbed, Lapislazuli), 126
blicken, des Priesters auf das Got-
tesbild, 95
Blume, des G.s *Min, 112, 132
Boot, *Barke, *Schiff, Tafel 12
Brandopfer, 161, 163–164, 182,
188
Brauer, 235
Brauhaus, des *Osiris, 235
Brief, an den G., 252
British Museum in London: Stein
von Rosette, 173; Papyrus, 258
Brooklyn, Nr. 37.561 E–A, Maat,
Tafel 2b
Brunnen (schedet) für *Falken,
368
Brusttafel, für das Götterbild, 121
(Abb. 24)
Bubastis, St. in uäg. Gau XVIII,
158, 390
Burg, Weiße, St. *Memphis, 176,
181
Burg des Alexandros (Alexandria),
179

Busiris, St. in uäg. Gau IX, 180, 394

Buto, St. in uäg. Gau VI, 272, 390, Tafel 31

Byssos, griech., Gewebe, 179, 182

Canopus, St., 400

Chaaw, Dämonen, 313, 315

Charakter, des Kg.s Ramses II., 47

Charu (Syrien), 232, 364

Chem, St. im uäg. Gau II, griech. *Letopolis, 314

Chem (Sanktuar, allgemein), 102

Chent-chtaj, G., *Horus in *Athribis, 364, 369

Chent-hen-nôfer (Sudân, Nubien), 59, 213

Chenti Amentiw, «Erster der Westlichen», *Osiris in *Abydos, 37, 223

Chenti-en-arti (Falkengott in Letopolis, uäg. Gau II), 304

Chepra, Sonnengott, 68, 70, 120

Cheri-heb, Vorlesepriester, 77, 144, 354

Cheri-Thot, St., vermutl. im uäg. Gau XV, 314

Cherit-nûter (*Friedhof, *Totenreich, *Unterwelt), 47, 49, 66, 70, 266

Cherti, G., 313, 322

Chnum, G., 51, 284, 333, 381

Choiak, griech. für Ka-hir-ka, Fest, 260

Chonsu, Mond, Gott in Theben, 218

Choprer, Chopri, *Urgott *Atum, 288, 377, 387

Chronologische Übersicht, 17

Dakka, St. in Nord-Nubien, Tafel 21

Da'␣t, (*Duat, *Unterwelt), 296, 310

Dednu, St., 314

Delta, des Nil, 26 (Abb. 1); Gottheiten des, 327

demotische Schrift, 172

Dendera, St. der *Hathor, oäg. Gau VI, 16, 216, 398

Denkstein (griech. Stele), des Kg.s, 8; mit Erlaß, 146, 166, 171, 190; mit Stiftungen, 225; als Besitz-Urkunde, 239; mit Gebet, 297; für Kuh, 350, 351 (Abb. 52)

Dep, Teil der St. *Buto, 347

Dêr al-Bahri (Westufer von Theben), 30, 342; Tafel 29

Dêr al-Madîna (Theben, Westufer), 242

Dieb, Diebstahl, 245–246, 256

Dimê, St. am Westrande des *Fajjûm, 247

Diodoros, Buch I, Kap. 83–86, 391

Dionysos, griech. G. für *Osiris, 389

Dioskoros, Befragung im Orakel, 251

Doppelkrone (demotisch: Pasechemti), 186 (Abb. 38), 283

Dromos, griech. für Zugangsstraße zum T., 31

Duat (*Da'␣t, *Totenreich, *Unterwelt, *Jenseits), 255; Kg. in der, 44, 62–70; *Osiris in der, 266; Götter in der, 58, 67, 92; *Hapi (Nil) kommt aus der, 333, 338

Eber, 313, 315

Edfu, äg. St., arab. für *Behdet, Mesen, 372

Ehrungen, für Kg. und G., 156, 166, 170, 184

Eid als Schwur, des Kg.s, 219; bei dem Leben des Pharao, 256, 261, 262

Einkünfte, des Kg.s aus den T.n, 169

Ei, Schalen, des *Ibis, 314

El-Kab, St., äg. Nechab, 146

Ennana, mP., 324

Entgelt, Stiftungen als, 215

Erde, G. u. Gn. auf der, 82; des Bauern, 276

Erdgott, 306

Erdküssen, 50, 94

Erlaß, der Priesterschaft, 142, 167, 176

Êset, Gn. *Isis, 246

essen, Lauch und Zwiebeln, 399

Ewigkeit, als Regierung des Kg.s, 207, 222; Ring der (Symbol), 297

Fajjûm, Oase im oäg. Gau XXI, 15, 247

Falke, 356, 390, 391; in *Athribis, 359; in *Edfu, 372; in *Buto, 390; Abgesandte des Sonneng., 24; *Horus als, 204, 279, 352 (Abb. 53); *Isis als, 357; *Thutmôse III. als, 203, 204; Tafeln 12, 13

Falkenkopf, Mann mit, 357, Tafel 13

Federn (Kopfschmuck), 91, 124

Felsengebirge, Kuh im, 274

Felswände, des Gebirges, 294

«Fenster des Erscheinens», 217, 376

Feste, Festfeiern (mit Prozessionen), für Kg., 158, 171; für G., 159, 185; kirchl. Volksfeste, 206; der Jahreszeiten, 270

Figur, der *Berenike, 162

Fische, Verehrung der, 391, 395, 399; als Futter für heilige Tiere, 390, 391; Herr der (Hapi, Nil), 332, 336

Flügel, des *Falken an *Sonnenscheibe, 357

Flußfahrt, *Prozession, 162; des *Osiris, 163

Frauen, im Gottesdienst, 33

Freunde (Kammerherren des Kg.s), 56, 207

«Frieden, in» (im Ritual), 104

Gaben, des Kg.s an G., 63

Gänse, dem *Neilos (Nil) heilig, 391

Garten, des T.s, in Theben, 212; in *Abydos, 233; für *Falken, 367

Gau, griech. nomos: der heimatliche, 371; jeder des *Osiris, 270

Gaue (Mehrzahl), 181, 270, 279

Gaue, uäg. IX: 180; X: 360, 370; XX: 312

Gaue, oäg. VIII: 101; XVII: Tafel 24; XXII: 349

Gaugottheiten, 302

Geb, G. (Erde), 276, 332; *Erdgott, 96, 309, 312; mit großer Wasserflut (*Hapi), 123, 322; Götterkönig, 93, 290, 303; *Thron des, 53; Zepter des, 268; Heimat des, 306

Geburt, des Kg.s, 147, 188

Geburtstag, des Kg.s, 154, 157

Gedichte, Texte als, 13

Gefäß, für Wasseropfer, 213

Geheimnis, *Mysterium, des
Kg.s, 382; geheime Lehre,
395; Oberster des, 176, 354,
366, 368; der Bestattung, 368;
des *Hapi (Nilquellen), 336;
geheime Lieder, 334

Gehöft (ḥôt), wie *Gottesgehöft
für T., 86, 388; des *Thrones
(*Edfu), 377; des *Falken
(*Edfu), 376; der *Hesat (Kuhstall), 354; Schreiber des, 254;
*Rinder des, 260; als Lied,
285, 295, 309, 312, 321

Geier, Landesgn., Tafel 23; 187
(Abb. 39), 279, 283

Geißel (neḥeḥ) als Zepter, 125

Geographische Teilung des T.s,
74

Gesang, beim Steigen des *Nil,
329

Geschwister (*Schow und *Tefênet), 376

Gesicht, des Priesters beim Monolog, 97

Gestell, Krugständer für Opfergefäße, 213

Getreide als Gehaltszahlung, 244

Gewand, für G. *Amon, 132;
*Zeugstreifen als Andeutung
für, 113, 118

Gewebe (griech.: *byssos), 179,
182

Giza, Giseh, Toten-T. bei, Tafel
24

Glück (waʾs), gegeben von G.,
304

Gott (nûter), für jeden Ort, 60;
der Stadt, 184, 363, 364; bei
Orakel, 229, 251, 254, 259;

ein bestimmter, 248; Auftrag
des, 194; göttliches Kleid,
113; Kg. als, 177; heiliges
Tier, 377

Götter, der *Gaue, 185; beide
(*Horus und *Setech), 303;
*Falken, 368

Götterbild, verhüllt, 193 (Abb.
41); des *Amon, 199 (Abb.
42); im Allerheiligsten, 22;
Entkleidung, 102; Bekleidung,
115; Befragen des, 224, 238,
242, 256; Tafel 12

Götterschaft, des *Rê, 57; als
Statuen, 388

Göttertempel, 7

Gottesdiener (ḥom-nûter), Prie-
stertitel, griech. prophêtes,
143, 176; *Pharao als, 76–77;
*Priester als «wirkliche», 85,
91; Erster, Großer, 143, 158,
219; des Kg.s, 156, 189; Ernennung, 201, 244; als Zeugen, 241

Gottesdienst, 29, 32, 72

Gottesgehöft (ḥot-nûter), abgekürzt *Gehöft, für T., 179;
Toten-T., 315; der Tiere, 182,
365

Gottesland, *Punt, 64, 377

Gottesopfer (ḥôtep-nûter), Lieferungen an T., 178; Vermehrung der, 211; *Amon als Er-
nährer der, 270; als Stiftungen,
64, 213, 236

Gottesworte, Bücher der, 336

Gottheiten, Wesen der, 21

Grab, *Beisetzung, *Totenopfer,
im Westen, 220; des *Osiris,
266; in *Abydos, 49; Texte,
8–9

Greif, Phantasiewesen, 282
Griechen, Ionier, äg. *Haw-nebu,
20
griechisch, T. Tafel 14; Berichte,
272, 389; Sprache in Äg., 172;
Reisende, 25; Soldaten, 367;
Mantel, 150
Grün, das Große, Mittelmeer,
155, 180, 337; Rotes Meer, 64
Grünes (wa꜄d, Kleid) der *Stirn-
schlange, 120
Große, die (Himmelskuh), 319
Großer Gott, *Allherr, 302;
Löwe (Wêr), 304
Grundriß, typischer für T., 30
Grundsteinlegung, im T., 208
Grünstein (mafkat, Malachit), 126

Ha, G. (Wüstengebirge), 153
Habit, St. der *Isis im uäg. Gau
XII, 269
Halle, des T.s, 201, 202, 210;
der Schriften, 231
Halskragen, 120 (Abb. 24)
Hand, erhoben, 96, 107 (Abb.
18); herabhängend, 107 (Abb.
18)
Handlungen, im Ritual, 74, 79,
84
Handschriften, verschiedener
*Schreiber, 325
Ha-nebu, Kreta u. *griech. In-
seln, 166, 190
Hapi (äg. ḥ꜄pj), *Nil, 133, 303,
304; als G., 125, 317, 320,
327, 332
Hapi (äg. ḥpw), Stier *Apis in
Memphis, 154, 161, 182, 348
Har-achte, G., *Hor-achti
Harem, des Kg.s Ramses II., 54
Harfe, 214, 337

Hat-hir-jebt (griech. *Ath-ri-
bis), St. in uäg. Gau X, 364,
370
Hathor, Gn. in *Dendera, Tafel
24; als Sonnengöttin, 106, 108;
Herrin des Baumes, 152; T.
der, 219; Darstellung, 273
(Abb. 43), 343 (Abb. 50); Sohn
der, 377; Rede der, 377; Na-
me der Kuh in Theben, 342
Hat-schepsut, Kgn. (Dynastie
XVIII), 195, 342; Toten-T.
der, Tafel 29
Haus (per) für T., 75
Haustiere, 278
Heliopolis, griech. für äg. *Onu,
St. im uäg. Gau XIII, 286; Re-
daktor in, 312
Helios, griech. für *Rê, *Sonne,
248–250
Henet (Kultort des *Setech bei
Memphis), 314
Hephaistos, griech. für *Ptah, 394
Herakles (G. Hari-schaf, griech.
Harsaphis), Orakel des, 272
Herden, für den *Falken, 371
Hermopolis, St., äg. *Chmunu,
390
Herodotos, Kap. 47–72: 389;
Buch II Kap. 83: 272
Herren, die beiden (*Horus und
*Setech), 46
Hesat (heilige Kuh im oäg. Gau
XXI), 345, 348; von Tep-jêhu
(oäg. Gau VI u. XXII), 342,
349, 351 (Abb. 52)
Herz, als Beweggrund, 52, 214;
des Kg.s, 59, 68, 290, 292,
330; im Gebet, 364, 379; Zu-
friedenheit des, 271; bringen
(zur Wiederbelebung), 94, 98

447

Hezbet (Ort), 314
Hieroglyphen, *Schrift, 172, 176
Hike, G. *Zauber, 378, 381
Himmel, Götter u. G.innen im,
82; Stützen des, 295; Tore des,
289, 310; oberer, 315; unte-
rer, 315; vereinigen mit, 59;
aufsehen zum, 62
Himmelfahrt, des verstorbenen
Kg.s, 24, 294
Hnês, griech. Herakleopolis, oäg.
Gau XX, 98, 224
Hof, offener im T., 30, 195
Hofstaat, des Kg.s, 41, 221
Hoher (*Himmel), 58, 65
Hoherpriester, des T.s, 216
Höhle (Quelle des *Nil), 321,
334, 338, 377
Holz, *Pfahl zum Hinrichten, 181
Honig, als tägl. Lieferung, 234
Hor-achti, *Sonnengott der bei-
den Horizonte (*Achti), 101,
202, 268, 377
Hor-achti Atum, G., 109
Hor-em-hab, Kg., 254
Hori-hir-Amon (Ort, vermutl. in
Gau V), 219
Horizont, des Ostens, 112, 131;
am Ende des Himmels, 319;
*Sanktuar, 201
Horus, Sohn des *Osiris, 46, 53,
56, 57, 72, 177, 181; Sohn der
*Isis, 45, 72, 177, 181; als
Kind in *Ach-bit, 201, 345;
Enkelsohn des *Geb, 265; als
*Allherr, 285, 299; Darstel-
lung: Tafeln 6 und 12; Kam-
mer des, 122 (Abb. 25); *Falke
auf Papyrusstengel, 81, 352
(Abb. 53); Herr der Baum-
stadt, 153; Sma-tawi, 377; ver-

jagt einen G., 313; als Führer
zu der *Da't, 296; *Augen
des, 90, 109, 111; Tier des
(*Falke in *Edfu), 372; Kg.
als, 56, 177, 181
«Horus auf den Krokodilen»,
*Denkstein, 359
Horus Chent-chtaj, G., 359
Horus-das-Kind, griech. Har-po-
krates, 274
Horus Rê, Herr der beiden Uzat-
Augen, 305
Hot-ka-Ptah (*Memphis), St., 61
Hotpet (Ort der *Hathor bei
*Heliopolis), 108
Hotpet, Gn. der Gaben, 322;
*Hathor
Hu, G., (Verstand, Geschmack,
Schöpferkraft), 269, 378, 380,
381
Hunde; Verehrung der, 390, 391,
399; als Opfertiere, 397
Hungersnot, 155, 328, 331
Hymnen (griech. Hymnos), 165;
auf den *Nil, 13, 317, 327

Ibis, Verehrung des, 390–392,
399; Vogel des *Thot, 280,
Tafel 19a
Ichneumon, Verehrung des, 390–
391
Im-hôtep, mP., als Erbauer des
T.s in *Edfu, 29
Imker, Sammler von wildem
*Honig, 234
Isis, Gn., griech. Demeter; Ta-
feln 12 u. 22; Gattin des uäg.
*Osiris, 45, 72, 394; Darstel-
lung: 39 (Abb.6), 110 (Abb.
20), 121 (Abb.24), 163 (Abb.
35); im Ritual beim Bekleiden

448

des *Amon, 124, 133; *Zauberin, 265; verjagt einen G., 313, als Feindin des *Götterkg.s, 314; als *Kuh, 350; als Falke, 357; *Gottesdiener der, 364

Itert (Staatsheiligtümer von OÄg. bzw. UÄg.), 310

Iti-tawi, St. (nahe dem Fajjûm), 334

Iuvenalis, verspottet *Tierverehrung, 398

Jah (Mond), 221

Jenseits, Kg. redet im, 67

Jenseitsglaube, 264

Jesos Christos, Befragung des, 251

Jubiläum (Hebsed), der Regierung, 68, 71, 175, 221, 388

jung, *Osiris wird wieder, 267

Jungfrauen, im Kultus, 164

Ka (*Seele) von Göttern, 81; des *Allherrn, 302, 379; des *Atum, 121; des *Osiris, 44; des *Amon, 205, 220; *Horus als Ka des *Wer, 304; Ka des Rê, im Königstitel, 175; des *Falken, 363

Ka (Seele) des Kg.s, 47, 61, 185, 315; Seelen (Mehrzahl) des Kg.s, 220, 221

Ka (Seele) der *Berenike, 165

Käfer, Skarabäus, 24, 384, 385; Tafel 32

Käfige (für *Falken), Kapellen als, 361, 365

Kagabu, mP., 324, 339

Ka-hir-ka (griech. *Choiak), Fest, 260

Kairo, Museum: Catalogue Général Nr. 22180, Denkstein Kuh, 350; Nr. 22184, Denkstein (Rosette), 174; Nr. 22188, al-Nibeira, 173–174, Tafel 11; Nr. 27567, Denkstein Kreter, Tafel 14; Nr. 34133, Denkstein Ptah-makwi, Tafel 22; Nr. 38003, Amon Bronze, Tafel 10a; Nr. 38222, Stabaufsatz Bronze, Tafel 18a; Nr. 42144, Statue Ramses II., Tafel 5; Nr. 61068, Mumie Thutmose III., Tafel 16; Nr. 61078, Mumie Ramses II., Tafel 4

– Journal d'Entrée Nr. 18217, Papyrus, 263; Nr. 30700, Räuchergerät, Tafel 9 Mitte; Nr. 37525, Wasseruhr, Tafel 20; Nr. 38574, Kuh, Tafel 30; Nr. 43649, Denkstein Pasar, 238, Tafel 17; Nr. 48889, Geier, Tafel 23; Nr. 49671, Falkensarg Bronze, Tafel 31; Nr. 66285, Denkstein Abydos, 223

– Guide Nr. 149, Gruppe Mykerinos, Tafel 24; Nr. 725, Denkstein Tanis, 146

– Temporary Nr. 22/2/22/2, Stabaufsatz Bronze, Tafel 12

Kalender, 160

Kanôpos, St. im uäg. Gau VII, 142

Kapelle, 75; tragbare: Tafel 13; der *Hathor, Tafel 30

Karnak, T., äg. *Opet-asut, 146, 195, 205, 385; Tafel 32

Karten, von OÄg. u. Nubien, 26–27 (Abb. 1–2)

Kastor, und Pollux, 247

Katzen, Verehrung der, 281,
390–392, 399
Kebeh (Himmelsgewässer), 90,
93, 104, 313, 316, 353
Kebehu-Wasser, des Katarakts,
331, 336
Keft (Land, griech. Phoinike), 155
Kêmet, Ägypten: als Land, 51,
155, 180, 182, 332; Sieger
von, 184
Kleid, des *Götterbildes, 112,
118, 119, 215
Kleopatra, Kgn., 33 (Abb. 4a–b),
173, 376
Kneter, von Kuchen, 235
Kobtiw (Koptos, St. in oäg. Gau
V), 269
Kôm al-Hisn (Ḥôt-ḥesat «Kuh-
stadt»), St. im uäg. Gau III,
146, 149
Kôm Ombô (griech. Ombos, äg.
*Nubôjet), 299; Tafel 26 u. 27
Komposition, literarische, des
*Nil-*Hymnus, 325
König, vergöttlicht, 42, 167, 286;
*Himmelfahrt des verstorbe-
nen, 294; *Horus als Kg., 269;
*Hapi (Nil) als, 334
Königin: Darstellung 33 (Abb. 4
a–b), 376; Benennung der als
*Horus, 344
Königsgräber, Tal der, Tafel 6
Königsring «cartouche», Tafel 9
Königsstatue, 214
Kopfschmuck, 149, 164 (Abb. 36),
165 (Abb. 37)
Kreter, Mann aus Kreta, 194; Ta-
fel 14
Kreuz, schlagen an das, 170, 300
Krokodil, Verehrung, 391–392,
399; *Sobek, 318, 335; be-

zwungen: Tafel 12; auffressen
lassen vom, 262
Krone, des *Ramses II., 54; des
*Thut-môse III., 203, 204; des
Götterbildes *Amon, 124
(Abb. 26); gibt den Namen der
*Berenike wieder, 162
Krönungstag, 188
Krugständer, 213
Krummstab, als Zepter des G.,
125
Kuh, 274, 279, 340; heilige von
*Tep-jêhu, 349 (Abb. 51); als
Amme des Kg.s, 342; Tod der
heiligen, 24, 349; *Hathor als,
343 (Abb. 50), Tafel 30
Kuhkopf, 278
Kultus, 179
Kurna, T.-Ort bei *Theben, 38
Küssen der *Erde, 53, 96–98, 230
Kynopoliten, 397
Kypros, Insel *Zypern, griech. für
Großes *Grün 155
Laien, bei Vorführungen, 34; als
*Priester, 65
Landesgöttin, *Uto, *Nechbet,
296, 387
Landespflanze, *Lilie, *Papyrus,
187, 300
Landschaft, in Religion, 14; im
*Nil-Hymnus, 326; T. in der,
30
Leben (*anch), wiederholen:
*Auferstehung, 62; *Horus als
Schöpfer des, 304
Lebensmittel, als Gabe des *Hapi
(Nil), 333
Leichnam, des *Osiris, 106; des
Kg.s, 42, 196
Leier, *Bes mit, Tafel 18 b
Lepidôtós, Fisch, heilig, 391

Leto, Gn., äg. *Uto, 272
Letopolis, St., griech. für *Chem, 300
Libyen, 224
Lied, *Hymnus, im Ritual, 94; an G., 300, Tafel 27; für *Berenike, 165; bei den *Nil-Festen, 317, 320, 326, 337
Lieferungen des Kg.s an T., 166, 178, 211
Lilie, *Landespflanze von OÄg., 187, 300
literarische Form, *Komposition, 7, 12, 40, 94, 197
Lohn, *Belohnung des Kg.s durch G. als Verheißung, 183, 205, 371, 388
Lotos, Früchte zum Essen, 338
Lotosblüte, 276 (Abb. 46); Tafel 13, 18a
Louvre, Museum in Paris, Nr. C 122, Denkstein (Kanopos), 146
Löwe, Verehrung des, 281; in Leonton-polis, 393; für *Hapi (Nil), 338
Löwin als Gn. *Sachmet, 281
Lüge, bei Befragung im *Orakel, 246
Lykopoliten (in oäg. Gau XIII), 397

Ma^c at, Recht, Wahrheit, Gn., Tafel 2b; Darbringung, 39, 43; im *Amon-T., 209; *Horus als, 305; Ramses II. geliebt von, 51; Kopfschmuck der, 284
Mac Gregor-Sammlung, 164 (Abb. 36)
Madînat Hâbu, T. des *Amon, 260
Manu (Ort im uäg. Gau III), 314

Maschwesch (griech. Maxyes), Libyer, 224
Masken von Tierköpfen, 34
Mauer (Burg), Weiße, für *Memphis, 270
Mechenti-arti, G., 313, 314
Mehet-wêret (große *Kuh des *Himmels-Ozeans), 319, 355
Mehu, *«Papyrus-Land», UÄg., 54, 212, 270
«Memnon-Kolosse», 386, 399
Memphis, äg. *Men-nôfer, auch *Hot-ka-Ptah, St., 167, 168, 169, 176, 335; Dekret von, Tafel 11
Menekrateia, wP., 153, *Priesterin
Men-kaw-Rê, Kg., griech. Mykerinos, Tafel 24
Men-nôfer, St., griech. *Memphis, 176
Menschen, als Untertanen, 268
Meres-ger, *Schlange, 282
Merhu-Stier, Name des G.s *Schow, 380, 381
Meri-Amon, mP., Vater der *Menekrateia, 143
Meri-Rê, mP., Gebet des, 297, Tafel 25
Mer-nôfer, St. im Delta, 270
Mer-wêr, Stier in *Heliopolis, 154, 161, 182
Milch, für den *Amon-T.; der heiligen Kuh, 346, 347; geweihte, 350
Min, G. von Koptos, oäg. Gau V, 112 (Abb. 21), 114 (Abb. 22), 124 (Abb. 26), 132 (Abb. 29)
Minneapolis, Museum: MIA 9, Bes, Tafel 18b; MIA 26, Räuchergerät, Tafel 9

451

Mitau, Kurland (Sowjet-Union),
Museum, 297, Tafel 25, Statue
des Meri-Rê
Mittel-Ägypten, *Hapi (Nil) in,
336
Mneuis (Mnêwis), Stier, äg.
*Mer-wer, 392
Mond, 275, 300; sich verjüngen
wie der, 267; Darstellung: 277
(Abb. 47), Tafel 19
Mondgötter, Tafel 19
Montu, G., 277 (Abb. 47)
München, Antiquarium Nr. 40,
163 (Abb. 35) Denkstein
Mund, Ausspülen des, 136; Öff-
nen des (Ritual, an Statue), 231
Musikkapelle, 34–35 (Abb. 5)
Mut, Gn. in Theben, Tafel 10b;
73, 82, 218
Mutter, *Kuh *Hathor als, 345
Myrrhen, Harz aus *Punt, 235,
377
Mysterium, Eingeweihte in, 143,
176; Speisung als, 373
«Nacht des Tropfens», 328, 330,
335, 336; *Nil
Name: bei Kg., *Titulatur, 58,
184, 209, 211; G., 204, 231;
des Ramses II., 43, Tafel 5, 55;
des Sethos I., 62, 67; der *Be-
renike, 164; Spottnamen, 307
Namirt, Vater des Fürsten *Sche-
schonk, 223
Naos, *Schrein, *Kapelle, 240,
Tafel 17
Nase; Leben (*anch) empfangen
an der, 207, 387; beim Atmen,
69; verstopft, 333; bei *Erdküssen, 50
Natron, für *Reinigung, 137
Natur, Verehrung der, 273, 294

Nebit, St. im uäg. Gau VI, 119
Neb-wenênef, mP., 216
Nechab, St. im oäg. Gau III, 114,
117, 137
Nechbet, Gn., 114, 150, 387
Nedit, Ort bei *Busiris, 313
Neilos (*Nilgott), 391
Neilu-polis, St. (äg. Per-Hapi),
326, 394
Neit, Gn., in *Sais, 106; Seelen
der, 354; Mutter des *Sobek,
319, 335
Nephthys, Gn., 133, 163 (Abb.
35); verjagt einen G., 313,
314
Nepra, G. des Getreides, 332,
337
Nesret, Gn., Flamme, 99
Nesut-tawi, T. bei Karnak, 86,
211, 346
Netru, St. im uäg. Gau XII, 314
Neues Reich, 18
Neujahr, 145, 147, 158, 171
Neun-Bogen-Völker, 205, 221,
268, 388
Neunheit der Götter, 122, 310,
335
al-Nibeira, St., 173, Tafel 11
Nil, griech. *Neilos, äg. *Hapi
(ḥ^cpj), *Überschwemmung,
181, 319, 323; schlechter,
155; als G., 276, 317
Nil-Feste, 326
Nil-Götter, Tafel 28
Nil-*Hymnus, 324
Nil-Messer, Pegel, 326
Nilpferd, *Toéris, 279
Nofer-hôtep, kindlicher G., 148
Nofer-ka-Rê, Kg., 286, 294, 309
Nofer-têm, G. von *Memphis,
352

Novellistische Erzählung, 40
Nubien, äg. *Kusch, *Seti;
  griech. Aithiopia, 27 (Abb. 2,
  Karte)
Nubische Sprache, 17, 299
Nubôjet, St., oäg. Gau V, latein.
  *Ombus, 398
Nubôjet, St., oäg. Gau I, griech.
  Ombos, arab. *Kôm Ombô, 30,
  299, Tafel 26–27
Nun, Chaos, Ur-*Ozean, 302,
  368; G., 276 (Abb. 46), 329;
  *Hapi (Nil) als, 339
Nut, Gn., Himmel, 101, 270,
  290, 310

Obelisk (benben) im T., 120–121
Ober-Ägypten, 14; Karten, 26–
  27 (Abb. 1–2)
Oberpriester, Zed-Hôr, 360
Öl; im Ritual, 80, 111, 128; als
  Gn., 130; als Stiftung, 215,
  235, 368; Ölkrüge, 127
Ombô, Kôm, St., äg. *Nubôjet,
  oäg. Gau I, 30
Ombus, St., latein. für äg.
  *Nubôjet, oäg. Gau V, 399
Onet, St., arabisch *Dendera,
  108, 346, 377
Onu, St., griech. *Heliopolis, 61,
  121, 269, 270, 387; *Neun-
  heit in, 121
Onu-Schma, St., griech. Her-
  monthis, 206
Opet, T. in Theben, 218, 258;
  *Fest, 216
Opet-asut, T. bei *Karnak, 82,
  205, 206, 210, 269
Opfer, *Räucherung, 48
Opferbrote, für Priestertöchter,
  165

Opfergaben; im *Ritual, 81, 84;
  als *Totenopfer, 64, 66; *Ha-
  pi (Nil) bringt, 328, 335; im
  Tischgebet, 373
Opfergebet für *Totenopfer, 9
Opferlieferungen, 158
Opfertisch, 206
Orakel, der Gottheiten, 191, 207,
  224, 242, 243, 263; durch
  *Götterbild, 22; bei Staats-
  streich, 198; auf privaten An-
  trag, 11, 252, 256; bei Streit
  um Acker, 10, 238; bei Träu-
  men, 142; griech. Berichte
  über, 272
Osiris, G., griech. Dionysos;
  Darstellung: 39 (Abb. 6), 121
  (Abb. 24), 163 (Abb. 35), 277
  (Abb. 47), Tafel 19b; Gatte der
  *Isis, 264; Vater des *Horus,
  130–131, 264; Vater des Kg. s,
  44, 68; in *Busiris, 72; in
  *Abydos, 37, 72; in At-kmat
  (*Athribis), 362; Herr des To-
  tenreichs, 223, 274; in *Kano-
  pos, 160; im Ritual, 101; als
  Erdboden, 276, 322–323;
  *Wen-nofer, 270–271; als
  Kg., 396; als Beiwort eines
  Verstorbenen, 229; verjagt ei-
  nen G., 308, 313
Osiris Apis, *Sarapis, 194, 394
Ostrakon, Platte von Kalkstein,
  242, 324, 327
Oxyrhynchos, St. im oäg. Gau
  XIX, 247, 395; Oxyrhynchiten,
  397; Fisch, 395, 397
Ozean des Himmels, 353

Pantherfell, Abzeichen bei Priester, 240

Papyrus, Schreibstoff, 11, 242;
Landespflanze von UÄg., 187
(Abb. 39), 300; Stengel, 295,
352 (Abb. 53), 382; Dickicht,
295

Papyrus Berlin 3055, 3053: 73;
Pap. London 10335: 258; Pap.
Nevill: 252; Pap. Kairo 18217:
263; Pap. Anastasi VII: 324;
Pap. Sallier II: 324

Pa-sar, mP., 238; Tafel 17

Pavian, 274 (Abb. 44); Verehrung, 399; Tier des *Thot,
280, Tafel 21

Pe, Teil der St. *Buto, 314, 347,
382

Pepi, Kg. (Dynastie VI), 286, 294

Per-Duat (Kapelle für Totenritual), 231

Pers, Barbaren von (griech. Perser), 154

Per-wêr, *Kapelle, 85, 102, 108

Pfahl, *Kreuz, für Hinrichtung,
170, 300

Pharao, hebräisch für äg. par-ᶜoʾ
«Großes Haus», *Kg., 23, 46,
168, 286; Himmelfahrt, 311,
323; bei Opferhandlungen, 32,
76; als «Einziger Herr», 178

Philae, Insel, 30; T. der *Isis,
Tafel 15

Phil-Ammon (äg. Meri-Amon),
mP., 143

Philippos Arrhidaios, äg. Pilipos,
Kg., 359, 363

Plutarchos, Über Isis und Osiris,
Kap. 7 und 71–72: 395

Poesie, 12, 196, 317; *Hymnus,
*Lied, *Vers

Pollux, und Kastor (Dioskuren),
247

«Prächtiges Land» (ta zoser),
Friedhof von *Abydos, 44

«Prächtiger Ort» (bu zoser), im
Ritual, 81

Priester (äg. wêᶜb, «Reiner»); im
Dienst, 32, 61, 78 (Abb. 10),
85, 169; als Stand (Priesterschaft), 144, 145, 153, 156;
Vertreter des Kg. s beim Opfer,
76; Ämter und Titel, 156, 176,
189; Zeuge bei Orakel, 241;
Betreuer der *Kuh, 349; Ge-
halt, 178

Priesterin, 143, 167, 175

Privatgrab, Ausschmückung, 10

Pronaos (T.-Fassade mit Säulen),
31

Propylon (Torgebäude mit zwei
Türmen), 31

Prosa, bei Fassung der Texte, 12

Prozession mit Erscheinen des
*Götterbildes, 34, 185, 349
(Abb. 349); *Orakel bei 191,
254; zu Ehren des Kg.s, 158,
188; für *Berenike, 162

Prügel als Folter, 257

Psusennes, Kg. (griech. für Pa-
seba-cha-nut II., Dynastie XXI),
224

Ptah, griech. Phtha, Hephaistos,
G., in Memphis, 72, 186, 214;
Mythos, 141, 332, 336, 380,
381; erwählt den Kg., 175;
liebt den Kg., 175, 176, 177;
Haus des, 261

Ptah Tenen, G., griech. Hephaistos der Große, 175

Ptolemaios, Könige (323–30 v.
Chr.), 20

Ptolemaios I. Soter, 150, 184,
349, 393

454

Ptolemaios II. Philadelphos, 144, 150, 184
Ptolemaios III. Euergetes I., 142, 144, 150, 151 (Abb. 34), 184
Ptolemaios IV. Philopator, 177, 178, 184, 185
Ptolemaios V. Epiphanes, 167
Ptolemaios XI. Alexandros I., 372
Ptolemaios XIII. Neos Dionysos, 392
Punt, * Gottesland am Roten Meer, 347, 377
Pylon, Torturm des T.s, 30, 55, 195, 209
Pyramide für Kg. * Pepi, 315
Pyramiden-Texte, 8, 17, 285, 294, 306, 309, 318, 320, 323

Quellen, des Nil, 331
Quellen der Texte, 95
Quellenscheidung, beim * Nil- * Hymnus, 326

Rajet, Sonnengöttin, 108
Ramses II., Kg., Tafel 4, 5; 37, 216, 238, 273 (Abb. 43)
Ramses III., Kg., 252, 260
Ramses IV., Kg., 256
Räuchern, mit * Weihrauch oder * Myrrhen, 99, 139 (Abb. 32); Räuchergerät, 48, 80, 103, 135 (Abb. 31), Tafel 9; Räucheropfer, 77 (Abb. 9), 78 (Abb. 10), 338
Rê, G.: griech. Helios * Sonne, 51, 52, 62, 65, 66, 112, 298, 353; Herr des * Alls, 53, 203, 269; Zeit des, 57, 58; * Ka des, 175; * Horus schützt den, 305; des Ostens, 311; Erschaffer der Äcker, 332; Herz (Urteil) des,

58; Vater des * Schow, 382; Tochter des, 161, 345; Thron des, 268; Herr von * Opet-asut, 206; Herr der Lebenszeit des Kg.s, 66, 68; Vater des Kg.s, 59; Vergleich: wie Rê, in der Titulatur des Kg.s, 45, 54, 56, 62, 175
Rê * Hor-achti; von * Heliopolis, 72; Kammer des, in * Abydos, 126 (Abb. 27), 139 (Abb. 32); im Ritual, 121; * Sonnengott, 67; Götterkönig, 284
Redaktion der Texte, 118
Reden des * Falken, 363
Reinheit des Priesters, 81, 84, 89, 92
«Reiner», äg. wêᶜb, Priester, 77, 79, 111, 143
Reinigung, im * Ritual, 86, 99, 115, 136, 138, 140, 231; des T.s, 361; des Stalles der * Falken, 367, 370
Renen-wetet, Schlange, Gn. der Ernte, 51, 118
Residenz Ramses' II. im Delta, 41, 49
Retenu, * Syrien, 60, 155, 213
«Retter», äg. Pa-Sched, für * Zed-Hôr, 362
Rhythmus, in * Liedern, 13
Rinder, Verehrung, 340; * Stier, * Kuh; zum Ackern, 233; Orakel wegen, 244
Ring des Priesters, 189
Ritual für Morgen-Gottesdienst, 72; für Weihung der Statue, 225
Römer, 392, 397
römische Kaiser, 264, 299
Roseta-zaw, Friedhof der * Falken, 361

Rosette, französisch für Raschîd, St., 172; Stein von, 167, Tafel 11

Rufer bei Steigen des *Nil, 328, 335

sa, Symbol «Schutz», 278 (Abb. 48)

Saal, als Heiligtum, 259

Sachmet, Gn., in *Memphis, 81; Flamme, 99; als Löwin, 152; als Kuh, 354; Schützerin des *Falken, 382–383

Sahu, Sternbild Orion, 267, 310

Sahu (Mumie) des *Osiris, 266

Sais, St., 172

Salbe (Öl), für das *Götterbild, 111, 127 (Abb. 28), 130

Sand, streuen vor dem *Götterbild, 133

Sandstein, zum T.-Bau, 208

Sänger, 165; Sängerin, 33

Sanktuar (*Chem), *Allerheiligstes im T., 30, 100

Sarapis, griech. für *Osiris Apis, 142, 248–250

Sarg, für Tiere, 392; aus Bronze für *Falken, 360, Tafel 31

Säulensaal im T., 30, 195, Tafel 15

Schalttage, 145, 159

Scherpet, Oase, 138

Scheschonk, mP., Fürst, 223

Schesmu, G. für Wein und Öl, 321

Schiff, *Boot, *Barke (Manzet) des *Sonnengottes, 65, 69, 310; als *Stabaufsatz, 191, Tafel 12; *Prozessionen auf, 147, 215

Schlachthof, des G.s, 206

Schlaf, im Heiligtum, *Orakel, 192

Schlange, als Tier, 282; als Schmuck am *Schrein, 187

Schlechtes (Schädliches), 88, 109, 346

Schmaw, *OÄg., 54, 212, 270

Schminke, im *Ritual, 80

«Schöpfer der Erde», G. *Schow, 301

Schow, G., Luft, Himmelsträger, 304, 321, 378; Sohn des *Rê, 372; durch Ausspeien geschaffen, 121; mit Straußenfeder, 173, Tafel 11, 283

Schreiber, als Lernende, 324; in Dörfern, 248; des Gottesbuches, 353; Titel, 362

Schrein, *Naos, *Kapelle, 186

Schrift, äg. und griech., 166, 190

Schwein, als unreines Tier, 389

Schwur, des Kg.s, 219; *Eid

Sebennytos, St., griech. für äg. Zeb-nûter, im uäg. Gau XII, 373; Heimat des *Schow

Sebina (griech. *Kypros, *Zypern), 155

Sechat-Hor, Gn., 152

Seele, *Ba, *Ka, des Kg.s, 24; der verstorbenen Menschen, 275, 396; der Tiere, 277, 353; Gestalt der, 357

Sefchet-abwi, Gn., *Seschat, 29 (Abb. 3)

Selene, griech. Mondgöttin, 389

Selket, Gn., *Skorpion, 314, 352

Sepa, *Falke, 137

Seschat, Gn., *Sefchet-abwi, 29, 150, 352, Tafel 2a

Sêtech, griech. Sêth, G.; Feind des *Osiris, 322; Kampf gegen *Horus, 90, 129, 130, 131, 268, 290, 296; verjagt einen

G., 313, 314; Fabeltier des, 282

Setet, Asien, 154

Sêthos I., Kg., 37, 39 (Abb. 6), Tafel 6, 7–8

Sêthos II., Kg., 324

Sia, G. der Allwissenheit, 220, 269

Siegelring, des *Priesters, 171

Si-Ptah, Kg., 324

Sirius, Stern *Sopdet, 145, 147, 159

Sistrum, griech. seistron, Klapper, Rassel im Tanz, 33 (Abb. 4a–b), Tafel 3

Skarabäus, *Käfer des Sonnengottes, 384, Tafel 32

Skorpion, Tier der Gn. *Selket, 352

Sôbek, G., griech. Suchos, 269, 299; *Krokodil, 247, 318; Sobek Rê, 303

Sohn: Kg. als Sohn des Rê, 200, 204, 205; Nachfolger des Kg.s, 55, 56, 66; Erbe des Fürsten, 229

Sokar, G. in *Memphis, 125

Soknopaios, Sokonpieios, G., Befragung im *Orakel, 249–250

Soldaten, Aussiedlung der, 367

Sonne, *Rê, griech. *Helios; *Horus als, 300, 301; in beiden Horizonten, 275 (Abb. 45); geflügelte (*Behedti), 149, 283, 350, 357, 386; Käfer als, 384; Gebet an, 297; T. der untergehenden, 386

Sonnengott, *Rê auf unterirdischem Wege, 66; jung als Kind, 274, Tafel 18a; *Schiff

Sopdet, Gn., griech. Sothis, Stern *Sirius, 158, 353

Sotep-sa, Kapelle, 106, 136; Palast, 76, 207

Spätzeit, Religion der, 19

Speicher, für Getreide, 206

«Speisetisch», Anrufe an den, 372

Sphinx, Löwe mit Königskopf, 240, 281, Tafel 12

Sphinxe, am *Dromos, 31

Spitzmäuse, Bestattung der, 390

Sprache, altertümliche, 301

Stabaufsatz, mit *Götterbildern, 36, Tafel 12, 18a–b, 191

Stadt (nôwet) des Kg.s, symbolisch, 290; Verheißung für, 265

Stadtgott, in Statuengruppe, 184

Stall, für heilige *Kuh, 347, 353; für *Falken, 365, 370

Standarte, bei *Prozession, 192 (Abb. 40)

«Stätte, Große» (*chem, *astweret), Kapelle, 75

Statue: des G.s, 254, 266; des Kg.s, 38, 47, 50, 54, 60, 170, 184, 185, 189, 198, 210, 214, 215; der *Berenike, 163; eines Privatmannes, 223

Statuengruppe, Kg. mit *Stadtgott, 184; mit Gaugöttin, Tafel 24

Steigen des *Nil, 333, 336, 338

Sterne, 65, 275; um den Nordpol, 311; Sternbilder, 280, 310; *Sahu

Steuermann, falkenköpfig, Tafel 12

Stier, Verehrung, 279, 340; *Apis; Stier-Gott, 348; Titel des Kg.s, 204

Stifter, Darstellung des, Tafel 12

Stiftungen des Kg.s an T., 177; für Statue, 225

Stirnschlange, *Uräus, des *Rê,
148, des *Horus, 268; des
Kg.s, 203; Anrufung der, 99,
107 (Abb. 18)
Strabon, griech. Geograph, Buch
XVII, Kap. 17, p. 801: 142;
Kap. 28, p. 805: 31
Strafe, für Diebstahl, 257
Strauß, Federn des, 283
Strick, für Grundriß, 208, 210
Stundendienst im T., 33, 188
Stundenpriester, Laien-Orden,
50, 65
Syene, St. (Aswân im oäg. Gau I),
395
Sykomore, 277, Tafel 21, 22
Synkretismus, der späten Religion,
302
Synode, Versammlung von Prie-
stern, 143, 167

Tajet, Gn. des Webens, 133
Ta-mehi, *Unter-Ägypten, 232
Ta-meri, *Ägypten; Wohltaten
des Kg.s für, 51, 154–155,
180; Königskult in, 189; die
Jugendlichen in, 221
Tanis, St., uäg. Gau XIV, 146;
Tafel 28
Tänzerin, im *Gottesdienst, 33,
164
Ta-tenen, Tanen, G. in *Mem-
phis, 45
Tauben, als Futter des *Falken, 370
Ta-wêr, «Großes Land», oäg.
Gau VIII, 47, 49, 70, 101, 218
Ta-zôser, Friedhof von *Abydos,
49, 59, 62
Tefênet, Gn., 86; neben *Schow,
121, 173; *Löwin
Teich, für *Prozessionen, 215

Temhu (Tehnu, Libyer), 83, 108,
129
Tempel, *Gehöft, *Haus,
*Grundsteinlegung, Wei-
hung, 29; des *Sobek und
*Horus, Tafel 26
Tentyra, lateinisch für *Dendera,
399
Tep-jêhu, St., oäg. Gau XXII, 349
Theben, äg. *Wêset, St., 16, 338;
Totenstadt auf Westufer von,
256; *Tierverehrung in, 399;
Gottheiten: *Amon, *Mut und
*Chonsu
Theologen, *Priester, 264, 328;
theologisches System, 22
Thot, G., in *Hermopolis, 204;
Herr der Gottesworte, 150;
Schreiber des *Allherrn, 69;
*Schrift des, 207; der zweimal
Große, 179; im *Ritual, 81,
88, 98, 111, 123, 141; im
*Tischgebet, 381; verjagt ei-
nen G., 313, 314; Kopf-
schmuck des, 284; in *Dakka
als *Pavian, 277, Tafel 21
Thouth, Monat der Überschwem-
mung, 189
Thron (ast), des G.s, 86, 90, 101,
108, 208, 319, 345; Stätte für
Totendienst, 228; Gestell für
*Falken, 366
Thronbesteigung, des Kg.s, 147,
154, 174, 176, 181
Thronfolger, des Kg.s, 53, 202
Thut-môse III., Kg., 195, Tafel
16, 30
Tiere, im Kult der Gottheiten,
24, 278, 280; Verehrung, 273,
389; Kg. sorgt für, 154, 182;
Tierfabeln, 280

Tine, St., griech. This, 217, 219
Tischgebete, für den *Falken in
*Edfu, 7, 13
Titel, des Kg.s, 175, 204; der
*Priester, 171, 189
Tochter, der Kuh *Hathor, 345
Toéris, Gn., weibl. *Nilpferd,
276 (Abb. 46), 278 (Abb. 48)
Tore, im T., 209, 214
Torino (Italien), Papyrus, 324
Totem, *Tier im Gau, 279
Totendienst, 42, 61
Totenopfer, für G., 289; für Kg.,
69, 291; als Einnahmen der
Priesterschaft, 226
Totentempel der Könige, 8, 37;
Grundriß, 73 (Abb. 8), Tafel 7;
Verwaltung des, 64; der Kgn.
*Hat-schepsut, Tafel 29
Trankopfer, 182, 188
Träume, bei *Orakel, 142, 192
Treppe, zum *Sanktuar, 85; des
T.s, 232
Troddel, für Halskragen des
*Götterbildes, 122
Tür, des *Naos, 87–92 (Abb. 11)
Typhon, G., griech. für *Sêtech,
394, 396

Überschwemmung des *Nil, 331,
336, 339
Ufer, die beiden (Ägypten), 339;
des *Horus (Tempel), 181,
184, 188
Umarmung, des *Götterbildes,
162
Unter-Ägypten, *Delta, *Gaue,
14
«Unversehrt Erwachender»
(*Osiris), 228, 231
unvollendete Bauten, 49, 52

Ur (Auerochse), 295
Uräus, *Stirnschlange, 54, 99,
165 (Abb. 37), 283, 285; Fries
der, Tafel 13
Urgott, 287, *Atum, *Choprer,
*Horus; Kg. wie, 294
Urhügel, 288, 295, 406, Tafel 13
Urkuh (weibl. Wildrind) als Mut-
ter des Kg.s, 296
Uto, Gn. in *Buto (uäg. Gau VI),
99, 119, 128, 382; *Landes-
Gn. von UÄg. als Schlange,
150, 387
Uzat-Augen, *Horus als Herr der,
304, 305; menschliche, 297,
Tafel 25

Vater: *Amon Rê, 271; G. als
V. des Kg.s, 200, 220; des
Kg.s, 57
verfallener T., 47, 55, 60, 210
Vergöttlichung der Kg.e, 168
Vermögen, der heiligen Tiere, 183
Verse, *Poesie, 13, 325
Verwaltung des T.s des *Falken,
365
Vogelfänger, als *Stiftung des
Kg.s, 233
Vollmond, Opfer bei, 389
Vorfahren, Pflege des Gedenkens
an, 41
Vorhof, des T.s, 166, 170, 184

Waage, der beiden Länder, St.
*Memphis, 176
Waᶜbet «Die Reine», *Stall der
*Falken, 361; *Kapelle
«Wahr an Stimme», gerechtfer-
tigt im Jenseits, 37
Wahrheit, *Recht, *Maᶜat, dar-
bringen, 43–45; beide Wahr-

heiten, 58; liebend: *Zed-Hor, 364; G. kämpft für, 301

wa's «Glück», Krückstock als Zepter, 44, 126 (Abb. 27), 352

Wasîr, Vezir, höchster Verwaltungsbeamter, 244, 254

Wasser: Opfer an Gottheiten im Ritual, 63, 79, 86, 100 (Abb. 16), 104, 105 (Abb. 17), 207; *Reinigung, 80, 139, 141 (Abb. 33); für Milch, 346; *Totenopfer an Verstorbene, 245; zauberkräftiges, 359

Wasseruhr, 275, Tafel 20

Weihrauch, im Ritual, 79, 83, 95, 104, 105 (Abb. 17); *Reinigung, 136, 140; als *Opfer, 202; Harz sammeln, 234

Wein, darbringen, 387; Weinkrüge, 214; abliefern, 182

Weiße *Krone (von OÄg.), 82, 91

Wenen-nôfer, *Osiris, in *Abydos, 47, 49, 58, 61, 63, 65, 69; Vater des *Horus, 268; Gatte der *Isis, 270–271; Leichnam des, 266

Wêret-hekaw («Groß an Zauber»), Name der *Stirnschlange, 99

Werkstätten, königliche, 227

Wêset, St., *Theben, 61, 82, 206, 345

Westen: *Friedhof, *Totenreich, *Unterwelt, 298

Widder, als heiliges Tier, 281; Widderkopf des *Amon, 135 (Abb. 31)

Wind, *Sobek und *Horus schaffen den, 303, 304; *Schow; G. des, 304

Wohltaten, des Kg.s in den T.n, 154

Wolf, Verehrung des, 390, 391, 397

Wonis, Unas, griech. Onnos, Kg. (Dyn. V), 294, 318

Zaubersprüche, 359

Zaw-wêr, St. *Abydos, 228, 231

Zed-Hôr, mP., Hoherpriester, 359

Zefa, G. (Speisen, Überfluß), 379, 381

Zeugbänder, als Andeutung für Bekleidung, 114 (Abb. 22), 117 (Abb. 23)

Zeugung, des Kg.s durch den G., 201

Zeus Helios, in *Oxyrhynchos, G., äg. *Rê, 248–250; äg. *Amon, 272

Ziegenbock, 281; in Mendes, 392

Zoser-zosru, *Totentempel der *Hat-schepsut, 347

Zypern, Insel, griech. *Kypros, äg. *Sebina, 155

INHALT

Vorwort 5

Einleitung 7

    Art und literarische Form der Texte 7

    Die Einwirkung der verschiedenartigen Landschaften 14

    Chronologische Übersicht.. 17

    Das Wesen der Gottheiten 21

A. DER TEMPEL UND SEIN GOTTESDIENST 29

    1. Weihinschrift Ramses' II. für den Totentempel seines Vaters
       Sethos I. bei Abydos 37

    2. Ritual für den morgendlichen Gottesdienst.. 72

    3. Der in Kanopos beschlossene Erlaß der gesamten Priester-
       schaft von Ägypten unter Ptolemaios III. Euergetes 142

    4. Erlaß der Priestersynode von Memphis unter Ptolemaios V.
       Epiphanes (Stein von Rosette) 167

B. ORAKEL DER GOTTHEITEN 191

    1. Thut-môse III. wird durch einen Staatsstreich auf den Thron
       berufen 195

    2. Berufung in ein hohes Priesteramt unter Ramses II. 216

    3. Fürst Scheschonk sorgt für den Totendienst seines Vaters
       Namirt 223

    4. Priester Pa-sar erkämpft sich den Besitz seines Ackers 238

    5. Kurze Bitten um das Orakel einer Gottheit 242

    6. Bitte um ein günstiges Orakel wegen fehlender Tücher (Pa-
       pyrus Nevill) 252

    7. Verurteilung eines Diebes durch Orakel von drei Götterbil-
       dern 256

    8. Vier Verkündigungen des Amon für Osiris, seine Familie und
       seine Gläubigen 263

    9. Griechische Berichte über ägyptische Orakel 272

C. DIE VEREHRUNG DER NATUR UND DER TIERE 273

    1. Lied an den Allherrn als Weltherrscher und an sein Auge als
       seine Dienerin.. 285

    2. Lied für die Himmelfahrt des verstorbenen Königs 294

3. Gebet des Meri-Rê an die aufgehende Sonne 297
4. Zwei Lieder auf Sobek und Horus als Schöpfer und Erhalter
   der Welt 299
5. Die Erdgötter in den Pyramiden-Texten.. 306
6. Hymnus an den Nil 317

Die Verehrung der Rinder 340
7. Die heilige Kuh als Amme des Königs 342
8. Tod der heiligen Kuh in dem ober-ägyptischen Gau XXII unter Ptolemaios I. 349

Die Verehrung der Falken 356

9. Der Hohepriester Zed-Hôr betreut die heiligen Falken in
   Atrîb 359
10. Zwei Tischgebete für den heiligen Falken in Edfu 372
11. Der Käfer (Skarabäus) des Sonnengottes 384
12. Berichte griechischer Schriftsteller über die Tierverehrung 389
13. Iuvenalis verspottet die Tierverehrung der Ägypter 398

ANHANG

Verzeichnis der Tafeln 405
Tafeln 409
Namen- und Sachregister 441